진화한 마음

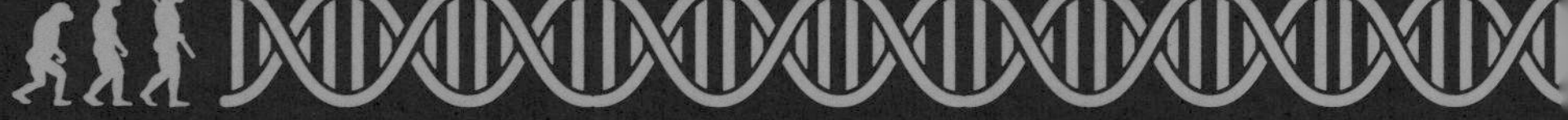

전중환의 본격 진화심리학

진화한 마음

전중환 지음

Humanist

진화를 가르쳐주신 최재천 교수님과

진화심리학을 가르쳐주신 데이비드 버스David Buss 교수님께

'진화한 마음'이 왜 중요한가?

겁을 줄 생각은 없지만, 이 책은 진화심리학 초심자를 위한 입문서가
아니다. 진화심리학의 기본 개념과 주요 연구를 정리한 입문서는 이
미 여러 권 번역되어 있다. 심지어 필자의 스승인 데이비드 버스가 심
리학과 학생들을 대상으로 쓴 전공 교과서 《진화심리학》도 우리말로
옮겨졌을 정도다.

 이 책은 진화심리학의 최신 연구 동향을 독자와 나누기 위해 쓰였
다. 생존, 짝짓기, 혈연, 집단생활, 폭력, 문화, 학습, 성격, 도덕, 정치,
정신 장애 등 다양한 연구 주제에서 나온 신선한 성과를 정리했다. 진
화심리학이란 말을 들어보긴 했지만 정확히 뭘 하는 학문인지 궁금하
신 분, 진화심리학을 과학의 탈을 쓴 유전자 결정론, 우생학 혹은 성
차별주의라고 굳게 믿으시는 분, 진화심리학에 관심이 있는데 막상
책을 사보면 이미 다 아는 내용이라서 실망하셨던 분 들께 도움이 될
것이다. 진화심리학은 과학이다. 지난 수십여 년 동안 눈부시게 발전
하면서 새롭고 흥미로운 발견들이 수없이 쏟아졌다. 전공자로서 혼자
만 알고 있기엔 아까운 그 이야기들을 담았다.

 진화심리학자들은 인간의 마음이 먼 과거의 환경에서 조상들의 번
식에 이바지하게끔 자연선택에 의해 진화했다고 본다. 마음이 진화의

산물이라는 사실이 왜 중요할까? 진화적 시각은 마음이 어떠한 기능을 수행하게끔 '설계'되었는지 밝혀냄으로써, 다양한 심리 현상을 하나로 꿰뚫는 통합 이론을 제공하기 때문이다. 인간의 '진화한 마음'은 인문학, 사회과학 그리고 자연과학을 단일한 인과적 그물망으로 통섭하는 열쇠이다.

여기까지가 무거운 소식이었다면, 이제 신나는 소식이다. 이 책은 이를테면 다음과 같은 질문을 다룬다. 왜 아이들은 생전 처음 본 동물의 이름보다 그 동물이 위험한지 여부를 더 잘 기억하는가? 왜 연인과 이별한 다음에 남성은 '같이 못 잔 것'을 더 후회하고 여성은 '같이 잔 것'을 더 후회하는가? 왜 영화 〈친구〉에 나오는 "친구끼리 미안한 거 없다."라는 명대사는 관객의 심금을 울리는가? 왜 가난한 사람들이 보수정당에 투표하는 '역설'은 알고 보면 역설이 아닌가? 왜 십수 년간 한글을 공부한 대학생과 일반인들조차 글쓰기를 끔찍이 두려워하는가? 왜 스스로에게 심각한 손실을 끼치는 우울증을 앓는 사람들이 우리 주변에 그토록 많은가? 마음 내키는 대로 아무 장章이나 펼쳐 읽으면 된다. 즐거운 독서가 될 것이다.

차례

I부

진화심리학의 토대

01

진화심리학의 기원

인간은 어디에서 왔는가?
인간은 왜 존재하는가?

"이 세상과 인간을 누가, 왜 만들었는지 알아내는 것이 인생의 최종
목표예요." 2012년에 가수 박진영 씨는 SBS 예능 프로그램 〈힐링캠
프〉에 출연해 이렇게 말했다. "인간의 몸은 100조 개의 세포로 되어
있어요. 세포 하나가 인간이 만든 가장 위대한 기계보다 더 복잡해요.
인간은 자동차보다 몇조 배 더 복잡한데도, 사용설명서가 없어요. 어떻게 살아야 하는지 하나도 몰라요. 저는 인간을 만든 분을 만나서 사용설명서를 받고 싶어요." 진행자 이경규 씨는 "보통 사춘기 때 하다가 자연히 없어지는 고민인데……."라며 당혹스러워했다.[1]

박진영 씨가 결국 인류의 기원과 존재 이유에 대한 해답을 찾았는지는 모르겠다. 그러나 한 가지는 확실하다. 이 질문은 사춘기에 품는 치기 어린 허세이기는커녕, 인간 자신을 근원적으로 이해하는 열쇠다. 수천 년 동안 종교, 철학 그리고 예술을 줄곧 사로잡았던 핵심 문제였다. 이를테면, 위대한 화가 폴 고갱Paul Gauguin은 1897년에 타히티의 신비한 푸른 풍광과 다양한 인물을 그려 넣은 그의 거대한 걸작 한구석에 그림 제목을 대신하여 이렇게 썼다. "우리는 어디서 왔는가, 우리는 무엇인가, 우리는 어디로 가는가?" 진화생물학자 리처드 도킨스Richard Dawkins는 1976년에 쓴 명저《이기적 유전자The Selfish Gene》의 첫 문장을 이렇게 시작했다. "어느 행성에서나 지적 생명체는 자신의 존재 이유를 밝혀내고 나서야 비로소 어른이 된다."[2]

놀랍게도, 인류는 이 문제를 풀었다. 인간이 어디에서 왔는지, 인간이 왜 존재하는지 마침내 알아낸 것이다. 누가 박진영 씨에게 이 기쁜 소식을 전해주면 좋을 텐데! 160여 년 전, 영국의 두 박물학자 찰스 다윈Charles Darwin과 앨프리드 러셀 월리스Alfred Russel Wallace가 지구상에 있는 모든 생명의 본성을 밝히는 과학 이론을 처음 제창했다. 자연선택에 의한 진화 이론이다. 그 정답은 단순하다. 번식을 높이는 형질은 흔해진다. 번식을 낮추는 형질은 사라진다.

다윈주의의 퍼즐 판에는 빈칸이 여전히 남아 있었다. '무엇'의 번식을 높이는 형질이 선택되는가? 집단인가? 개체인가? 아니면 유전자인가? 20세기 후반에 윌리엄 해밀턴William Hamilton, 조지 윌리엄스

George Williams, 존 메이너드 스미스John Maynard Smith, 로버트 트리버스Robert Trivers 같은 진화생물학자들이 빈칸을 채울 퍼즐 조각을 찾아냈다. '무엇'은 유전자였다. 유전자의 번식을 높이는 형질이 선택되는 것이다. 복잡하고 정교한 적응은 오직 유전자의 이득을 위해 진화했다는 '유전자의 눈 관점gene's eye view'을 일굼으로써, 이들은 현대 진화생물학에 새로운 패러다임을 열었다.

　오늘날 진화심리학을 필두로 많은 진화사회과학자가 인간의 마음과 행동을 진화적 시각으로 분석하여 눈이 번쩍 뜨이는 연구 성과들을 내놓고 있다. 물론, 인간에 대한 진화적 분석을 둘러싼 오해와 논란도 끊이지 않는다. 왜 진화심리학은 일반 대중 사이에 격렬한 논쟁을 점화시킬까? 진화심리학은 저 악명 높은(?) 학문인 사회생물학과 다른가? 무엇보다도, 진화심리학은 어딘가 모자라고 음흉한 사이비 과학이 아닌가? 이러한 의문들을 해소하기 위한 지름길은 아마도 진화심리학이 탄생하게 된 역사적 배경을 찬찬히 되짚어보는 것이다. 이제 진화심리학이 등장하게 된 과정을 살펴보자.

복잡한 적응은 종의 이득을 위해 진화했다?

이 이야기는 1950~1960년대 젊은 진화생물학자들이 겪었던 좌절에서 시작한다. 그들은 왜 낙담했을까? 사실, 당시에 진화 이론은 바야흐로 전성기를 맞고 있었다. 낙심할 까닭이 없어 보였다. 1930년대에 다윈의 진화 이론은 멘델의 유전학과 의기투합하여 이른바 '현대적 종합Modern synthesis'을 이룩했다. 자식이 어떻게 부모를 닮는지 알지 못했던 과거와 달리, 이제 자연선택은 개체의 번식에 도움이 되는 대립유전자—어떤 형질을 만드는 유전자의 여러 '버전'—가 세대를 거치며 그 빈도가 높아지는 과정으로 깔끔히 정리되었다.

이상한 일이다. 현대적 종합이 이룬 성과는 20세기 전반의 대다수 생물학자에게 잘 전파되지 못했다. 마치 개체의 이득을 강조하는 현대적 종합은 들어본 적도 없다는 듯이, 복잡한 적응은 개체의 이득이 아니라 종이나 생태계와 같은 집단의 이득을 위해 진화한다는 집단 선택론이 학자들 사이에 성행했다. 이는 아마도 현대적 종합을 이끈 개체군 유전학이 복잡한 수학 이론들로 이루어져 있었다는 사실과 무관하지 않을 것이다. 집단 선택론의 대표적인 예를 들어보자. 1951년에 미국의 생태학자 워더 앨리Warder Allee는 레밍lemming들이 종종 단체로 물속으로 뛰어들어 목숨을 잃는 행동은 개체군 크기가 지나치게 늘어나 모두 공멸하는 사태를 막기 위한 숭고한 희생이라고 설명했다.[3]

자연선택이 각각의 생물이 아니라 종 전체가 오래 번성하게끔 만든다는 이러한 집단 선택론은 심지어 지금 우리 주변에서도 쉽게 접할 수 있다. 혼인하여 허리가 휘도록 가족을 부양하느니 독신으로 우아하게 사는 편이 개인에게는 훨씬 낫지만, 거역할 수 없는 '종족 보존의 본능' 때문에 다들 결혼하고 출산한다는 인식이 대표적이다(나중에 나오지만, 집단 선택론은 완전히 틀렸음이 밝혀졌다. 종족을 보존하라고 우리의 등을 떠미는 본능은 없다).

어쨌든 1950년대 서구에서는 일반 대중뿐만 아니라 학계에서도 복잡한 적응은 종의 이득을 위해 진화했다는 주장이 흔했다. 물고기를 연구해 막 박사 학위를 받은 새내기 연구자 조지 윌리엄스는 1955년에 시카고대학교에서 저명한 진화학자이자 흰개미의 권위자인 앨프리드 에머슨Alfred Emerson의 강의를 들었다. 에머슨은 노화가 이로운 형질이라고 주장했다. 인간이 늙으면 기력이 쇠하고 약해지는 까닭은 젊고 싱싱한 젊은이들에게 자리를 양보하기 위함이라는 것이다. 개체들이 종족 보존을 위해 이 한 몸 바쳐서 장엄하게 죽음을 맞이한다고? 말도 안 된다고 윌리엄스는 속으로 불평했다. "이게 진화생물학의 전부라면, 차라리 자동차보험 외판원이 되는 게 낫겠어."[4]

비슷한 시기에 영국의 케임브리지대학교 생물학과 학부생이었던 윌리엄 해밀턴도 사정은 마찬가지였다. 해밀턴은 수업에 들어오는 교수들이 거리낌 없이 집단 선택론을 내세우는 모습에 경악했다. 이를테면, 해밀턴을 가르친 교수 중의 한 명이었던 곤충생리학자 빈센트 위글스워스Vincent Wigglesworth는 《곤충의 일생The Life of Insects》이라는 책에서 이렇게 적었다.

> 곤충은 자기 자신을 위해 살지 않는다. 그들의 일생은 자기가 속한 종의 생존에 바쳐진다. …… 이제 우리는 한 발 뒤로 물러서서 곤충을 그가 속한 '개체군'이나 '종'의 한 구성원으로만 보아야 한다. 이제 우리는 문제의 핵심, 즉 곤충의 일생이 지향하는 목적과 목표에 비로소 다다랐다.[5]

집단 선택론이 활개를 치는 케임브리지 생물학과의 분위기에 크게 낙담한 이 학생은 혼자 도서관에 틀어박혀서 진화 이론을 독학했다.

조지 윌리엄스의
《적응과 자연선택》

1960년대 중반에서 1970년대 중반 사이, 진화생물학계에서는 낡은 패러다임으로부터 새로운 패러다임으로 일대 전환이 일어났다. 집단 선택론의 시대가 저물고, 유전자 선택론의 시대가 밝았다. 혁명을 이끈 사인방은 윌리엄스, 해밀턴, 메이너드 스미스 그리고 트리버스였다.

십여 년이라는 비교적 짧은 기간에 거대한 전환이 이루어졌다는 사실은 똥파리의 짝짓기 연구로 유명한 행동생태학자 제프리 파커 Geoffrey Parker의 회상을 통해서도 알 수 있다. "1965년 즈음에는 집단 선택론자만이 논문을 학술지에 실을 수 있었습니다. 10년이 지나고 나서, 유전자 선택론자가 아닌 사람이 학술지에 논문을 싣기 어려울 정도였죠."[6] 도킨스는 이때가 "새로운 아이디어들이 공중에 둥둥 떠다니던 신비스러운 시기"였으며 "흥분과 열광에 휩싸여"[7] 여러 학술지에 흩어져 있던 '유전자의 눈' 관점을 하나로 정리해 《이기적 유전자》를 썼노라고 술회했다.

윌리엄스는 1966년 출간한 명저 《적응과 자연선택*Adaptation and Natural Selection*》을 통해 '유전자의 눈' 관점, 즉 복잡하고 정교한 적응은 오직 유전자의 이득을 위해 진화했다는 새로운 시각을 제안하였다. 그의 논제는 크게 두 가지였다.

첫째, 적응은 설계상의 증거를 통해서만 식별된다. 어떤 형질이 어디엔가 이롭다고 해서 무턱대고 그것이 적응이라고 믿어서는 안 된다. 그 이득은 우연히 만들어진 부산물일 수 있기 때문이다. 그 형질이 바로 그러한 번식상의 이득을 제공하게끔 자연선택에 의해 정교하게 설계되었음을 입증해야 비로소 우리는 그 형질이 적응이라고 판정할

[그림 1] 개체수가 너무 많은 상황에서 단체로 절벽에서 떨어져 자살을 시도하는 이타적인 레밍들. 이 중에 이기적인 레밍이 한 마리라도 있다면 다른 레밍들의 희생을 착취하여 빠르게 번성할 것이다.

수 있다. 예를 들어, 코는 정면으로 솟아 있다. 덕분에 우리는 안경을 코에 걸쳐서 안경이 흘러내리는 사태를 방지한다. 따라서 코는 안경을 걸치게끔 자연선택에 의해 진화된 적응일까? 물론 그렇지 않다. 코의 해부학적 구조를 찬찬히 살펴보면, 코는 호흡을 잘하게끔 설계되었지, 안경을 잘 걸치게끔 설계되지 않았음을 알 수 있다. 코가 안경을 지지 해주는 이득이 아무리 크더라도, 이는 우발적인 효과일 따름이다.

둘째, 적응은 집단의 이득이 아니라 유전자의 이득을 위해 만들어 진다. 당시 유행했던 집단 선택론에 종지부를 찍은 것이다. 왜 집단 선택론이 틀렸다는 걸까? 집단 선택론은 집단 간의 차별적인 성공에 기댄다. 이를테면, 구성원이 너무 많아서 자원 고갈이 우려되면 즉시

투신자살하는 이타적인 레밍들로 구성된 집단이 자기희생이라곤 모르는 이기적인 레밍들로 구성된 집단을 제치고 자연선택되었다는 것이다. 꽤 그럴듯하다. 하지만 이타적인 레밍들로 가득 찬 집단 내에 돌연변이나 이주를 통해 이기적인 레밍이 한 마리라도 생기면 어떻게 될까? 이 얌체는 다른 착한 레밍들의 희생을 발판 삼아 집단 내에서 빠르게 퍼져나간다(그림 1 참조). 즉, 이타적인 레밍들로 이루어진 집단은 얼마 못 가서 이기적인 레밍들로 가득 차게 될 것이다.(참고로, 레밍들이 실제로 집단 자살을 하지는 않는다. 동물 다큐멘터리 제작자들이 극적인 장면을 인위적으로 연출했을 따름이다.) 이처럼 집단 간의 선택보다 개체 간의 선택이 더 강하게 작용하므로, 집단 선택은 진화에서 대개 중요한 요인이 되지 못한다고 윌리엄스는 주장했다.

윌리엄 해밀턴의
《사회적 행동의 유전적 진화》

윌리엄스는 종의 이득을 위해 자신을 기꺼이 희생하는 성향은 거의 진화할 수 없다고 했다. 하지만 문제가 있다. 평생 자식을 낳지 않으면서 여왕이 낳은 어린 동생들을 돌보는 일벌이나 일개미처럼, 자연계에는 자신의 번식 기회를 낮추면서 다른 개체의 번식 가능성을 높이고자 애쓰는 개체들이 흔히 존재한다. 이러한 이타적 행동은 어떻게 진화했는가? 다윈은 《종의 기원On the Origin of Species》에서 일벌이나 일개미 같은 불임성 일꾼 계급이 "하나의 특별한 어려움이며, 사실 처음에는 도저히 극복 불가능하고 내 이론 전체를 무너뜨릴 줄 알았다."라고 고백했다.[8] 수수께끼를 푼 사람은 해밀턴이었다. 그가 1964

년에 발표한 논문 〈사회적 행동의 유전적 진화 I, II〉에 실린 해법은 명쾌했다. 자연선택은 어찌 됐건 다음 세대에 복제본을 더 많이 남기는 유전자의 빈도가 높아지는 과정이다. 이타적 행동을 일으키는 유전자는, 그 유전자가 어떤 경로를 거쳤건 간에, 다음 세대에 자신의 복제본을 더 많이 남기기만 하면 선택된다.

> 한 쌍의 대립유전자 G와 g를 상상해보자. G는 이타적 행동을 하게 만드는 반면, g에 의한 영향은 없다. '최적자 생존'의 원칙에도 불구하고, G가 전파될지 아닐지 결정짓는 궁극의 기준은 그 이타적 행동이 행동한 당사자에게 이득이 되는가가 아니라 유전자 G에게 이득이 되느냐이다.[9](해밀턴 1963, 352쪽)

따라서 G의 입장에서는 이타적 행동이 G가 탑승 중인 행위자에 미치는 영향뿐만 아니라 이타적 행동의 수혜자에게 미치는 영향도 '포괄적으로' 따져봐야 한다. 수혜자의 몸속에도 G의 복제본이 탑승하고 있을 가능성이 분명히 있기 때문이다. 이타적 행동을 일으키는 유전자가 선택될 조건을 나타내는 부등식은 '해밀턴의 규칙Hamilton's rule'으로 불린다. 나중에 트리버스는 해밀턴의 업적이 "다윈 이후 진화론에서 이루어진 가장 중요한 진전"이라고 평가했다.[10]

위의 인용문에서 드러나듯이, 해밀턴의 논문들에서는 유전자의 눈 관점을 엿볼 수 있다. 다음 세대에 더 많은 복제본을 남기려는 의도와 목표를 지니며, 이를 실행에 옮기고자 분투하는 유전자 말이다. 이러한 은유는 해밀턴의 1972년 논문에서 한층 명확히 드러난다. "개체의 사회적 행동에 영향을 끼치는 …… 유전자에 일시적으로 지능을 허락하고 어느 정도 선택의 자유도 부여함으로써 논의를 좀 더 생생하게 만들어보자." 말할 필요조차 없이, 유전자의 눈 관점은 나중에 도킨스가 저술한 《이기적 유전자》를 통해 화려하게 꽃피우게 된다.

윌리엄스와 해밀턴의 선구적인 업적을 토대로, 트리버스도 1970년 대 초에 기념비적인 논문들을 잇달아 발표했다. 〈상호 이타성의 진화〉(1971), 〈부모 투자와 성선택〉(1972), 〈부모-자식 간 갈등〉(1974), 〈단수이배체와 사회성 곤충의 진화〉(1976) 같은 논문들은 수천 번씩 인용되면서 인간을 포함한 여러 동물의 사회적 행동을 이해하는 길잡이가 되었다.

《사회생물학》과 《이기적 유전자》는 어떻게 다른가?

에드워드 윌슨과 리처드 도킨스. 두 사람은 1970년대에 사회생물학을 이끈 쌍두마차로 꼽힌다. 물론 비판자들에게는 과학의 탈을 쓴 낡은 이데올로기를 퍼뜨린 일당에 불과할 것이다. 어쨌든 사회생물학 논쟁이 불거지면서 많은 사람이 윌슨의 《사회생물학: 새로운 종합 *Sociobiology: The New Synthesis*》(1975)이나 도킨스의 《이기적 유전자》(1976)나 내용은 비슷하다고 생각했다. 심지어 한 해 늦게 나온 《이기적 유전자》가 《사회생물학》의 영향을 크게 받았으리라 믿는 이도 있었다.[11] 이러한 오해는 국내에서도 종종 발견된다. 예컨대, 고전문헌학자 배철현 교수는 한 인터뷰에서 "도킨스는 윌슨의 《사회생물학》에서 영감을 얻어 《이기적 유전자》로 일약 스타가 됐어요."라고 말했다.[12]

그렇지 않다. 《사회생물학》과 《이기적 유전자》는 우연히 출간 시기가 겹쳤을 뿐, 각각 완전히 독립적으로 쓰였다. 무엇보다도, 두 책은 대상 독자층도 집필 의도도 전혀 다르다.《사회생물학》은 동물의 사회적 행동에 대한 기존 연구들을 방대하게 종합한 백과사전적 총서였다. 반면에《이기적 유전자》는 '유전자의 눈' 관점에서 진화를 이해하는 새로운 패러다임을 개념적으로 확립하는 한편, 일반 대중에게 이패러다임을 소개하기 위한 책이었다. 먼저《사회생물학》이 몰고 온 소동부터 살펴보자.

윌슨의 '과격하지 않은' 사변이 폭풍우를 일으키다

1970년대 중반에 이르러 새로운 진화 패러다임이 등장했다고 앞에서 이야기했다. 복잡한 적응은 오직 유전자의 이득을 위해 진화한다는 '유전자의 눈' 관점을 암시하는 일련의 눈부신 연구 성과들이 몇몇 눈밝은 진화생물학자를 흥분시켰다. 바야흐로 혁명이 도래하는 걸까? 분자생물학의 등쌀에 밀려 한물간 구닥다리로 천대받던 진화생물학에 서광이 비치는 걸까?

옥스퍼드대학교의 동물행동학 대학원생 도킨스는 뛰는 가슴을 억누르지 못했다. 마침 지도교수인 니콜라스 틴베르헌Nikolaas Tinbergen이 1966년에 안식년을 떠나자, 도킨스가 1년 동안 동물행동학을 대신 가르치게 되었다. 그는 해밀턴의 이론을 자신의 언어로 녹여서 설명하는 강의록을 만들었다. 나중에《이기적 유전자》로 성장할 노트였다.[13]

하버드대학교의 곤충학자 윌슨의 관심사는 사뭇 달랐다. 진화를 바라보는 새로운 관점을 학계와 일반 대중에게 폭넓게 알리는 일은 윌슨의 흥미를 끌지 못했다. 대신 윌슨은 동물의 행동을 자연 상태에서 관찰하고 실험하는 데 열중하던 1950년대의 동물행동학에 진화의 렌즈를 도입하면 정량적인 예측을 하는 '진짜' 과학이 될 수 있으리라는 가능성에 주목했다. 단순히 "동물이 어떻게 행동하는가?"에 머물지 않고 "왜 동물이 그런 식으로 행동하게끔 자연선택되었는가?"를 묻는 이 새로운 과학을 윌슨은 '사회생물학'이라고 불렀다.[14]

밤낮 없이 저술에 몰두한 윌슨은 마침내 1975년에 가로 30.5센티미터, 세로 30.5센티미터에 무게 2.72킬로그램에 달하는 육중한 양장본 학술 도서를 하버드대학교 출판부에서 펴냈다. 《사회생물학: 새로운 종합》이었다. 복잡하고 어려운 도해와 표, 수식 들로 빼곡히 채워진 이 전문 서적은 인간을 포함한 모든 동물의 행동에 관한 실험과 이론 연구 들을 진화론과 개체군생태학의 틀에서 종합한 백과사전이었다. 미생물에서부터 곤충, 조류, 포유류를 거쳐 인간에 이르는 모든 생물종의 사회조직 특성을 정량적으로 예측하는 새로운 과학이 벌써 탄생했음을 동료 생물학자들에게 알리는 웅장한 교향곡이었다.[15] 33쪽의 색인과 65쪽의 참고 문헌을 포함하여 총 697쪽의 분량도 책에 위엄을 더해준다. 한마디로, 독자가 사회생물학 전공자가 아니라면 결코 살 필요 없는(!) 전문 서적이다.

놀랍게도, 이 난해한 전문 서적은 출간과 동시에 서구 사회 전반을 강타하는 엄청난 논쟁을 일으켰다. 윌슨과 같은 건물에서 지냈던 동료인 고생물학자 스티븐 제이 굴드Stephen Jay Gould와 유전학자 리처드 르원틴Richard Lewontin을 필두로, 많은 과학자가 윌슨이 위험하고 불건전한 과학을 대중에게 주입하고 있다고 비판했다. 윌슨은 생물학적 결정론자, 성차별주의자, 인종차별주의자, 극우 이데올로그라는 공격을 감내해야 했다.

국제 인종차별 반대 위원회의 회원들은 하버드 광장에서 반대 시위를 하고, 사회생물학을 극렬히 비난하는 전단을 캠퍼스 곳곳에 뿌리기도 했다. 1978년 윌슨이 미국과학진흥회의 연례총회에서 연설 순서를 기다리며 앉아 있을 때 한 무리의 젊은이가 다가와 그의 머리 위에 얼음물 한 주전자를 쏟아붓고서 "윌슨, 당신은 완전히 글렀어!"라고 고함을 친 사건은 유명하다.

도대체 무엇이 문제였던 걸까? 총 697쪽 중 단지 29쪽에 불과한 마지막 장章이 격렬한 소용돌이를 일으켰다. 인간을 다룬 장이다. 고도의 사회성을 보이는 인간을 사회생물학 총서에서 함께 논의하는 일은 윌슨에게 너무나 당연했다. 사람도 결국 동물임을 물색없이 지적하면서 인간의 자존심을 짓밟는 책이라는 세간의 선입견과 달리, 그는 언어, 지능, 학습 등으로 간파되는 인간의 탁월성을 강조했다. 다만, 인간이 뛰어나다고 해서 우리 종을 진화생물학의 연구 대상에서 아예 제외하지는 말자는 것이다.[16]

이 주장은 별로 과격하지 않았다. 다른 학자들처럼, 윌슨은 인간도 진화의 산물이므로 진화의 관점이 공격성, 윤리, 미학, 성별 분업, 종교 등을 이해하는 데 큰 도움이 되리라고 내다보았다. 인간 행동을 새로운 진화 패러다임으로 분석한 실증 연구는 거의 없던 시절이므로, 인간을 다룬 장은 전통적인 인문사회과학의 흐름을 단편적으로 소개하고 진화적 탐구의 가능성을 모색하는 데 그쳤다.

윌슨은 앞으로의 상황을 전혀 예상하지 못했다. 인간 행동을 진화적으로 설명한다는 발상 자체가 엄청난 분노를 촉발시킴을 말이다. 인간 행동이 일부나마 유전자에서 기인한다면, 이는 곧 유전자 결정론genetic determinism이며 불공평한 현상 유지를 과학의 이름으로 정당화하는 작태라고 비판자들은 맹공을 퍼부었다. '나쁜 과학'에 숨겨진 이데올로기, 인종차별주의, 성차별주의를 폭로하는 논문들이 쏟아졌다. 인신공격이 난무했고, 반대 시위가 빈발했다. 사회생물학 반대 모임은 마치 신앙 부흥 집회를 연상시켰다.[17] 요컨대, 윌슨의 《사회생물학》은 동물의 행동을 진화적으로 연구하는 새로운 과학이 탄생했음을 동료 생물학자들에게 전파하는 전문 서적이었다. 그런데 인간 행동의 진화적 토대도 거리낌 없이 함께 논하는 바람에, 그는 거대한 비난에 맞서야 했다.

도킨스의 은유가 새로운 진화 패러다임을 확립하다

미국에서 사회생물학을 비판하는 운동이 맹렬히 전개되던 무렵인 1976년, 옥스퍼드대학교의 한 젊은 동물학 교수가 쓴 200쪽 남짓한 얄팍한 책이 영국에서 나왔다. 도킨스의 《이기적 유전자》였다. 환경 결정론이 득세하던 당시, 지식인들 사이에 불경스러운 단어로 취급되던 '유전자'에 인간의 고유한 속성 가운데 하나로 간주해온 '이기적'이라는 형용사를 결합한 제목의 이 책은 타오르기 시작한 사회생물학 논쟁에 기름을 쏟아붓는 격이 되었다. 스스로를 사회생물학자로 여기지도 않았지만, 본인의 의도와 관계없이 도킨스는 사회생물학을 둘러싼 거센 정치적, 이념적 논쟁의 한복판으로 휩쓸려 들어갔다.

동료 학자들을 겨냥한 윌슨의 《사회생물학》과 달리, 도킨스의 《이기적 유전자》는 전문가와 일반 대중을 동시에 겨냥한 책이다. 수많은 동물행동학 문헌을 꼼꼼히 종합하여 새로운 과학을 창시하는 일은 애초부터 도킨스의 관심사가 아니었다. 대신 이 책에는 유전자의 관점에서 진화를 이해하는 새로운 패러다임을 정립하여 만천하에 알리겠다는 저자의 열정이 생생히 살아 숨 쉰다. 불행히도, 많은 사람이 '이기적 유전자'라는 문구가 다음 세대에 복제본을 남기려는 이기적인 의도를 실제로 지닌 유전자가 인간을 꼭두각시처럼 조종하는 극단적인 유전자 결정론을 암시한다고 받아들였다. 맙소사! 인간이 이기적 유전자의 생존 기계에 불과하다니! 심지어 피붙이나 배우자, 친구에 대한 사랑과 헌신도 유전자가 우리를 조종해 복제본을 남기려는 이기적인 책략에 지나지 않는다고?

이는 다 오해다. 도킨스는 책에서 '이기적 유전자'가 하나의 은유에 불과하다는 것을 수없이 강조했다. 이 은유의 참뜻은 이렇다. 자연선택에 의해 그 복제 성공도가 최대화되는—그래서 우리가 '이기적'이라고 은유할 수 있는—단위는 개체도 집단도 아니라 유전자라는 것이다. 개체나 집단은 잠시 나타났다 이내 사라지는 반면, 오직 유전자만이 복제본의 형태로 긴 세월 동안 안정적으로 전해지기 때문이다. 달리 말하면, 자연선택의 단위가 유전자라는 전제로부터 개체가 이기적인 동기를 실제로 지닌다는 결론을 이끌어낼 수는 없다.[18]

《이기적 유전자》가 윌리엄스, 해밀턴, 트리버스, 메이너드 스미스 등의 연구를 산뜻하게 포장한 대중서일 뿐이라는 선입견이 무색하게, 이 책은 당시 폭죽처럼 터져 나오던 신선한 발상들을 모아서 유전자 선택론이라는 하나의 개념적 틀 안에 매끄럽게 통합한 독창적인 학술서이기도 했다. 즉, 여러 서적과 논문에 흩어져 있던 '유전자의 눈 관점'이라는 씨앗을 찾아내어 우람한 거목으로 키워낸 장본인은 도킨스

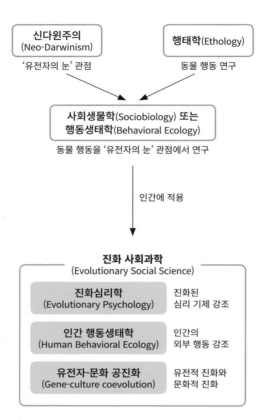

[그림 2] 인간을 포함한 동물 행동에 대한 진화적 접근을 시도하는 여러 학문 분야의 계보

였다.[19] 혹시 예전에 읽다가 포기한 《이기적 유전자》가 책장 한구석에 꽂혀 있다면 이 기회에 다시 한 번 도전해보는 것이 어떨까?

이쯤에서 헷갈리는 용어들을 정리하고 넘어가자. 1970년대에 이르러 말벌, 흰개미, 사슴, 도마뱀 등 다양한 동물의 행동을 진화적 시각에서 연구하는 새로운 과학이 탄생했다. 윌슨은 이 분야를 '사회생물학'이라고 불렀다. 그러나 사회생물학을 혹독히 비판한 이들의 활약

(?) 덕분에 이 단어는 극단적인 유전적 결정론과 떼려야 뗄 수 없는 사이가 되고 말았다. 옥스퍼드대학교의 생물학자 존 크레브스John Krebs와 니컬러스 데이비스Nicholas Davies는 1978년에 《행동생태학: 진화적 접근Behavioural Ecology: an Evolutionary Approach》이라는 책을 엮어내면서 '행동생태학'이라는 새로운 이름을 제안했다. 오늘날 가장 널리 쓰이는 이름이다.

엄밀히 말하면, 동물이 하는 행동에는 사회적 행동뿐만 아니라 노화, 성비, 먹이 찾기 등 비사회적인 행동도 있다. 따라서 '사회생물학'을 동물의 사회적 행동에 대한 진화적 탐구로 본다면 사회생물학은 행동생태학의 하위 분과가 된다.[20] 그러나 실제로 사회생물학과 행동생태학은 딱히 구별하지 않고 동의어처럼 쓰인다(그림 2 참조).

동물의 행동을 진화의 관점에서 분석하는 행동생태학(혹은 사회생물학)은 오늘날 전성기를 구가하고 있다. 그러나 우리의 관심사는 진화심리학이 어떻게 등장했는지 알아보는 것이므로 흔들리지 말고 계속 전진하자. 인간 행동을 진화적으로 연구하는 분야로서 진화심리학보다 먼저 태동했던 인간 행동생태학부터 살펴본다.

인간 행동생태학 :
인간은 어떤 환경에서나 번식을 최대화하게끔 행동한다

윌슨이 《사회생물학》을 쓰던 1970년대 전반에는 정작 인간 행동에 대한 진화적 연구는 매우 드물었다고 말했다. 이러한 교착 상태는 윌슨과 닮은 듯 닮지 않은 어느 생물학자에 의해 풀렸다. 미시간대학교의 생물학자 리처드 알렉산더Richard Alexander가 그 주인공이다. 주걱

턱에다 털털하고 너그러운 사람이다. 윌슨처럼 곤충학자로 경력을 시작했지만, 교수로 자리 잡은 뒤 방향을 틀어 인간을 연구 대상으로 삼았다. 50여 년 동안 유머, 종교, 도덕, 예술, 지능 등 다양한 주제를 연구하면서 수많은 후학을 길러냈다. 윌슨처럼 글을 잘 쓰는 능력은 아쉽게도 없었기에 그가 쓴《다윈주의와 인간사Darwinism and Human Affairs》(1979) 같은 훌륭한 책들은 윌슨의 책만큼 잘 팔리지는 않았다. 어쨌든 윌슨과 쌍벽을 이루는 거장이라고 생각하면 되겠다.

알렉산더를 위시하여 어빈 드보어Irven DeVore, 윌리엄 아이언스 William Irons, 나폴리언 섀그넌Napoleon Chagnon 같은 연구자들은 행동생태학—혹은 사회생물학—에서 이루어진 발전에 용기를 얻어 인간 역시 하나의 동물종인 것처럼 진화의 시각에서 접근했다. 행동생태학자들이 동물이 살고 있는 서식처로 달려가 현장 연구를 하듯이, 이들은 전 세계 오지의 소규모 수렵-채집 사회로 달려가 인간 행동을 관찰하고 면담하고 실험했다. 즉, 연구 주제나 방법론은 현지 주민들을 장기간 관찰하는 기존 인류학과 유사하지만, 개념적 틀이 진화 이론이라는 점이 달랐다. 이렇게 행해진 인간 연구들은 1979년에 아이언스와 섀그넌이 함께 엮은《진화생물학과 인간의 사회적 행동: 인류학적 관점Evolutionary Biology and Human Social Behavior: An Anthropological Perspective》에서 체계화되었다. 고작 4,000부도 못 팔고 몇 년 지나서 절판되었지만, 이 책은 인간 진화 연구를 개척한 효시로 평가된다.[21]

인간을 연구한 당시 진화생물학자들의 핵심 가정은 무엇이었을까? 사람들이 현재 처한 생태적 환경에서 번식 성공도(평생 낳는 자식 수)를 최대화하게끔 행동하리라는 것이다. 인간은 매우 유연한 학습 능력을 진화시켰으므로, 어떤 환경에 놓이더라도 번식에 가장 도움이 되는 적응적 행동을 하리라는 기대다. 어떤 집단에서 관찰되는 보편적인 행동이 과연 그 상황에서 적응적인 행동인지 검증하기 위해 생태학자들이 만든 수리 모델이 유용하게 활용된다.[22]

예를 들어, 북극해 연안의 이누이트Inuit 원주민들은 벨루가 또는 순록을 사냥하려고 여럿이 무리를 이룬다. 몇 명이 모이는 게 가장 좋을까? 사람 수가 너무 적어도 문제다. 너무 많아도 문제다. 딱 적당한 인원이 모였을 때, 각자 얻는 고기의 양이 최대화될 것이다. 수리 모델을 통해 이러한 최적 집단의 크기를 계산할 수 있다. 1977년부터 약 1년간 이누이트족을 관찰한 진화생물학자 에릭 올던 스미스Eric Alden Smith는 이누이트족이 동물을 사냥할 때 이루는 평균적인 집단 크기가 이론적인 최적 집단 크기와 일치하는지 연구했다. 예측과 딱 들어맞지는 않았지만 몇몇 유용한 통찰은 얻을 수 있었다.[23]

용어 정리 시간이 다시 돌아왔다. 1970년대 중반부터 시작된 이 연구 흐름은 종종 '인간 사회생물학human sociobiology'으로 불렸다. 문제는, 알렉산더를 포함한 대다수 학자는 '사회생물학자'로 불리길 거부했다는 것이다. 알렉산더는 '사회생물학'이 유전자 결정론을 연상시키는 용어로 변질되었으며, 학문 분야에 대한 명확한 경계선도 그어주지 못한다고 비판했다. 그러니 자신들을 그저 인간을 연구하는 진화생물학자로 불러 달라고 말했다.[24] 이렇게 요청했는데도 이들은 진화심리학이 태동하던 1980년대 후반에는 '다윈 인류학Darwinian anthropology', 혹은 '다윈 사회과학Darwinian Social Science'으로 불렸다.[25] 나중에는 이 흐름을 뜻하는 용어로 '인간 행동생태학human behavioral ecology'이 완전히 자리잡았다(그림 2 참조).

진화심리학:
진화된 심리 기제가 인간 행동을 만든다

1980년대 중반에 들어서 인간 행동생태학자들의 연구 방법론에 대한 비판이 점차 늘어났다. 앞에서 짚었듯이, 복잡한 적응은 유전자의 이득을 위해 진화했다는 새로운 패러다임이 도래하면서 인간에 대한 진화적 연구가 본격적으로 출범했다. 그런데 정작 인간 행동생태학자들이 윌리엄스, 해밀턴, 트리버스 등이 일군 새로운 패러다임을 소홀히 취급하고 있다고 진화심리학의 창시자들은 비판했다.

샌타바버라 소재 캘리포니아대학교의 인류학자 도널드 시먼스 Donald Symons는 1979년에 《인간 섹슈얼리티의 진화*The Evolution of Human Sexuality*》를 써서 진화심리학의 싹을 틔웠다. 이후 하버드대학교에서 드보어의 가르침을 받았던 인류학자 존 투비John Tooby와 심리학자 레다 코스미디스Leda Cosmides 부부가 진화심리학의 이론적 토대를 세웠다. 1992년 투비와 코스미디스가 인류학자 제롬 바코Jerome Barkow와 함께 엮은 책 《적응된 마음*The Adapted Mind*》은 오늘날 진화심리학의 경전으로 받아들여지고 있다. 여담으로, 이 책에 가벼운 내용의 장 하나를 쓴 진화심리학자 데이비드 버스David Buss는 "그 책이 그렇게 두고두고 인용될 줄 알았으면 내 장을 훨씬 더 공들여 썼을 텐데!" 하면서 못내 아쉬워했다.

인간의 두뇌는 매우 유연해서 어떤 환경에서나 적응적인 행동을 한다는 인간 행동생태학의 핵심 원리가 왜 잘못되었다는 걸까? 대다수 현대인이 당분에 지나치게 빠지는 성향을 생각해보자. 극소수의 사람은 당분을 즐기기는커녕 싫어한다고 가정하자. 당분을 지나치게 섭취하면 비만, 질병, 노화 등에 시달린다. 그러므로 당분을 싫어하는 소수의 현대인은 당분에 탐닉하는 대다수 현대인보다 더 높은 번식 성공도를 거둘 것이다. 그렇다면 당분을 싫어하는 성향은 적응이고 당분에 탐닉하는 성향은 부적응일까? 그렇지 않다. 과일이 익어서 당이 많아질수록 열량이 높아진다. 그래서 당이 많은 과일을 달콤하게 느껴서 선호했던 먼 과거의 조상은 풋과일이나 썩은 과일을 달콤하게 느껴서 선호했던 조상보다 자식을 더 많이 남겼다. 정제된 당이 편의점에 넘쳐나는 오늘날, 당분에 빠져드는 미각 체계는 현대인의 번식 성공도를 낮춘다.

하지만 당분을 입에 넣으면 여전히 달콤한 맛이 느껴진다. 우리는 그렇게 진화했다. 당이 풍부한 음식을 안 먹겠다고 결정할 수는 있어도, 그 음식에 대해 달콤함이 아닌 다른 맛을 느끼겠노라고 결정할 수는 없다. 당분을 지나치게 선호하는 인간의 미각 체계는, 오늘날 그 형질이 번식을 높이는지 여부와 무관하게, 당이 많은 과일이 언제나 부족했던 과거 수렵-채집 시절의 적응이다.[26]

달리 말하면 어떤 형질이 현재의 환경에서 번식 성공도를 높이는 이점을 준다는 사실은 그 형질이 적응인지 여부와 전혀 무관하다. 적응은 먼 과거에 계속 생겨났던 적응적 문제를 잘 풀게끔 자연선택이 설계한 해결책이다. 윌리엄스가 일찍이 강조했듯이, 적응은 설계상의 증거를 통해서만 식별된다. 당이 풍부한 음식이 입에 들어오면 자동적으로 달콤함을 느끼게끔 신경 회로를 잘 배선한 미각 체계는 그것이 과일이 부족했던 먼 과거의 환경에서 높은 열량을 얻기 위한 적응임을 입증한다.

또한 진화심리학자는 행동보다는 진화된 심리 기제evolved psychological mechanism가 주된 탐구의 대상이 되어야 한다고 강조한다. 자연선택의 입장에서 보면 행동 그 자체만으로는 별로 의미가 없기 때문이다. 예컨대, 무언가를 역겨워하는 행동은 그 자체만으로는 좋지도 나쁘지도 않다. 대변을 역겨워한다면 번식에 이롭다. 천연 암반수를 역겨워한다면 번식에 해롭다. 즉, 외부에서 주어진 정보를 마음속에서 처리하여 적절한 행동적 산물을 만드는 내적 과정이 자연선택에 의해 복잡하고 정교하게 설계될 것이다. 이러한 의미에서 자연선택은 '행동 그 자체'를 선택할 수 없으며, '행동을 형성하는 기제'를 선택할 수 있을 뿐이다.[27]

요약하자면, 진화심리학은 '유전자의 눈' 관점에서 진화를 바라보는 패러다임을 충실히 따르는 연구 흐름이다. 적응은 현재의 환경에서 자식 수의 증가가 아니라 기능적인 설계를 통해서만 판별된다. 그리고 이때의 적응은 외부의 입력 정보와 과거의 상황에서 적응적이었던 행동을 연결시켜주는 '진화된 심리 기제'를 의미한다. 이처럼 심리 기제에 초점을 맞춘다는 점에서 진화심리학은 인간 사회생물학이나 인간 행동생태학과 확연히 구별된다. 따라서 그럴듯한 이름으로 겉포장만 새로 했을 뿐, 진화심리학은 사회생물학과 다르지 않다는 인식은 잘못되었음을 알 수 있다.

이제 정리하기로 하자. 1960년대에 들어서 집단 선택론이 저물고 유전자 선택론의 시대가 도래했다. 복잡한 적응은 오직 유전자의 이득을 위해 진화한다는 새로운 패러다임이 당대의 생물학자들을 들뜨게 했다. '유전자의 눈' 관점을 동물의 행동에 적용한 분야가 사회생물학 혹은 행동생태학이다. 동물 중에서 특히 인간에게 초점을 맞추면서, 인간의 유연한 두뇌가 어느 환경에서나 번식 성공도를 최대화하리라고 주장한 분야가 인간 행동생태학이다. 이를 비판하면서 자연선택은 행동이 아니라 심리 기제를 선택함을 주장한 분야가 진화심리학이다. 참고로 인간 행동을 온전히 설명하려면 유전적 진화와 문화적 진화가 모두 중요하다는 관점을 가진 '유전자-문화 공진화Gene-culture coevolution' 학파도 있다(이들의 주장은 23, 24장에 나온다). 오늘날 인간 본성을 진화적으로 탐구하는 '진화 사회과학'은 진화심리학, 인간 행동생태학, 유전자-문화 공진화 이론이라는 세 가지 흐름으로 나뉘지만, 이들은 차이점보다 공통점이 훨씬 더 많고, 모두 다윈으로부터 유래한 한 가족이다.

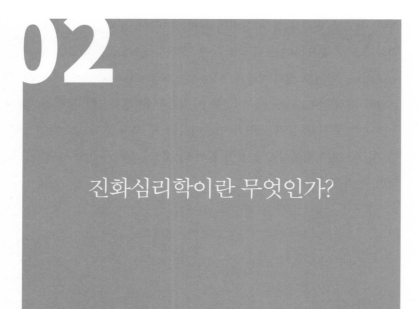

진화심리학이란 무엇인가?

왜 심리학에는
통합 이론이 없을까?

나는 생물학과를 나왔다. 대학교 2학년 때 〈심리학개론〉을 교양 과목으로 들었다. 공부와 담을 쌓고 살던 시절이라 당연히 성적은 형편없었다. 하지만 첫 수업 시간에 느꼈던 당혹감은 아직 생생하다. 교수님께서는 심리학이 과학임을 강조하셨다. 그리고 심리학에는 마음을 이해하는 다섯 가지 '관점'—생물심리적 관점, 인지적 관점, 행동주의적 관점, 정신분석적 관점, 인본주의적 관점—이 있다고 하셨다. 눈이 보이지 않는 사람들이 각자 코끼리의 다른 부위를 만지고 코끼리를 멋대로 상상하면 곤란하듯이, 심리학을 하려면 다섯 관점을 모두 균형 있게 아우르는 태도가 필요하다는 것이다. 아니, 대상을 연구하는 관점이 여럿이라니! 자연과학은 그렇지 않잖아?

자연과학은 어느 분야든지 그 분야 전체를 포괄하는 이론적 관점이 있다. 이를테면, 지질학은 판구조론으로 통합된다. 물리학은 양자역학과 상대성이론으로 통합된다. 화학은 원자론으로 통합된다. 생물학은 진화론으로 통합된다. 왜 심리학에는 설명하려는 심리 현상이 무엇이든지 일관되게 적용되는 통합 이론이 없을까? 이는 그저 환원주의에 물든 이과생이 인간이란 존재가 얼마나 복잡하고 다층적인지 몰라서 늘어놓은 허튼소리였을까?

꼭 그렇진 않았다. 나중에 심리학과 대학원에 진학하면서 나는 심리학자들 중에서도 심리학이 아직 미숙한 상태임을 지적하는 이들이 적지 않음을 알게 되었다. 예를 들어, 언어심리학자 스티븐 핑커Steven Pinker는 심리학에는 진정한 의미의 '설명'이 없다고 비판했다. 핑커에 따르면, 전통적인 심리학의 설명은 마치 브론토사우루스 공룡을 이렇게 설명하는 격이다. "브론토사우루스는 한쪽은 가늘고, 가운데는 아주 굵고, 다른 쪽은 다시 가늘다."[1] 심리학자들은 마음을 특정한 방식으로 움직이게 하는 즉각적인 원인을 찾는 데 집중할 뿐, 왜 하필이면 마음이 그런 식으로 움직이는지 궁극적인 원인을 찾는 데는 소홀하다는 것이다.

주변에 혹시 심리학자가 있다면, 왜 남성이 여성보다 대개 더 폭력적인지 물어보시라. 생리심리학자는 남성들이 테스토스테론 호르몬 수치가 더 높기 때문이라고 답한다. 사회심리학자는 남성들이 집단 내에서 우열 순위를 더 따지기 때문이라고 답한다. 발달심리학자는 남성들이 부모에 의해 폭력적으로 사회화되기 때문이라고 답한다. 그럴듯하다. 하지만 왜 남성은 테스토스테론 수치가 더 높을까? 왜 남성은 우열 순위에 더 집착할까? 왜 아들은 딸과 다르게 길러질까?[2]

한마디로, 심리학에는 다양한 심리 현상을 하나로 꿰는 통합 이론이 없다. 아니, 있다. 무려 160년 전부터 있었다. 다윈의 진화 이론 말이다. 진화 이론이 인간의 마음을 설명하는 일관된 이론적 틀이 된다는 사실을 우리가 미처 몰랐을 뿐이다. 이 장에서는 진화심리학의 이론적 토대를 이야기하자.

마음이 평소에 너무나 잘 작동하기 때문에 마음의 복잡함을 알지 못한다

전통적인 심리학이 아직 미숙한 상태여서 아쉽다고 했지만, 사실 마음을 연구하기는 매우 어렵다. 어떤 이는 이렇게 대꾸할지 모른다. "어렵긴 뭐가 어려워? 그냥 사람들 붙잡고 왜 그렇게 행동했는지 자세히 물어보면 되잖아?" 유감스럽게도, 그게 그렇게 간단하지 않다. 대개 사람들은 자신이 왜 그렇게 행동했는지 정확한 이유를 알지 못한다. 행동의 이유를 묻는 질문에 "그냥, 원래 그렇잖아? 별 걸 다 묻네." 정도로 답하기 일쑤다.

예를 들어, 엘리베이터 안에 있다고 해보자. 문이 열리면서 아직 돌도 안 된 아기를 안은 사람이 들어온다. 두 눈을 동그랗게 뜬 아기와 눈이 딱 마주쳤다. 어떡하겠는가? 아마도 당신은 아기에게 빙긋 미소를 지었을 것이다. 이제 심리학자가 등장해서 왜 당신이 아기에게 미소를 보냈는지 꼬치꼬치 캐묻는다. 아마 당신은 "아기가 귀여워서 그냥 저절로 미소가 지어졌죠."라고 답할 것이다. 혹은 "귀여움에 열광하는 현 시대의 문화에 저도 영향을 받았겠죠."라고 답할지도 모른다.

어떤 자극에 대해 우리가 특정한 반응을 보이는 까닭이 그러한 반응을 '학습해서' 혹은 '문화적으로 습득'했기 때문이라는 설명은 잘못되었다. 이는 설명이 아니다. 설명해야 할 대상에 새로 이름표를 붙이는 행위에 불과하다(VI부 '학습과 문화' 참조). 이렇게 말하니 필자가 유전자 결정론자의 마각(?)을 슬슬 드러내고 있다고 의심할 독자가 있을지 모르겠다. 미리 오해를 차단하자면, 특정한 반응이 '선천적'이거나 '타고 난다'는 설명도 역시 잘못되었다. 질투는 질투 유전자 때문이고, 전쟁은 전쟁 유전자 때문이라는 식의 설명만큼이나 허무하고 텅 빈 설명도 없다. 관건은 우리의 마음이 어떻게 외부 자극을 받아들여 특정한 반응을 만드는가 그리고 왜 하필이면 정보를 그런 식으로 처리하게끔 만들어졌는지 이해하는 것이다.

왜 우리는 외부 자극에 대해 특정한 반응을 만들어내는 심적 과정을 또렷하게 의식하지 못할까? 왜 아기를 보면 미소가 피어오르는 게 지극히 당연하며, 중간에서 이를 매개하는 마음 따위는 있어도 그만이고 없어도 그만이라고 여길까? 얄궂게도, 이는 우리의 마음이 평소에 너무나 잘 작동하기 때문이다. 마음이 정보를 너무나 순식간에 척척 처리해내는 덕분에 보통 때 우리는 마음이 있다는 사실조차 의식하지 못한다. 진화심리학자 코스미디스와 투비는 이 '웃픈' 경향을 '본능맹instinct blindness'이라 불렀다.[3]

음식에 대한 선호를 예로 들어보자. 언뜻 생각하면, 음식물을 고르는 심리 기제는 "맛있으면 먹고, 맛없으면 안 먹는다."라는 지극히 단순한 지침으로 구성되어 있을 것 같다. 인간은 단맛, 짠맛, 감칠맛, 쓴맛, 신맛에 대한 대략적인 호오만 갖고 태어날 뿐, 어떤 음식에 대한 생생하고 개별적인 취향은 모두 "그가 유아기 때 무엇을 먹었는가?"라는 학습에 전적으로 달려 있다고 흔히들 말한다. 어릴 때 떡볶이를 많이 먹으면 커서도 떡볶이를 좋아하게 된다는 논리다.

과연 그럴까? 여러 먹거리 후보 가운데 무얼 먹을지 고민하는 마음이 해결해야 했던 과제들을 꼼꼼히 뜯어보면, 음식 선호는 어마어마하게 복잡하고 정교한 심리 기제가 있어야 비로소 가능함을 알 수 있다(4장 '어떻게 먹거리를 얻고 가려낼까?' 참조). 생전 처음 보는 음식 후보가 영양분이 많은 음식인지 독소와 병원균의 온상인지 어떻게 구별할까? 일단 먹어보고 내 몸의 상태 변화를 본 후에 판단한다고 하자. 한입 크게 베어 물고 난 다음, 식중독에 걸리면 어떡하나? 그러지 말고, 낯선 음식은 주변 사람들이 추천할 때만 먹는다고 하자. 누구의 조언이든 다 따를 것인가, 아니면 부모의 조언만 따를 것인가? 식물이 만드는 각양각색의 수많은 독소를 '쓴맛'이라는 한 범주로 뭉뚱그려 인식해도 될까? 이렇게 보면 음식을 선택하는 행동 기저에는 대단히 복잡한 심리 기제가 깔려 있음이 확실하다.[4]

요컨대, 우리의 마음을 이루는 심리 기제는 너무나 기가 막히게 잘 작동하기 때문에 우리는 평소에는 마음의 진면목을 깨닫지 못한다. 마치 스마트폰이 극도로 복잡하고 정교한 최첨단 연산장치임을 일반인들은 까맣게 잊고 사는 것처럼 말이다("스마트폰? 꺼내서 화면을 터치하면 앱이 그냥 열리는 것?"). 마음의 정보처리 과정 가운데 우리가 의식하는 부분은 극히 일부에 불과하다. 대부분을 우리는 의식하지 못한다. 그렇다면, 어떻게 마음의 복잡한 구조를 이해할 것인가?

진화심리학의 핵심 원리

진화심리학은 마음의 복잡한 구조를 진화의 시각에서 파악하려는 시도다. 다윈은 생명계의 복잡한 적응은 진화적 기능을 수행하게끔 자연선택에 의해 '설계'됨을 입증하였다('설계'를 강조한 까닭은 자연선택이 의도가 있는 설계자가 존재한다는 의미가 아니라 맹목적인 과정임을 분명히 하기 위해서다). 마음의 진화적 기능은 무엇일까? 외부에서 입력된 정보를 처리하여 먼 과거 조상들의 생존과 번식에 도움이 된 행동을 산출하는 것이다. 소규모 사회에서 수렵-채집 생활을 했던 진화적 조상들의 생존과 번식에 영향을 끼친 적응적 문제들은 대단히 많고 다양했기에, 이들 각각에 맞추어 특수화된 다수의 심리 기제들이 진화하였다. 즉, 마음은 인류가 진화한 먼 과거의 환경에서 조상들이 직면했던 적응적 문제들을 잘 해결하게끔 자연선택에 의해 '설계된' 심리 기제들의 묶음이다(앞 문장에 밑줄 치고 별표 열 개 달면 된다).[5]

진화심리학은 하나의 접근법임을 유의하시길 바란다. 곧, 진화심리학은 어떤 특정한 심리 현상만 파고드는 심리학의 세부 분과가 아니다. 임상심리학은 정신 장애를, 발달심리학은 발달을, 소비심리학은 소비를 연구하지만, 진화심리학은 이들처럼 심리학의 한 분과에 붙은 명칭이 아니라는 뜻이다. 진화심리학은 인간의 '모든' 심리 현상을 진화적으로 설명하려는 노력이다. 진화라는 렌즈를 어떤 심리 현상에 들이대느냐에 따라 진화임상심리학이 될 수도 있고, 진화발달심리학이 될 수도 있고, 혹은 진화소비심리학이 될 수도 있다(달리 말하면, 진화심리학은 주로 남녀 간의 짝짓기를 연구하는 변태스러운 학문이 아니다!).
이제 앞에서 이야기한 진화심리학의 핵심 원리들을 하나씩 짚어보자.

첫째, 복잡한 구조는 기능을 반영한다

마음만 복잡한 것이 아니다. 자연계에 살아 숨 쉬는 생명은 종종 감탄을 자아낼 만큼 복잡하고 정교하다. '적응adaptation'이라고 불리는 이러한 형질들은 어떤 기능을 잘 수행하게끔 너무나 정교하게 잘 조직화되어 있어서 마치 지적인 생명체가 의도적으로 이들을 설계한 것 같다는 의심까지 들게 한다. 독침을 가지고 있는 말벌을 꼭 빼닮아서 포식자를 피하는 나방의 생김새, 물속에서 수영하기 쉽게끔 유선형으로 된 고래의 몸, 눈밭에서 먹이를 몰래 습격하기 쉽도록 흰색인 북극곰의 외형 등은 그 일례이다.

생명체의 이러한 '설계'는 어떻게 생긴 걸까? 다윈은 자연선택에 의한 진화가 복잡한 '설계'를 만들었음을 입증했다. 자연선택은 다음의 세 가지 조건만 충족되면 무조건 일어난다.

첫째, 개체들이 조금씩 다르다.

둘째, 변이 중의 일부는 부모에게서 자식으로 전해진다.

셋째, 개체들이 후대에 남기는 자식 수는 각기 다르다.

이 셋에 따른 결과, 개체의 자식 수를 늘리는 데 이바지하는 유전적 변이는 그렇지 않은 변이보다 개체군 내에 점차 흔해지게 된다. 예컨대, 먹이를 더 잘 잡게 해주거나 병원균에 대한 저항성을 부여하는 형질은 개체군에 더 흔해진다. 진화를 일으키는 기제는 자연선택 외에도 더 있지만, 자연선택은 특별하다. 오직 자연선택만이 마치 누군가 의도적으로 설계한 듯한 복잡한 적응을 빚어낼 수 있기 때문이다. 종의 진화 역사에서 개체의 생존과 번식에 영향을 끼쳤던 각각의 적응적 문제에 대해 자연선택은 그에 꼭 맞는 정교한 해결책을 만들어낸다.

이를테면, 포유류지만 바다로 영구 이민을 결심한 고래의 먼 조상들은 물의 저항을 되도록 줄여야 한다는 문제에 직면했다. 고래 몸의 형태에 원래 존재했던 변이들 가운데, 물의 저항을 조금이라도 더 줄여주는 유전적 변이가 후대에 더 많이 전해진다. 이런 선택이 여러 세대에 걸쳐 누적된다. 결국, 앞부분은 매끈하고 뒷부분은 날카로워서 물의 저항을 최소화하는 유선형 몸매가 고래에게 장착된다. 즉, 적응적 문제에 딱 맞는 해결책으로 복잡한 적응이 선택된다. 다음 세대에 잘 전파되는 유전자를—도킨스의 비유를 빌리면 '이기적'인 유전자를—줄기차게 골라내는 맹목적인 자연선택이 복잡한 적응을 설계한 장본인이다.

각각의 적응적 문제를 가장 잘 해결하는 '설계'를 골라냄으로써, 자연선택은 그 진화적 기능을 반영하는 복잡한 구조를 만든다. 그래서 기능과 구조는 열쇠와 자물쇠처럼 딱 맞물린다. 열쇠가 있으면 그 자물쇠를 짐작할 수 있고, 자물쇠가 있으면 그 열쇠를 짐작할 수 있다. 마찬가지로, 복잡한 구조는 그것이 어떤 진화적 기능을 수행하게끔 자연선택에 의해 설계되었는지 알려준다. 예를 들어, 물고기의 옆줄은 모든 개체에서 구조적으로 동일하게 나타나며, 복잡한 조직으로 이루어져 있다. 왜 이처럼 정교한 기관이 존재하는 걸까? 많은 어류학자가 연구한 덕분에, 옆줄은 소리를 듣는 데 필요한 감각기관임이 밝혀졌다. 복잡한 구조는 그 진화적 기능을 반영한다는 확신이 연구를 계속 추진하는 동력이 되었다.[6]

둘째, 마음은 인류의 조상들이 수렵-채집 생활에서 직면했던 적응적 문제들을 해결하게끔 설계된 심리적 적응들의 묶음이다

자연선택에 의한 진화는 눈, 심장, 간, 콩팥, 팔다리 같은 신체 기관들만 설계하진 않았다. 위에서 살펴본 것처럼, 마음이 평소에 너무나 잘 작동하기에 그 위대함을 우리가 미처 의식하지 못할 따름이지 마음도 신체 기관 못지않게 복잡하고 정교하다. 심리적 적응은 어떤 진화적 기능을 잘 수행하게끔 자연선택이 빚어냈을까?

마음의 기능은 정보처리다. 마음은 외부 환경으로부터 입력된 정보를 처리하여, 먼 과거의 수렵-채집 환경에서 조상의 번식에 도움이 되었던 행동을 산출하는 역할을 한다. 숲길을 걷다가 내게 다가오는 뱀을 보았다고 하자. 두말할 필요 없이, 삼십육계 줄행랑이 이 상황에서는 번식 가능성을 높여주는 적응적 행동이었다. 뱀을 보고 인류의 조상이 취할 수 있었던 행동의 가짓수는 사실 무한개였음에 유의하시 라. 우리의 조상들은 뱀과 애틋한 사랑에 빠질 수도, 가냘픈 뱀을 동정할 수도, 뱀을 보고 군침을 삼킬 수도, 뱀이 무서워서 도망칠 수도 있었다. 이 중 뱀을 보자마자 도망치는 편이 번식에 가장 유리했기 때문에, 뱀에 대한 공포는 인간의 보편적인 심리적 적응이 되었다.

어느 생물에서나 적응적 문제들은 대개 그 생물이 살아가면서 접하는 세속적인 일들이다. 무엇을 먹을 것인가, 누구와 어울릴 것인가, 누구와 성관계할 것인가, 어떻게 포식자를 피할 것인가, 어떻게 소통할 것인가 등의 문제들 말이다. 수렵-채집 생활을 했던 우리 조상들이 풀어야 했던 적응적 문제들은 매우 많았다. 자식을 낳기, 식물성 음식의 위치를 기억하기, 동물을 사냥하기, 배우자와 원만한 관계 유지하기, 심장박동 조절하기, 표정으로부터 감정을 읽기, 우정을 지키기, 언

어를 습득하기, 자연재해를 피하기, 길을 잃지 않기, 체온 조절하기 등
등 목록은 길게 이어진다.

외부에서 입력된 정보를 처리하여 각각의 적응적 문제들에 대한 생
리적, 행동적 반응을 산출하게 했던 심리적 적응―즉, 진화된 심리 기
제evolved psychological mechanism―들이 차곡차곡 우리 마음에 장착되
었다. 이러한 심리적 적응에는 뱀에 대한 공포나 자녀에 대한 사랑 같
은 정서 프로그램도 있고, 길이 추정이나 사기꾼 탐지 같은 추론 프로
그램도 있고, 보복이나 성적 이끌림 같은 동기 프로그램도 있고, 언어
습득이나 음식 회피를 가능케 하는 학습 프로그램도 있다. 그렇다. 학
습도 진화된 심리적 적응의 하나일 뿐이다(21장 '돌은 학습할 수 없다'
참조).[7]

셋째, 서로 다른 적응적 문제들에 각각 맞추어진 다수의 특수화된 심리 기
제들이 진화했다

진화심리학자들은 각각의 서로 다른 적응적 문제들에 꼭 맞추어 특
수화된 다수의 심리적 적응들이 진화했다고 본다. 즉, 우리의 머릿속
에는 무엇이든 잘 해결해내는 요술 방망이 하나만 덜렁 담겨 있는 게
아니라, 각기 다른 용도에 맞추어 특수 제작된 연장들이 수백, 수천
개 빼곡히 담겨 있다는 것이다. 이는 어느 한 문제에 특화된 해결책은
다른 문제에는 젬병이기 때문이다.

신체 기관을 떠올려보자. 우리 몸 안에는 소화, 순환, 내분비, 면역,
근육, 신경, 번식, 호흡, 배설, 골격 등을 한꺼번에 담당하는 기관 하나
만 들어 있는 게 아니라 각 기능에 특화된 기관들이 수없이 다양하게
들어 있다. 정신 기관도 마찬가지다. 이를테면, 음식 선호와 배우자 선

호라는 적응적 문제들을 생각해보자. 영양가가 많고 독소와 병원체가 없는 음식을 고르는데 필요한 심리 기제(예: "역겨운 냄새가 나는가?")는 젊고 건강하고 매력적인 이성을 고르는데 필요한 심리 기제(예: "걸음걸이가 활기찬가?")와 매우 다를 수밖에 없다. 그러므로 진화심리학자들은 인간의 마음은 각기 다른 입력 정보에 의해 활성화되는 다수의 특수화된 심리 기제들의 집합이라고 주장한다.

넷째, 적응은 과거의 문제들에 대한 해결책이므로 오늘날에도 반드시 번식을 높이는 것은 아니다

자연선택이 복잡한 적응을 만드는 데는 오랜 시간이 걸린다. 매 세대에서 번식에 조금이라도 도움이 되는 유전적 변이가 장구한 세월에 걸쳐 누적적으로 선택됨으로써 비로소 적응이 만들어진다. 즉, 오늘날 존재하는 모든 적응은 과거의 적응적 문제들을 잘 해결했기 때문에 지금 있게 된 것이다. 만약 생물이 처한 환경이 갑자기 변한다면, 과거의 시각에 맞추어진 적응이 새로운 환경에서도 마법처럼 번식에 도움이 되리라는 보장은 없다.

인류는 약 700만 년 전에 침팬지와의 공통 조상으로부터 갈라져 나온 이래 대부분 시간을 아프리카 초원에서 작은 집단을 이루어 수렵-채집 활동을 하면서 보냈다. 인간의 몸과 마음은 이러한 수렵-채집 사회에 맞추어 설계되었다. 약 1만 년 전에 시작된 농경사회나 수백 년에 불과한 현대 산업사회에 요구되는 심리적 적응이 진화할 시간은 없었다. 한마디로, "현대인의 두개골 안에는 석기시대의 마음이 들어 있다."

농경이 시작된 메소포타미아나 인더스 문명은 듣기만 해도 정말 아

득한 옛날인데 이런 시대가 현대인의 마음에 거의 영향을 끼치지 않았다니! 납득하지 못하는 분들을 위해서 이렇게 설명해보자. 500만 년이라는 인류의 진화 기간을 1년으로 압축한다면 농업은 언제 시작했을까? 12월 31일 오전 6시에 시작했다. 산업혁명은 이날 밤 11시 40분에 시작했다. 1년 중 364일 동안 인류는 수렵-채집 생활을 한 것이다.

과거의 적응과 새로운 환경 사이의 불일치가 심각한 문제를 일으키는 예를 들어보자. 우리의 진화적 조상들이 수렵과 채집으로 얻을 수 있었던 에너지의 양은 항상 간당간당했다. 아직껏 남아 있는 수렵-채집민을 조사한 바에 따르면, 이들은 산업사회를 사는 현대인보다 매일 두 배 더 돌아다니고 고작 2,200칼로리 정도만 얻는다. 인간이 진화해온 거의 전 기간 동안, 가능한 한 신체 활동을 줄이고 게으름을 피워 에너지를 비축하는 성향이 번식에 더 유리했다.

인류 역사상 처음으로 장기간 몸을 쓰지 않고도 소파에 파묻혀 편히 살 수 있게 된 오늘날, 게으름이라는 심리적 적응은 운동 부족으로 이어져 암, 당뇨 등 갖가지 성인병을 일으킨다. 밖에 나가 직접 공을 차면 참으로 좋을 텐데 우리는 방 안에 틀어박혀서 축구 중계를 시청한다. 너무 달고 기름진 가공 음식, 쌩쌩 달리는 자동차, 알코올이나 마약 등의 향정신성 약물, 포르노그래피 동영상 등의 새로운 환경 요소들도 수렵-채집 생활에 맞추어 진화된 우리의 마음과 충돌을 일으키는 또 다른 예이다.

진화심리학은 마음의
적응적 설계를 연구하는 과학

자연선택이 적응적 문제들을 빠르고, 순식간에, 매끄럽게 해결해내는 연산장치를 만든다는 것을 알기 때문에, 진화심리학자들은 마치 공학자처럼 마음을 연구한다. 먼저 연구하고자 하는 행동이 어떤 진화적 기능을 수행하게끔 설계된 심리적 적응에서 유래한 결과물인지 가설을 세운다. 그러고 나서 적응적 문제를 잘 해결하려면 그 심리적 적응이 어떤 설계상 특질들을 아울러 갖추어야 하는 것인지 추론한다. 이렇게 새롭고 검증 가능한 예측을 이끌어내서 그 예측을 실제로 검증함으로써 새로운 발견에 다다른다.

요약하자면, 진화심리학자들은 마음의 적응적 설계를 밝히고자 한다. 마음은 인류가 진화해온 먼 과거의 환경에서 조상들이 직면했던 현실적인 문제들을 잘 해결하게끔 자연선택이 설계한 심리적 적응들의 묶음이다. 진화심리학은 각각의 심리적 적응이 어떤 진화적 기능을 수행하게끔 잘 조직화하였는지 물음으로써 우리 자신에 대한 이해를 넓힌다. 물론 그래도 진화심리학을 반신반의하는 분들이 적지 않을 것이다. 다음 장에서 진화심리학에 대해 흔히 제기되는 질문들에 답해보자.

03

흔한 오해들

진화심리학자들은
모두 다둥이 부모겠죠?

다음은 미국의 어느 저명한 사회심리학자가 학생들에게 진화심리학
자를 만나면 꼭 물어보길 권하는 질문들이다.[1]

1. 귀하의 아내는 허리가 잘록하고 엉덩이가 풍만합니까? 가슴은 좌
   우대칭입니까? 그렇지 않다면, 왜 아내와 함께 사십니까?

2. 피임을 하십니까? 하고 있다면, 왜 하십니까?

3. 혹시 이미 자식이 있는 상대와 결혼했다면, 배우자가 데려온 의붓자식을 죽였습니까? 아니면 돈 한 푼 주지 않고 의붓자식을 집에서 쫓아냈습니까? 이도 저도 아니라면, 그 이유는 무엇입니까?

4. 아내 이외에 당신이 요즘 성관계하고 있는 젊고 매력적인 여성은 모두 몇 명입니까?

읽다 보면 차라리 헛웃음이 난다. 문제는 이 질문들이 매우 심각하고 진지하다는 점이다. 인간의 마음을 진화로 설명하는 시도에 대한 거부감은 저명한 심리학자나 일반인이나 별로 다르지 않음을 알 수 있다. 진화심리학은 많은 관심과 기대를 받고 있지만, 한편으로는 불필요한 비난과 오해에 시달린다. 진화심리학에 대해 사람들이 흔히 갖는 오해를 풀어보자.

"진화심리학은 그럴듯한 이야기를 꾸며내기에 급급한 사이비 과학이다."

진화심리학은 종종 경험적으로 반증 불가능한 '그럴듯한 이야기just-so story'를 꾸며내기에 급급한 학문이라고 비판받는다. 어떤 행동이든지 그것이 먼 과거의 환경에서 이러저러하게 도움이 되었다는 재미난 이야기를 꾸며낸 다음에, 마치 설명이 다 이루어진 양 착각한다는 것이다. "코는 안경을 걸치게끔 진화하였다." "두 다리는 바지를 입게끔 진화하였다." 이런 식으로 진화심리학은 뭐든지 설명할 수 있으므로 반증할 수 없다는 것이다. 다르게 말하면, 아직 밝혀지지 않은 미지의 사실에 대한 신선한 예측을 생산하지 못하므로 진화심리학은 지식의

범위를 확장해주는 진정한 과학이라 볼 수 없다는 비판이다.[2]

이는 순전히 오해다. 진화심리학자들을 포함해서 그 어떤 과학자들도 가설만 덜렁 만든 다음에 벌써 연구가 끝났다고 뒤풀이하러 가지 않는다. 일반인들은 대개 진화심리학 연구들을 대중매체의 과학 기사나 SNS 등을 통해서 연구의 최종 결론만 피상적으로 접하기 때문에 이러한 오해가 생기는 듯하다. 여느 과학과 마찬가지로, 진화심리학에도 가설로부터 도출된 예측을 실험실이나 현실 세계에서 자료를 수집해 검증하는 과정이 필수적으로 따른다.

비판자들의 주장과 정반대로, 진화심리학은 아직 밝혀지지 않은 새로운 사실을 발견하게 해주는 유용한 길잡이가 된다. 기존의 전통적인 심리학은 마음의 복잡한 설계를 미처 알아차리지 못하고 다분히 연구자의 직관과 상식에 의존하여 가설을 만드는 반면에, 진화심리학은 복잡한 구조는 진화적 기능을 반영한다는 원리에 따라 종종 직관에 어긋나면서도 이론적 근거가 탄탄한 가설을 만들기 때문이다(2장 '진화심리학이란 무엇인가?' 참조). 어떤 이론적 관점이 가설 생산 능력이 뛰어나다는 것은 단점이기는커녕 크나큰 장점이다![3]

여기 복잡한 심리 기제가 있다고 하자. 진화심리학자들은 이 심리 기제가 특정한 진화적 기능을 수행하게끔 자연선택에 의해 잘 설계되었으리라는 가설을 세운다. 그리고 나서, 이렇게 제안된 진화적 기능을 잘 수행하려면 이 심리 기제가 어떠한 설계상 특질을 틀림없이 지닐 것이라는 예측을 끌어낸다. 진화심리학자들 역시 심리학의 모든 표준적인 연구방법론—실내 실험, 관찰 기법, 설문 조사, 생리적 기법, 뇌 영상 기법, 문헌 연구 등—을 동원하여 예측을 검증한다. 연구 결과가 예측과 부합한다면 이 진화적 가설은 잠정적으로 받아들여진다.

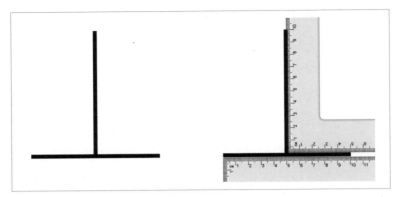

[그림 3] 수직-수평 착시. 왼쪽 그림에서는 수평선보다 수직선이 더 길어 보이지만, 오른쪽을 보면 길이가 같음을 알 수 있다.

진화심리학이 사람들이 미처 생각하지 못한 새로운 과학적 사실을 이러한 적응주의적 접근을 통해 발견한 예를 하나 들어보자. 사람들은 '⊥' 형과 같이 수직선과 수평선이 만나는 도형에서 두 선분의 길이가 같아도 수직선을 약 10퍼센트 더 길게 지각하는 경향이 있다(그림 3 참조).[4] 이처럼 수직선과 수평선의 길이를 잘못 판단하는 오류를 '수직-수평 착시vertical-horizontal illusion'라 한다. 이 착시는 왜 생기는 것일까?

진화심리학자 러셀 잭슨Russell Jackson은 수직-수평 착시는 높은 곳에서 함부로 활동하는 것을 가능한 한 피해야 한다는 문제를 해결하고자 진화된 적응에서 유래한다는 가설을 내놓았다. 먼 과거의 진화적 환경에서, 우리 조상들은 높은 곳에서 실수로 떨어지면 크게 다치거나 죽기 십상이었다. 따라서 같은 길이의 선분이라도 수직으로 놓인 선분을 수평으로 놓인 선분보다 더 길게 여기는 지각 체계가 선분의 길이를 언제나 정확하게 판단하는 지각 체계보다 조상들의 번식에

더 유리했으리라는 것이다.[5]

이쯤에서 몇몇 독자는 이렇게 생각할 것이다. "참 재미있긴 한데, 그냥 그럴싸하게 갖다 붙인 사후 설명이잖아?" 물론 여기서 끝이 아니다. 잭슨은 높은 곳에서의 추락을 피하게끔 착시를 만드는 심리적 적응이 이 적응적 문제를 잘 해결하려면 어떠한 설계상의 특질을 아울러 가질지 추론했다. 수직-수평 착시가 추락을 피하기 위함이라고 하자. 그렇다면, 수직으로 놓인 선분 하나에 대해서도 그 선분을 아래에서 올려다보며 지각한 길이보다 위에서 내려다보며 지각한 길이를 더 길다고 여길 것이다. 건물 옥상에 서서 지면을 내려다보는 경우가 지표면에 서서 그 건물을 올려다보는 경우보다 더 위험하니 말이다.

실험 결과, 실험에 참여한 이들이 건물 옥상에 서서 지면을 내려다보며 짐작한 건물의 높이는 지면에 서서 그 건물을 올려다보며 짐작한 높이보다 약 32퍼센트나 더 높았다. 모든 진화적 가설은 재미있는 '썰' 풀기이며 따라서 반증 불가능하다는 오해와 달리, 만약 실험 참여자들이 짐작한 두 높이가 별로 다르지 않았다면 러셀의 추락 착시 가설은 바로 기각되었을 것이다. 요컨대, 진화심리학적 가설은 경험적으로 반증될 수 있을 뿐만 아니라, 미지의 사실에 대한 새로운 발견을 이끄는 강력한 길잡이가 되어준다.

"진화심리학은 유전자 결정론이다."

유전자 결정론은 외부 환경이 인간 행동에 끼치는 영향을 무시한 채 오직 유전자가 인간 행동을 전적으로 결정한다는 주장이다. 진화심리학은 유전자가 인간을 꼭두각시처럼 조종한다고 보는 유전자 결정론에 불과하다고 종종 비판받는다. 1장에서 살펴보았듯이, 1970년대에 '유전자의 눈' 관점으로 진화를 이해하는 새로운 패러다임이 도킨스의 《이기적 유전자》를 통해 개념적으로 완성되었고, 이 패러다임을 인간에 적용한 시도가 진화심리학이라는 역사적 배경을 고려하면 왜 이러한 선입견이 생겨났는지 짐작할 수 있다.

사람들이 인간 행동에 대한 진화적 설명을 유전자 결정론이라고 의심하는 이유는 한 세대 내에서 이루어지는 '개체 발달'과 수많은 세대에 걸쳐 이루어지는 '진화'를 혼동하기 때문이다. 개체 발달에 관한 한, 모든 형질은 단계마다 유전자와 환경이 밀접하게 상호작용하여 행동을 만든다는 상호작용론이 정답이다. 진화심리학자를 포함하여 모든 과학자가 이에 흔쾌히 동의한다. 오직 유전자만이 형질 발현을 전적으로 결정한다는 '유전자 결정론genetic determinism'을 주장하는 과학자는 오늘날 그 어디에도 없다. 극단적인 유전자 결정론자나 극단적인 환경 결정론자는 상상 속에서나 존재하는 허수아비일 뿐이다.

진화에 관한 한, 자연선택의 단위는 집단도 개체도 아니며 유전자라는 '유전자 선택론gene selectionism'이 정답이다. 도킨스는 《이기적 유전자》에서 자연선택에 의해 그 복제 성공도가 최대화되는—그래서 원한다면 '이기적'이라고 은유할 수 있는—단위가 유전자임을 역설하였다(1장 '진화심리학의 기원' 참조). 요컨대, 진화심리학자들을 포함한 진화학자들은 유전자 선택론을 주장할 뿐, 유전자 결정론을 주장하지는 않는다. 전자는 진화에 대한 논의이고, 후자는 개체 발달에 대한 논의다.[6]

사실, 진화심리학은 환경의 중요성을 대단히 강조하는 과학이다. 2장에서 말했듯이, 오랜 세월에 걸쳐 진화한 심리 기제는 특정한 외부의 환경적 입력에 민감하게 반응하여 적응적 행동을 산출하게끔 설계되었다. 심리 기제는 외부의 특정한 환경 요소를 이미 가정하고 있고, 그 환경 요소가 없다면 적응적 행동을 산출하지 못한다는 의미에서 진화심리학은 유전자와 환경의 상호작용을 열렬히 부르짖는다. 정말이다.[7]

마음에 대한 적응주의적 접근 덕분에 어떤 행동을 일으키는 환경 요인을 새롭게 발견한 예를 들어보자. 진화심리학자 제임스 로니James Roney는 남성들은 주변에 젊은 여성이 있을 때 자신의 인생에서 물질적 부가 차지하는 중요성을 더 크게 여기는 심리적 적응을 진화시켰으리라고 제안했다.[8] 짝짓기 가능성이 조금이나마 열린 상황에서는 물질적 부에 대한 긍정적인 태도 변화가 번식 성공도를 높이는 데 도움이 되었을 것이기 때문이다.

가설을 검증하기 위해 물질적 부가 얼마나 인생에서 중요한지 묻는 설문지를 (1) 남녀 고등학생들이 반반 섞인 교실, (2) 남고생들만 있는 교실, (3) 여고생들만 있는 교실에서 돌렸다. 예측대로, 남고생들이 물질적 부에 부여하는 중요성은 시커먼(?) 남학생들만 가득한 교실에서보다 남녀 학생들이 섞인 교실에서 더 높았다. 학생들끼리 자기소개를 하는 등 그 어떤 상호작용도 배제된 상태에서 각자 책상에 앉아 설문지에 답했을 뿐인데도 말이다. 이 연구에서 제안하는 심리적 적응은 어떤 환경적 조건에서나 막무가내로 활성화되기는커녕, 특정한 환경 조건(주변에 여성이 있음)에서만 유연하게 활성화됨에 주목하길 바란다.

"진화심리학은 성희롱, 간통, 폭력, 차별처럼
잘못된 행동들을 '자연적'이라며 정당화한다."

필자가 강의하는 교양 과목 중에 〈짝짓기의 진화심리학〉이라는 과목
이 있다. 첫 수업 시간에 혹시 강의 변경을 고려하는 학생들을 위해
주의사항을 공지한다. "이 수업은 예를 들어 남자의 바람기는 인간의
본능이라며 정당화하는 과목이 아닙니다. 혹시 이 수업을 들으면 여
자친구에게 '야, 원래 바람기는 유전자의 명령이라고 우리 학교 교수
님이 그랬어. 그러니까 내가 한눈 좀 팔아도 나한테 뭐라 그러지 마.'
이렇게 말할 수 있을 거라 기대했다면 즉시 취소하세요."

진화심리학자들이 연구하는 행동들 가운데 일부는 법적 혹은 도덕
적으로 잘못된 행동들이다. 예컨대 간통, 폭력, 성희롱, 의붓자식에 대
한 학대, 외부인에 대한 편견 등은 자연선택에 의해 설계된 심리적 적
응에서 나오지만, 결코 바람직하지 않은 행동이다. 만약 사람들이 특
정한 상황에서는 성희롱을 저지르기 쉽게끔 진화했다고 말한다면, 이
는 성희롱이라는 끔찍한 범죄에 면죄부를 발행하는 격일까?

물론 그렇지 않다. 설명은 정당화가 아니다. 다른 과학과 마찬가지
로, 진화심리학은 인간 행동이라는 연구 대상을 설명할 뿐, 연구 대상
을 정당화하지는 않는다. 전염병, 암, 쓰나미, 지진, 화산 폭발, 가뭄,
폭풍 등은 모두 자연적인 현상이다. 과학자들이 이들을 열심히 연구
하는 까닭은 이들을 정당화하기 위해서가 아니라 이들을 없애거나 그
피해를 줄이기 위해서다. 지질학자들이 "지진은 자연의 섭리예요. 그
러니 제발 좀 지진을 피하려 애쓰지 마세요."라고 권고하는 것을 본
적이 있는가? 지질학자들은 지진이 일어나는 과학적 원인을 밝히고
자 한다. 이렇게 찾아낸 인과적 설명은 지진 예방에 효과적으로 활용

될 수 있다.

"암은 자연의 섭리이니 암을 치료하면 안 된다."라는 식으로 사실에서 당위를 끌어내는 오류를 자연주의적 오류naturalistic fallacy라고 한다. 어떤 현상이 자연적이므로 그 현상은 도덕적으로 정당하다고 주장한다면, 바로 자연주의적 오류를 저지르는 것이다. 지진이나 암에 대한 인과적 설명이 지진이나 암을 줄이는 데 이바지할 수 있듯이, 진화심리학자들은 성희롱이나 폭력에 대한 인과적 설명이 성희롱이나 폭력을 줄이는 데 이바지할 수 있다고 믿는다. 진화 이론은 왜 인간이 이런 식으로 행동하는지 설명해줄 뿐, 결코 그 행동이 '옳다'고 정당화해주지 않는다.[9] 2018년에 차명진 전 자유한국당 의원은 미투 운동을 두고 "수컷은 많은 곳에 씨를 심으려는 본능이 있다."며 성희롱을 두둔하는 발언을 했다. 사실에서 당위를 끌어내는 자연주의적 오류를 범하지 말자.

"진화심리학은 내 모든 행동이 자식을 많이 남기려는
무의식적인 충동 때문이라고 제멋대로 넘겨짚는다."

많은 사람이 진화심리학은 인간을 번식만이 유일한 목표인 저급한 동물로 취급하는 경향이 있다며 불만스러워한다. 행동을 한 당사자가 자식을 많이 남기려는 의도는 전혀 없이 나름대로 이유와 목적이 있어서 특정한 행동을 했을 때도, 진화심리학자들은 대뜸 번식이 유일한 진짜 이유였다고 윽박지른다는 것이다.

예를 들어, 인문학자 마리 루티Mari Ruti는 진화심리학 비판서《나는 과학이 말하는 성차별이 불편합니다》에서 진화심리학자들이 "성과 번식 본능을 동일시"(역서 144쪽)한다고 비판했다. "우리들 대부분은 섹스가 생식을 초래하지 않도록 노력한다. …… 가임기가 지난 여성들도 섹스를 실컷 한다. 그리고 많은 사람이 동성과 섹스한다는 점에서, 자식 생산 욕구로 사람들의 성행동을 설명하는 것은 말도 안 된다."(역서 145쪽)라고 루티는 주장했다. 루티에 따르면, 진화심리학자들은 "자식을 가능한 많이 남기라는 진화적 명령으로 연애 행동의 모든 면을 설명할 수 있다"(역서 21쪽)라고 믿는다.[10]

물론 이는 오해이다. 진화심리학은 모든 사람의 내면 깊숙이에 "유전자를 퍼뜨려라!"라고 명령을 내리는 무의식적인 최종 동기가 깔려 있다고 주장하지 않는다. 그런 동기는 없다. 다들 의식하다시피, 사람들은 저마다 안전, 성관계, 자아실현, 지위 상승, 명예, 금전 등 다양한 동기를 지닌다. 진화심리학자들은 사람들의 다양한 동기가 왜 하필이면 그런 식으로 나타나는가를 진화적인 관점에서 설명하고자 할 뿐이다.

이쯤에서 근접 원인proximate cause과 궁극 원인ultimate cause을 잘 구별해야 함을 강조해야겠다. 생명현상을 설명하는 수준에는 두 가지가 있다. '어떻게'에 해당하는 근접 설명과 '왜'에 해당하는 궁극 혹은 진화적 설명이다.[11] 즉각적이고 가까운 원인에 주목하는 근접 설명은 "어떻게 그 시스템이 작동하는가?"를 묻는다. 이에 답하고자 유전자, 뇌 구조, 호르몬, 생리, 사고, 정서, 사회 및 문화 등이 동원된다. 예를 들어, "왜 초콜릿을 그렇게 많이 먹어?"라는 질문에 대해 "달콤하니까."(정서), "군대에서 못 먹어서 한이 되었어."(사회), 혹은 "단것을 먹으면 뇌의 보상 중추가 활성화되거든."(뇌 구조) 등으로 답할 수 있다.

그런데 왜 하필이면 초콜릿을 달콤하게 여기게끔 우리 두뇌가 배선되었는가에 대한 의문은 여전히 남는다. 먼 진화적 원인에 주목하는 궁극 설명은 "왜 하필이면 그 시스템인가?"를 묻는다. 이에 답하고자 수천 세대에 걸친 자연선택에 의한 진화가 동원된다. 예를 들어, "왜 초콜릿을 그렇게 많이 먹어?"라는 질문에 대한 궁극 설명은 인류의 진화 역사에서 당이 높은 에너지원이었기 때문에 고당도 음식을 즐긴 조상들이 번식에 더 유리했다는 설명이다. 초콜릿을 잔뜩 먹고 있는 어린이의 마음속에 "당은 높은 에너지원이니까 내 번식에 도움이 되겠지!"라는 의식적인 동기가 들어 있는 것은 아니다.

인간의 행동을 설명할 때도 '어떻게'와 '왜'를 잘 구별해야 불필요한 혼동을 피할 수 있다. 성관계를 하는 까닭은 '쾌감을 맛보기' 위해서다. 내 자식을 돌보는 까닭은 '자식이 그저 사랑스럽기' 때문이다. 명문대에 합격하려고 공부하는 까닭은 '성취감을 얻기' 위해서다. 다 맞는 설명이지만 '어떻게'에 해당하는 근접 설명이다. 왜 하필이면 명문대에 합격해 사회적 지위가 상승하면 성취감을 느끼게끔 우리의 뇌구조, 호르몬, 유전자 등이 정교하게 설계되었는가를 답하려면 지위 상승이 어떻게 진화적 조상들의 번식에 기여했는지 설명해야 한다.[12]

이제 오해를 바로잡자. 진화심리학자들이 "인간이 행동 A를 하는 까닭은 행동 A가 먼 조상들의 번식에 도움이 되었기 때문"이라고 설명할 때, 그 행동을 한 당사자가 정말로 번식을 최종 목표로 마음속에 품고 있었다는 의미는 아니다. 실제로는 그렇지 않지만, 마치 행동 A를 해서 먼 과거의 환경에서 번식을 증대시키려 애를 쓰는 것처럼 행동한다는 의미다. 이를테면, 여성들이 자원이 풍부한 남성을 신랑감으로 선호하는 이유는 그러한 선호가 조상 여성들의 번식에 도움이 되었기 때문이라고 진화심리학자들은 설명한다. 이는 여성들이 부유한 남성을 보면 "앗, 이 남성과 결혼하면 자식을 많이 낳겠군!"이라는 생각이 무의식적으로 든다는 뜻이 결코 아니다. 마치 먼 과거의 환경에서 번식을 증대시키려 애를 쓰는 것처럼 부유한 남성을 가난한 남성보다 신랑감으로 더 선호한다는 의미다.

오해와 논쟁을 넘어서

진화심리학을 둘러싼 오해와 논쟁은 끊이지 않는다. 특히 우리 사회에는 진화심리학을 전공한 학자가 매우 적기 때문에 이러한 경향이 더 심한 것 같다. 이 장에서 다룬 오해들에 대한 해명이 독자가 혹시 갖고 있었을지 모르는, 진화심리학에 대한 의구심을 가라앉히는 데 도움이 되길 바란다. 진화심리학은 계속 발전하며 흥미로운 발견들을 내놓고 있다. 소모적인 논쟁은 이제 접어두고, 다음 장부터 그 연구 성과들을 본격적으로 다루어보자.

II부

생존

04

어떻게 먹거리를 얻고 가려낼까?

오늘은 뭘 먹을까?

끼니때마다 하는 고민이다. 어젯밤에 마신 술이 덜 깬 직장인들은 어떤 해장 음식이 좋을지 상의한다. 요즘 유행인 '쿡방'을 시청하는 주부들은 저녁 밥상에 올릴 요리를 궁리한다. 대충 아무거나 먹어도 될 텐데, 왜 사람들은 뭘 먹을지 이토록 신경 쓸까?

오늘날 한국 사회의 대다수 사람은 어떤 식사를 할지 고민한다. 과연 다음 끼니도 먹을 수 있을지 걱정하는 이는 많지 않다. 그러나 이

거야말로 모든 동물이 자나 깨나 근심하는 문제다. 야생의 동물들은 거의 항상 배고픈 상태다. 그들은 영양분과 열량을 얻기 위해 밤낮없이 돌아다닌다. 물론 짝짓기 상대를 유혹하고, 포식자를 피하고, 안식처를 찾는 등 다른 일도 하지만, 동물들이 깨어 있는 시간 중에 가장 많은 시간을 투자하는 일은 먹거리를 찾고, 포획하고, 소화하기다. 인간이 아닌 동물들에게 생존경쟁은 결국 먹거리를 얻기 위한 경쟁이라 해도 크게 지나치지 않다.[1]

사실, 극히 최근까지 인간도 예외가 아니었다. 대다수는 자주 허기지고 고달팠다. 풍요와 번영의 나라라는 미국의 1928년 대통령 선거에서 공화당의 허버트 후버Herbert Hoover 후보가 내세운 구호는 "모든 냄비에 닭고기를!"이었다. 노인네임을 인증하는 것 같아 걱정되지만, 필자도 박정희 정권이 쌀 부족을 타개하고자 혼분식 장려운동을 하던 초등학교 시절 점심때가 되면 잡곡밥을 싸왔는지 담임 선생님한테 도시락 검사를 받았던 기억이 있다.

무엇을 먹고
무엇을 먹지 말아야 할까?

충분한 양의 먹거리를 찾아서 포획해야 한다는 것 외에도 중요한 문제가 더 있다. 첫머리에 이야기했듯이, 다양한 먹거리 후보들 가운데 무엇을 먹어야 할지 가려내는 문제다. 먹거리 가짓수가 극히 한정된 동물의 경우, 이런 문제를 놓고 골머리를 썩이지 않는다. 판다는 대나무만 먹는다. 코알라는 유칼립투스 잎만 먹는다. 이들은 찾은 먹거리를 바로 입안에 넣게끔 선천적으로 배선되어 있다.

반면에 인간은 과일, 씨앗, 덩이줄기, 알뿌리, 뿌리, 견과류, 잎, 곤충, 고기 등등 다양한 먹거리를 먹게끔 진화한 잡식동물이다. 이에 따른 장점은 지구 위 거의 어느 곳에서나 살 수 있다는 것이다. 잡식동물의 삼대 천왕 격인 인간, 쥐, 바퀴벌레가 전 세계 곳곳에서 서식하는 것은 결코 우연이 아니다. 그러나 잡식동물에게는 무얼 먹고 무얼 먹지 말아야 할지 판별하는 문제가 훨씬 더 중요한 문제로 부각된다. 식물이 만드는 독소도 피하고, 동물성 먹이에 포함된 전염성 병원체도 피해야 하기 때문이다.

요컨대, 잡식동물은 딜레마에 처한다.[2] 생전 처음 보는 먹거리 후보를 발견했을 때, 이것이 정말로 훌륭한 음식인지 아니면 독소나 병원균의 온상인지 직접 먹어보지 않고는 확인할 방법이 없다. 대형 할인점의 시식 코너에서 처음 보는 음식과 마주쳤을 때, 입에 넣자니 께름칙하고 지나치자니 아쉽다는 고민은 수백만 년간 우리의 진화적 조상들도 했었다.

먹는 것에 관련된 심리는 대다수 심리학 개론서에서는 제대로 언급조차 되지 않을 정도로 괄시받는다. 그러나 음식물을 찾아서 확보하기 그리고 무엇을 먹을지 가려내기라는 두 문제는 인간의 진화 역사에서 조상들의 생과 사를 좌우한 문제였다.[3] 자연선택에 의한 진화가 우리의 마음이 이런 문제들을 잘 해결하게끔, 즉 진화적 조상들의 번식 성공도를 높이는 데 기여하게끔 설계했으리라 응당 기대할 수 있다. 마음이 어떤 먹거리를 어떻게 추구하게끔 설계되었는지 알아보자.

어떻게 인류의 조상은
수렵-채집민이 되었는가

어제 하루 동안 음식물을 씹는 데 얼마나 시간을 썼는가? 현대인이 하루에 음식물을 씹는 시간은 모두 합해 30분이 채 되지 않는다. 이런 점에서 당신은 그리고 나는, 참으로 비정상적인 유인원이다. 가장 최근까지 인간과 조상을 공유하는 유인원인 침팬지를 보자. 이들은 깨어 있는 시간의 절반 가까이를 야생 과일을 우걱우걱 씹는 데 보낸다. 참고로 침팬지가 먹는 야생 무화과, 포도, 야자열매는 결코 우리가 시장에서 사먹는 과일처럼 야들야들하고 달지 않다. 당근보다 덜 달고 (!) 더 쓰다. 섬유질투성이고, 껍질은 질기고 두껍다. 이처럼 맛대가리 없는 야생 과일로부터 충분한 에너지를 얻기 위해 침팬지는 온종일 과일을 씹고 소화하느라 고생한다.[4]

기후변화로 인해 인류의 조상은 과일이 충만한 삶과 작별을 고해야 했다. 1000만 년에서 500만 년 사이에 지구의 전체 온도가 눈에 띄게 낮아졌다. 그 결과 아프리카가 건조해져 열대우림은 줄어들고 숲과 초원은 늘어났다. 열대우림의 변두리에서 살던 유인원은 보금자리가 초원으로 변하고 과일이 줄어드는 비상사태를 맞았다. 이에 따라 약 400만 년 전에 두 발로 서서 먹거리를 찾아 더 멀리 돌아다니고 과일뿐만 아니라 잎, 줄기, 뿌리 같은 구황식물에 상당히 의존하는 오스트 랄로피테쿠스*Australopithecus*속이 등장했다. 이 중 가장 유명한 화석에 붙여진 이름은, 아시겠지만, 루시Lucy다.

약 260만 년 전 마침내 빙하기가 시작되었다. 아프리카는 가뜩이나 온도가 더 낮아지고 건조해졌다. 맛없는 구황식물조차 구하기 어렵게 된 원시인류는 혁신적인 돌파구를 찾았다. 바로 사냥이었다. 식물을 채집할 뿐만 아니라 더 먼 거리를 돌아다니며 동물을 사냥하게 된 것이다.

이 시기에 출현한 호모 하빌리스*Homo habilis*와 호모 에렉투스*Homo erectus*는 본격적으로 수렵과 채집을 병행한 조상들이었다. 임신으로 무거운 몸을 가누거나 어린아이를 돌보아야 했던 조상 여성들이 동물을 사냥하거나 사체를 뒤지기는 어려웠으므로, 자연히 여성은 주로 채집하고 남성은 주로 사냥을 하는 역할 분담이 이루어졌다.

수렵과 채집으로 먹거리를
잘 찾아내게끔 진화한 마음

인간의 마음은 수백만 년 동안 이어진 수렵-채집 생활에서 먹거리를 찾아서 확보하는 문제를 잘 해결하게끔 설계되었을 것이다. 특히 수렵에 요구되는 능력과 채집에 요구되는 능력은 다르므로, 남성과 여성의 공간 인지능력은 그에 맞추어 달랐을 것이다.

사냥을 잘하려면 어떤 능력이 필요할까? 사냥감이 되는 동물은 이리저리 전속력으로 내달리며 사냥꾼을 따돌리려 애쓴다. 사냥감을 추적하다 보면 사냥꾼은 어느새 낯선 곳에 들어서게 된다. 사냥이 끝난 후 보금자리로 복귀할 때, 오늘 걸었던 길을 하나하나 되밟을 필요는 없다. 동서남북 방위에 근거해서 출발점에서 보금자리를 향해 직선 경로로 곧장 나아가면 된다.

심리학자들이 실험실에서 공간 인지능력의 성차를 연구할 때, 남성이 여성을 능가하는 과제는 이처럼 수렵에서 주로 요구되는 능력들이었다. 이를테면, 어떤 물체를 마음속에서 회전시키기, 미로에서 출구 찾기, 지도를 판독하기, 복잡한 그림 속에 숨은 단순한 모양 찾기 등은 남성이 여성보다 평균적으로 더 잘 해낸다.[5]

채집을 잘하려면 어떤 능력이 필요할까? 사냥과 달리 채집은 보금자리에서 가까운 익숙한 공간을 샅샅이 뒤짐으로써 이루어진다. 공연히 동서남북을 따지기보다 눈에 잘 띄는 친밀한 지형지물을 활용해서 길을 찾는 편이 더 낫다. 실제로 지형지물에 의존한 길 찾기는 여성이 남성을 앞지른다.

게다가 식물은 언제나 그 자리에 있다. 하지만 채집자가 산딸기를 발견했을 때, 빨갛게 익은 산딸기를 먹으려면 몇 주 더 기다려야 할지도 모른다. 땀을 뻘뻘 흘리며 땅속에서 파낸 덩이줄기가 아직 덜 여물었을 수도 있다. 따라서 각 식물이 어디 있는지 잘 기억했다가 수확시기가 오면 그 위치를 잘 찾아내는 능력이 필요하다.

이러한 위치 기억은 두 가지 수준에서 이루어진다. 첫째, 한 장소 안에 있는 여러 사물의 공간적 배치를 재빨리 파악해서 나중까지 잘 기억하는 것이다. 이러한 능력에 관한 한 여성이 남성을 대개 능가한다.[6] 필자도 남자인지라, 종종 아내가 선반에 놓인 병따개를 가져다 달라는 부탁 따위를 제대로 이행하지 못해서 혼이 난다. "아니, 남자들은 왜 그렇게 시야가 좁아? 눈앞에 뻔히 있는 걸 왜 못 보니?" 안 보이는데 어떡하란 말인가.

둘째, 오늘 다녀본 여러 장소 가운데 식물성 음식이 있는 장소의 위치를 잘 기억해서 나중에 일단 그곳부터 방문하는 것이다. 이때는 마치 사냥꾼이 곧바로 집으로 복귀할 때처럼, 익숙한 지형지물보다 동서남북 방위를 활용해서 길을 찾는 능력이 요구된다. 여기에서 재미있는 예측을 만들 수 있다. 일반적으로 지형지물보다 동서남북 방위에 따라서 길을 찾는 과제는 남성이 여성보다 더 잘한다고 흔히 이야기한다. 하지만 모든 종류의 길 찾기에서 남성이 다 뛰어날까?

진화심리학자인 조슈아 뉴Joshua New와 동료들은 오늘 발품을 팔며 다닌 여러 장소 중에 유독 식물성 음식이 있는 장소의 위치를 나중에 정확히 가리키는 능력에 대해서는 여성이 남성보다 더 뛰어나리라고 예측했다.[7] 먼저, 실험 참여자들을 농산물 재래시장으로 데려갔다. 여러 점포를 돌아다니면서 생선, 고기, 채소, 과일, 빵, 견과류 등의 음식을 시식하게 했다. 그러고 나서 참여자들을 한곳에 모은 다음 갑자기 물었다. ○○를 파는 점포가 있는 방향을 손가락으로 가리키세요.

예측대로, 채소나 과일처럼 식물성 음식이 있던 점포의 위치는 여성이 남성보다 더 잘 기억했다. 동물성 음식에 대해서는 유의미한 성차가 관찰되지 않았다. 또한, 남녀 모두 아몬드, 올리브유처럼 열량이 높은 음식이 있던 위치를 오이, 상추처럼 열량이 낮은 음식이 있던 위치보다 더 잘 기억했다.

무엇을 먹어야 할지
잘 가려내게끔 진화한 마음

먹어도 될 것 같은 음식물을 일단 확보했다면, 다음 단계는 입안에 집어넣을지 그냥 내버려둘지 결정하는 것이다. 각양각색의 먹거리를 먹는 잡식동물로서 우리의 마음이 이 문제에 대해 어떤 해결책을 진화시켰는지 보자.

첫째, 어떤 맛에는 이끌리고 어떤 맛에는 멀어지게끔 선천적인 미각 체계가 장착되었다. 갓난아기는 (그리고 새끼 쥐도) 단맛이 나는 액체라면 무조건 대환영이다. 먼 과거의 환경에서 야생 과일처럼 높은 열량을 제공했던 먹거리를 달콤하다고 느끼게끔 우리의 두뇌가 배선된 것이다.

마찬가지로 우리는 쓴맛과 신맛을 싫어함으로써 식물이 만드는 방어용 독소를 섭취하는 불상사를 피한다. 적당한 수준의 짠맛에 이끌리는 성향은 갑작스러운 탈수를 예방하는 구실을 한다. 감칠맛(우마미)에 끌리는 성향은 단백질이 풍부한 음식을 섭취하게 해준다. 물론 요즘은 인공 조미료를 듬뿍 넣은 음식이 최고라고 여기게 하는 부작용도 낳지만 말이다.

둘째, 낯선 음식을 일단 꺼리면서도 한편으론 선호하는 양가적인 감정이 진화했다. 앞서 말했듯이, 생소한 음식은 훌륭한 먹거리일 수도 있지만 독소와 병원균의 온상일 수도 있기 때문이다. 쥐는 새로운 음식에 도전할 때 아주 소량만 떼어서 천천히 맛을 본다. 그럼으로써 독소를 처음부터 과다 섭취하는 사태를 미리 방지하는 것이다.[8]

사람들이 대형 마트의 시식 코너에서 친숙한 음식은 한꺼번에 두세 개씩 집어 먹지만, 처음 보는 음식은 하나만 조심스레 집어 드는 행동과 같은 맥락이다. 아이들도 종종 생전 처음 보는 음식에 대해서는 망설이곤 한다. 부모가 어르고 달래고 나서야 마지못해 한 입 먹곤 한다.

셋째, 주위에서 다른 사람들이 무얼 맛있게 먹는지 보고 배움으로써 먹을 수 있는 음식을 가려낸다. 모든 새로운 음식 후보를 직접 일일이 맛봄으로써 적격 여부를 판단한다면, 배탈 날 위험이 클 뿐만 아니라 몹시 비효율적이다. 이미 그 음식을 먹어본 사람의 표정, 행동, 평가 등을 통해 식용 여부를 사회적으로 학습하게 해주는 심리적 적응이 진화했을 것이다.

[그림 4] 애니 워츠Annie E. Wertz와 캐런 윈Karen Wynn의 6~18개월 영아를 대상으로 한 식용 식물을 가려내는 실험

　　예컨대, 한 연구에서는 18개월 된 아기들에게 한 어른이 열매 A가 달린 식물과 열매 B가 달린 책꽂이에서 각각 열매를 따 먹는 모습을 보여주었다.[9] 그다음에 A, B 가운데 무엇이 먹어도 되는 열매인지 아기들에게 고르게 했다. 아기들은 책꽂이가 아니라 식물에 달려 있던 먹을 것을 더 많이 골랐다. 즉, 아기들은 인공물이 아니라 식물이 우리 입으로 들어가는 먹거리의 원천임을 더 잘 학습하는 경향을 이미 지니고 태어난다.

두 번의 혁명을 지나온
오늘날 우리의 밥상

1만여 년 전, 인간이 농작물을 재배하고 가축을 기르기 시작하면서 기나긴 수렵-채집 시대는 막을 내렸다. 농업혁명은 우리의 밥상에 엄청난 변화를 몰고 왔다. 쌀과 밀 같은 곡물이 주식이 되었고, 야생 동물의 고기보다 포화지방이 더 많이 함유된 가축의 고기를 먹게 되었다.

농업은 수렵-채집 시절보다 훨씬 더 많은 양의 음식물을 선사했지만, 그 대가로 우리가 먹는 음식물의 가짓수는 매우 줄어들었다. 수렵-채집을 한 조상들은 수천 가지의 음식물을 먹었다. 농업을 시작한 조상들은 약 50가지의 동물성 음식과 약 600가지의 식물성 음식에 만족해야 했다.[10] 지방과 탄수화물의 공급원이 흔해지면서 높은 열량을 섭취하게 되었지만, 먹거리의 가짓수가 줄고 단백질 공급이 부족해지면서 오히려 음식의 질 자체는 떨어졌다. 농업을 한 조상들은 수렵-채집을 한 이전 세대의 조상들보다 몸집도 작아지고 건강도 나빠졌다.

약 200년 전부터 시작된 산업혁명은 더 큰 변화를 초래했다. 수렵-채집 환경에서는 드물었던 잘 익은 과일(단맛)이나 고기(기름진 맛)를 추구하게끔 진화한 욕망이 인류 역사상 최초로 온전히 충족될 수 있게 되었던 것이다. 예컨대, 달콤함에 대한 욕망은 사탕수수를 대규모로 가공하여 정제 설탕을 누구나 싼값에 구할 수 있게 했다. 우리의 진화한 미각과 현대 산업사회의 낯선 환경이 어긋나면서 비만, 성인병, 스트레스 등 여러 심각한 건강상의 문제를 일으키고 있음은 잘 알려졌다.[11]

이제 정리하자. 풍부한 양의 먹거리를 찾아내기와 무얼 먹고 무얼 피할지 가려내기라는 두 문제를 효율적으로 해결하게끔 진화한 인간의 심리적 적응들을 살펴보았다. 주로 사냥에 종사했던 남성은 마구 돌아다니는 사냥감을 끝까지 추적하고 집으로 복귀하기 위해 동서남북 방위에 의존해 길을 찾는 능력이 발달했다. 주로 채집에 종사했던 여성은 집 근처의 식물성 음식을 잘 찾기 위해 익숙한 지형지물에 의존해서 길을 찾는 능력이 발달했다. 어떤 음식을 먹어도 좋은지 잘 판별하기 위해, 인간은 단맛, 짠맛, 쓴맛, 신맛 등의 선천적인 미각 체계를 진화시켰고, 주변 사람들의 음식 선호를 사회적으로 학습하는 능력도 아울러 진화시켰다.

요즘 우리 사회에는 음식 열풍이 거세다. TV에는 요리와 맛집을 다루는 예능 프로그램이 대세다. 먹방 유행이 해외에 전해져 유튜브에서 'mukbang'을 치면 외국인들이 올린 먹방 콘텐츠가 줄줄이 검색된다. 맛에 대한 담론은 차고 넘치지만, 정작 우리가 먹는 모든 음식에 장구한 진화의 역사가 담겨 있다는 사실은 간과되곤 한다. 유인원 조상이 인간으로 진화한 역사는 야생 동식물이 식탁 위의 음식으로 진화한 역사와 DNA의 이중나선처럼 얽혀 있다. "왜 인간은 이런 음식을 즐기게끔 진화했을까?"라는 의문을 던지면서 저녁 식사를 한다면 한층 더 지적이고 풍요로운 만찬이 될 것이다.

05

잡아먹거나, 잡아먹히거나

인간은 동물을 먹고
동물은 인간을 먹는다

오늘날 대도시를 사는 현대인이 야생 동물과 마주칠 일은 극히 드물다. 그런데도 인간이 아닌 동물에 대한 관심은 유별나다.[1] 기업체나 학교의 상징, 의류와 액세서리 디자인, 대형 행사의 마스코트, 애니메이션 캐릭터 등 동물은 어디에나 있다. 프로야구 구단은 열 개 중 여섯 개가 동물의 이름에서 따왔다. 대통령의 봉황 휘장이나 신촌 독수리, 평창 동계올림픽의 수호랑과 반다비, 재규어 자동차, 뽀롱뽀롱 뽀로로를 떠올려보라.

왜 우리는 인간이 아닌 동물에 집착하는가? 진화심리학자인 스티븐 핑커는 한마디로 답했다. "우리는 동물을 먹는다. 동물은 우리를 먹는다."[2] 우리를 먹으려는 포식동물은 인간이 출현하기 훨씬 전부터, 즉 뽀족뒤쥐와 유사했던 포유류의 조상 시절부터 심각한 생존의 위협이 되었다. 사자, 호랑이, 표범, 늑대, 하이에나, 악어, 비단뱀 같은 다양한 포식동물들이 원시인류를 보고 군침을 삼켰다.

아직껏 수렵-채집 생활을 하는 파라과이 아체Aché족의 사망 원인을 조사한 연구를 보자. 사망자의 6퍼센트가 재규어에, 12퍼센트가 뱀에 물려 죽었다.[3] 멀리 갈 것 없이, 한반도는 수천 년 동안 호랑이의 나라였다. 울진 반구대 암각화에도, 고구려 무용총 벽화에도 호랑이가 등장한다. 17세기 조선에는 호랑이와 표범이 적어도 1,000마리 이상 살았으리라 추정된다.[4]

우리의 식사가 되는 사냥감을 잘 잡는 것도 매우 중요한 문제였다. 적어도 200만 년 전부터 인류는 동물을 사냥해 그 고기를 먹기 시작했다. 발굽 동물부터 작은 새, 토끼에 이르기까지 다양한 동물을 원시인류가 여럿이 힘을 합쳐 사냥했음을 보여주는 고고학적 증거들이 많이 있다. 아프리카 케냐에서 발견된 동물들의 뼈 무더기에 남아 있는 날카로운 흔적들은 인류의 조상이 돌로 만든 도구로 작은 동물들을 직접 사냥했음을 보여준다.[5]

포식동물을 잘 피하기 그리고 사냥감을 잘 포획하기는 인류의 진화역사 내내 생존과 번식을 좌우했던 중차대한 과제였다. 따라서 현대인의 마음에는 이 두 과제를 잘 해결하게끔 자연선택에 의해 맞춤형으로 설계된 심리적 적응들이 들어 있으리라 기대된다.⁶ 자연선택은 어떠한 해결책을 고안했을까.

동물을 어떻게
탐지할 것인가?

옛날 옛적, 어느 나그네가 깊은 산속을 홀로 걷고 있었다. 해는 벌써 저물었다. 발걸음을 서두른다. 호랑이가 여기에 자주 출몰한다는 말이 생각난다. 큰일 났다. 식은땀이 절로 난다. 갑자기 저 앞에서 나뭇잎이 흔들린다. 호랑이인가? 그저 솔바람인가?

시각, 청각, 후각 등을 동원해 포식동물과 사냥감을 빠르고 정확하게 탐지할 수 있었던 조상은 높은 번식상의 이점을 누렸을 것이다. 동물이 지닌 가장 중요한 특징은 그들이 행위자agent라는 것이다. 인간, 동물 같은 행위자는 어떤 목표를 달성하고자 자발적으로 움직이는 존재로 정의된다. 반면에 식물, 구름, 자동차, 컴퓨터 화면의 마우스 포인터 등은 행위자가 아니다. 이들도 나름 움직이긴 하지만 내적인 의도나 목적이 없기 때문이다.

한 번 곰곰이 생각해보시라. 어떤 대상의 움직임만 보고 그것의 행위자 여부를 판단해내는 연산장치를 만들기란 어마어마하게 어려운 일이다. 방금 움직인 대상이 인간이나 동물 같은 행위자인지, 아니면 하늘에 떠가는 구름이나 수면에 이는 잔물결 같은 비행위자인지 어떻게 구별해낼 것인가?

행위자를 찾아내기 위해 우리의 뇌가 기대는 주요한 단서 중의 하나는 쫓고 쫓기는 행동이다. 비행위자와 달리, 행위자는 서로 추격하고 회피하는 것 같은 목표 지향적인 활동을 한다. "만약 A는 B를 잡으려 하고 B는 A를 피하려 한다면, A, B 둘 다 행위자이다."라는 지침을 따르는 것이다. 실제로 심리학자들은 컴퓨터 모니터상에서 마치 서로 쫓고 쫓기는 것처럼 움직이는 두 동그라미를 본 사람들은 동그라미들이 마치 의도나 목표를 지닌 행위자인 양 여기는 경향이 있음을 보고했다.[7]

이와 관련하여 1944년 심리학자 프리츠 하이더Fritz Heider와 마리안네 지멜Marianne Simmel이 행한 실험은 유명하다. 이 실험은 피험자들에게 큰 삼각형, 작은 삼각형, 동그라미가 마치 서로 쫓고 쫓기는 것처럼 움직이는 동영상을 보여준 다음, 무엇을 보았는지 서술하게 했다. 단순한 기하학적 도형들은 인간이나 동물을 전혀 닮지 않았지만, 피험자들은 이들이 마치 행위자인 양 동기나 의도를 부여하여 서술했다. "큰 삼각형이 작은 삼각형을 괴롭혀요." "작은 삼각형이 동그라미를 구출했어요."[8]

쫓고 쫓기는 행동 외에도, 어떤 동물종이 지닌 독특한 형태도 그 종을 탐지하는 좋은 단서가 된다. 뱀의 꾸불꾸불한 몸통과 세로로 길게 찢어진 눈은 대표적인 예다. 여러 사물이 잔뜩 들어 있는 복잡한 장면을 볼 때, 그 안에 들어 있는 뱀은 유독 우리 시선을 확 잡아끈다는 사실이 여러 연구를 통해 밝혀졌다.

한 연구에서는 아홉 개의 네모 칸으로 나누어진 컴퓨터 화면을 피험자들에게 보여주었다. 여덟 개의 네모 칸에는 꽃이 있고 한 곳에만 뱀이 있었다. 대조 실험에서는 여덟 곳에 뱀이 있고 한 곳에만 꽃이 있었다. 피험자들은 뱀들 속에 숨은 꽃 하나보다 꽃들 속에 숨은 뱀 하나를 훨씬 더 빨리 찾아냈다.[9]

죽은 뒤에 후회 말고
지나치게 경계하자

앞에서 필자는 포식동물과 사냥감을 되도록 '정확하게' 탐지하는 능력이 자연선택되리라고 썼다. 사실, 이는 딱 맞는 표현은 아니다. 조상들의 번식 성공도를 높이는 데 이바지하는 한에서만 정확한 탐지 능력이 진화할 수 있다. 달리 말하면, 현실을 일부러 왜곡하는 지각 체계라도 조상들의 번식에 이바지했다면 당연히 자연선택되었을 것이다.

위험한 포식동물을 탐지하는 우리의 지각 체계는 두 가지 오류를 저지를 수 있다. 사자인 줄 알고 혼비백산했는데 아무 일도 아닌 경우, 혹은 사자를 알아차리지 못해서 사자의 밥이 되는 경우다. 후자의 오류를 저질렀을 때 손실이 훨씬 더 크다. 따라서 우리의 지각 체계는 모호하면 일단 포식동물이 있다고 가정하는 식으로 지나치게 예민하게 반응하게끔 편향되었다. 마치 담배 연기에도 시도 때도 없이 울려대는 화재경보기처럼 말이다.

코뿔소가 고함을 지르며 우리의 조상을 향해 돌진하고 있다고 하자. 코뿔소와의 실제 거리를 냉철하고 정확하게 알려준 지각 체계보다, 실제보다 코뿔소가 더 가까이 있다고 거짓 보고를 올려서 속히 안전하게 대피하게 한 지각 체계가 조상들의 번식에 더 도움이 되었다.

진화심리학자 존 노이호프John Neuhoff는 일정한 음량의 소리를 내는 스피커가 나에게 가까워질 때는 내게서 멀어질 때보다 음량 변화가 더 시끄럽게 지각됨을 보였다. 그뿐만 아니라 나에게 '가까워지는' 소리는 내게서 '멀어지는' 소리보다 실제 출발점보다 더 가까이서 출발해서 내게 더 가까운 지점에서 멈추었다고 인식되었다.[10] 요컨대, 우리의 지각 체계는 현실을 있는 그대로 반영하기보다는 포식동물의 위협을 실제보다 부풀리는 방향으로 편향되어 있다.

여담으로, 2014년 수능 영어 영역 B형 34번 문제 지문은 이러한 청각 편향을 소개한 진화심리학 서적에서 나왔다.[11] 수험생들에게 생소했는지 정답률이 31퍼센트로 매우 낮았다. 이 책을 꼼꼼히 읽으면 수능 시험 대비에 도움이 될지도 모른다!

사냥감 :
먹거리는 옹기종기 모여 있다

사냥감을 잘 획득하기 위해 어떤 심리적 적응이 진화했을까? 동물뿐만 아니라 식물까지 포함해서, 인간이 추구하는 먹거리 자원들은 중요한 공통점이 있다. 이들은 특정한 시간과 장소에 밀집해서 분포하는 경향이 있다. 즉, 곤충, 고기, 과일, 잎, 씨앗, 뿌리, 견과류 등 인간의 먹거리가 되었던 자원들은 그들이 살기 적합한 특정한 환경에 무리를 지어 분포했다. 이들이 절벽, 황무지, 갯벌, 숲 등 장소를 가리지 않고 모든 공간에서 똑같은 확률로 발견되지는 않는다는 말이다. 인류의 진화 역사에서 완전히 무작위로 분포한 먹거리도, 자로 잰 듯이 균등하게 분포한 먹거리도 없었다.

물건을 찾거나, 인터넷에서 정보를 탐색하거나, 기억 저장고에서 기억을 끄집어낼 때 우리 두뇌의 탐색 체계는 찾으려는 목표가 마치 수렵-채집 시절의 먹거리처럼 몇몇 장소에 모여 있으리라고 기대한다. 어떤 장소에서 무언가 보상을 얻게 되면 계속 그 주변을 집중적으로 탐색하며 보상을 더 추구한다. 마침내 보상이 바닥나게 되면 그제야 다른 장소로 이동하는 것이다.[12]

예를 들어보자. 학교에서 강의를 듣고 귀가한 대학생 갑돌이가 휴대전화를 잃어버렸음을 깨달았다. 아마도 갑돌이는 "내가 휴대전화를 마지막으로 본 게 어디지?"라고 자문할 것이다. 그곳이 강의실 같다면, 머릿속으로 강의실을 샅샅이 탐색한다. 오늘 앉은 의자? 책상 위? 강의실 바닥? "맞아, 거기 있을지 몰라!"라는 보상이 딱히 주어지지 않는다면, 머릿속으로 다른 후보지인 버스로 이동한다. 오늘 버스에선 장소? 앉은 좌석? 탑승 계단?

갑돌이가 인터넷에서 '라면 맛있게 끓이는 법'에 대한 정보를 검색할 때도 마찬가지다. 검색 결과가 나온 모든 사이트를 일일이 다 정독하진 않는다. 어떤 사이트에서 원했던 정보를 다소나마 얻게 되면, 그 사이트를 샅샅이 뒤지며 유용한 정보를 계속 더 얻는다. 보상이 바닥나면 그제야 다른 사이트로 이동한다.

요약하자. 동식물 먹거리를 찾아 나설 때 우리의 인지 기제는 먹거리들이 무작위적으로 혹은 균등하게 분포하기보다는 한곳에 집중적으로 분포하리라고 기대하면서 탐색하게끔 진화하였다. 사실, 먹거리뿐만 아니라 사람(친구, 배우자)이나 보금자리, 물이 있을 만한 곳처럼 진화 역사에서 중요했던 다른 종류의 자원들도 특정한 곳에 밀집해서 분포하기 마련이다. 오늘날 현대인들이 물건을 찾거나 정보를 검색할 때 찾으려는 대상이 몇몇 장소에 무리 지어 발견되리라는 가정에 따라 탐색을 한다는 것이 별로 놀랍지 않다.

위험은 더 쉽게 학습된다

꾸불꾸불한 뱀의 형태나 점점 나에게 다가오는 소리처럼, 위험한 포

식동물과 연관된 몇몇 특정한 단서에 대해 우리는 별다른 학습 없이
도 기가 막히게 적절히 반응하게끔 선천적으로 타고났다(공포 감정, 선
택적인 관심, 편향된 거리 추정, 회피 행동 등). 그러나 갓 태어날 아기가
극지방에서 자랄지 아프리카 초원에서 자랄지 유전자가 미리 알 수는
없는 노릇이다. 개체가 성장하는 생태적 환경에서 주로 서식하는 포
식동물과 사냥감은 어떤 것들이며 각각 어떻게 대처해야 좋을지는 후
천적인 학습으로 습득해야 한다.

　학습 역시 자연선택이 설계한 심리적 적응이다. 즉, 무엇이든지 똑
같은 효율로 학습하기보다는 조상들의 생존과 번식을 좌우했던 요소
를 다른 요소보다 특별히 더 잘 학습하게 해준 심리적 적응이 우리의
마음에 장착되었다. 진화심리학자인 클라크 배럿H. Clark Barrett과 제
임스 브로슈James Broesch는 아이들이 어떤 낯선 동물에 대한 여러 가
지 정보를 타인을 통해 학습할 때 특히 그 동물이 사람에게 위험한지
아닌지를 유독 더 잘 학습하고 더 오래 기억하리라고 제안했다.[13]

　미국 LA에 사는 어린이들과 에콰도르의 한 아마존 마을에 사는 어
린이들을 대상으로 실험이 시행되었다. 안전한 초식동물(예: 코아티,
코주부원숭이), 안전한 육식동물(예: 개미핥기, 땅돼지), 위험한 초식동물
(예: 이구아나, 대형 영양), 위험한 육식동물(예: 코모도왕도마뱀, 태즈메이
니아데블)의 그림 16개를 보여주고 각 동물의 이름, 먹는 음식(초식/육
식), 위험성 여부를 알려주었다. 대도시에 살건 아마존에 살건, 아이들
은 처음 본 동물의 이름이나 잘 먹는 음식보다는 사람에게 위험한지
아닌지를 더 잘 학습했고 더 오래 기억했다.

　아이 처지에서 생각해보자. 어떤 낯선 동물의 이름? 몰라도 된다.
초식동물 혹은 육식동물? 이름보다 중요하긴 하지만 역시 몰라도 된

다. 그 동물이 실제로 나에게 위험한가? 이것만큼은 확실하게 배워둘
필요가 있었다.

현대인은 이제 사냥꾼도
먹잇감도 아니다

대다수 현대인은 더는 사냥꾼이 아니다. 고기가 먹고 싶으면 포장된
냉장육을 사지, 돌도끼를 챙기진 않는다. 마찬가지로 현대인은 더는
먹잇감도 아니다. 오늘날 전 세계에서 야생 동물에게 물려 죽는 사람
은 드물다. 그러나 포식동물을 피하기와 사냥감을 획득하기는 인류의
진화 역사를 통틀어 우리 조상들이 지속적으로 부딪혔던 가장 중요한
과제 가운데 하나였다.

　포식동물과 사냥감을 잘 탐지하기 위해서 우리의 마음은 서로 쫓고
쫓기는 행동 같은 단서에 주목한다. 우리는 꾸불꾸불한 뱀 모양 등의
특징적인 단서에 대해서는 의식적인 학습 없이도 적절하게 반응하게
끔 타고났다. 위험한 포식동물을 탐지할 때, 우리의 지각 체계는 포식
동물의 위협을 실제보다 더 과장하는 방향으로 치우쳐 있다. 동식물
먹거리를 찾을 때, 우리의 인지 체계는 먹거리들이 한곳에 밀집해 있
으리라고 가정하면서 탐색하게끔 진화하였다. 포식동물과 먹거리를
사회적으로 학습할 때, 우리는 동물의 위험성 여부 같은 중요한 정보
를 특히 더 잘 습득하게끔 진화하였다.

　단군신화에도 호랑이가 등장할 만큼 한반도는 대대로 호랑이의 나
라였다. 육당 최남선은 우리나라를 '호담국虎談國'이라 불렀을 만큼
'호랑이와 곶감' '해와 달이 된 오누이' 등 호랑이에 관련된 전설과 민

담도 많다. 포식동물을 잘 피하게끔 진화된 인간의 심리적 적응을 우리나라의 호랑이 민담이나 설화를 조사해서 확인할 수 있을 것이다. 이를테면, "죽은 뒤에 후회 말고 지나치게 경계하자." 원리에 따라 민담이나 설화에서 묘사되는 호랑이의 위험성이 비합리적으로 과장되어 나타나는지 살펴볼 수 있지 않을까? 여러분은 어떤 새로운 아이디어가 떠오르는가?

06

병원체를 피하라!

우리는 기생체가 먹는 음식이다

이름만 보면 보잘것없는 조무래기일 것 같다. 기생체寄生體, parasite 말이다. 다른 생물에게 빌붙어서 양분을 빼앗아 먹는 생물이라는 뜻이다. 바이러스, 세균, 원생생물, 장내기생충, 이, 진드기, 쇠파리 등을 포함한다. 기생체라는 단어는 '음식sitos의 곁para'을 의미하는 그리스어 파라지토스parasitos에서 유래했다. 원래 이 단어는 고대 그리스에서 '사제를 돕는 임무를 수행하고, 함께 만찬에 초대받는 제관'을 지칭했다. 음식을 너무 많이 먹어서 주인에게 폐를 끼칠까 봐 각별히 조심하는 저녁 식사 손님이 바로 파라지토스였다.[1]

허술한 이름에 속지 마시라. 우리는 기생체가 먹는 음식이다. 기생체를 맞는 주인이 아니다. 인류의 진화 역사를 통틀어 전염병은 전쟁, 살인, 자연재해, 비전염성 질병 등 그 어떤 원인보다 조상들의 목숨을 더 앗아간 원흉이었다.[2] 일례로 14세기 중세 유럽을 휩쓴 흑사병은 유럽 전체 인구의 3분의 1을 죽였다. 오늘날에도 전염병은 우리를 음산하게 위협한다. 모기가 옮기는 전염병인 말라리아는 2016년에만 전 세계에서 약 45만 명을 죽였다.[3] 후천면역결핍증AIDS은 약 100만 명을 죽였다.[4] 반면에 같은 해에 지구상에서 전쟁, 내전 등으로 죽은 군인과 민간인 사망자는 10만 명 남짓이었다.[5]

기생체와 인간이 수백만 년에 걸쳐 생과 사를 건 전쟁을 벌여왔음을 고려하면, 자연선택이 전염병을 효과적으로 막는 정교한 방어 체계를 우리의 몸과 마음에 장착시켰으리라 예상할 수 있다. 기생체 가운데 질병을 일으키는 것들, 즉 병원체를 무력화시키고자 숙주인 인간은 다양한 조치를 취한다.[6] 첫째, 애초에 병원체에 노출되지 않도록 철저하게 예방한다. 둘째, 몸 안으로 침투한 병원체를 재채기, 열, 설사, 면역반응 등으로 죽이거나 밖으로 몰아낸다. 셋째, 병원체가 파괴한 조직을 재생시켜 피해를 복구한다.[7]

이 중 최선의 방책은 예방이다. 자고로 삼십육계 중에서도 줄행랑이 으뜸이라 했다. 다소 성가시고 귀찮더라도, 위험하면 일단 피하고 보는 것이 최선이다. 병원체가 이미 우리 몸 안에 들어온 다음에 활성화되는 다른 조치들은 큰 비용을 치러야 한다. 예를 들어, 병원체에 감염되면 우리 몸은 병원체를 '태워' 죽이고자 체온을 높인다. 이렇게 몸에 열이 나면 저장된 영양분이 더 빨리 소모된다. 남성은 일시적으로 생식 능력도 잃게 된다.[8] 병석에 드러누워 안정을 취하느라 데이트, 출근, 자녀 돌보기 등 다른 중요한 일도 포기해야 한다. 처음부터 병원체와 엮이지 않는 편이 가장 깔끔하다.

주변 환경에서 병원체를 옮길 만한 사람 혹은 사물을 탐지하여 이를 미리 피하게끔 해주는 심리적 적응들을 알아보자. 병원체를 막는 심리적 방어는 특정 집단에 돌을 던지는 편견, 자기편끼리 뭉치고 외부인을 배척하는 자기 집단 중심주의, 매력적인 이성에 대한 이끌림, 문화적 차이 등등 다양한 영역에 영향을 끼친다.[9]

왜 어떤 것들은 '우웩'인가?

상한 우유, 썩은 고기, 곰팡이가 핀 식빵, 쥐, 바퀴벌레, 구더기, 소변, 대변, 땀, 콧물, 토사물, 침, 고름, 음식물 쓰레기 더미, 먼지, 동물의 대변, 누런 치아, 콧구멍 후비기, 벌어진 상처, 손가락이 잘린 손, 시체, 끙끙 앓는 사람, 낯선 나라에서 온 외국인, 초만원 지하철.

위의 단어들을 천천히 음미하길 바란다. 어떤가? 아마도 코를 찡그리고, 윗입술을 끌어올리고, 입 가장자리가 내려가거나 인상을 쓰면서 입을 크게 벌리는 표정이 지어졌을 것이다. 심장박동도 느려지고, 손바닥이 축축해지고, 뱃속이 뒤집어졌을 것이다. 혐오감, 즉 무언가를 강력히 거부하는 정서가 만드는 전형적인 반응이다.[10]

왜 그것들은 혐오스러울까? 사람들은 보통 이렇게 답한다. "더럽고, 냄새나고, 축축하니까. 한마디로 '우웩'이잖아." 일견 맞는 말이다. 그런데 왜 바퀴벌레는 '우웩'인데 강아지는 '우웩'이 아닐까? 왜 초만원

지하철은 '우웩'인데 한적한 지하철은 '우웩'이 아닐까? 혐오가 어떤 진화적 기능을 수행하게끔 자연선택에 의해 설계된 정서인가에 대한 해답은 비교적 최근까지도 베일에 싸여 있었다. 공중보건학자 밸러리 커티스Valerie Curtis는 오랫동안 혐오감과 위생 행동을 연구해온 자칭 '혐오학자Disgustologist'이다. 2001년 어느 날, 그녀는 연구실에서 전염병 억제를 위한 표준 지침서를 뒤적이고 있었다. 갑자기 섬광 같은 깨달음이 스쳤다. 아니, 이런? 병원체를 옮기는 요인의 목록이 혐오감을 일으키는 요인의 목록과 놀랄 정도로 유사했다.

대변은 콜레라, 장티푸스, 로타바이러스 등 20종이 넘는 소화기 질환을 옮길 수 있다. 콧물은 결핵, 인플루엔자, 홍역, 폐렴 등을 옮길 수 있다. 쥐는 유행성출혈열이나 라사열을 일으키는 병원체를 옮긴다. 고름이나 딱지에는 우리 몸에 침투한 병원체가 들어 있다. 그해 커티스 박사는 혐오라는 정서는 병원체가 잠복한 대상을 탐지하여 이를 사전에 피하게끔 해준다는 새로운 이론을 제안하였다.[11]

혐오가 병원체 감염을 예방하는 심리적 적응이라는 이론은 많은 증거를 통해 뒷받침되었다. 예컨대, 한 실험에서는 비슷하게 생겼지만 전염병을 옮길 가능성은 매우 차이가 나는 것으로 인식될 두 자극을 참여자들에게 보여주었다. 사람들은 퍼런 액체가 묻은 수건보다 누런 액체가 묻은 수건이 더 혐오스럽다고 답했다. 후자는 고름을 연상시키기 때문이다. 마찬가지로, 사람들은 한적한 지하철보다는 만원 지하철이 더 혐오스럽다고 답했다. 후자에선 타인의 숨, 재채기, 기침에 무방비로 노출되기 때문이다.[12]

또 다른 증거도 있다. 면역 능력이 일시적으로 떨어져서 병원체를 사전에 차단할 필요성이 더 시급할 때는, 같은 혐오 유발 요인이라도 평소보다 더 메스껍게 여긴다고 보고되었다. 이를테면 임신부의 경우 면역계가 태아를 공격하는 불상사가 생기지 않도록 임신 초기 석 달 간 면역 능력이 저하되는데, 이 시기의 임신부는 임신 전보다 상한 음식이나 신체 노폐물에 대해 더 질겁하는 경향이 있다.[13]

한 가지 주의할 점이 있다. 혐오감은 병원체를 포함하는 자극뿐만 아니라 비도덕적이거나 성적인 행동에 의해서도 유발된다. 거짓말, 사기, '금수저'들의 갑질, 공공장소에서 하는 과도한 애정 표현, 수간, 근친상간 등은 그야말로 '우웩'이다. 이런 행동들이 왜 혐오스러운지는 아직 뚜렷이 밝혀지지 않은 상태다.

혐오와 편견

브리티시컬럼비아대학교의 심리학과 교수 마크 샐러Mark Schaller는 대학원생 시절부터 지금까지 편견을 줄곧 연구해온 정통 사회심리학 자다. 이 말인즉슨, 숙주니 기생체니 읊어대는 진화심리학 연구를 하게 될 줄은 그 자신도 몰랐다는 말이다.

어느 주말, 샐러는 음식 선호와 혐오에 대한 연구로 이름난 심리학자 폴 로진Paul Rozin과 그 부인을 저녁 식사에 초대했다. 로진은 생전 처음 보는 먹거리 후보를 접했을 때 먹자니 께름칙하고 안 먹자니 아쉽다는 이른바 '잡식동물의 딜레마Omnivore's dilemma'를 처음 제안한 사람이다. 포크를 막 들었을 때, 샐러는 자신의 샐러드 접시 안에서 상당히 큰 딱정벌레를 발견했다. 뒷마당에서 라즈베리를 딸 때 벌레가 딸려 들어온 모양이었다. 로진이 짓궂게 물었다. "자네, 그거 먹을 건가?" 샐러는 로진이 일찍이 제안한 딜레마에 빠졌다. 먹자니 '우웩'

이고 안 먹자니 왠지 아쉽다(?). 그는 비위가 남달리 강한 편이었다. "아, 그럼요!" 딱정벌레를 손으로 집어 올렸다. 입안에 넣고 씹었다. 체액이 퍽 터졌다.[14]

샐러는 자기처럼 혐오감을 잘 느끼지 않는 태연한 사람도 있지만, 조그만 자극에도 엄청나게 혐오감을 느끼는 민감한 사람도 있음을 알고 있었다. 혹시 이러한 혐오 감수성의 개인차가 특정 집단에 대해 품는 편견에도 영향을 끼치지 않을까? 실제로 전염병을 앓고 있는 환자에 대한 편견은 군이 설명이 필요하지 않다. 피부에 붉은 발진이 돋았거나 고름이 흘러내리는 사람을 보면 혐오감이 들면서 미리 부정적인 판단을 하게 된다.

문제는, 노인이나 장애인, 비만한 사람들처럼 전염병을 옮길 가능성이 전혀 없는 이들에 대해서도 편견이 쏟아진다는 것이다. 대체 왜 그럴까? 해답은 이른바 '화재경보기 원리smoke-detector principle'에 있다. 화재경보기는 아주 약간의 화재 낌새에도 민감하게 작동하게끔 설계되었다. 종종 담배 연기에도 거짓 경보를 울려대서 짜증을 유발한다. 이는 분명히 손실이지만, 화재를 탐지하지 못해서 피해를 입는 것보다는 낫다. "죽은 뒤에 후회 말고 지나치게 경계하라"는 원리다.

병원체를 피하는 심리적 방어 체계도 이러한 원리에 따라서 설계되었을 것이다. 전염병에 걸린 게 확실해 보이는 사람만 피하려다 실수로 감염자와 접촉하기보다는, 어딘가 비정상적인 외형을 지닌 사람이면 일단 무조건 피하고 보는 편이 상책이라는 말이다. (여기서 '비정상적인 외형'이란 말은 수렵-채집 환경에서 젊고 건강한 사람이 지녔을 외형과 거리가 있는 외형을 뜻한다.) 눈 밑에 처진 살, 검버섯, 성긴 머리카락, 갈라진 누런 손톱처럼 노년을 알려주는 단서를 지녔거나, 매우 뚱뚱하거나 크고 검붉은 점을 가진 사람 등을 만났을 때도 병원체가 출현했다며 비상 상황을 선포하는 전략이 조상들의 번식에 진화적으로 더 도움이 되었을 것이다.

샐러와 동료들은 병원체를 피하게 도와주는 혐오감이 지나치게 민감하게 작동하기 때문에 비만한 사람들이 불합리한 낙인을 받게 됨을 입증하였다. 전염병에 걸릴까 봐 매일 근심하는 사람은 전염병에 대해 신경을 끄고 사는 무던한 사람보다 매우 뚱뚱한 사람들에 대해 더 부정적인 태도를 지니고 있었다. 예컨대 전염병을 심하게 걱정하는 사람은 "비만한 사람들이 그렇게 된 것은 순전히 자기 탓이다." 같은 항목에 더 긍정적으로 반응하는 경향이 있다.[15]

잠시 요약하면, 감염을 피하려는 원초적인 혐오 정서가 어딘가 비정상적으로 생긴 사람들—노인, 장애인, 비만인 등—에 대한 편견을 만드는 데 일정 정도 역할을 한다. 이 말은 특정 집단에 대한 편견이 자연스럽고 불가피하므로 정당하다는 의미가 결코 아니다. 사려 깊은 이성적 판단 능력도 인간 본성의 일부로 진화했다. 자신이 어떤 집단에 대해 혹시 자동적으로 편견을 품지는 않는지 곰곰이 되짚어본다면, 이러한 비합리한 편견이 신입사원 면접 등의 주요한 의사결정을 망치는 사태를 방지할 수 있을 것이다.

낯선 외부인에게서 역겨운 감정을 느끼다

동서고금을 막론하고 사람들은 한곳에 함께 사는 자기 집단 사람들끼리 뭉치고 다른 집단에 속한 외부인을 배척하는 경향이 있다. 정치인들은 선거철이 되면 은근히 지역주의를 조장한다. 한국인은 이웃 나라 사람들을 원숭이, 왜놈, 짱깨, 왕서방 등으로 비하하기도 한다. 히틀러는 유대인이 바이러스고, 흡혈 기생충이고, 잡종이라고 표현했다. 1994년 르완다 대학살 때 후투족 민병대는 "바퀴벌레들을 죽여라."라고 외치며 투치족을 학살했다. 다른 집단에 속한 사람 모두가 위생관념이 낮아서 더럽고 불결한 것도 아닐 텐데, 굳이 내부인끼리만 어울리고 외부인을 기피하는 '자기 집단 중심주의'와 '외국인 혐오증'을 어떻게 설명할 수 있을까?

인간 숙주와 기생체 사이의 진화적 군비경쟁은 지역마다 다양하게 전개된다. 사람이 많이 사는 지역에서는 기생체가 새로운 숙주로 건너가기 쉬우므로, 독성이 강한 기생체가 선택된다. 사람이 적게 사는 지역에서는 기생체가 새로운 숙주로 건너가기 어려우므로, 독성이 약한 기생체가 선택된다. 결과적으로 지역마다 토착 기생체가 다양하게 자리 잡고, 이에 꼭 맞추어서 사람의 면역계가 공진화한다. 즉 어떤 지역의 토박이 주민의 면역계는 그 지역에서만 나는 특산물(?) 병원체만 퇴치해준다. 다른 지역에 있는 병원체에 대해서는 힘을 쓰지 못한다.[16] 여행 가서 물을 마셨더니 배탈이 나는 물갈이는 요즘도 흔하지 않은가.

그러므로 자신이 포함된 집단을 외부인이 옮길 수 있는 낯선 병원체로부터 지키기 위해서는 혐오 정서가 발동하여 외부인을 기피하게끔 진화가 이루어졌을 것이다. 외부인이 가진 병원체는 외부인이 속한 집단의 사람들에게는 괜찮지만 우리 집단에는 치명적일 수 있기 때문이다. 잘 알려진 역사적 사례를 들어보자. 16세기에 수백 명의 에스파냐 군대가 인구 수천만 명의 아스테카 제국과 잉카 제국을 함락할 수 있었던 원인은 에스파냐 군인과 함께 들어온 천연두, 홍역, 장티푸스 때문이었다. 이 질병들에 대한 면역력이 없었던 아메리카 원주민의 무려 75퍼센트 이상이 허무하게 숨졌다.

셜러가 이끄는 연구팀은 외부인에 대한 기피가 병원체를 막는 행동적 방어의 일환임을 입증하는 실험을 했다. 어떤 자극에 대한 반응의 강도는 당사자가 현재 처한 상황에 따라 유연하게 다를 것이다. 이를테면, 실험 참여자에게 외부 자극을 주어서 전염병에 걸릴 위험이 잠깐 치솟은 상황이라고 무의식적으로 믿게 만든다면, 잠재적인 혐오 유발 요인에 의한 혐오 반응이 더 강하게 나타날 것이다.

실험 참여자들은 캐나다의 브리티시컬럼비아아대학교 학생들이었다. 한 집단에는 세균이 득실대는 주방용 수세미, 뭉친 머리카락 더미처럼 전염병과 연관된 사진들을 보여주었다. 다른 집단에는 욕실에서 넘어지기, 교통사고, 감전사처럼 안전사고와 연관된 사진들을 보여주었다. 그 후에 낯설고 친숙하지 않은 나라(스리랑카, 페루, 동아프리카 등)에서 온 이민자들을 캐나다에 받아들이는 정책에 대한 찬반을 물었다. 예측대로, 전염병에 연관된 사진을 본 집단은 낯선 나라에서 온 외부인들의 이주에 더 부정적이었다.[17]

기생체는 남녀의 짝짓기에도 끼어든다

병원체는 남녀의 짝짓기 맥락에서도 불길한 그림자를 드리운다. 병원체가 가하는 위협이 심각한 상황이라고 하자. 그렇다면 짝짓기 상대를 고를 때 기생체에 대한 저항성 같은 우수한 유전적 자질을 자식에게 물려줄 수 있는 얼굴—2차 성징이 뚜렷한 얼굴 또는 좌우대칭인 얼굴—을 지닌 이성을 고르는 편이 더 낫다.

　한 연구에서는 각 나라에서 다양한 전염병이 득세하는 정도와 배우자 선호 양상을 비교 조사했다. 연평균 기온과 습도가 높아서 각종 전염병이 창궐하는 나라의 여성일수록 선 굵고 턱이 발달한 얼굴을 지닌 남성을 더 선호하는 것으로 나타났다.[18] 다른 연구에서는 한 여성 집단에는 전염병을 연상시키는 외부 단서를 주고, 다른 여성 집단에는 전염병과 무관한 외부 단서를 주었다. 그 결과, 전염병의 단서에 노출된 여성은 좋은 아빠가 될 남성(연봉이 높고, 아내에게 헌신하고, 마음씨가 따뜻하고, 친절하고, 아이를 잘 돌보는 남성)보다는 우수한 유전자의 단서를 지닌 남성(남성적인 얼굴과 신체를 지니고, 근육질이고, 자신만만하고, 다른 남자들을 제압하는 남성)을 남편감으로 더 선호했다.[19]

　요약하자. 혐오는 주변 환경에서 병원체를 탐지해 미리 피하게끔 해주는 심리적 적응이다. 혐오감은 노인, 장애인, 비만인 등 형태적으로 낯설고 독특한 사람들에 대한 편견에 영향을 끼친다. 다른 집단에서 온 외부인은 우리 집단에 치명적인 병원체를 전파시킬 위험이 있으므로, 혐오감은 내부인끼리 뭉치고 외부인을 배척하는 성향에도 일조한다.

　앞에서 잠시 언급했지만, 혐오감이 오염의 원천을 피하게 만드는 심리적 적응이라고 해서 결코 특정 집단에 대한 편견, 외부인에 대한 배척, 외모지상주의가 정당화되는 것은 아니다. 이를테면, 동성애자들이 성관계를 맺는 모습을 상상만 해도 구역질이 난다는 이유만으로 동성애를 도덕적으로 단죄할 수 있는 것은 아니다. 잊지 말자. 사려 깊은 이성적 추론 능력도 진화된 인간 본성이다. 인간은 이성을 발휘하여 더 나은 세상을 앞당길 수 있다.

III부

성과 짝짓기

07

남녀의 짝짓기 전략

"오늘 자고 갈래?"

오늘은 아주 매력적이고 멋진 이성과 사귀기 시작한 지 벌써 5년이 되는 기념일이다. 데이트를 즐기는 와중에 상대가 조심스럽게 말을 꺼낸다. "오늘 밤 같이 있을까?" 당신은 어떻게 답할 것인가? 사귄 지 2년이 되었다면? 1년이라면? 6개월이라면? 한 달이라면? 일주일이라면? 하루라면? 사귀기로 한 지 이제 1시간 지났다면?

실험에 참여한 여성들의 반응을 먼저 살펴보자. 여성들은 사귄 지

1년 이상 된 애인의 성관계 제안에 "뭐, 좋아요."라고 답했다. 사귄 지 6개월이 된 애인의 제안에는 "잘 모르겠어요."라고 답했다. 사귄 지 일주일 혹은 그 미만인 애인의 성관계 제안에는 "절대로 안 돼요."라고 답했다.

남성들의 반응을 보자. 남성들은 사귄 지 한 달 이상 된 애인의 성관계 제안에 "뭐, 좋아요."라고 답했다. 사귄 지 일주일 된 애인의 제안에는 "잘 모르겠어요."라고 답했다. 여기서 돌발 문제가 나간다. 사귄 기간이 어느 정도나 짧으면, 남성들은 애인의 성관계 제안에 "절대로 안 돼요."라고 단호히 거부할까?

미국 대학생들을 설문 조사한 연구에서 진화심리학자 데이비드 버스는 그 답을 찾지 못했다. 문항에 포함된 선택지 중에 가장 짧은 기간은 1시간이었다. 남성들은 사귄 지 1시간 된 애인의 성관계 제안에 대해서조차 단호히 거절하기보다는 어느 정도 여지를 남긴 채 일단 보류했다.[1] 나중에 버스는 30분, 10분, 1분, 30초, 1초 등 더 짧은 기간을 새로 포함해 조사했다. 사귄 기간이 아무리 짧더라도, 남성들은 결코 상대방이 제안한 성관계를 무조건 거부하지는 않았다.[2]

남녀는 어떤 짝짓기 전략을 구사하는가?

위의 연구는 매력적인 연인과 사귀기 시작하여 성관계에 이르는 데 걸리는 시간은 남성이 여성보다 더 짧음을 명확히 보여준다. 이야, 역시 진화심리학은 재미있다. 그런데, 마음 한구석이 왠지 찜찜하다.

다른 동물들에서 흔히 관찰되는 전형적인 성차는 누구나 안다. 암컷 앞에서 화려한 꼬리를 한껏 과시하는 숫공작을 떠올려보라. 모두 그렇지는 않지만, 대다수 종에서 수컷들은 여러 암컷과 짝짓기를 하고자 서로 치열하게 경쟁하는 반면, 암컷들은 신중하게 짝짓기 상대를 고르고 자식을 열심히 돌본다.

진화심리학자들은 이 전형적인 성차가 인간에게서도 똑같이 나타난다고 주장하는 걸까? 남성은 언제나 피 터지게 경쟁하고, 여성은 언제나 꼼꼼하게 고르는 것이 남녀의 본성이란 말인가? 에드워드 윌슨 등의 초창기 사회생물학자들이 펼친 이러한 주장을 '공작 이론'이라고 부르자.[3]

다른 학자들은 우리 인간은 남녀 모두 오직 한 사람을 선택해 백년해로하면서 자녀를 함께 돌보게끔 진화했다고 주장했다. 엄격한 일부일처제가 남녀 모두의 본성이라는 견해다.[4] 또 다른 학자들은 인간이 남녀 모두 평생에 걸쳐 여러 상대와 문란하게 성관계를 하게끔 진화했다고 본다. 보노보처럼 난잡한 다처다부제가 남녀의 참된 본성이라는 견해다.[5] 마지막으로, 다수의 진화심리학자가 인정하는 '성 전략 이론'이 있다. 버스는 남녀가 어느 한 가지 짝짓기 전략만 구사하는 것이 아니라 단기 혹은 장기적 맥락, 자신의 배우자 가치mate value, 배란주기, 문화적 환경, 성비 등에 따라 다양한 전략을 유연하게 구사한다고 주장했다.

요컨대, 남녀가 고를 수 있는 짝짓기 전략의 '메뉴판'이 있고, 이 중 어느 하나를 상황에 맞게 택한다는 것이다. 따라서 여성들끼리 치열하게 경쟁하고 남성이 신중히 고를 수도 있다. 배란주기에 따라 여성은 외도할 수도, 파트너에게 충실할 수도 있다. 어떤 상황에서는 한쪽이 강제로 성관계를 요구할 수도 있다.

이 장에서는 인간이 어떤 짝짓기 체계를 진화시켰는지 살펴보자. 전통적인 사회과학자들은 진화심리학이 남성은 다양한 성관계를 능동적으로 추구하는 우월한 존재, 여성은 배우자를 수동적으로 고르는 열등한 존재로 그린다며 날 선 비난을 퍼붓는다. 하지만 현대의 진화심리학이 '공작 이론'을 신봉한다는 이런 비난은 근거가 없음을 알게 될 것이다.

부모 투자량의 차이가
성선택을 만든다

앞에서 언급했듯이, 인간이 아닌 동물에게서 대체로 수컷들은 더 많은 성관계를 얻고자 서로 경쟁하는 반면, 암컷들은 까다롭게 짝짓기 상대를 고르는 모습을 볼 수 있다. 1871년에 찰스 다윈은 명저《인간의 유래와 성선택 The Descent of Man, and Selection in Relation to Sex》에서 배우자를 얻으려는 경쟁에서 승리하기 위해 수컷들은 강력한 무기나 화려한 장식물을 진화시켰다고 설명했다.

즉, 주로 수컷들이 지닌 무기와 장식물은 수컷의 생존율을 늘리기 위함이 아니라 짝짓기 성공[6]을 늘리기 위해 진화한 형질이다. 그런데 대다수 종에서 배우자를 얻기 위한 경쟁, 즉 성선택sexual selection이 수컷들 사이에서 더 강하게 작동하는 이유는 무엇일까?

여기서 잠깐 암컷과 수컷이 어떻게 정의되는지 짚고 넘어가자. 암컷은 크고, 비운동성이고, 영양분이 풍부한 난자를 만드는 성이다. 수컷은 매우 작고, 운동성이고, 유전물질만 덜렁 담은 정자를 매우 많이 만드는 성이다. 암수의 근본적인 차이는 생식세포의 차이에 있다(곧 나오지만, 누가 자식을 돌보느냐는 암수의 정의와 무관함에 유의하시라).

　1972년에 로버트 트리버스는 성선택이 주로 수컷들에게 강하게 작동하는 이유는 암수가 자식에게 주는 '부모 투자parental investment'의 양이 다르기 때문이라고 설명했다.[7] 부모 투자는 생식세포에 든 영양분, 임신, 출산, 젖 주기, 음식물 공급, 보호, 안아주기 등등 부모가 자식의 생존율을 높이기 위해 실행하는 모든 형태의 노력을 말한다.

　생식세포 하나당 투입하는 영양분만 놓고 따지면, 당연히 암컷이 수컷보다 자식에게 더 많이 투자한다. 그런데 수정 이후 벌어지는 다른 형태의 투자를 놓고 봐도, 상당수의 종에서 암컷이 더 많이 투자한다. 이를테면, 포유류 종의 95퍼센트에선 암컷 혼자서 임신, 수유, 양육의 부담을 다 짊어진다. 포유류 종의 단 5퍼센트에서만 수컷이 자식 돌보기에 참여한다(그러니 인간 남성들은 그나마 기특한 셈이다).[8] 조류에서는 암수가 함께 자식을 돌보는 종이 가장 흔하지만, 그래도 전체적으로 보면 암컷이 더 많이 투자한다. 어류에서는 수컷이 혼자서 자식을 돌보는 경우가 더 많다.

　트리버스는 이러한 부모 투자량의 차이가 어느 성이 경쟁하고 어느 성이 고르는지를 결정한다고 주장했다. "한 성이 다른 성보다 더 많이 투자한다면, 적게 투자하는 성의 개체들은 많이 투자하는 성의 개체들과 짝짓기하기 위해서 자기들끼리 경쟁하게 된다."라고 말했다. 즉, 수컷은 무조건 경쟁하고 암컷은 무조건 고르라고 하늘이 운명을 정한 게 아니다. 암컷이건 수컷이건 상대적으로 자식에게 많이 투자하는 성은 누구와 성관계를 할지 심사숙고해서 고르게 된다는 말이다.

　트리버스의 부모 투자 이론을 이해하는 핵심은 이렇다. 적게 투자하는 성은 번식률을 최대한 끌어올릴 수 있는 잠재력이 더 크다. 달리 말하면, 적게 투자하는 성은 수정란 하나를 어른으로 길러내기 위해 최소한 부담해야 하는 의무 투자량이 훨씬 더 적다. 부모 투자의 성차가 잠재적인 번식률의 성차를 만들어서 결국 암수의 서로 다른 성행동으로 이어진다는 트리버스의 통찰을 우리 종을 통해 살펴보자.

남녀가 최대한 얻을 수 있는 번식률은 다르다

인간 여성은 어떤가? 쌍둥이를 낳는 드문 경우를 제외하면, 여성은 1년에 한 명의 자식만 낳을 수 있다. 과거의 수렵-채집 환경에서 엄마는 아기에게 젖을 물려야 했다. 수유 중에는 배란이 중단되기 때문에 아무리 자식을 더 낳고 싶어도 적어도 3~4년은 기다려야 했다. 짝짓기 상대가 많다고 한들 이 사실은 변치 않는다. 즉, 우리 조상 여성이 평생 낳을 수 있었던 자식 수(번식 성공도reproductive success=적합도 fitness)는, 짝짓기 상대를 되도록 많이 확보하기보다는, 장기간의 임신, 출산, 수유, 양육에 드는 자원을 어떻게 꾸준히 확보하느냐에 달려 있었다.[9]

인간 남성은 어떤가? 남성이 만일 한 여성과 결혼에 성공해서 아빠로서 자식에게 장기간 투자하는 양만 놓고 본다면 엄마가 자식에 투자하는 양에 비해 그리 큰 차이가 나진 않는다. 그러나 최소한 부담해야 하는 의무 투자량은 남성이 훨씬 더 적었다. 그저 한 번의 성관계면 충분했다. 오늘 처음 만난 여성을 임신시킨 뒤 바로 헤어졌는데 그 자식이 무사히 어른으로 자랐다면, 조상 남성으로선 극히 적은 비용을 치르고서 번식에 성공한 셈이다. 즉, 우리 조상 남성의 번식 성공도는 짝짓기 상대를 얼마나 많이 확보하느냐에 달려 있었다.

극단적인 예로, 17세기 모로코를 지배한 폭군 물레이 이스마일 Moulay Ismael은 네 명의 부인과 500여 명의 첩 사이에 무려 1,171명의 자식을 낳았다.[10] 반면에 기네스북에 등재된 여성 최고 기록은 평생 27번 임신해서 69명의 자녀를 낳은 러시아 농부의 아내였던 발렌티나 바실리예브Valentina Vassilyev라는 여성이었다.

부모 투자 이론은 그냥 그럴듯하게 들리는 사후 설명이 아니라 검증 가능한 새로운 예측을 제공해준다. 이 이론이 맞는다면, 실고기, 해마, 모르몬귀뚜라미처럼 수컷이 암컷보다 자식에게 투자를 많이 하는 몇몇 종에서는 암컷이 아니라 수컷이 짝짓기 상대를 신중하게 고르는 식으로 성 역할이 역전되어 나타날 것이다. 과연 그럴까?

이 예측은 여러 종에서 확인되었다. 예를 들어, 실고기 암컷은 알을 수컷의 육아낭에 집어넣고 홀연히 가버린다. 이렇게 '임신한' 수컷은 여러 주 동안 수정란에 산소와 영양분을 공급하는 등 암컷보다 자식에게 투자를 더 많이 한다. 아니나 다를까, 암컷들은 수컷 앞에서 서로 간택을 받으려 치열하게 경쟁하고, 수컷은 작고 밋밋한 암컷보다 크고 화려한 암컷을 신중하게 선택하여 알을 받는다.[11]

잠시 요약하고 넘어가자. 트리버스는 배우자를 얻기 위한 경쟁이 어느 한 성(주로 수컷)에서 더 강하게 나타나는 까닭을 부모 투자량의 성차에서 찾았다. 적게 투자하는 성(주로 수컷)은 최대한 얻을 수 있는 번식률이 더 높다. 번식 성공도가 짝짓기 상대의 수에 달려 있으므로, 적게 투자하는 성은 짝짓기 기회를 늘리고자 서로 치열하게 경쟁한다. 많이 투자하는 성(주로 암컷)은 최대한 얻을 수 있는 번식률이 더 낮다. 번식 성공도가 자식을 키우는 데 드는 자원 확보에 달려 있으므

로, 많이 투자하는 성은 누구와 짝짓기할지 신중하게 고르고 자식을
더 보살핀다.

난잡한 일부일처제 혹은
약한 일부다처제

자, 그렇다면 어떤 짝짓기 체계가 우리에게 주어진 본성인가? 남성은
항상 경쟁하고 여성은 항상 고르는 '공작 이론'인가? 엄격한 일부일처
제인가? 문란한 다부다처제인가? 아니면 때론 여성들끼리 경쟁하고
남성이 신중히 고르는 등 상황에 따라 다양한 짝짓기 전략의 메뉴를
진화시켰는가?

알다시피, 대형 유인원 중에선 유일하게 인간 남성은 아버지로서 자
식을 정성껏 돌본다. 그렇다고 남녀 모두 절대 한눈팔지 않고 백년해
로하는 엄격한 일부일처제가 인간 본성은 아니다. 법적으로 일부일처
제를 강제하는 현대사회에서조차 이혼과 재혼을 반복하거나 배우자
몰래 바람을 피우는 행태를 통해 실질적인 일부다처제가 이루어진다.

물론 여성도 이혼과 재혼을 되풀이하여 실질적인 일처다부제를 누
릴 수 있지만, 남성은 어느 연령대에서나 여성보다 재혼할 가능성이
더 높다. 특히, 재혼에 성공할 가능성의 성차는 나이가 들수록 더 커
진다. 예컨대, 미국에서 25~29세 사이의 이혼남은 같은 나이의 이혼
녀보다 재혼할 가능성이 30퍼센트 더 높았다. 50~54세 사이의 이혼
남은 같은 나이의 이혼녀보다 재혼할 가능성이 네 배, 즉 400퍼센트
나 더 높았다! 남성이 여성보다 더 쉽게 재혼하는 현상은 미국뿐만 아
니라 47개국에서 공통으로 나타났다.[12]

고고학적 증거들과 인류학적 증거들을 종합하면, 수백만 년에 걸쳐 형성된 인간의 짝짓기 체계는 엄격한 일부일처제도 아니고 완전한 일부다처제도 아닌 그 중간 상태로 추정된다. 즉, 난잡한 일부일처제 혹은 약한 일부다처제가 우리에게 주어진 본성이다.[13]

지금껏 인류학자들이 조사한 모든 인간 사회에서는 남편과 아내가 함께 오랫동안 가정을 꾸리는 짝-결속pair-bonding이 나타날 뿐만 아니라, 배우자 몰래 다른 상대와 맺는 일시적인 성관계도 함께 나타난다. 인간 사회의 17퍼센트에서는 일부일처제가 법적으로 강제되어 있다. 82퍼센트에서는 일부일처제와 일부다처제가 모두 존재하지만, 이 중 대다수는 일부일처제다.[14]

물론 수렵-채집 생활을 하던 우리의 조상 집단 내에서는 한 남편이 여러 아내와 자식들을 거느린 가정도 있었을 것이다. 그러나 당시에는 한 남성이 사냥을 통해 여러 아내와 자식 들을 동시에 부양할 만큼 많은 자원을 확보하긴 매우 어려웠을 것이므로, 그런 가정은 상대적으로 드물었다. 즉, 왕이나 귀족이 여러 부인을 두는 일부다처제는 1만여 년 전 농경이 시작되어 한 사람이 다량의 잉여 자원을 소유할 수 있게 된 다음에야 비로소 흔해졌다.[15]

난잡한 일부일처제 혹은 약한 일부다처제가 인간이 적응한 짝짓기 체계라는 결론은 인간의 짝짓기 심리에 대해 중요한 예측을 제공한다. 만약 인간이 암수가 공평하게 자식을 돌보는 참새와 같았다면, 성관계는 부부 사이에만 벌어지고 남녀 모두 결혼 상대자를 얻기 위해 똑같이 경쟁했을 것이다. 만약 인간이 수컷은 경쟁하고 암컷 혼자서 자식을 돌보는 공작과 같았다면, 남성은 평생 성관계 기회만 찾아 헤매고 여성 혼자서 자식을 낳아 키웠을 것이다. 인간은 그 중간이다.

즉, 남녀가 장기적인 일부일처제적 짝-결속을 이루는 동시에, 남녀 모두 다른 사람과의 일시적 성관계에 열려 있다.

성 전략 이론:
짝짓기 전략의 '메뉴판'에서 적절한 전략을 선택한다

앞에서 언급한 버스의 성 전략 이론에 주목하자. 남성은 일시적 짝짓기 전략만 구사하고 여성은 장기적 짝짓기 전략만 구사한다는 '공작 이론'은 틀렸다. 남녀는 어느 한 가지 짝짓기 전략에만 매달리는 것이 아니라, 단기적 혹은 장기적 맥락, 자신의 배우자 가치, 배란주기, 문화, 성비 등 주어진 환경 조건에 따라 다양한 전략을 유연하게 구사하게끔 진화했다. 결혼 상대자 같은 장기적 짝짓기 상대를 구할 때는 남녀의 짝짓기 전략이 상대적으로 차이가 적다. 하룻밤 성관계 같은 일시적 짝짓기 상대를 구할 때는 남녀의 짝짓기 전략이 한층 더 큰 차이를 보인다.[16]

이 장에서 한 이야기를 요약하자. 인간은 어떤 짝짓기 체계를 진화시켰는가? 트리버스는 배우자를 얻기 위한 경쟁이 어느 한 성(주로 수컷)에서 치열하게 전개되는 까닭을 부모 투자량의 성차로 설명했다. 우리 종에서는 여성이 남성보다 자식에게 투자를 많이 하긴 하지만, 암컷 혼자서 자식을 돌보는 공작처럼 남성이 자식을 아예 나 몰라라 하지는 않는다. 인간은 난잡한 일부일처제, 즉 남녀가 장기적인 짝-결속을 이루면서 동시에 일시적인 성관계도 자주 벌어지는 독특한 짝짓기 체계를 진화시켰다. 이는 남녀 모두 어느 한 전략에만 매달리기보다는 다양한 짝짓기 전략의 '메뉴판' 가운데 주어진 상황에 맞는 전략을 유연하게 구사하게끔 진화했다는 성 전략 이론을 뒷받침한다.

종종 일반인들은 진화심리학이 '공작 이론'을 설파한다고 비난한다. 즉, 남성은 원래 씨를 퍼뜨리는 데 혈안이 되게끔 진화했고, 여성은 결혼하면 그저 집에 들어앉아 평생 자식만 돌보게끔 진화했다는 성차별적인 담론을 퍼뜨리는 주범이라는 것이다(필자도 내 전공분야가 어떻게 난도질당하는지 다 안다). 이는 순전히 오해일 뿐이다.

그런데도 진화심리학이 종종 남녀의 본성이 다르다는 점을 지나칠 정도로 강조하는 인상을 주는 이유는 이렇다. 진화심리학이 나오기 이전에 전통적인 사회과학의 지배적인 흐름은 남녀의 본성이 근본적으로 똑같다는 입장이었다. 이를 바로잡고자 초창기 진화심리학자들은 남녀의 본성이 매우 다르다고 때론 지나칠 만큼 강조할 수밖에 없었다. 사실, 남녀의 본성이 기본적으로 같다고 믿는 사회과학자들이 요즘도 많다!

08

장기적인 배우자 선호

배우자 선호는
진화된 심리적 적응이다

tvN 드라마 〈미스터 션샤인〉의 한 장면이다. 애신(김태리 분)은 유진
(이병헌 분)에게 "귀하와 도모할 수 있는 그 어떤 미래도 없을 것"이라
고 선을 긋는다. 유진이 답한다. "어제는 귀하가 내 삶에 없었는데 오
늘은 있소, 그걸로 됐소."

여성들은 이런 남성에 '심쿵'하고 숨이 멎는다. 유진 초이 대위는 침

착하고, 진중하고, 유머러스하고, 잘생겼고, 따뜻하고, 낭만적이고, 믿음직하다. 어찌 이런 남성에게 빠지지 않겠는가? 물론 남성들도 수지, 설현, 윤아 같은 여자 연예인에 '심쿵'한다. 수지는, 음, 그러니까, 예쁘다. 어찌 이런 여성에게 빠지지 않겠는가?

남녀가 각자 어떤 이성에게 호감을 느끼는지는 누구나 안다. 너무나 당연한 나머지 전혀 다른 방식의 배우자 선호도 충분히 가능했음을 쉽게 이해하기 어렵다. 예를 들어보자. 4장 '어떻게 먹거리를 얻고 가려낼까?'에서 살펴보았듯이, 우리가 단 음식에 이끌리는 까닭은 먼 과거의 환경에서 잘 익은 과일처럼 높은 열량을 제공한 음식을 달콤하게 느끼게끔 우리의 두뇌가 설계되었기 때문이다. 과일을 달콤하게 여겨서 영양분을 많이 얻었던 사람들이 과일을 쓰게 여겼던 사람들보다 생존에 유리해서 우리의 조상이 되었다.

인간의 마음은 진화의 역사에서 우리 조상들의 번식 성공도를 높여 준 대상에 이끌리게끔 진화했다.[1] 일시적인 성관계 상대나 결혼 상대자를 고를 때도 마찬가지다. 진화의 역사에서 의욕 없고 불성실한 사람을 선택하는 편이 번식에 유리했다면, 우리는 게으름뱅이를 보고 가슴이 설레게끔 진화했을 것이다.

이 장에서는 어떤 이성에게 끌리고 어떤 이성을 거부할지에 관여하는 배우자 선호 기제가 오랜 세월에 걸쳐 진화한 심리적 적응으로서 얼마나 잘 설계되었는지 알아보자. 앞 장에서 언급했듯이, 인간 남성과 여성은 둘 다 자식을 열심히 돌보지만 최소한 치러야 하는 의무 투자량은 남성이 훨씬 더 적다. 이처럼 부분적으로 다른 선택압이 남녀의 배우자 선호를 부분적으로 다르게 빚었으리라.

왜 까다롭게 고르는가?

인간이 아닌 동물은 대체로 수컷들끼리 서로 경쟁하고 암컷들은 까다롭게 짝짓기 상대를 고른다고 했다. 이때 암컷들이 특정한 수컷을 택함으로써 얻는 이득이 무엇인가에 대해 지난 반세기 동안 많은 연구가 이루어졌다. 직접적인 이득과 간접적인 유전적 이득 두 가지로 크게 나눌 수 있다.

첫째, 음식물 같은 자원을 주거나, 다른 위험한 수컷들로부터 보호해주거나, 기생체 없이 건강한 수컷을 택하여 암컷은 자신의 번식 성공도를 직접 높일 수 있다. 예를 들어, 긴꼬리천인조long-tailed widowbird 수컷은 각자 영토를 확보한 다음에 암컷을 유혹한다. 암컷은 넓은 영토를 지닌 수컷을 택해 그 영토 안에 둥지를 만든다. 이렇게 해서 암컷은 영토 안에서 나는 자원을 독차지한다.

또 다른 예로, 대롱파리hanging fly 암컷은 짝짓기하는 와중에 커다란 곤충을 먹이로 바칠 수 있는 수컷을 택한다. 큰 혼인 선물을 준비한 수컷은 암컷으로부터 더 많은 교미 시간을 허락받아서 암컷의 알을 더 많이 수정시킬 수 있다.[2] 인간의 경우, 여성들은 사회적 지위가 높거나 학벌이 높아서 결국 경제적 자원을 많이 확보할 수 있는 남성을 신랑감으로 선호한다. 많은 로맨틱 드라마의 남자 주인공이 재벌 2세나 전문직으로 나오는 이유다. 이처럼 암컷은 특정한 수컷을 더 선호함으로써 자신이 평생 낳는 자식 수를 직접 늘릴 수 있다.

둘째, 생존력viability[3]의 측면에서 우수한 유전적 특질을 지녔음을 화려한 장식물로 광고하는 수컷을 택하여 암컷은 자식에게 우수한 유전자를 물려주는 간접적인 이득을 얻을 수 있다. 휘황찬란한 꼬리를 암컷에게 과시하는 숫공작은 정작 자식 돌보기에는 나 몰라라 한다.

즉, 암공작이 숫공작으로부터 얻는 것은 오직 정자뿐인데도 암공작은 수컷을 고르고 또 고른다.

이스라엘의 생물학자 아모츠 자하비Amotz Zahavi는 공작의 화려한 꼬리는 생존하는 데 약점이 되지만, 바로 이 때문에 암컷으로부터 간택 받는다고 제안했다.[4] 길고 화려한 꼬리는 날기에도 거추장스러울 뿐만 아니라 포식자에게 "어서 날 잡아 잡수세요."라고 홍보하는 격이다. 만들고 유지하는 데 비용이 많이 드는 화려한 꼬리를 암컷 앞에 꿋꿋이 펼치는 숫공작은 고가의 비용을 감당할 수 있을 만큼 자신의 유전적 자질이 정말로 우수함을 정직하게 광고한다.

달리 말하면, 생존력의 측면에서 유전적 자질이 뒤떨어지는 수컷은 높은 비용을 도저히 감당할 수 없다. 비싼 스포츠카가 그 주인의 재력이 대단함을 보증하듯이, 화려한 꼬리는 수컷의 우수한 유전적 자질을 보증하는 정직한 신호다. 암컷은 요란한 장식물을 으스대는 수컷을 택하여 수컷의 우수한 유전자를 자식들에게 전해준다. 장기적인 짝짓기 상대를 고를 때는 남녀 모두 신중하게 상대를 저울질하는 우리 인간의 경우, 여성과 남성 모두 매력적인 얼굴이나 신체를 통해 자신의 우수한 유전적 자질을 광고한다.[5]

장기적 짝짓기 상대를 고를 때는 남녀 모두 까다롭다

다른 유인원들과 달리, 인간은 장기적인 일부일처제적 짝-결속을 이루는 동시에 남녀 모두 일시적 성관계에 열려 있는 독특한 짝짓기 체계를 이룬다고 이미 살펴보았다. 즉, 우리가 구사하는 짝짓기 전략의 메뉴 중에는 장기적인 짝짓기도 엄연히 들어가 있다.

남자건 여자건 결혼 등을 통해 공개적인 헌신 관계에 일단 돌입하면, 태어난 갓난아기가 어른이 될 때까지 오랜 기간 투자를 아끼지 않는다. 따라서 성선택 이론은 장기적인 짝짓기 상대(연인이나 결혼 상대자)를 고를 때는 남녀 모두 까다롭게 고를 것으로 예측한다. 반면에 단기적인 짝짓기 상대(일시적인 성관계 파트너)를 고를 때는 남성은 많은 성관계 기회를 얻고자 노력하고 여성은 상대방을 까다롭게 고르는 전형적인 성차에 가까운 모습이 나타난다.[6] 연인이나 결혼 상대자를 고를 때, 남녀는 어떤 이성에게 이끌리는가?

1982년, 당시 하버드대학교에 조교수로 재직하던 버스는 트리버스, 시먼스[7] 등의 연구를 바탕으로 남녀의 배우자 선호가 어떻게 다를 것인지에 대한 이론적 예측들을 도출해냈다. 200여 명의 하버드 대학생들을 대상으로 설문 조사를 했다. 예측은 놀랄 정도로 들어맞았다. 이를테면, 결혼 상대자를 고를 때 여성들은 남성들보다 상대방의 경제적 능력을 더 중시했다. 남성들은 여성들보다 젊음과 외모를 더 중시했다.

그러나 버스는 이 연구 결과를 학술지에 발표하지 않았다. 심리학자나 인류학자 동료들이 한결같이 딴지를 걸었기 때문이다. "데이비드, 이 결과는 서구 문화의 성차별적인 양육 방식이나 여성의 경제력이 훨씬 낮은 구조적 요인으로 잘 설명되네. 비서구 사회나 자본주의와 무관한 원시사회를 조사하면 전혀 다른 결과가 나올걸?"[8]

그래서 1989년에 버스는 전 세계 33개 국가의 37개 문화권을 대상으로 총 1만 47명의 배우자 선호를 조사하는 대규모 비교-문화 연구를 수행했다.[9] 인도 서부의 구자라트 주민, 대륙의 중국인, 브라질의 산타카타리나 주민, 동유럽의 에스토니아인, 남아프리카의 줄루족 등이 여기에 포함되었다. 연구 결과는 배우자 선호 기제가 남녀 조상들이 서로 다르게 겪은 적응적 문제들을 잘 해결하게끔 진화된 보편적인 적응임을 강력하게 입증하였다.[10] 최근의 연구들을 종합하여 배우자 선호 양상을 하나씩 살펴보자.

물질적 자원을 확보하여
자식에게 투자할 능력

우리의 남녀 조상들에게 주어진 적응적 문제들이 처음부터 끝까지 달랐던 것은 아니다. 문제가 같으면 정답도 같다. 장기적 파트너를 고를 때, 갓난아기가 어른으로 자라기까지 15년 이상을 같이 살면서 함께 힘을 모아 여러 난간을 헤쳐나갈 이성을 골라야 한다는 숙제는 조상 남녀들에게 똑같이 주어졌다.

버스의 1989년 연구에서 전 세계적으로 남녀 모두 결혼 상대자가 똑똑하고, 친절하고, 이해심이 많고, 믿음직하고, 건강하길 바라는 것으로 나타났다. 이러한 선호에는 유의미한 성차가 없었다. 서로에 대한 사랑도 남녀 모두 결혼 상대자에게 비슷하게 바라는 가장 중요한 특질로 꼽혔다. 이제 장기적 상대를 고를 때 직면했던 적응적 문제가 달랐기에 우리의 남녀 조상들이 제출한 답안도 달라진 경우들을 보자.

첫째, 결혼 상대자를 고를 때 여성은 '물질적 자원을 많이 확보하는 능력'을 남성보다 더 중시하게끔 진화했다. 뒤에서 자세히 살펴보겠지만 인간의 아기는 키우는 데 비용이 매우 많이 들어서 아빠를 비롯한 조부모, 이모/고모/삼촌, 사촌, 손위 동기 등 여러 가족 구성원('대행 어미'라 함)도 아이 돌보기에 동참하게끔 가족 형태가 진화했다. 즉, 우리의 조상 여성은 결혼 상대자가 장차 가족을 부양하는 데 필요한 먹거리 등의 물질적 자원을 충분히 제공할 능력이 있는지 남성보다 더 민감하게 여기도록 진화했을 것이다.

달리 말하면, 남녀의 부모 투자에는 중요한 차이점이 있다. 여성이 자식에게 하는 투자의 핵심, 즉 임신과 출산, 수유는 순전히 생리적인 차원의 투자다. 젊고 건강하고 생식력fertility[11]이 뛰어난 여성은 자연히 좋은 엄마가 될 수 있다.

반면에 남성이 자식에게 하는 투자는 순전히 행동적인 투자다. 사냥해서 먹거리를 확보하고, 적으로부터 가족을 지킨다. 여성과 달리, 남성은 결코 자신의 신체적 자원을 자식에게 제공하지 않는다(물론 정자는 빼고!). 따라서 배우자를 고를 때 여성들의 입장에서는 남성의 자원 확보 능력에 초점을 맞추게 된다.

실제로 버스의 1989년 연구에서 조사된 37개 문화권 모두에서, 남성들과 비교하면 여성들은 결혼 상대자의 '밝은 경제적 전망'이 배우자를 고르는 데 더 중요한 기준이라고 응답했다. 이 차이는 37개 가운데 36개 문화권에서 통계적으로 유의미했다. 전 세계 평균을 내면 여성들은 남성들보다 배우자의 경제적 전망을 약 두 배 더 중시했다.

다른 연구방법론을 사용한 최근의 연구들에서도 이러한 성차는 일관되게 나타났다. 진화적 관점에서 문학작품을 연구하는 인문학자 조너선 갓셜Jonathan Gottschall과 그 동료들은 전 세계 48개 문화권의 민간 설화를 분석했다. 등장인물들 가운데 상대방의 사회적 지위와 부를 더 중시하는 쪽은 남성보다 여성이 훨씬 더 많았다.[12]

우리나라의 전래 동화 〈콩쥐 팥쥐〉에서도 마을에 새로 부임하여 결국 콩쥐와 결혼하는 감사는 전처와 사별한 고위직 중년 남성이었다. 한편, 18~19세기에 핀란드의 전통사회를 기록한 사료를 조사한 연구는 가난한 남성과 결혼한 여성에 비하여 부유한 남성과 결혼한 여성이 자식도 많이 낳고 자식들의 생존 가능성도 높았음을 보고했다.[13]

이처럼 여성들은 지금 당장 돈이 많거나, 명문대를 졸업하여 미래의 경제적 전망이 밝은 배우자 후보를 남성들보다 더 우선시한다. 그뿐만 아니라, 사회적 지위가 높거나, 자신보다 다소 연상이거나, 야망이 넘치고 근면 성실한 결혼 상대자도 남성들보다 여성들로부터 더 환영받는다. 사회적 지위, 상대적으로 많은 나이, 야망과 성실성 등은 모두 우리가 진화한 수렵-채집 사회에서 그 사람이 많은 물질적 자원을 이미 가졌거나 곧 가질 것을 알려주는 유력한 단서였기 때문이다. 같은 맥락에서 여성들이 키가 크고, 자신감이 넘치고, 건강하고, 상체가 발달한 남성을 선호하는 이유도 그러한 남성이 뭇 남성을 제압하고 높은 사회적 지위를 차지할 가능성이 높기 때문이라고 할 수 있다.

물질적 자원을 자식에게 기꺼이 제공할 의향

둘째, 결혼 상대자를 고를 때 여성은 '물질적 자원을 기꺼이 제공할 의향'을 남성보다 더 중시하게끔 진화했다. 아무리 자원을 확보하는 능력이 뛰어나도 가족을 돌보지 않고 다른 이성에게 자꾸 한눈을 팔면 좋은 배우자가 될 수 없다.

버스의 37개 문화권에 대한 연구에서 남녀 모두 배우자 후보감이 얼마나 믿을 만하고 얼마나 정서적으로 안정되어 있는지가 배우자를 고르는 데 중요하다고 답했지만, 특히 여성들이 남성들보다 조금 더 중시했다. 한마디로, '언제라도 편안하게 기댈 수 있는 사람' '철석같이 믿을 수 있는 사람'을 바라는 쪽은 주로 여성이다.

신뢰성과 정서적 안정성은 어떤 일이 있더라도 자원을 가족에게 지속해서 공급할 것임을 보장하는 단서이기 때문에 여성들에게 더 중요하다. 정서적으로 불안정하고 믿기 어려운 남성은 이기적이고, 자원 공급도 불규칙하고, 바람도 잘 피우고, 배우자를 학대하는 경향이 있으므로 좋은 신랑감이 아니다.

마찬가지로, 사랑은 장기간에 걸쳐 자원을 아내와 아이들에게 꾸준히 제공하리라는 증표가 되기 때문에 여성들은 사랑을 결혼 상대자에게 바라는 중요한 자질로 꼽는다. 물론 앞에서 언급했듯이 남녀가 상대방에게 얼마나 사랑을 바라는가에 대해서는 유의미한 차이가 없지만, 남자가 원하는 사랑과 여자가 원하는 사랑은 미묘한 차이가 있으리라고 생각할 수 있다.

젊음과 신체적 매력

셋째, 결혼 상대자를 고를 때 남성은 상대방의 젊음과 신체적 매력을 여성보다 더 중시하게끔 진화했다. 남성과 달리, 여성은 임신, 출산, 수유 등으로 자신의 신체적 자원을 자식에게 직접 제공한다. 따라서 남성들은 결혼 상대자를 고를 때 상대방이 자식에게 생리적인 차원의 투자를 잘 할 수 있는지 가늠하고자 젊음과 신체적 매력을 더 중시할 것이다.

실제로 버스의 1989년 연구에서 37개 문화권 모두에서 남성들은 여성들보다 결혼 상대자의 신체적 매력을 뚜렷하게 더 중시했다. 남성이 여성보다 배우자의 외모를 중시하는 경향은 사람들이 지역신문에 애인이나 결혼 상대자를 구하고자 내는 광고들을 조사한 한 연구에서도 확인된다. 남성들은 신체적으로 매력적인 파트너를 원한다고 광고를 낼 가능성이 여성들보다 3.7배 더 높았다.[14]

바람직한 이성을 차지하고자 남녀가 동성 경쟁자를 비방하고 모략하는 전술을 구사할 때도 신체적 매력이 남녀에게 갖는 중요성이 다름을 확인할 수 있다. 여성들은 남성들보다 동성 경쟁자의 외모를 깎아내리고 공격하는 경향이 훨씬 더 강하다. 남성들이 이성에게 가장 바라는 측면에서 동성 경쟁자가 아주 형편없음을 강조하는 것이다.

젊은 여성에 대한 선호를 조금 더 살펴보자. 남성들이 번식에 성공하기 위해 배우자 후보로부터 알아내고자 하는 속성 중의 하나는 생식력이다. 생식력은 성관계를 했을 때 수정이 되어 자식을 낳을 확률로 정의된다. 여성의 생식력은 10대 중후반에 절정에 이른 다음, 나이가 들수록 점점 감소한다.

물론 남성의 생식력도 나이가 들수록 감소하지만, 여성들이 중시하는 남성의 경제적 자원 확보 능력은 남성이 나이가 들수록 증가한다. 그렇다고 100세 할아버지를 여성들이 신랑감으로 선호할 리는 없지만, 나이가 듦에 따라 겪는 생식력 감소를 자원 확보 능력의 향상으로 상당 부분 상쇄할 수 있다는 말이다. 이는 배우자의 나이에 대한 선호에서 나타나는 성차를 잘 설명해준다. 버스의 1989년 연구에서 37개 문화권 전부에서 남성들은 자신보다 평균적으로 2.5세 어린 신붓감을 원했다. 반면에 여성들은 평균적으로 자신보다 3.5세 위인 신랑감을 원했다. 과거의 수렵-채집 환경에서 우리 조상들이 이마에 생년월일을 새기고 다니지는 않았다는 사실에 유의하시라.

즉, 남성들이 원하는 것은 여성의 생물학적 나이 그 자체가 아니라 어떤 여성이 높은 생식력을 지녔음을 잘 보여주는 외부적인 단서이다. 이는 어떤 여성이 남성보다 연상이더라도 깨끗한 피부, 윤기 있는 머리카락, 큰 눈 등 남성들이 선호하는 외부적인 단서를 지니고 있으면 쉽게 이끌릴 수 있음을 의미한다.

요약해보면, 어떤 이성에게 끌리고 어떤 이성을 거부할지에 관여하는 배우자 선호 기제는 자연선택에 의해 진화한 심리적 적응이다. 성선택 이론은 남녀 모두 까다롭게 장기적인 짝짓기 상대를 고를 것으로 예측한다. 반면에 단기적인 짝짓기 상대를 고를 때는 남성은 서로 경쟁하고 여성은 고르는 전형적인 성차에 가까운 모습이 나타난다. 남녀가 장기적인 상대에게 원하는 특질로서, 물질적 자원을 확보하는 능력과 이를 기꺼이 가족에게 투자할 의향은 여성들이 남성들보다 더 중시한다. 젊음과 신체적 능력은 남성들이 여성들보다 더 중시한다.

가장 대표적인 특질들만 살펴보았을 뿐, 남녀가 장기적인 상대에게 원하는 특질은 다른 것들도 많다. 자식을 좋아하고 잘 돌보는 사람, 성격, 가치관, 취향이 유사한 사람, 유머러스한 사람, 성적으로 충실한 사람 등등도 남녀가 장기적인 파트너에게 바라는 유형이다. 더 자세한 내용을 알고 싶다면 버스가 저술한 대중서인 《욕망의 진화The Evolution of Desire》를 참조하길 바란다.

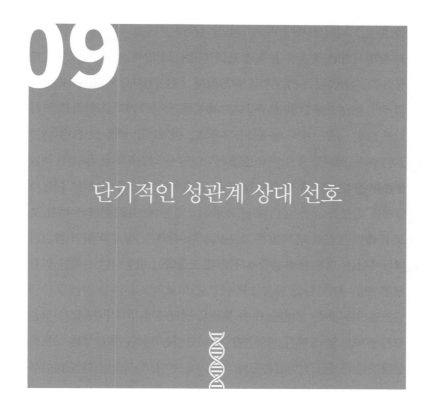

09

단기적인 성관계 상대 선호

남과 여는 어떤 하룻밤 상대를
바라도록 진화했는가?

명배우 잭 니컬슨Jack Nicholson은 화려한 여성 편력으로도 유명하다.
그는 2007년에 한 인터뷰에서 이렇게 말했다. "남자들이 성관계를 보
는 시각은 여자들이 보는 시각과 아주 다릅니다. 이 지긋지긋하고 풀
기 어려운 문제가 성별 격차를 만들어요. 남자와 수캐 사이의 공통점
은 남자와 여자 사이의 공통점보다 더 많습니다."[1] 아니, 그 수많은 동

물 중에 하필이면 개에 비교하신담? 니컬슨 형님도 너무하시네! 어쨌거나 일시적인 성관계만 놓고 보면 니컬슨의 말이 어느 정도 일리가 있다. 인간 남녀는 오랫동안 일부일처제적 결합을 꾸리는 한편, 타인과의 일시적 성관계도 함께 추구하는 독특한 짝짓기 체계를 진화시켰다.

연인이나 결혼 상대자 같은 장기적인 짝짓기 상대를 선택할 때는 남녀 모두 까다롭게 상대방을 고른다(시중에 널린 결혼정보회사가 이를 웅변한다). 반면에 하룻밤 만남 같은 단기적인 짝짓기 상대를 고를 때 남성은 되도록 많은 상대와 성교하려는 경향이 있고, 여성은 여러 후보 가운데 일부를 까다롭게 고르는 경향이 있다. 즉 단기적인 짝짓기 맥락에서는, 다른 동물들에게서 흔히 관찰되는 전형적인 성차가 인간에게서도 나타난다고 할 수 있다.

연인이나 결혼 상대자 같은 장기적 맥락에서 남녀가 어떤 이성을 원하는지는 앞 장에서 이야기했다. 이번에는 남과 여가 어떤 하룻밤 상대를 원하게끔 진화했는지 살펴보기로 한다. 잠시 잔소리를 해야겠다. 앞서 수컷은 경쟁하고 암컷은 고르는 전형적인 패턴이 인간의 단기적 짝짓기에서도 나타난다고 말했다. 이는 여성은 그냥 가만히 있다가 누구든지 잘난 남성의 품에 안기는 전리품이라는 뜻이 결코 아니다. 수컷은 능동적이고 암컷은 수동적이라는 옛날 생물학자들의 선입견과 달리, 많은 동물종에서 암컷은 여러 수컷과 적극적으로 교미한다는 사실이 밝혀졌다.[2]

이러한 견지에서 버스는 남녀 모두 다양한 짝짓기 전략이 수록된 '메뉴판'을 지니며, 이 가운데 주어진 상황에 맞는 전략을 유연하게 꺼내놓는다고 주장했다. 남성과 마찬가지로, 여성도 하룻밤 혹은 외도 상대로 원하는 남성을 능동적으로 추구하게끔 진화했다는 말이다.[3]

이제 남녀의 단기적 짝짓기 전략을 각각 들여다보자.

여성은 우수한 유전자를 지닌 남성을 하룻밤 상대로 선호하게끔 진화했다

여성은 어떤 하룻밤 상대를 원하는가? 이 질문은 오랫동안 과학자들로부터 괄시를 받았다. 여성이 어떤 하룻밤 상대를 원할지는 고사하고, 과연 남편이 아닌 다른 남자와의 일시적 성관계를 원하는지조차 의문시되었기 때문이다.[4]

이론적으로 남성은, 1년 동안 수십 명의 여성과 성관계하여 수십 명의 자기 핏줄인 아기를 가질 수 있다. 같은 기간에 여성은 한 남성과 부부로 내내 살든지 수십 명의 남성과 자유롭게 성관계하든지 어쨌든 아기는 딱 한 명만 낳을 수 있다. 요컨대 여러 상대와 일시적인 성관계를 맺으려는 성향이 남성에게 주는 적응적 이득은 뚜렷하다. 자식 수를 쑥쑥 늘린다는 것이다. 반면에 그러한 성향이 여성에게 주는 적응적 이득은 흐릿하다.[5]

이 수수께끼는 의외로 쉽게 풀린다. 단기적 짝짓기에 임하는 전략에는 눈을 대폭 낮춰서 성관계 상대자의 수를 무작정 늘리는 전략만 있는 것이 아니다. 여성은 되도록 많은 남성과 무차별적으로 성관계를 맺기보다는, 남편이 주는 이득과 미묘하게 다른 이득을 줄 수 있는 남자를 하룻밤 상대로 콕 찍어서 선호하는 전략을 진화시켰다.[6] 다른 남자와의 일시적 성관계를 통해 여성이 얻는 적응적 이득은 무엇일까?

자식에게 우수한 유전자를 물려주는 이득을 첫손에 꼽을 수 있다. 어느 여성이나 모든 면에서 완벽한 남편을 꿈꾸지만, 최고의 신랑과 실제로 결혼에 이르는 여성은 극히 드물다. 법적으로 일부일처제가 규정된 오늘날에는 더욱더 그렇다. 하지만 평범한 여성이라도 특출하게 뛰어난 남자와 하룻밤 성관계를 맺음으로써 장차 태어날 자식에게 친아버지의 우수한 유전자를 물려줄 수는 있다. 이 가설은 여성이 남성적인 외모, 다른 남성을 제압하는 행동, 좌우대칭적인 외형 등 우수한 유전적 자질을 암시하는 단서를 지닌 남성을 일시적 성관계 상대로 유독 선호하리라고 예측한다. 그런 남성이 여성의 눈에 '섹시하게' 보이는 데는 다 이유가 있다는 말이다.[7]

여성이 일시적 성관계를 통해 얻을 수 있는 다른 이득들도 제안되었다. 물질적인 자원을 얻기, 처음에는 하룻밤 상대였지만 점차 관계가 진전되어 평생을 함께할 남편을 얻기, 불만족스러운 결혼생활을 청산하고 새로운 남편을 찾기 등이 잠재적 이득으로 지목되었다.[8] 하지만 우수한 유전자 가설이 가장 많이 연구되었으므로 이 가설을 자세히 살펴보기로 한다.

여성의 일시적 성관계는 유전적 이득을 얻기 위함임을 보여주는 증거들

우수한 유전자 가설이 맞는다면, 여성은 남편감을 고를 때보다 하룻밤 상대를 고를 때 남성의 신체적 매력을 한층 더 중요시하리라는 예측이 얻어진다. 이를테면 남성들이 나이트클럽에서 즉석 만남을 시도할 때 흔하게 생긴 회사원보다는 백수라 하더라도 키도 크고 훈훈하게 생긴 남성이 성공할 가능성이 더 높을 것이다. 단, 어떤 식으로든지 외형만 잘났으면 다가 아니다. 특정한 방식으로 잘나야 한다. 광대와 턱이 발달한 '상남자' 얼굴, 탄탄한 역삼각형 상체, 꺼질 듯한 저음의 목소리, 좌우대칭인 외형 등 우수한 유전적 자질을 암시하는 단서가 겉으로 드러나야 한다.[9]

클럽에서 여성이 유독 남성적인 매력을 뽐내는 남자에게 시선이 꽂힐 때, 여성이 "저 남자의 아이를 낳아야지!"라고 의식적으로 고려한다는 말은 아니다. 어떤 여성이 '상남자'와 하룻밤을 함께한 이유가 "그냥 그가 잘생겼으니까."라는 설명은 '어떻게'에 대한 근접 설명에 해당한다. "왜 하필이면 이처럼 즉각적인 호감은 할아버지가 아닌 '상남자'에게 생기는가?"에 대한 설명이 '왜'에 대한 진화적, 궁극적 설명이다.

여성이 어떤 배우자를 선호하는지 설문 조사한 여러 연구에서 위의 예측은 확인되었다. 한 연구에서는 368명의 브라질 남녀 대학생을 설문했다. 여성은 하룻밤 상대인 남성에게 바라는 특질로 '잘생긴 얼굴'이 0점에서 5점 사이에서 3.42점만큼 중요하다고 답했다. 반면에 남편에게 바라는 특질로 '잘생긴 얼굴'은 겨우 2.17점만큼 중요했다. 남성의 '매력적인 몸'은 하룻밤 성관계 상대를 택할 때는 3.08점이었지만, 남편감을 택할 때는 고작 1.83점이었다.[10]

다른 연구에서는 하룻밤 상대 혹은 남편감의 신체적 매력에 대해서 여성들이 간신히 낙제점을 주지 않을 정도가 얼마나 되는지 물었다. 여성들은 하룻밤 상대의 매력도가 적어도 69번째 백분위 수여야 한다고 답했다. 즉 매력도의 순으로 100명의 남자를 일렬로 세웠을 때, 자기 파트너의 뒤에 적어도 69명이 있어야 한다고 말한 것이다. 반면에 평생을 함께할 남편감의 매력도는 62번째 백분위 수면 된다고 답했다.[11]

이런 연구들은 여성들이 원하는 '이상적인' 하룻밤 상대가 어떠한 남자인지 설문지에 적어서 수행되었다. 안타깝게도 문구를 살짝 바꾸기만 하면 연구자의 입맛에 맞는 반응을 마음대로 유도할 수 있기 때문에 설문 조사는 별로 의미가 없다고 오해하는 사람들이 적지 않다. 과연 실생활에서도 여성들은 우수한 유전자를 암시하는 단서를 지닌 매력남을 하룻밤 상대로 선호할까?

해가 뉘엿뉘엿 질 무렵, 당신 혼자서 길거리를 걷고 있다고 상상하자. 20대 초반의 이성이 다가와서 말을 붙인다. "안녕하세요. 초면에 실례지만, 정말로 멋있으세요. 혹시 오늘 밤에 저랑 함께 잘 수 있을까요?" 벌써 눈치채신 분도 있겠지만, 이 상황은 1989년에 심리학자 러셀 클라크Russell Clark와 일레인 햇필드Elaine Hatfield가 수행한 진화심리학계의 고전적 연구에서 나왔다. 생전 처음 본 이성이 다짜고짜 성관계를 제의했을 때 남성은 75퍼센트가 동의했으며, 여성은 0퍼센트가 동의했다.[12]

하지만 여성이 일시적 성관계 상대로 우수한 유전자를 지닌 남성을 선호한다는 가설이 맞는다면, 초면에 성관계를 제의한 남성이 엄청난 '훈남'일 경우 결과가 사뭇 달라질 수 있다. 한 후속 연구에서 거리를 걷고 있던 120명의 프랑스 여성들에게 남성 연구보조원이 실제로 다가가 실험했다. 여성들은 몸도 얼굴도 지극히 평범한 남성의 성관계 제안에 대해서는 0퍼센트가 동의했다. 반면에 매우 잘생기고 매력적인 남성의 성관계 제안에 대해서는 3퍼센트가 동의했다(!).[13] 독자께서 혹시 남성이라면 거울을 보며 한숨 쉬지 말길 바란다. 그까짓 성관계가 뭐 대수인가.

한 가지 덧붙일 사항이 있다. 여성이 일시적 성관계를 통해 얻는 주된 적응적 이득은 상대방 남성의 '우수한 유전자'를 자녀에게 물려주는 이득이라고 했다. 그렇다면 여성은 약 28일간의 배란주기 가운데 임신 가능한 약 6일 동안에만 남편 혹은 남자친구가 아닌 다른 남자와 짝외성교를 시도해야 할 것이다. 비가임 기간에 섣불리 혼외정사를 시도한다면 유전적 이득은 없고 비용만 치를 뿐이기 때문이다. 단기적 짝짓기 맥락에서 여성의 배우자 선호가 배란주기에 따라 적응적으로 변화하는 현상은 이후에 살펴볼 것이다.

남성은 되도록 많은 여성과 일시적 성관계를 추구하게끔 진화했다

남성은 어떨까? 아내 혹은 여자친구가 아닌 다른 여자와의 일시적 성관계는 조상 남성들에게 확실한 적응적 이득, 즉 자식 수의 직접적인 증가를 가져다주었다. 따라서 진화 이론은 남성의 경우 상대를 별로 가리지 않고 되도록 많은 여성과 일시적 성관계를 맺는 전략을 진화시켰으리라고 주장한다.[14]

남성이 여성보다 더 많은 수의 이성을 원하게끔 진화했다는 사실이 반드시 남성에게 좋은 소식인 것은 아니다. 사실, 다른 동물 중에서 거의 무차별적으로 성관계에 몰두하는 수컷을 보면 저절로 당혹감이 든다. 많은 개구리 종의 경우 수컷을 암컷으로 착각해 교미를 시도하는 수컷이 워낙 많은 통에, 수컷은 아예 특수한 방출 신호를 따로 진화시켰다. 수컷의 등 위에 다른 수컷이 올라타면 이렇게 알려준다. "야, 내려가. 나 수컷이야."

칠면조 수컷은 박제된 모형 암컷에게 열정적으로 구애 행위를 펼친다. 심지어는 박제된 암컷의 머리가 한쪽에 부착된 막대기를 땅에 꽂아놓기만 해도 흥분해서 구애한다. 몇몇 혈기왕성한 수컷은 눈도 부리도 그려지지 않은 나무토막 머리만 보아도 몸이 달아오른다. 칠면조 수컷이 어리석다고 생각하는가? 포르노그래피에 흥분하는 인간 남성도 그에 못지않게 어리석어 보인다(물론 필자를 포함해서).[15]

남성들의 배우자 선호를 설문 조사한 여러 연구에서 남성의 다분히 무차별적인 단기적 짝짓기 전략이 입증되었다. 예를 들어, 2003년에 진화심리학자 데이비드 슈밋David Schmitt과 그의 동료들은 전 세계 6대륙, 13개 섬, 52개국에 걸쳐 총 1만 6,288명의 대학생을 대상으로 방대한 비교 문화 연구를 수행하였다. 질문 중에는 "이상적으로 말해서, 앞으로 한 달 동안에 성관계 상대자를 몇 명이나 얻고 싶으십니까?"라는 질문도 있었다. 북아메리카의 경우, 한 달 동안 적어도 두 명 이상의 성관계 상대를 얻고 싶다고 대답한 남성은 약 23퍼센트였다. 여성은 3퍼센트에 불과했다. 동아시아의 경우, 복수의 성관계 상대를 희망한 남학생은 약 18퍼센트였고 여성은 3퍼센트였다.[16]

한 연구는 국가별 양성평등 순위에서 언제나 최상위권을 지키는 노르웨이 국민의 단기적 배우자 선호를 조사하였다. 이 연구가 흥미로운 까닭은 양성평등이 진전될수록 남녀 성행동의 차이가 사라지거나 많이 감소하리라고 몇몇 심리학자가 주장했기 때문이다. 연구에서 앞으로 1년 동안 노르웨이 남성들이 얻고 싶은 성관계 상대자의 수는 약 일곱 명이었다. 여성들은 약 두 명이었다. 앞으로 30년 동안 노르웨이 남성들은 약 25명의 성관계 상대를 원했다. 여성들은 약 다섯 명이었다.[17] 요컨대, 양성평등이 탄탄하게 확립된 사회에서도 일시적 성관계를 원하는 상대자의 수에서 드러나는 남녀 차이는 그대로 유지되었다.

일시적 성관계에 대한 태도와
성적 후회

남녀에게 원하는 성관계 상대자의 수가 얼마나 되는지 직접 물어본 연구 외에도, 단기적 짝짓기에 관련된 다양한 태도나 행동을 설문 조사한 연구들에서도 진화적인 성차가 확인되었다.

첫째, 남성은 여성보다 일시적 성관계에 대해 더 긍정적인 태도를 보이며, 친밀한 감정이 없는 육체적 관계에 대해서도 더 너그러운 경향이 있다. 한 연구에서 남녀 참여자에게 그들이 누군가와 성관계하려면 반드시 상대방과 정서적인 교감이 있어야 하는지 물었다. 여성의 45퍼센트가, 그러나 남성은 겨우 8퍼센트만이 상대방과 애틋한 감정이 있어야 동침할 수 있다고 답했다.[18]

둘째, 직장 동료, 그냥 친구, 혹은 생전 처음 본 이성과 뜻하지 않게 하룻밤 불장난을 치르게 되었을 때 남성은 여성보다 이미 '한 성관계'를 덜 후회한다. 반면에 누군가와 불장난을 치를 뻔하다가 결국 아무 일도 일어나지 않았을 때에는 남성이 여성보다 '하지 못한 성관계'를 더 후회하는 경향이 있다.

왜 그럴까? 후회는 마음을 갉아먹는 부정적인 정서다. "아, 그때 내가 왜 그렇게 했지?"라고 탄식하면서 밤에 이불을 뻥뻥 차게 만든다. 후회는 이렇게 우리를 괴롭히지만, 바로 그 때문에 후회가 진화하였다. 즉 과거에 저지른 잘못을 오늘 아프게 돌아봄으로써 미래에 같은 잘못을 되풀이하지 않게끔 우리를 이끄는 기능을 한다. 따라서 남성들은 '한 성관계'보다 '하지 못한 성관계'를 더 후회하기 때문에 앞으로는 '하지 못한 성관계'가 되도록이면 덜 발생하게끔 진화했을 것이다. 마찬가지로 여성들은 '하지 못한 성관계'보다 '한 성관계'를 더 후회함으로써 앞으로는 '한 성관계'가 지나치게 많이 발생하지 않게끔 진화했을 것이다.

한 연구에서는 468명의 미국 대학생을 대상으로 "나는 ○○와 자도록 더 노력해야 했다." "나는 ○○와 성관계한 것을 후회한다." 같은 항목들에 얼마나 동의하는지 물었다. 예측대로 남성들은 '하지 못한 성관계'를 더 후회했다. 여성들은 '한 성관계'를 더 후회했다.[19]

혼외정사, 성매매 그리고 포르노그래피

설문 연구에 더하여, 실제로 일시적 성관계 기회가 생겼을 때 남성이 예측대로 여성보다 더 적극적인가에 대해서도 많은 연구가 이루어졌다.

첫째, 미국, 일본, 네덜란드, 케냐, 스위스, 노르웨이 등 수많은 문화권에서 기혼 남성은 기혼 여성보다 혼외정사를 할 가능성이 더 높았다. 예컨대 킨제이 보고서에 따르면 설문 조사에 답한 미국인 남편의 50퍼센트가, 그러나 미국인 아내 중에서는 26퍼센트만이 외도를 한적이 있다고 답했다.[20] 외도를 하는 비율이 남성에게서 더 높을 뿐만 아니라, 각기 다른 상대와 여러 번에 걸쳐서 외도를 저지를 확률도 남성에게서 더 높았다. 남성은 현재의 결혼생활이 딱히 불만스럽지 않을 때도 혼외정사를 시도한다. 반면에 여성은 결혼생활이 만족스럽지 않으면 다른 남성과 혼외정사를 시도할 가능성이 높아진다.

둘째, 성매매는 아스테카, 세르비아, 이란, 마사이, 아이누, 발리 등 거의 모든 사회에서 광범위하게 발견되며, 어느 사회에서나 돈을 주고 상대방과의 성관계를 구매하는 쪽은 절대다수가 남성이다. 이를테면, "직업적인 성 노동자로부터 성을 구매한 적이 있습니까?"라는 물음에 덴마크 남성의 16퍼센트가 그렇다고 답했다. 덴마크 여성 가운데 이 질문에 긍정적으로 답한 사람은 아무도 없었다. 이처럼 성 구매자가 대부분 남성이라는 사실은 남성이 가능한 한 많은 상대와의 일시적 성관계를 추구하게끔 진화했음을 보여준다(물론 성매매가 진화된 인간 본성에서 유래했다고 해서 도덕적으로 정당화되는 것은 아니다).

같은 맥락으로, 남성은 다수의 젊고 매력적인 상대방과의 일시적 성관계를 노골적으로 묘사하는 포르노그래피, 춘화, 외설 잡지 등을 여성보다 즐겨 소비한다. 일주일에 3회 이상 자위를 하는 남성 가운데 약 39퍼센트가 포르노그래피에 의존하는 반면, 여성은 7퍼센트만이 의존했다.[21]

정리하자. 남녀 모두 아버지 혹은 어머니로서 자식에게 장기간 투자하는 양은 매우 많지만, 최소한 의무적으로 자식에게 투자해야 하는 양은 극적으로 달랐다. 남성의 경우 의무 투자량은 한 번의 성관계로 충분했다. 그러므로 남성은 상대를 별로 가리지 않고 되도록 많은 여성과 일시적 성관계를 맺는 단기적 짝짓기 전략을 진화시켰다. 여성은 남편이 주는 이득과 미묘하게 다른 이득—이를테면 우수한 유전자를 자식에게 물려주는 이득—을 주는 남자를 일시적 성관계 상대로 유독 선호하는 전략을 진화시켰다.

어찌 보면 당연하게도, 이처럼 상이한 남녀의 장기적/단기적 짝짓기 전략은 갈등을 일으킨다. 우리 사회에서도 큰 쟁점이 되고 있는 성적 갈등을 합리적으로 해결하려면 진화된 인간 성 심리의 내면을 좀 더 깊이 들여다볼 필요가 있다.

05

아름다운 얼굴

왜 우리는 어떤 얼굴을 보면
아름답다고 생각할까?

TV나 인터넷을 보면 예쁘고 잘생긴 연예인이 넘쳐난다. 서울 강남 일
대에 성형수술을 하는 의원이 무려 2,500개에 달한다.[1] 아이돌그룹에
서 누구나 원하는 센터 자리는 가창력이 아니라 외모가 가장 뛰어난
멤버에게 돌아간다. '패션의 완성은 얼굴'이라며 아무리 흉측한 옷을
입어도 얼굴만 잘났으면 옷맵시가 난다고도 한다. 정말 해도 너무한

다. 왜 우리는 얼굴의 아름다움에 이토록 집착할까?

이 질문에 대한 '정답'은 모두 알고 있다. 우리가 사는 시대와 문화가 특정한 유형의 미美를 추구하게 만들었다. 즉, 현대 한국인이 지닌 미의 기준은 서구 자본주의의 산물인 대중매체가 은연중 주입하는 미의 이상형—쌍꺼풀 진 큰 눈, 오똑한 코, 작은 얼굴, 마른 체형 등—을 후천적으로 학습함에 따라 얻어졌다는 것이다. 따라서 미의 기준은 임의적이다. 어떤 사람이 미인으로 대접받는지는 시대와 문화에 따라, 보는 사람에 따라 달라진다.[2]

미에 대한 상대주의적 관점을 잘 보여준다고 주장되는 예는 많다. 조선시대 신윤복의 '미인도'는 눈이 가늘고 턱이 둥글고 얼굴이 복스러운 여성을 미인으로 그렸다. 고대 그리스의 조각상 '밀로의 비너스'와 당나라 최고의 미인 양 귀비도 현재의 기준으로는 몸집이 크다. 필자는 어느 인터넷 기사에 달린 댓글이 기억에 남는다. "소녀시대 태연을 아프리카 사람들이 보면 별로 예쁘지 않다고 하겠죠?"

물론 아름다움의 판단은 문화나 개인에 따라 어느 정도 다를 수 있지만, 미의 기준이 완전히 임의적이고 종잡을 수 없다는 이러한 시각은 명백히 틀렸다. 한 문화권에 속한 사람들에게 그리고 서로 다른 문화권에 속한 이들에게 여러 얼굴 사진을 보여주고 어떤 얼굴이 가장 매력적인지 물어보라. 마치 미리 입을 맞춘 것처럼 의견이 일치한다. 인종과 문화에 관계없이 미의 기준이 일관된다는 사실은 수없이 많은 연구를 통해 확인되었다.[3] 한마디로, 알제리인에게 태연과 평범한 한국 여성의 사진을 보여주면 알제리인들도 태연이 더 예쁘다고 대답한다.

미의 기준이 보편적임은 아기들을 조사한 연구에서도 알 수 있다.

생후 2개월 된 아기들에게 어른들의 시각에서 예쁜 여성 얼굴과 예쁘지 않은 여성 얼굴을 보여주었다. 아기들은 예쁜 여성의 얼굴을 더 오래 쳐다보았다.[4] 심지어 태어난 지 고작 3일 된 아기들도 예쁜 여성 얼굴에 시선이 더 머물렀다.[5] 아이가 적어도 두세 살은 되어야 문화적으로 주입되는 미의 기준을 습득할 수 있음을 고려하면, 이러한 연구 결과는 미의 기준이 보편적이고 타고남을 보여준다.

　이번 장에서는 어떤 얼굴을 매력적이라고 여기게 만드는 심리적 적응이 왜 진화했는지 살펴보자. 군소리를 덧붙이자면, 진화심리학은 겉으로 드러나는 행동이 아니라 심리적 적응이 보편적임을 강조한다. 보편적인 적응이 만드는 행동 결과물은 개인이 처한 맥락과 상황에 따라 다를 수 있다. 아무렇게나 달라지는 게 아니라, 적응적으로—먼 과거의 환경에서 번식에 가장 도움이 되게끔 체계적으로—달라지리라고 진화심리학은 예측한다.[6] 즉, 진화 이론은 각 문화권에서 나타나는 미적 판단의 유사성뿐만 아니라 개인 혹은 문화 간에 존재하는 미적 판단의 차이도 잘 설명함도 아울러 살펴본다.[7]

잘생기고 예쁜 얼굴에 끌리는 진화적 이유

평생의 배필로서든 혹은 일시적 성관계 상대로서든, 누구를 짝짓기 상대로 맞이하느냐는 중요한 문제다. 사람들은 저마다 배우자 가치 mate value[8]가 다르다. 어떤 이는 늙었다. 어떤 이는 폭력적이다. 어떤 이는 건강하다. 어떤 이는 지위가 낮다. 인류의 진화 역사를 통해서, 상대방 이성이 내 짝짓기 상대로 얼마나 가치가 있는지는 상대방의 외모, 신체, 행동, 목소리, 냄새 등을 통해서 어느 정도 추측할 수 있었다. 상대방의 높은 배우자 가치를 알려주는 단서를 잘 포착하여 바로 그 이성과 짝짓기한 사람이 결과적으로 자손을 많이 남겨 우리 모두의 조상이 되었을 것이다. 요컨대, 차은우나 조보아의 얼굴이 아름다움의 본질을 지닌 것은 아니다. 먼 과거의 환경에서 그런 얼굴을 지닌 사람과 짝짓기하면 번식에 더 유리했기 때문에 우리는 그런 얼굴을 잘생겼다고 여기게끔 진화했을 따름이다.

8장에서 이야기했듯이, 특정한 이성을 선택함으로써 얻는 이득은 직접적인 이득과 간접적인 유전적 이득 두 가지가 있다. 예를 들어, 병변이나 종기가 없는 깨끗한 피부를 통해 자신을 드러내는 사람과 결혼하면 내가 당장 전염병에 옮을 가능성이 없다는 직접적인 이득을 얻는다. 또한 앞으로 태어날 자식들에게 기생체에 대한 저항성 유전자를 물려줄 수 있다는 간접적인 이득도 얻는다. 이처럼 직접적인 이득과 간접적인 이득은 서로 배타적이지 않고 양립 가능하다.

최근 몇몇 연구는 얼굴이 매력적인 이성과 결혼한 사람들이 실제로 더 오래 살고, 자식도 더 많이 낳았음을 발견했다.[9] 예를 들어, 오스트리아의 한 시골 마을에 사는 88명의 할머니들로부터 젊은 시절의 사진을 확보하고 몇 명의 자식을 두었는지 조사했다. 호르몬 피임제를 평생 복용한 적이 없는 여성들 중, 젊었을 적에 얼굴이 예뻤던 여성일수록 더 많은 자식을 낳은 것으로 나타났다. 소득이나 학력수준, 종교 등은 자식 수와 상관관계가 없었다.[10]

잠깐! 잘생기거나 예쁜 사람들은 다른 평범한(?) 사람들보다 질적으로 우수함이 과학적으로 입증되었으니 이들이 특혜를 누리는 건 당연하다는 말이냐고 돌을 던지진 마시라. 진화심리학은 과학이다. 현상을 설명할 뿐, 정당화하지 않는다. 왜 사람들이 매력적인 얼굴의 소유자에게 이끌리는지 그 원인을 밝힌다면, 이를 활용해 외모지상주의가 취업, 승진 등 외모와 무관한 영역에 부적절하게 침투하는 사태도 효과적으로 예방할 수 있다. 정리하자면, 매력적인 얼굴에 대한 진화적 선호는 먼 과거의 환경에서 높은 번식 성공도를 약속했던 이성에게 우리가 이끌리게끔 해준다. 매력적인 얼굴을 만드는 여러 특질을 만나보자.

대칭적인 얼굴이 아름답다

첫째, 좌우가 대칭적인 얼굴이 매력적으로 여겨진다. 불가사리, 말미잘, 해파리는 방사대칭이다. 반면에 인간을 포함한 대다수 동물은 좌우대칭으로 발달하도록 유전적으로 설계되었다. 각 개체는 자라면서 질병이나 영양실조 등의 환경적 스트레스를 겪으면서도 몸의 형태를 설계도 원안에 따라 좌우대칭으로 발달시키는 능력이 각기 다르다. 그러므로 대칭적인 얼굴이나 신체는 그 사람이 환경적 스트레스를 이기고 정상적으로 발달하는 유전적 자질이 뛰어남을 알려주는 단서가 된다.[11] 얼굴이 대칭적인 남성은 비대칭적인 남성보다 처음 성관계한 시기도 빠르고, 평생 경험한 성관계 상대도 많고, 혼외정사도 더 많이 한다는 사실이 알려져 있다.

대칭적인 얼굴이 아름답다고 하면 일반인들은 '얼굴 좌우대칭 놀이'를 흔히 떠올린다. 얼굴 사진을 찍은 다음, 포토샵으로 왼쪽 혹은 오른쪽 절반만 대칭 복사해서 완벽히 대칭적인 얼굴을 만든 뒤 원본 사진과 비교하며 탄식하는 놀이 말이다. 절반만 복사하면 점이나 주근께도 함께 복사되므로 당연히 우스꽝스럽다. 이를 놓고 어떤 사람들은 완벽한 대칭은 부자연스러우며 살짝 비대칭적인 얼굴이 가장 아름답다고 성급한 결론을 내리기도 한다.[12] 컴퓨터로 얼굴의 대칭 정도만 정교하게 변형시키는 기법을 사용한 최근 연구들은 대칭적인 얼굴일수록 남녀 모두에게 매력적으로 받아들여짐을 발견했다.[13]

대칭적인 얼굴에 대한 선호는 아직도 수렵-채집 생활을 하는 탄자니아의 하드자Hadza족에게서도 나타난다.[14] 동물원에서 인기가 많은 히말라야원숭이도 얼굴이 비대칭적인 동종 개체보다 얼굴이 대칭적인 개체를 더 오래 쳐다본다![15]

평균적인 얼굴이 아름답다

둘째, 평균적인 얼굴이 매력적으로 여겨진다. 얼굴의 매력도 순위를 각각 매기면 일등도 꼴등도 아니고 딱 중간 등수의 얼굴이 가장 예뻐 보인다는 말이 아니다. 눈, 코, 입 등 각 부위의 크기나 형태가 모자라지도 넘치지도 않고 개체군의 평균에 근접한 얼굴이 매력적으로 여겨진다는 뜻이다. 예컨대, 두 눈 사이의 거리가 너무 멀지도 가깝지도 않아야 미인이다. 두세 사람의 실제 얼굴만 컴퓨터로 합성해도, 그 결과 얻어진 평균적인 얼굴은 각각의 원래 얼굴보다 더 매력적으로 보인다(그림 5 참조).

우리가 개체군의 전체 평균에 가까운 얼굴을 아름답다고 여긴다면, 더 많은 수의 얼굴을 합성할수록 점점 더 아름다워질 것이다. 대선 주자 선호도 여론조사가 발표되면 늘 그 여론조사에 몇 명이 응답했는지를 누군가가 문제 삼듯이, 표본의 크기가 클수록 표본 평균은 개체

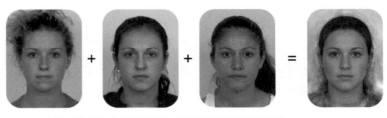

[그림 5] 평범한 대학생 세 명의 얼굴을 컴퓨터로 합성하여 평균을 낸 결과

군의 전체 평균에 가까워지기 때문이다. 발달심리학자 주디스 랭글로이스Judith Langlois는 이러한 예측이 잘 맞아떨어짐을 확인했다. 두 명보다는 네 명을, 네 명보다는 여덟 명을, 16명보다는 32명을 평균 낸 얼굴이 더 매력적이라고 사람들로부터 평가 받았다.

왜 평균적인 얼굴이 매력적이라고 여겨질까? 미간 거리가 너무 길거나 짧으면 사물의 깊이를 정확히 파악하기 어렵다. 코가 너무 크거나 작으면 제대로 호흡하기 어렵다. 얼굴 각 부위의 개체군 평균값은 그냥 그렇게 정해진 게 아니라 자연선택이 그 부위가 담당한 기능을 잘 수행하게끔 최적화한 수치다. 즉, 어떤 사람의 얼굴이 평균적이라면 그 사람이 건강할 뿐만 아니라 우수한 자질을 지님을 뜻한다.[16]

이와 모순되지 않는 다른 가설은 얼굴 각 부위가 평균적일수록 유전적 다양성이 높으므로 병원체에 잘 대항할 수 있는 유전적 자질을 나타내는 단서가 된다고 설명한다.[17] 정말로 그러한지 한 연구에서는 사람들이 병원에서 진료받은 기록을 조사했다. 남녀 모두에서 얼굴이 평균적인 사람들은 얼굴이 극단적인(?) 사람들보다 병원 신세를 덜 지고 더 건강했다.[18]

"컴퓨터로 합성한 한국인 20대 남녀의 평균 얼굴" 같은 기사가 언론에 종종 실린다. 많은 사람이 "뭐야, 평균이라더니 상당히 잘생겼네?"라며 왠지 배신당한 기분이 드는 까닭을 이제 아셨을 것이다. 평균적인 얼굴은 꽤 봐줄 만하다. 그런데 어딘가 좀 아쉽다. 텍사스대학교(오스틴) 심리학과에 필자가 유학 중일 때, 위에서 언급한 랭글로이스 교수님도 심리학과에 재직하고 계셨다. 그 연구실의 대학원생들이 얼굴의 평균성을 연구한 결과를 발표할 때면 꼭 다른 대학원생들이 가시 돋친 질문을 던지곤 했다. "평균적인 얼굴이 뭐 괜찮긴 한데, 별로 섹시하진 않네요?" 평균적인 얼굴은 왜 2퍼센트 부족한지 다음에서 알아보자.

2차 성징이 뚜렷한 얼굴이 아름답다

셋째, 2차 성징이 뚜렷하게 나타나는 얼굴이 매력적으로 여겨진다. 사춘기가 되면 남성은 테스토스테론testosterone, 여성은 에스트로겐estrogen 성호르몬이 많이 분비되어 신체가 각각 남성다워지고 여성다워진다. 알다시피 성호르몬은 번식을 본격적으로 준비시키는 중요한 역할을 한다. 그러나 국산 소형차보다 외제 스포츠카를 사면 경제적으로 부담이 더 크듯이, 다른 조건이 같다면 성호르몬은—특히 테스토스테론은—면역 능력을 저해하는 등 소유자에게 더 많은 부담을 지운다. 즉, 누군가가 성호르몬의 영향을 많이 받아 2차 성징이 뚜렷한 얼굴을 가지고 있다는 사실은 그가 비용이 많이 드는 '비싼' 성호르몬을 감당할 수 있을 만큼 우수한 유전적 자질을 지녔음을 의미한다. 달리 말하면, 유전적 자질이 뛰어나지 않은 사람은 면역 능력을 떨어뜨리는 성호르몬을 온전히 감당하지 못한다.[19] 2차 성징이 뚜렷한 얼굴을 지닌 남성과 여성은 호흡기 질환에 적게 시달렸다는 연구도 있다.[20]

에스트로겐은 사춘기 소녀에게 작용하여 그야말로 여성스러운 얼굴을 만든다. 배우 고아라, 한예슬, 수지의 얼굴처럼, 턱과 이마를 덜 발달시키고, 눈을 키우고, 입술을 도톰하게 하고, 윗볼을 돌출시키고, 코를 작게 한다. 평균성이 얼굴을 매력적으로 만드는 유일한 요인이라면 예컨대 중간 크기의 눈을 지닌 여성을 가장 예쁘다고 여겨야 한다. 그러나 뚜렷한 2차 성징이 우수한 유전적 자질을 알려주는 정직한 신호가 맞는다면, 만화를 찢고 나온 것처럼 눈이 왕방울만 한 여성을 미인이라 여길 것이다. 평균적인 여성 얼굴을 컴퓨터로 조작하여 에스트로겐의 영향을 많이 받은 여성스러운 얼굴을 만든 다음에 평균적인 얼굴과 함께 제시하면, 사람들은 여성스러운 얼굴이 더 매력적이라고 답한다.[21]

테스토스테론은 사춘기 소년에게 작용하여 거칠고 야성적인 '수컷 냄새'가 물씬 풍기는 얼굴을 만든다. 연예인 최민수, 김보성, 추성훈의 얼굴처럼 턱, 광대, 눈두덩을 발달시키고, 얼굴 중앙(이마에서 코)을 돌출시키고, 얼굴 윗부분의 폭을 늘려준다. 여성들은 정말로 이런 마초적인 남성 얼굴을 매력적이라고 여길까? 이에 대한 답변은 명확하지 않다. 어떤 연구에서는 여성들이 예측대로 마초적인 남성 얼굴을 선호했다.[22] 다른 연구에서는 연예인 차은우, 정해인, 에릭남처럼 상대적으로 여성적이고 나긋나긋한 남성 얼굴을 선호했다.[23]

여성들의 선호가 마초적인 '터프가이' 얼굴과 야리야리한 '순정남' 얼굴 사이에서 방황하는 것처럼 보이는 까닭은 테스토스테론 호르몬에 의한 효과가 양면적이기 때문이다. '비싼' 테스토스테론 호르몬이 많은 남성은 다른 남성들을 힘으로 제압하여 높은 사회적 지위를 차지하지만, 한편으로는 아내와 자식들을 잘 돌보지 않고, 폭력적이고, 바람을 많이 피우고, 차갑고, 비협조적이기 쉽다. 요컨대, 여성들은 사회적 지위도 높고 우수한 유전자를 제공해줄 '마초남'을 선택하느냐, 아니면 자식에게 우수한 유전자를 물려줄 가능성은 적지만 따뜻하고 자식을 잘 돌보는 아버지가 될 '순정남'을 선택하느냐 사이에서 타협점을 찾아야 한다.[24] 이는 매력적인 남성 얼굴에 대한 여성들의 선호가 상황에 따라 유연하게 달라졌다면 번식에 더 유리했을 것임을 시사한다.

미의 기준은 사람과 문화에 따라 '적응적으로' 달라진다

매력적인 얼굴에 대한 선호는 보편적인 심리적 적응에서 나오지만, 그렇다고 해서 항상 획일적일 필요는 없다. 개인이 당장 처한 특수한 상황에 따라, 사람에 따라, 혹은 문화에 따라 미의 기준은 적응적으로 달라질 수 있다. 얼굴에 대한 선호가 (1) 호르몬 수준 같은 내적 상태나 (2) 개인 간 차이나, 혹은 (3) 나라와 문화에 따라 달라지는 경우를 살펴보자.

첫째, 한 사람의 내적 상태에 따라 얼굴 선호가 달라질 수 있다. 특히 남성 얼굴에 대한 여성들의 선호는 배란주기에 걸쳐 변동하는 호르몬 수준에 따라 적응적으로 달라짐이 최근 많은 연구를 통해 확인되었다. 앞에서 말했듯이, 여성은 두 가지 선택지 사이에서 갈등한다.

자식에게 기생체에 대한 저항성 같은 우수한 유전자를 주지만 자상하고 믿음직한 아빠는 되기 어려운 '마초남'을 택할 것인가? 자식에게 우수한 유전자를 물려줄 가능성은 적지만 따뜻하고 자상한 아빠가 될 '순정남'을 택할 것인가?

남편이나 애인이 있는 여성에게 일시적인 혼외정사 상대로 어떤 남성 얼굴이 더 마음에 드는지 물어보면, 배란이 임박한 약 6일간의 가임 기간에는 우수한 유전자를 자식에게 물려줄 수 있는 '마초남'의 얼굴을 더 선호한다. 나머지 비가임 기간에는 자식에게 투자를 아끼지 않을 '순정남' 얼굴을 상대적으로 더 선호한다. 즉, 혼외정사 상대로는 '마초남'을, 꾸준히 자식에 투자할 아빠로는 '순정남'을 택함으로써 여성은 이득을 최대한 얻어내고자 한다.[25]

둘째, 사람들마다 얼굴 선호가 다를 수 있다. 예컨대, 여성 자신의 배우자 가치에 따라 남성 얼굴에 대한 선호가 달라진다는 것이 확인되었다. 다른 남성을 제압하여 높은 사회적 지위에 오르는 '마초남'은 많은 여성으로부터 환심을 사기 때문에 한 여성에 잘 정착하려 하지 않는다. 따라서 여성으로서는 '마초남'과 성관계를 맺은 다음에 곧 버림받아서 혼자서 아기를 키울 위험을 고려해야 한다. 특히 이는 나이가 많거나 덜 예뻐서 배우자 가치가 낮은 여성에게 해당한다. 반면에 젊고 예뻐서 배우자 가치가 높은 여성은 '마초남'의 얼굴에 상대적으로 더 이끌리라고 예측된다. 실제로 한 연구에 따르면 자신이 아름답다고 믿는 여성은 그렇지 않은 여성보다 터프하고 남성적인 얼굴을 더 선호하는 것으로 나타났다.[26]

셋째, 나라와 문화에 따라 얼굴 선호가 다를 수 있다. 예컨대, 전염성 병원균이 창궐하여 유아 사망률이 높은 지역에서는 병원균에 대한 저항성 같은 우수한 유전적 자질을 자식에게 물려줄 수 있는 남성적인 남성 얼굴을 선호하는 편이 한층 더 유리하다(23장 '문화는 생물학이다' 참조). 한 연구에서는 영국과 일본보다 자메이카에서 여성들이 남성적인 남성 얼굴을 더 선호함을 발견했다. 이는 병원균이 더 득세하는 자메이카의 여성들은 우수한 유전자를 자식에게 줄 수 있는 남성에게 더 이끌린다고 해석되었다.[27] 30개 국가를 비교 조사한 최근의 한 연구에서도 전염병이 창궐하고 평균수명이 낮은 나라일수록 여성들은 거칠고 선이 굵은 남성 얼굴을 더 선호했다.[28]

정리하자. 어떤 얼굴이 매력적인지 판단하는 보편적인 심리적 적응은 먼 과거의 수렵-채집 환경에서 우리에게 높은 번식 성공도를 약속했던 이성에게 끌리게끔 해준다. 매력적인 얼굴을 만드는 여러 요소 중의 일부로서 대칭성, 평균성, 2차 성징을 각각 살펴보았다. 진화적 시각은 얼굴의 미에 대한 판단 기준이 사람과 문화에 따라 어떻게 적응적으로 달라질지도 신빙성 있게 예측해준다.

재차 강조하지만, 얼굴의 미를 판단하는 심리적 적응이 진화의 산물이라고 해서 외모에 따른 차별이나 외모지상주의가 정당화되지는 않는다. 미의 기준이 문화에 따라 조금씩 다르니 진화적 시각은 틀렸다고 생각하는 것도 잘못이다. 지나친 성형 열풍 등 외모에만 사로잡히는 현상이 문제라고 생각한다면, 그 문제가 왜 생겨났는지 과학적으로 이해하는 작업이 먼저 이루어져야 한다.

인간의 발정기

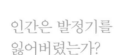

인간은 발정기를
잃어버렸는가?

"아빠, 저 원숭이 엉덩이가 왜 저래? 어디 아파?" 동물원에서 망토개
코원숭이들을 구경하는데 아이가 물었다. 발정기estrus를 맞은 어느 암
컷이 꽈리처럼 시뻘겋게 부푼 생식기 외음부를 드러내고 있었다. 아
픈 게 아니라 수컷의 사랑을 얻기 위한 신호라고 에둘러 답해주었다.
그때, 격렬한 사랑(?)이 시작되었다. "재미없네. 이제 딴 데 가자." 아내가 아이의 손을 황급히 잡아끌었다.

　개나 고양이를 키우는 사람이라면 다 알다시피, 대다수 포유류 암컷들은 발정기를 치른다. 발정기는 배란하기 바로 전 며칠 동안 수컷의 성적 접근을 받아들이거나 성관계를 먼저 찾는 성향이 매우 증가하는 시기다. 암컷은 오직 이 발정기에만 자식을 낳고자 성관계를 맺는다. 영장류는 물론 포유류에 속하지만, 사뭇 예외적이다. 여우원숭이, 안경원숭이가 속하는 원원류原猿類는 고양이처럼 뚜렷한 발정기가 있다. 원숭이와 유인원이 속하는 진원류眞猿類는 발정기가 아닌 시기에도 적어도 며칠은 성관계할 수 있다.

　인간은 심하게 예외다. 인간과 가장 가까운 사촌인 침팬지와 보노보에 견주어보면 인간의 성애가 참으로 유별나다는 것을 알 수 있다. 첫째, 인간 여성은 성기 외음부를 벌겋게 부풀려 자신이 배란 중임을 널리 광고하진 않는다. 특수한 의학 도구를 쓰지 않으면 여성 자신도 배란 여부를 모른다. 반면에 침팬지와 보노보 암컷은 자신이 배란 중임을 적극적으로 광고한다.

　둘째, 인간 여성은 평균 28일의 배란주기에서 배란 5일 전부터 당일까지 약 6일간만 임신할 수 있지만, 배란주기 어느 시점에서나 꾸준히 성관계를 맺는다. 심지어 수정이 아예 불가능한 임신 중에도 성교할 수 있다. 야생 상태의 침팬지와 보노보의 경우, 대부분의 성관계는(70~90퍼센트) 성기 외음부가 크게 팽창한 시기에 집중된다.[1] 한 연구에서는 네팔, 르완다 등 13개 개발도상국의 여성 약 2만 명을 상대로 남편과 가장 최근에 부부관계를 맺은 시점을 조사했다. 월경 때를 제외하면, 성관계가 이루어지는 빈도는 배란주기 내내 별 차이가 없었다.[2]

배란을 꼭꼭 숨긴다. 배란주기 내내 성교한다. 이 두 가지는 인류가 침팬지와의 공통 조상으로부터 갈라진 후에 진화한 인간의 고유한 특성으로 주목받았다.[3] 인간은 발정기가 사라진 바람에 번식과 상관없이 아무 때나 성적 쾌락을 추구하는 맹랑한 동물이라는 것이다. 18세기 프랑스의 철학자 몽테스키외는 "인간은 배고프지 않을 때도 먹고, 목마르지 않을 때도 마시고, 1년 내내 사랑을 나누는 유일한 동물이다."라고 했다. 다른 유인원과 원숭이도 비非발정기에 성교하긴 하지만, 인간은 성관계 빈도가 배란주기 내내 비슷하다는 점을 보면 몽테스키외는 큰 틀에서 옳았다.

그러나 인간 여성은 발정기를 잃어버리지 않았다. 발정기는 암컷이 배란을 숨기는 시기가 아니라 암컷이 성관계를 받아들이거나 먼저 찾는 성향이 급증하는 시기로 정의된다. 여성이 배란주기 내내 성교한다는 사실이 여성의 성적 관심과 배우자 선호가 배란주기 내내 일정함을 뜻하지는 않는다. 발정기가 뜻하는 바 그대로, 여성의 성적 관심이 배란주기에 걸쳐 적응적으로 크게 달라짐을 보여주는 최근 연구들을 살펴보자. 이는 진화적 시각이 이전에는 상상조차 하지 못했던 새롭고 놀라운 발견들을 끌어내는 유용한 길잡이임을 특히 잘 보여주는 사례이다.

여성의 성욕은
배란주기에 따라 달라진다

여성은 비가임 기간에도 가임 기간과 비슷한 빈도로 성관계한다. 따라서 여성의 성적 관심은 배란주기 내내 일정하다고 결론 내릴 수 있을까? 꼭 그렇지는 않다는 정황이 있다. 앞에서 말했듯이, 다른 유인원과 원숭이 암컷도 발정기가 아닐 때도 수컷의 추근거림을 받아들여 교미하곤 한다. 그러나 발정기가 아닐 때 암컷이 먼저 수컷에게 다가가서 유혹하는 일은 매우 드물다.[4]

실제로 인간 여성들이 섹스에 관심을 두는 정도는 배란주기에 걸쳐 달라짐을 보여주는 증거가 많다. 정상적으로 배란하는(즉, 호르몬 피임약을 복용하지 않는) 여성은 배란이 임박하면 성욕이 강해진다고 대답한다. 혹시 종이에 연필로 끄적댄 설문 조사 결과는 못 믿겠다고 생각하시는가? 다른 연구에서는 여성 참가자들에게 야한 동영상을 시청하게 한 뒤 소음순 온도를 측정하여 생리적인 흥분 정도를 조사했다. 가임기를 맞이한 여성들은 그렇지 않은 여성들보다 야한 동영상에 생리적으로 더 흥분했다(이하 '가임기fertile phase'는 배란 전부터 당일까지 약 6일 동안을, '비가임기non-fertile phase'는 성관계를 해도 수정되지 않는 나머지 약 22일 동안을 말한다).[5] 또한 박서준이나 송중기처럼 '훈남' 연예인의 사진을 보면 가임기 여성들은 가임기가 아닌 여성들보다 눈의 동공이 더 커진다.[6]

남성의 벗은 몸을 보았을 때의 반응도 배란주기에 따라 다르다. 일반적으로 여성은 남성의 누드를 별로 좋아하지 않는다. 진짜다(여자들이 남자의 노출을 속으로는 즐기리라 착각해서 핫팬츠와 민소매 티셔츠를 굳이 애용하는 남자가 주변에 있다면 이 사실을 전해주길 바란다). 그러나 가임기가 된 여성들은 남성의 벗은 몸 사진에 대한 긍정적인 반응이 비가임기보다 상승한 것이 뇌파검사를 통해 확인되었다. 어린아이 사진이나 여성이 머리칼을 다듬는 사진에 대한 여성들의 정서적 반응은 가임기건 비가임기건 별로 다르지 않았다.[7]

이처럼 초창기 생리심리학자들은 여성이 성욕을 느끼는 정도가 배란주기에 걸쳐 달라진다는 사실을 발견했다. 단, 과학 이론에서 먼저 도출된 예측을 검증하기보다는 과연 배란주기에 따라 성욕의 수준이 같은지 아니면 다른지 일단 탐구해보자는 식이었다. 1990년대 후반부터 진화심리학자들이 여성 성욕의 크기뿐만 아니라 여성이 선호하는 상대 남성의 특질이 배란주기에 걸쳐 어떻게 달라질지 예측하는 가설을 내놓으면서 이 분야는 최근 비약적으로 발전했다. 혁명을 일으킨 주동자는 '배란 전환ovulatory shift' 가설이었다.

배란 전환 가설 :
가임기에는 유전적 이득을 줄 남성에게 더 끌린다

1998년, 뉴멕시코대학교의 진화심리학자 랜디 손힐Randy Thornhill과 스티븐 갱지스태드Steven Gangestad는 배란주기에 여성이 가임기가 되면 단순히 성욕이 증가할 뿐만 아니라 성적으로 선호하는 남성의 특질도 선택적으로 변한다는 가설을 내놓았다.[8] 특히 여성은 가임기가 되면 자식에게 유전적 이득을 줄 수 있는 남성과의 일시적 성관계를 더욱 추구하는 방향으로 행동한다는 것이다. 그 이유를 찬찬히 들어보자.

첫째, 8장에서 살펴보았듯이, 자식에게 유전적 이득을 줄 수 있을 뿐만 아니라 가정적이고 따뜻하고 자식을 잘 돌보는 아버지가 될 남성은 매우 드물다. 이른바 '순정 마초남'은 로맨틱 드라마에만 있다. 뭇 남성을 제압하여 높은 사회적 지위에 오르고, 자신만만하고 근육질인 '마초남'은 현실 세계에서는 대개 바람둥이다. 가령 포르투갈의

축구 스타 호날두의 여성 편력은 유명하다. 인류가 진화한 먼 과거 환경에서, 유전적 이득을 제공하리라는 단서가 없는 남편 혹은 남자친구를 둔 여성은 그러한 단서를 지닌 남성과 짝외성교를 함으로써 자식에게 우수한 유전자를 줄 수 있었다. 둘째, 다른 남자와 일시적 성관계를 시도하는 여성은 남편 혹은 남자친구로부터 폭력을 당하거나 버림받을지도 모른다는 심각한 잠재적 비용을 감수해야 했다. 셋째, 유전적 이득을 얻고자 남편 혹은 남자친구 몰래 짝외성교를 하려는 여성이 하필 비가임기에 거사를 결행한다면 얻을 이득은 전혀 없이 비용만 고스란히 치르게 된다. 따라서 여성은 배란주기상에서 약 6일간의 가임기가 되면 자식에게 유전적 이득을 줄 수 있는 남성을 일시적 성관계 상대로서 더 선호하게끔 진화했을 것이다.

배란 전환 가설은 여성들이 일시적 성관계를 하는 유일한 목적이 자식에게 우수한 유전자를 물려주기 위해서라고 주장하지는 않는다. 어떤 여성들은 물질적 자원을 얻고자, 혹은 미래의 남편감으로 적합한지 판단하고자 일시적 성관계를 한다. 유전적 이득을 얻기 위한 하룻밤 정사의 경우, 배란주기에 따라 여성의 성적 관심이 선택적으로 달라지리라고 예측하는 것이다. 즉, 정상적으로 배란하는 여성은 가임기가 되면 유전적 이득을 뜻하는 단서를 지닌 남성을 일시적 성관계 상대로 더 선호하리라고 이 가설은 예측한다.

이러한 변화는 남성을 남편감으로서가 아니라 일시적 성관계 상대로 평가할 때만(즉, 얼마나 믿음직한지가 아니라 얼마나 섹시한지 물었을 때) 나타날 것이다. 그리고 남편이나 남자친구가 이미 있어서 짝외성교에 따르는 잠재적 비용이 상대적으로 더 큰 여성들에게서 변화가 더 뚜렷이 나타날 것이다.[9] 요컨대, 배란 전환 가설은 상당수의 여성이 남편과의 장기적인 결합을 통해 자녀를 키우면서 가임기에는 우수한 유전적 자질을 갖춘 남성과 혼외정사를 하는 양면작전을 구사한다고 본다.

배란주기에 따라 여성의 배우자 선호가 변화하는 양상

배란 전환 가설에서 여성이 일반적으로 남성에게 바라는 모든 특질—따뜻함, 아기를 잘 돌봄, 친절함 등을 모두 포함하는—에 대한 선호가 가임기가 되면 높아진다고 예측하지는 않음에 유의하시라. 가임기에는 자녀에게 우수한 유전적 자질을 물려주리라는 단서가 되는 남성 특질에 대해서만 선호도가 높아지리라고 예측한다. 그동안 배란 전환 가설로부터 이루어진 발견들을 살펴보자.

첫째, 남성적인 얼굴에 대한 선호다. 앞 장에서 언급했듯이, '비싼' 호르몬인 테스토스테론의 영향을 많이 받은 '터프가이' 얼굴은 그 사람의 유전적 자질이 우수함을 암시한다. 남성 얼굴을 컴퓨터로 변형시켜 아주 남성적인 '마초남' 얼굴과 상대적으로 부드럽고 여성적인 '순정남' 얼굴을 참여자들에게 제시하고 어떤 얼굴이 더 섹시한지 물었다. 가임기가 되면 '마초남' 얼굴을 일시적 성관계 상대로 선호하는 경향이 더 높아졌다. 반면에 남편감으로서의 선호는 배란주기에 따라 별로 달라지지 않았다.[10] 또 다른 세 개의 연구에서도 같은 결과가 나왔다.[11]

참 재미있다. 그런데 약간 김새는 말을 하자면, 2014년에 발표된 두 최신 연구에서는 가임기가 되었다고 해서 여성들이 '마초남' 얼굴에 특별히 더 이끌리진 않았다.[12] 이 결과를 어떻게 해석해야 할까? 예측과 어긋나는 이 결과는 배란 전환 가설을 둘러싼 논쟁에 불을 붙였다.

둘째, 남성적인 신체와 목소리에 대한 선호다. 테스토스테론 호르몬은 남성의 가슴, 팔, 어깨 등 주로 상체 근육량을 늘려서 역삼각형 몸매를 만든다. 배우 소지섭이나 권상우처럼 어깨가 떡 벌어진 남자들은 다른 남자들을 힘으로 쉽게 물리칠 수 있다. 또한 테스토스테론은 남성의 목소리를 낮고 묵직하게 만든다. 테스토스테론의 영향을 많이 받은 남성 신체나 목소리는 그 사람이 우수한 유전적 자질을 지녔음을 의미한다. 가설이 내놓는 예측은 실제로 확인되었다. 정상적으로 배란하는 여성들은 가임기가 되면 동굴에서 울리는 것처럼 목소리가 낮거나 몸매가 역삼각형인 남성을 일시적 짝짓기 상대로 더 선호했다. 남편감으로서의 선호는 가임기건 비가임기건 차이가 없었다.[13]

셋째, 다른 남성들을 지배하는 행동에 대한 선호다. 테스토스테론 호르몬은 오만하다 싶을 정도로 자신감이 넘치고, 다른 경쟁자를 면전에서 험담할 정도로 호전적인 성향을 만든다. 예능 프로그램 〈아는 형님〉에서 출연자 강호동이 툭하면 동료들에게 윽박지르고 고함치고 삿대질하는 장면을 생각하면 된다. 예측대로, 여성들은 가임기가 되면 다른 사람들을 찍어 누르는 자신만만한 남성을 일시적 성관계 상대로 더 선호했다. 남편감으로서의 선호는 배란주기에 따라 변함이 없었다.[14]

넷째, 몸에서 나는 냄새에 대한 선호다. 어떤 사람의 몸이 대칭적이면 그 사람이 환경적 스트레스를 이기고 안정적으로 발달하는 유전적

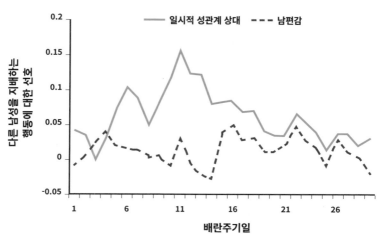

[그림 6] 남성적인 행동에 대한 선호의 차이를 나타내는 그래프

자질이 뛰어남을 의미한다고 했다. 이렇게 안정적으로 발달하는 능력은 겨드랑이의 땀샘에서 분비되는 여러 개의 스테로이드 계열 호르몬을 통해 다른 사람들에게 부분적으로 알려진다.

한 연구에서는 42명의 남학생을 모집해 좌우 팔꿈치, 손목, 손가락, 발목, 귀 등 열 곳의 대칭도를 측정했다. 이들에게 흰 티셔츠를 주고 이틀간 입게 했다. 이 기간에 술, 담배, 성관계, 향수 사용, 샤워 등은 절대 금지했다. 이틀 후, 티셔츠를 수거하여 비닐 주머니에 넣었다. 한편, 28명의 여학생 평가단을 구성해 각 티셔츠에서 나는 냄새를 일일이 맡게 했다. 각각 얼마나 '상쾌하고' '섹시한지' 평가하게 했다(물론 어느 티셔츠의 냄새가 그나마 덜 지독한지 묻는 게 맞지 않냐고 황당해하는 독자가 많을 것이다).

예측대로 약 6일간의 가임기를 맞이한 여성들은 비가임기의 여성들보다 신체가 대칭적인 남성의 몸에서 나는 냄새를 더 선호했다.[15] 요컨대, 정상적으로 배란하는 여성은 가임기가 되면 우수한 유전적 자질의 단서를 지닌 남성에게 단기적 짝짓기 차원에서 더 이끌린다는 예측은 50편 이상의 실험 연구를 통해 대부분 확인되었다. 주목할 만한 예외는 남성적인 얼굴에 대한 여성 선호의 전환이 최근에 행해진 두 연구에서는 관찰되지 않았다는 것이다.

여성의 모든 배우자 선호가 가임기에 강화되는 것은 아니다

여성이 까다롭게 배우자를 고르는 까닭이 순전히 간접적인 유전적 이득을 얻기 위해서만은 아니다. 물질적인 자원을 제공하거나, 자식을 잘 돌보거나, 친절하고 이해심 많은 남성을 택함으로써 여성은 평생 낳는 자식 수를 늘리는 이득을 얻을 수 있다. 한 연구에서는 여성이 대개 남성들로부터 바라는 열 개의 형질—똑똑함, 친절함, 경제적인 전망이 밝음, 좋은 아빠가 될 자질이 있음, 성적으로 충실함, 사회적 영향력이 큼, 신체적 매력이 큼, 근육질임, 다른 남성 경쟁자들과 강하게 부딪힘, 오만하고 여유만만함—에 대한 선호가 배란주기에 따라 달라지는지 조사했다.[16]

그 결과, 여성에게 직접적 이득을 주는 단서가 되는 형질(똑똑함, 친절함, 경제적인 전망, 좋은 아빠가 될 자질)에 대한 선호는 일시적 성관계 상대로나 남편감으로나 배란주기에 걸쳐 변함이 없었다. 우수한 유전적 이득을 주는 단서(사회적 영향력, 신체적 매력, 근육질, 다른 남성 경쟁자들에 대한 지배, 자신만만함)를 지닌 남성을 남편감이 아니라 일시적 성관계 상대로 선호하는 정도는 가임기가 되면 더 증가했다.

　눈길을 끄는 대목은 남성의 성적 충실성에 대한 선호였다. 일시적인 성관계 상대로 오직 한 여자에게만 일편단심인 남성을 선호하는 성향은 비가임기 때보다 가임기 때 오히려 더 떨어졌다. 대쪽같이 정절을 지키는 남성은 남편감으로서야 훌륭하지만, 자식에게 우수한 유전자를 물려줄 혼외정사 상대로서는 부적합하기 때문일 것이다.

인간은 발정기를
잃어버리지 않았다

정리하자. 인간은 발정기를 잃어버리지 않았다. 여성이 남성의 성적 접근을 받아들이거나 먼저 성관계를 추구하는 성향은 여전히 배란주기에 걸쳐 선택적으로 달라지기 때문이다. 초창기 성심리학자들은 여성의 성욕 수준이 가임기가 되면 높아진다는 것을 발견했다. 1990년대 후반 들어 여성이 가임기가 되면 성욕이 증가할 뿐만 아니라, 우수한 유전적 이득을 줄 수 있는 남성에게 일시적 성관계 상대로서 더 이끌리는 식으로 배우자 선호도 변한다는 진화적 가설이 제안되었다. 이 가설이 예측하는 대로, 남성적인 얼굴, 남성적인 목소리나 신체, 지배적인 행동, 대칭적인 남성의 냄새 등에 대한 선호가 배란주기에 걸쳐 전환됨이 확인되었다.

　앞서 언급했듯이, 몇몇 연구가 예측에 반하는 결과를 얻으면서 격렬한 논쟁이 붙거졌다. 최근에는 배란 전환 가설 외에 다른 대안 가설들도 새로 나오고 있다.[17] 배란 전환 가설이 좀 더 유연하게 수정된 대안 가설로 대체될 수도 있겠지만, 이 가설을 통해 새로 얻어진 신선한 발견들은 여전히 높이 평가되어야 할 것이다.

이 장에서는 요즘 진화심리학계에서 가장 유행하는 핵심 주제, 즉 여성들이 배란주기에 맞추어 일시적 성관계를 성공적으로 맺게 해주는 심리적 적응을 알아보았다. 진화심리학자들은 종종 여성은 한 남자에게만 평생을 바치게끔 진화했다는 성차별적 담론을 퍼뜨린다며 비난받는다. 정반대로, 여성의 발정기는 현재 진화심리학계의 가장 뜨거운 이슈다. 이쯤 되면 여성이 다수의 남성과 자유롭게 성관계하는 세상을 앞당기려 노력하는 매우 진보적인(?) 과학이라는 칭찬도 기대할 만하다. 아니다. 그런 칭찬은 어불성설이다. 설명은 정당화가 아니니 말이다.

가족과 혈연

12

피는 물보다 진하다

피붙이는 왜 우리 삶에
그토록 중요한가

"행복하자~ 우리 행복하자~ 아프지 말고~ 아프지 말고~" 가족애를
담은 가수 자이언티의 노래 〈양화대교〉는 대중의 눈물샘을 자극하며
큰 인기를 끌었다. 두말할 것도 없이, 가족은 우리 삶의 바탕이다. 가
족은 세상에 갓 태어난 우리를 먹여주고 돌보아준다. 때가 되면 가족
을 벗어나 새로운 보금자리를 꾸리지만, 내 자식을 낳고 키우면서도

부모형제와 계속 가깝게 지낸다.

금수저·흙수저 계급론에서 볼 수 있듯, 가족은 사회적 성공에 큰 영향을 끼친다. 황홀한 기쁨을 줄 때도 있지만, 지독한 고통을 주기도 한다. 지친 하루를 달래주는 따뜻한 한마디로 기운을 북돋아 주는가 하면, 심장을 후벼 파는 모욕과 상처를 내기도 한다.

부모와 자식 사이보다 상대적으로 더 먼 혈연관계도 있다. 조부모와 손주, 삼촌/이모/고모와 조카, 사촌 등이다. 가까운 혈연보다야 덜 하겠지만, 이 역시 우리에게 중요하다. 그렇지 않고서야 자녀의 명문대 입학을 위한 필수 요소가 할아버지의 재력, 할머니의 운전 실력, 엄마의 정보력, 아빠의 무관심이라는 우스갯소리가 어떻게 생겨났겠는가.

인간의 삶에 있어 피붙이는 중요하지만, 전통적인 심리학에서는 놀라울 정도로 다루어지지 않고 있다. 심리학 개론서의 목차에는 그나마 부모의 육아 방식과 유아의 심적 발달 정도가 수록된다. 혈연관계의 수많은 다른 측면, 이를테면 부모의 내리사랑, 형제간의 우애, 사촌간의 도움, 손주 돌보기 등은 존재하지 않는다.

사회적 행동의 대부분은 혈연과의 관계에서 이루어지지만, 사회심리학은 생전 처음 본 사람과의 상호작용을 주로 연구한다. 그렇다면 피를 나눈 혈연은 친구나 직장 동료, 낯선 사람 같은 비친족과 비교하여 어떻게 다를까? 왜 피붙이 사이에는 가슴 먹먹한 사랑과 무조건적인 희생을 쉽게 관찰할 수 있는 걸까.

이타적 행동은
진화해서는 안 된다

이제 다 아는(?) 사항을 복습해보자. 다윈의 이론에 따르면, 개체가 평생 낳는 자식 수(=번식 성공도=적합도)를 늘리는 데 이바지하는 유전자가 선택되어 개체군에 널리 퍼진다. 예컨대, 먹는 일이 즐겁다고 여기게 만드는 유전자는 개체가 자식을 더 많이 얻는 데 도움이 되므로 선택된다는 것이다. 여기까진 좋다. 즉, 사회적 행동이 아닌 다른 형질을 만드는 유전자가 선택될지 아니면 제거될지는 그 유전자가 지금 들어앉아 있는 개체의 적합도에 끼치는 영향이 이득인지 손실인지만 확인하면 된다. 탑승하고 있는 개체의 적합도를 높이면 선택된다. 적합도를 낮추면 제거된다.

사회적 행동을 만드는 유전자는 골칫거리를 안긴다. 사회적 행동은 당사자의 적합도뿐만 아니라 상대방의 적합도에도 영향을 끼치는 행동이다. 예를 들어, 친구의 찐빵을 가로채서 내 입에 넣는 행동은 친구의 적합도를 낮추고 내 적합도를 높이는 '이기적' 행동이다. 내 찐빵을 친구에게 양보하는 행동은 내 적합도를 낮추고 친구의 적합도를 높이는 '이타적' 행동이다.

고전적인 다윈의 이론을 꿋꿋이 적용하면, 이타적 행동을 일으키는 유전자는 어쨌든 당사자의 적합도를 항상 낮춘다. 따라서 이타적 행동은 절대 진화하지 않으리라 예측된다(그림 7). 그런데 평생 일만 하는 일개미나 조카에게 용돈을 주는 이모처럼, 왜 이타적 행동은 자연계에서 흔히 관찰되는 걸까?

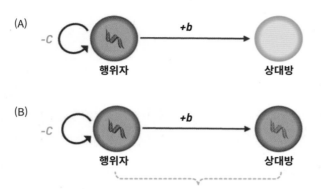

상대방 몸속에 복제본이 있을 확률 r

[그림 7] (A) 이타적 행동은 상대방의 적합도를 *b*만큼 높여주면서 내 적합도를 *c*만큼 낮추어주는 행동으로 정의된다. 상대방에게 주는 이득이 아무리 크더라도 이타적 행동을 하는 당사자의 적합도는 *c*만큼 감소하므로 이타적 행동은 진화할 수 없다. (*b*: 상대방이 얻는 적합도상의 이득, *c*: 당사자가 감수하는 적합도상의 손실)
(B) 이타적 행동을 일으키는 유전자의 관점에서는 상대방의 몸속에 자신의 복제본이 들어 있을 확률(*r*)도 감안해야 한다. 즉, 상대방에게 주는 이득의 일부(*rb*)도 내 것으로 간주하는 것이다. *rb*+(-*c*)가 0보다 크면 이 이타적 행동은 다음 세대에 전파된다.

해밀턴의 규칙

1963년 런던정경대학교의 젊은 대학원생 윌리엄 해밀턴이 이타적 행동이 어떻게 진화했는지 그 비밀을 밝혀냈다.[1] 이타적 행동을 일으키는 유전자의 입장에서 잠시 생각해보자. 모든 유전자가 그렇듯이, 이유전자는 다음 세대에 복제본을 더 많이 남기겠다는 목표를 지닌다.

갑의 몸속에 들어 있는 이 유전자는 지금 갑이 찐빵을 을에게 선뜻양보하는 선행을 하게 할 참이다. 정의상, 이 유전자는 항상 갑의 적합도를 낮춘다. 그러나 이 유전자가 꼭 갑에게 집착할 이유는 없다. 누구의 몸을 통해서건 간에 다음 세대에 복제본만 더 많이 남기면 된다.

이제 을의 몸속에도 이 유전자의 복제본이 탑승하고 있을 확률이 있다고 가정하자. 그렇다면, 갑의 안에 있는 유전자는 찐빵을 양보하는 선행이 갑의 적합도에 미치는 영향뿐만 아니라 을의 적합도에 미치는 영향도 '포괄적으로' 따져봐야 한다.

을이 얻는 이득(b)에 을의 몸속에도 자신의 복제본이 들어 있을 확률(근연도 r)을 곱해서 삭감하면, 이는 유전자의 입장에서 다음 세대에 남기는 복제본의 증가분(rb)이 된다. 물론 갑의 몸속에 있는 이 유전자는 갑을 통해서는 무조건 복제본의 감소(c)를 경험한다.

증가분이 감소분보다 많다면(rb>c), 유전자 입장에서는 남는 장사다. 다음 세대에 복제본을 더 남기는 것이다(그림 8). 이처럼 어떤 행동이 당사자 자신에 끼친 효과뿐만 아니라 남에게 끼친 효과도 근연도를 곱해서 내 것으로 포섭한 새로운 적합도를 포괄 적합도inclusive fitness라 한다. 해밀턴의 규칙은 이타적 행동을 일으키는 유전자는 다음 조건이 성립해야만 다음 세대에 전파됨을 일러준다.

$$rb > c$$

b: 이타적 행동의 수혜자가 얻는 적합도상의 이득.
c: 이타적 행동을 하는 행위자가 감수하는 적합도상의 손실.
r: 유전적 근연도genetic relatedness. 행위자와 수혜자가 이타적 행동을 일으키는 유전자를 '개체군의 평균보다 더' 공유할 확률.

[그림 8] 해밀턴의 규칙

갑의 몸속에 들어앉아 이타적 행동을 일으키는 유전자가 보기에, 선행으로부터 을이 얻는 이득(b)이 충분히 커서 1보다 작은 확률인 근연도(r)를 곱하고도 그 값(rb)이 여전히 갑의 손실(c)보다 크다면, 다음 세대에 복제본을 더 많이 남길 수 있다.

즉, 해밀턴의 규칙에 따르면, 이타적 행동은 상대방이 얻는 이득을 근연도를 곱해서 삭감한 값이 당사자가 입는 손실보다 클 때만 선택된다. 두 개체 사이의 근연도(r)가 높을수록 그리고 이타적 행동이 효율적이어서 손실 대비 이득(b/c)이 더 클수록 선택되기 쉽다.

예를 들어, 갑이 먹다 남은 찐빵을 마침 온종일 굶은 을에게 양보한다고 하자. 갑은 찐빵을 포기하는 바람에 한 명의 자식을 잃고, 을은 찐빵 덕분에 네 명의 자식을 더 얻는다. 갑과 을 사이의 근연도는 0.5라고 하자. 이 행동은 진화할 수 있을까? 그렇다. 4×0.5는 2이고 2는 1보다 크므로 이 행동은 진화할 수 있다. 만일 근연도가 1/8, 즉 0.125이면 이 행동은 진화할 수 없다.

쓸데없는 소리! 유전자가 무슨 의도나 목표가 있담? 많은 사람이 이렇게 불평한다. 맞다. 유전자는 정보일 뿐이다. 의도나 목표 따위는 가질 수 없다. 이는 단지 비유일 뿐이다. 마치 유전자가 다음 세대에 복제본을 더 남기려 애쓰는 것처럼 가정한다면, 여러 대립유전자 가운데 복제 성공도가 더 높은 대립유전자가 선택되어 널리 퍼지는 진화 과정을 쉽게 이해할 수 있기 때문에 이러한 은유를 쓸 뿐이다.

상대방을 돕는 것이
나 자신을 돕는 것과 같을까

유전적 근연도는 이해하기 쉽지 않은 개념이다. 유전적 근연도는 행위자와 수혜자가 이타적 행동을 일으키는 유전자를 '개체군의 평균보다 더' 공유할 확률이다. 찐빵을 양보하는 선행을 만드는 유전자가 개체군 내에 이미 1퍼센트로 있건 99퍼센트로 있건 간에 관계없이, 근연도가 0보다 크다면 행위자로서는 수혜자의 몸속에 찐빵을 양보하는 유전자가 개체군의 평균보다 더 높은 확률로 들어 있음을 확신할 수 있다. 한마디로, 유전적 근연도는 상대방을 돕는 것이 자기 자신을 돕는 것과 어느 정도나 같은지 알려주는 수이다.

근연도를 0보다 크게 만드는 기제 중의 하나가 바로 혈연이다.[2] 자식은 양친으로부터 염색체를 한 벌씩 받는다. 부모와 자식 간의 근연도는 0.5이고, 친형제 사이도 0.5이다. 조부모와 손주 사이, 삼촌/이모/고모와 조카 사이, 부모를 한쪽만 공유하는 형제 사이는 0.25다. 사촌 사이는 0.125다. 따라서 친형제 사이는 상대방이 얻는 이득이 당사자가 입는 손실보다 두 배를 넘는다면 이타적 행동이 진화할 수 있다. 사촌 사이는 여덟 배가 넘어야 한다.

혈연 간의 사회적 행동을 일으키는 유전자가 선택되는 과정을 혈연 선택kin selection이라고 한다. 흔히 해밀턴의 포괄 적합도 이론이 곧 혈연 선택 이론이라고 알려져 있지만, 혈연은 근연도를 양수로 만드는 여러 기제 중 하나일 뿐이므로 이는 엄밀하게 말하면 틀린 것이다. 그래서 해밀턴은 "포괄 적합도 개념은 '혈연 선택'보다 더 일반적"이라고 했다.[3]

또 쓸데없는 소리! 인간을 포함한 동물들이 혈연을 도울 때마다 저런 계산을 속으로 한다는 게 말이 되는가? 나는 내 친동생을 도와줄 때 동생이 얻을 이득이 내 손실보다 최소한 두 배인지 확인한 적이 한 번도 없는데? 꼭 의식적으로 계산할 필요는 없다. 마치 계산한 것처럼 행동하기만 하면 된다. 달팽이는 로그함수를 배운 적이 없지만 로그형 나선 형태의 껍질을 만든다. 야구선수는 물리학 시간에 포물선 운동을 배운 적이 없어도 외야에 떨어지는 공을 잘만 잡는다.

　마찬가지로, 혈연을 돕는 행위자가 반드시 자기 행동의 진화적 논리를 알 필요는 없다. 비교적 간단한 어림법에 따른 행동이더라도 해밀턴의 규칙을 만족시키기만 하면 이 행동은 선택된다. 어미 새가 새끼를 돌보는 경우, "둥지 안에서 꼬물대는 개체가 있으면 누구든지 먹이를 제공하라."라는 주먹구구식 지침을 명하는 유전자는 진화의 역사에서 다음 세대에 복제본을 남길 가능성이 컸을 것이다.

대가 없는 사랑

해밀턴의 포괄 적합도 이론은 왜 피붙이가 우리의 삶에 그토록 중요한지 알려준다. 배우자, 친구, 직장 동료 같은 비친족과 나와의 근연도는 0이다. 친구의 유전체와 내 유전체를 일일이 비교했을 때 같은 유전자가 하나도 없다는 뜻이 아니다. 이타적 행동을 일으키는 유전자의 관점에서 보면, 친구의 몸속에도 그 유전자의 복제본이 들어 있을 확률은 그냥 그 유전자의 개체군 평균 빈도와 같으리라 추정할 수밖에 없다는 뜻이다.

　즉, 길 가는 사람 아무나 붙잡고 찐빵을 선물하는 격이니 비친족에게 선뜻 호의를 베풀게 하는 유전자는 다음 세대에 복제본을 더 많이 남길 수 없다.(참고로 "내가 널 도와줄게, 다음엔 네가 날 도와다오."라는 식으로 비친족끼리 도움을 주고받는 상호성reciprocity은 이를 통해서 양측 모두 자신의 적합도, 즉 평생 낳는 자식 수를 증가시키므로 이타적 행동이 아니라 상리적 행동에 해당한다. 이는 16장에서 다룬다.)

반면에 피붙이와의 유전적 근연도는 상대방을 돕는 행동이 나 자신을 돕는 행동과 어느 정도나 같은지 나타낸다. 곧, 피붙이는 그 사람과의 근연도만큼의 나 자신이다. 이는 필자의 경험상 해밀턴의 이론을 가장 쉽고 정확하게 이해하는 지름길이다.[4]

예를 들어, 친자식은 1/2만큼의 나다. 친형제도 1/2만큼의 나다. 조카는 1/4만큼의 나다. 사촌은 1/8만큼의 나다. 따라서 친동생이 급하게 청하는 부탁은 웬만하면 선뜻 들어줄 수 있다. 친동생(=1/2만큼의 나)이 얻는 이득이 내가 입을 손실보다 대개 두 배는 넘을 것이기 때문이다. 요컨대, 피붙이에 대한 호의는 미래의 그 어떤 보상도 기대하지 않는 이타적 행동이다. 나중에 살펴보겠지만, 비친족에 대한 호의는 미래의 보상—은혜를 돌려받음, 혹은 내 평판이 높아짐—을 의식적이건 무의식적이건 기대하는 상리적인 행동이다.

인간 사회에서 혈연의 중요성을 보여주는 증거

인류는 진화 역사의 대부분을 수십 명 정도의 작은 혈연 집단에서 수렵-채집 생활을 하면서 보냈다. 혈연이 인간 사회에서 차지하는 중요성을 살펴보자.

첫째, 수렵-채집 사회로부터 현대 산업사회에 이르기까지 혈연끼리는 남남 사이보다 더 끈끈하게 돕고 협력한다. 작물을 원시적으로 기르는 케크치 마야K'ekchi' Maya족은 땅을 고르고 씨를 뿌리고 수확하느라 일손이 많이 필요하다. 연구 결과, 피붙이가 많은 사람이 도움을 더 많이 얻어서 작물을 더 많이 수확하는 것으로 나타났다.[5] 다른 연구에서는 로스앤젤레스에 거주하는 300명의 여성을 대상으로 그동안 남들에게 받은 도움을 조사했다. 그 결과, 가까운 혈연이 먼 혈연보다 참여자들을 더 잘 도와줬다. 특히 크고 무거운 도움일수록 남남보다는 혈연으로부터 받는 경향이 있었다.[6]

둘째, 가까운 혈연과 빈번하게 상호작용하지 못하면 스트레스를 많이 받아서 건강이 나빠진다. 진화인류학자 마크 플린Mark Flinn과 배리 잉글랜드Barry England는 도미니카 카리브섬의 시골 마을에 사는 아이들이 받는 스트레스 수준을 조사했다. 두 명의 친부모와 함께 사는 아이는 스트레스를 적게 받지만, 계부모가 포함된 가정에서 사는 아이는 스트레스를 많이 받았다. 비친족과의 관계는 상대적으로 갈등과 반목이 더 강하게 나타나기 때문에 스트레스로 인해 면역력도 떨어지고 신체적, 정서적 성장도 저해됨을 알 수 있다.[7]

셋째, 혈연 사이에는 이타적 행동이 증가할 뿐만 아니라 이기적 행동도 줄어든다. 지금껏 이타적 행동에 초점을 맞추었지만, 사실 해밀턴의 포괄 적합도 이론은 이타성, 이기성, 상리적 협동 등 모든 종류의 사회적 행동의 진화를 설명하는 이론이다. 왜 혈연관계는 이기심을 누그러뜨릴까? 앞에서 살펴보았듯이, 혈연은 근연도만큼의 나 자신이기 때문이다.

친언니의 새 옷을 몰래 입고 외출하는 이기적 행동을 하고자 한다면, 친언니(=1/2만큼의 나)가 입는 손실이 내가 얻는 이득의 두 배는 넘지 않아야 한다. 친언니가 입는 손실이 두 배가 넘을 만큼 몹시 이기적인 행동을 지시하는 유전자는 다음 세대에 복제본을 남길 수 없다.

한 연구에서는 1970년 디트로이트에서 벌어진 가족 내 살인 98건을 조사했다. 그 결과, 한 집안에 동거하는 비친족(배우자, 의붓자식 등)

이 살해당할 위험성은 혈연이 살해당할 위험성보다 11.35배나 더 높았다.[8] 대중매체에서 가족 내에서 벌어진 끔찍한 사건을 자주 접하기에 우리는 가족도 남남과 별다를 바 없다는 선입견을 품기 쉽다. 그러나 우리가 하루의 대부분을 가족과 함께 보냄을 고려하면 혈연과의 관계는 훨씬 더 평화로움을 알 수 있다.

지금까지 왜 피는 물보다 진한지 이해하고자 우리는 이타적 행동이 진화할 조건을 규정하는 해밀턴의 규칙을 살펴보았다. 이타적 행동은 상대방이 얻는 이득을 상대방과 나와의 근연도를 곱해서 삭감한 값이 내가 입는 손실보다 클 때만 선택된다. 근연도가 0이면 아무리 손실 대비 이득이 커도 선택될 수 없다. 혈연관계는 근연도를 양수로 만들어서 이타적 행동이 선택될 가능성을 열어주기 때문에 중요하다.

피붙이에 대한 희생과 헌신은 미래의 그 어떤 보상도 기대하지 않는 이타적 행동이다. 반면에 비친족에 대한 호의는 미래의 보상을 기대하는 상리적인 행동이다. 잠깐, 그러니 부모님의 내리사랑을 자식이 굳이 보답하려고 애쓸 필요가 없다는 뜻으로 오해하진 마시라.

13

가족 내의 갈등은 당연하다

진화 이론은 가족 내에서
협력뿐만 아니라 갈등도 예측한다

1972년 탄자니아 평원에 살던 어느 개코원숭이 가족에게 벌어진 일이다. 나무 그늘에서 아빠가 엄마의 털을 정성껏 다듬고 있었다. 가까이에 두 살배기 큰아이와 다섯 달 된 젖먹이가 함께 놀고 있었다. 개코원숭이 수컷은 암컷보다 두 배 이상 더 무겁고 송곳니도 날카로워서 가족의 안전을 든든하게 지켜준다.

젖먹이가 혼자서 뒷다리로만 일어서려다 그만 중심을 잃고 뒤로 발라당 넘어졌다. 경기를 하며 크게 울어댔다. 성난 아빠가 득달같이 달려왔다. 아무 죄 없는 큰아이는 일단 나무 위로 후다닥 올라가 숨었다. 아뿔싸, 그 나무는 높이가 2미터도 채 되지 않았다. 아빠가 나무 위에 쫓아 올라가서 큰아이를 붙잡았다. 크게 두 번 흔들어댄 다음, 땅바닥으로 내동댕이쳤다. 이 장면은 인간 가족에서 부모가 자식들에게 자주 하는 질책을 연상시킨다. "누가 잘못했는지 뭐가 중요하니? 네가 큰애니까 벌을 받아야지!"[1]

가족은 사랑이 넘치는 따뜻한 보금자리여야 한다고 흔히들 생각한다. 달리 말하면, 식구들이 서로 다투고 반목하는 가족은 뭔가 문제가 있는 비정상적인 가족이라는 것이다. 그러나 진화생물학자 로버트 트리버스가 관찰한 개코원숭이 가족이 보여주듯이, 식구들 사이에는 협력뿐만 아니라 갈등도 일상적으로 일어난다. 왜 그럴까?

진화적인 관점에서 보면, 가족은 유전자를 개체군의 평균 이상으로 공유하는 개체들의 모임이다. 이로부터 좋은 소식도 있고 나쁜 소식도 있다. 먼저 좋은 소식이다. 가족은 진화적 이해관계를 공유하기 때문에 진정한 이타적 행동이 가능하다. 해밀턴의 규칙이 충족되기만 한다면, 피붙이에 대해서는 미래의 어떤 보상도 바라지 않는 희생과 헌신이 자연선택된다고 12장에서 살펴보았다.

이제 나쁜 소식이다. 가족은 진화적 이해관계를 '부분적으로만' 공유하기 때문에 갈등이 필연적으로 일어난다. 각 구성원은 다른 어느 식구보다 자기 자신과 유전적으로 더 가깝다. 영희는 자기 자신과 100퍼센트 연관된다. 반면에 부모님과는 50퍼센트, 언니나 친동생과도 50퍼센트만 연관된다. 이 말은 영희가 동생을 물론 소중히 아끼지만, 동생보다 두 배 더 자기 자신을 아낀다는 뜻이다. 즉, 누구나 자기 자신을 가장 중시하기 때문에 갈등이 싹튼다.[2]

식구들 사이에 갈등을 만드는 요인은 여럿 있지만, 그중에서도 부모가 자식에게 투자하는 양을 놓고 벌어지는 갈등이 대표적이다. 언뜻 생각하면 부모는 자식에게 무한정 투자해야 할 것 같지만, 부모의 투자는 귀하고 한정된 자원이다.[3] 안 그렇다면 왜 엄마들이 껌딱지마냥 졸졸 따라다니는 아이들에게 지친 나머지 "나도 좀 살자!"라고 비명을 지르겠는가? 부모의 투자를 놓고 벌어지는 부모와 자식 간의 갈등 그리고 동기간의 갈등을 알아보자.

부모-자식 갈등은 어떻게 일어나는가

트리버스는 1974년에 낸 〈부모-자식 갈등〉이라는 논문에서 해밀턴의 포괄 적합도 이론을 부모와 자식 간의 관계에 적용했다. 특히 자식이 젖먹이거나 어린이일 때, 우리는 종종 자식을 투명인간 취급하는 경향이 있다. 부모는 더 크고 힘도 더 세고 경험도 더 풍부하다. 그러니 꼼짝없이 부모가 주는 대로 받아먹고, 부모가 입히는 대로 얻어 입는 수동적인 그릇이 자식이라는 것이다. 트리버스는 부모와 자식 간의 게임에서 자식도 능동적으로 참여하는 실세임을 역설했다. 부모가 자식에게 주고 싶어 하는 투자량보다 더 많은 양을 부모로부터 '뜯어내기' 위해 자식은 갖가지 수단을 동원한다.

부모가 자식에게 투자하는 양을 놓고 갈등이 어떻게 전개되는지 들여다보자. 엄마가 한 명의 갓난아기에게 젖을 물리고 있는 광경을 상상해보시라. 젖은 귀중한 자원이다. 엄마에게 만만치 않은 부담이다. 실제로 자원이 풍족하지 않은 사회에서 엄마는 수유하는 동안에 배란이 자연히 억제된다. 오늘 한 끼 식사로 엄마는 자식에게 젖을 얼마나 제공해야 할까? 엄마로서는 건강을 해치면서 현재의 아기에게 젖을 몇백 리터씩 퍼줄 필요는 없다. 적당한 시점에서 공급을 끊고, 앞으로 낳을 자식들을 위해 자신의 건강과 체력을 비축하는 게 낫다. 즉, 엄마가 현재의 자식에게 젖을 얼마나 줄지 결정하려 할 때, 이득(b)은 현재 자식의 생존율이 덕분에 증가하는 것이고 비용(c)은 미래에 낳을 자식들의 생존율이 그만큼 감소하는 것이다. 엄마는 b가 c보다 크기만 한다면 자식에게 주는 젖의 양을 점차 끌어올린다. 0밀리리터, 10밀리리터, 20밀리리터, 30밀리리터 …… 어느 시점에선가 b보다 c가 커지면 엄마는 공급을 끊으려 한다. 이때의 공급량을 편의상 500밀리리터라 하자. 오늘 한 끼로 젖을 500밀리리터 넘게 공급했다면, 엄마로서는 비용이 이득을 초과하므로 손해다.

이제 오늘 한 끼 식사로 엄마가 자신에게 주어야 하는 젖의 양에 대해 자식은 뭐라고 할지 생각해보자. 현재 자식의 관점에서 이득(b)은 여전히 자신의 생존율 증가이다. 그러나 자신이 엄마로부터 젖을 많이 받아낸 탓에 미래에 태어날 동생의 생존율이 감소함을 100퍼센트 신경 쓸 이유는 없다. 자신과 동생은 유전적으로 50퍼센트만 연관되므로 50퍼센트만 신경 쓰면 된다(12장에서 이야기한 '해밀턴의 규칙', 기억하고 계시죠?).

즉, 현재의 자식은 b가 ($c/2$)보다 크기만 하다면 엄마가 자신에게 주는 젖의 양을 계속 늘려야 한다고 요구한다. 공급량이 500밀리리터를 막 넘어섰을 때, "b가 c보단 작아졌지만 아직 ($c/2$)보다는 크네. 젖 더 주세요!"라고 외치는 것이다. 마침내 b가 $(c/2)$와 같아지는 공급량을 편의상 800밀리리터라 하자. 엄마와 아기는 엄마가 물려줘야 하는 젖의 양이 500밀리리터가 되어야 할지, 800밀리리터가 되어야 할지를 두고 의견을 달리한다. 요컨대, 엄마와 아기는 $(c/2) < b < c$가 되는 구간에서 진화적 이해관계가 어긋나서 갈등이 빚어진다.[4]

엄마는 '진심으로' 아기에게 자원을 투자하고자 한다. 여기까진 참좋다. 그러나 엄마가 주고자 하는 양보다 자식이 엄마에게 요구하는 양이 언제나 더 많게끔 자연선택에 의해 진화한다. 곧, 부모-자식 갈등 이론의 핵심은 '부모의 관점에서 최적의 투자량'이 '자식의 관점에서 최적의 투자량'보다 언제나 적다는 것이다. 중학생 자녀가 엄마에게 용돈으로 만 원을 요구한다면 아마도 엄마는 선선히 만 원을 건네줄 터이다. 그러나 10만 원을 요구한다면 어떤 식으로든 분란이 일어나기 마련이다.

엄마와 태아 간의 갈등과
젖떼기 갈등

지금껏 이야기했듯이, 부모-자식 갈등은 부모와 자식의 진화적 이해관계가 서로 차이가 남을 의미한다. 이러한 차이가 반드시 울음, 말다툼, 꿀밤 주기, 토라짐처럼 겉으로 드러나는 행동상의 갈등으로 이어지는 것은 아니다. 예를 들어, 엄마와 태아 사이에 벌어지는 갈등은 순전히 생리적인 수준에서 일어난다. 태아는 태반유선자극호르몬 human placental lactogen, hPL을 분비하여 엄마의 인슐린 기능을 떨어뜨린다. 혈당량이 높아지면서 태아는 포도당을 더 많이 얻게 된다. 엄마는 이에 맞서서 인슐린을 더 많이 분비해 혈당량을 떨어뜨린다. 태아도 질세라 hPL을 더 많이 분비한다. 이러한 소모적인 줄다리기 탓에 엄마의 몸에는 hPL이 정상 수치보다 무려 1,000배 가까이 들어 있다. 만약 엄마가 인슐린을 충분히 만들지 못하는 사람이라면, 임신성 당뇨병에 걸려 산모와 태아 모두에게 불행한 결과가 초래될 수 있다.[5]

포유류에서 자식이 언제 젖을 떼야 하는지를 놓고 벌어지는 반목은 밖으로 보이는 행동적 갈등의 좋은 예다. 어느 시점에 이르면, 엄마는 수유를 끊고 배란을 재개해서 다음 자식을 준비하려 한다. 반면에 자식은 젖 떼는 시기를 되도록 늦추려 해서 분란이 생긴다. 인도의 랑구르원숭이, 탄자니아의 개코원숭이에게서 젖떼기 갈등은 입이 딱 벌어질 정도로 심하다. 어미의 젖을 더는 물지 못하게 된 자식은 "끼잉~끼잉~" 비명을 지르고 어미를 졸졸 따라다니며 괴롭힌다. 개코원숭이 무리는 보통 때는 매우 조용해서 연구자들이 찾기 어렵다. 그래서 연구자들이 개코원숭이를 쉽게 찾는 비법은 새끼가 어미에게 젖을 요구하는 새된 소리에 귀를 기울이는 것이다![6]

젖떼기 갈등은 인간에게서도 심하다. 인류학자들은 중앙아프리카의 보피Bofi 농민들과 수렵-채집민들에게서 엄마와 자식 간의 갈등을 조사했다. 농사를 짓는 집단과 수렵-채집을 하는 집단 모두에서 엄마와 자식 간의 갈등은 젖 떼는 시기가 가까워지면서 점점 증가했다. 그뿐만 아니라 농사를 짓는 집단에서는 엄마들이 젖을 더 일찍 거두는 경향이 있었다. 아마도 이 때문에 젖떼기 갈등도 수렵-채집을 하는 집단에 비해 더 격렬하게 일어났다.[7]

우리 사회에서도 모유 수유를 하는 엄마들이 원활하게 젖을 떼기 위해 유두에 반창고를 붙이거나 애먼 늑대가 엄마의 모유를 가져갔기 때문에 더는 먹을 수 없다는 이야기를 꾸며내 아이에게 들려주는 등 분투한다. 어떤 육아 책은 유아가 자연히 모유를 찾지 않게 될 때까지 그냥 젖을 물려주라고 조언한다. 그러나 유아가 젖떼기 시점을 전적으로 정하게끔 내버려둔다면 엄마의 건강을 해치게 되므로 적절한 타협이 필요하다.

자식은 부모를 이기고자 심리 전술을 동원한다

아무리 부모와 자식의 진화적 이해관계가 다르더라도, 부모가 매번 자식에게 일방적으로 승리한다면 부모-자식 갈등은 그저 이론적인 흥밋거리가 되고 만다. 즉, 자연계에서 부모에게서 자식으로 최종적으로 전해지는 자원의 양이 언제나 부모의 관점에서 최적의 투자량이라면, 굳이 우리가 "자식은 사실 그보다 더 많이 받길 원하게끔 진화했다."라고 사족을 붙이기 민망하다.

트리버스는 물론 새끼가 엄마를 땅에 메다꽂은 다음에 마음껏 젖꼭지를 빨 수는 없다고 했다. 자식은 엄마보다 더 작고 경험도 일천하다. 이러한 경쟁력의 불리함을 극복하고자 자식은 심리적인 전술을 동원한다. 자식이 부모보다 유리한 점이 하나 있다. 부모는 자신의 유전자를 후대에 남기는 매개체인 자식이 현재 어떠한 상태인지, 무엇을 얼마나 필요로 하는지 끊임없이 알아내려 애쓴다. 그리고 자식의 진정한 상태와 요구를 가장 잘 아는 이는 바로 자식 자신이다.

평소에 자식은 배가 고플 때만 울고, 부모는 자식의 울음에 반응해 젖을 줌으로써 둘 다 이득을 얻는다. 일단 이러한 의사소통 체계가 진화하고 나면, 자식은 배고플 때만 우는 게 아니라 단순히 젖을 더 먹고 싶을 때도 당장 굶어 죽을 듯이 울어댐으로써 판세를 유리하게 바꿀 수 있다. 이에 맞서서 부모도 자식이 정말로 배가 고픈지 정교하게 가려내는 감별 능력을 진화시킬 것이다. 결국, 자식의 더 정교한 속임수와 부모의 더 정교한 감별 능력이 공진화하리라고 트리버스는 주장했다.[8]

울화통 터뜨리기temper tantrum는 더욱 강력한 심리 전술이다. 공공장소에서 바닥에 드러누워 난동 부리고, 머리를 벽에 찧어대고, 비명을 질러대서 부모를 당황하게 하는 행동은 일종의 자해 공갈이다. 원하는 것을 당장 들어주지 않으면 부모의 소중한 유전자 운반체인 자식이 크게 다칠 판국이라고 부모를 위협하는 것이다.[9] 침팬지, 개코원숭이 그리고 랑구르원숭이에게서도 부모가 보는 앞에서 새끼가 땅바닥이나 주변 사물에 몸을 내던지거나 손으로 자기를 치는 울화통이 관찰된다. 심지어 새끼 침팬지는 한창 울화통을 터뜨리는 와중에도 엄마가 자신을 잘 보고 있는지 슬쩍슬쩍 곁눈질도 한다.[10]

친동기 사이의 갈등은
왜 일어나는가

가족 내에서 벌어지는 또 다른 갈등은 동기간의 갈등이다. 친동기 사이인 A와 B가 부모가 제공하는 자원을 어떻게 나눌지 갈등한다고 하자. 편의상 A와 B 사이에 성, 나이, 건강상태 등 다른 조건은 같다고 가정하자. 친동기 사이는 유전적으로 50퍼센트 연관되므로, 서로 상대방이 어느 정도까지는 자원을 받아야 한다고 주장한다. 그러나 각자는 자기 자신과 100퍼센트 연관되므로, 자신이 상대방보다 더 많은 자원을 받아야 한다고 주장한다. 둘 다 자기가 더 많이 받아야 한다고 목소리를 높이는 통에 다툼이 생긴다.[11]

어느 시대, 어느 나라에서나 부모는 자식들끼리 서로 싸우지 않게 하려고 노심초사한다. 음식물이건 장난감이건 언니 혹은 동생과 나누어야 한다며 자식들을 달래고 꾸중한다. 나눔과 상생을 부르짖는 부모의 이러한 태도에는 진화적 근거가 있다. 엄마의 입장에서 A와 B 사이의 자원 배분을 생각해보자. 엄마는 A, B와 똑같이 50퍼센트씩 유전적으로 연관된다. A, B 사이에 다른 점이 없다면, 엄마로서는 자원을 A와 B 사이에 공평하게 분배하는 편이 자신에게 가장 큰 진화적 이득이 된다.

그러므로 부모는 각각의 자식이 다른 동기를 '자연스럽게' 아끼는 정도보다 더 이타적으로 행동하고 더 욕심을 버리라고 가르치게끔 자연선택된다. 자식들이 자원을 똑같이 나누는 것이 사회정의를 실현하는 길이라서가 아니다. 부모 자신의 번식 성공도를 최대화하는 길이라서 그렇다.

부모-자식 갈등과 오이디푸스 콤플렉스

진화 이론은 가족 내에서 협력뿐만 아니라 갈등도 일상적으로 일어나리라고 예측한다. 가족 안에서 갈등이 일어나는 근본적인 원인은 각 개체는 다른 그 어떤 식구보다 자기 자신과 유전적으로 가장 가깝기 때문이다. 부모와 자식 간의 갈등은 부모가 주려고 하는 자원량보다 자식은 언제나 더 많은 양을 요구하기 때문에 생긴다. 친동기간의 갈등은 부모가 준 자원을 분배할 때 각자 자신이 가장 많은 몫을 받아야 한다고 주장하기 때문에 생긴다.

가족 내의 갈등을 진화적으로 설명하는 글이니만큼 간략히 프로이트의 오이디푸스 콤플렉스Oedipal complex를 짚고 넘어가기로 하자. 프로이트는 남자아이는 엄마와 성관계하고 아빠를 살해하려는 무의식적인 욕망을 지니고 있으며, 이 때문에 아빠가 자신을 거세할지 모른다는 두려움에 시달린다고 주장했다. 마찬가지로, 여자아이는 아빠와 성관계하려는 무의식적인 욕망을 지닌다고 했다. 이 주장은 일부 맞고 일부 틀리다. 어느 사회에서나 아이들은—남아건 여아건 간에—엄마에게 집착하고 아빠와는 덜 살갑다. 이는 부모-자식 갈등으로 잘 설명된다. 아빠가 엄마에게 애정을 쏟으면 자신이 관심을 덜 받게 될 뿐만 아니라, 자칫하면 동생이 태어나서 부모의 투자를 나눠야 하는 사태가 발생하기 때문이다.

진화심리학자인 마틴 데일리Martin Daly와 마고 윌슨Margo Wilson은 프로이트가 두 종류의 부모-자식 갈등을 혼동했다고 지적한다.[12] 첫째, 어린이들은 엄마를 놓고 아빠와 경쟁하지만, 이는 성관계가 아니라 엄마의 관심을 얻고자 벌이는 경쟁이다. 둘째, 성장한 아들은 아빠와 성관계 상대를 놓고 경쟁할 수 있지만, 그 성관계 상대는 엄마가 아니다. 어른이 된 아들이 나이 든 친엄마에게 성적으로 끌리기는 거의 불가능하다. 게다가 근친상간의 결과 태어난 자식은 심각한 유전적 장애를 지니기 쉬우므로 근친상간을 회피하는 심리가 응당 진화했을 것이다. 실제로 다른 동물들에게서 아들이 어미에게 성적인 관심을 보이거나 성관계하는 경우는 전혀 보고된 바 없다. 유전학, 진화생물학, 행동생태학에서 받아들여지지 않는 오이디푸스 콤플렉스가 문학비평, 문화이론, 정신분석학 등에서는 핵심적인 이론으로 대접받고 있는 상황은 어딘가 이상하다.

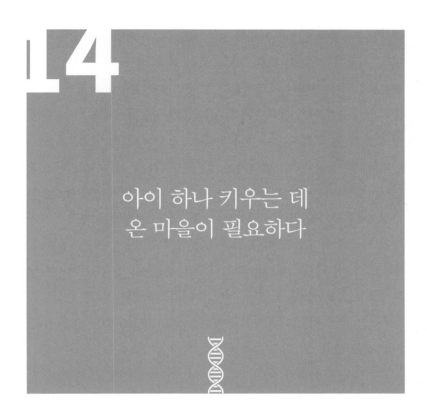

14

아이 하나 키우는 데
온 마을이 필요하다

아기 한번 안아보실래요?

집안에 아이가 태어나면 친정부모님, 시부모님, 형제자매, 시누이 등
등 갓난아기를 번갈아 품에 안아보느라 난리다. 어떤 친정엄마나 시
어머니는 산모에게 "얘, 넌 몸조리나 신경 써."라면서 손주를 몇 시간
이고 놓지 않기도 한다.

　너무나 당연한가? 절대 그렇지 않다. 엄마뿐만 아니라 다른 피붙이
들도 갓 태어난 아기를 너도나도 품에 안으며 흐뭇해하는 광경은 현

존하는 276종의 영장류 가운데 절반 정도에서는 차마 상상조차 할 수 없다. 침팬지, 보노보, 오랑우탄, 고릴라 등의 대형 유인원들 그리고 붉은털원숭이, 사바나 개코원숭이 등 우리에게 친숙한 구세계원숭이 종의 상당수가 여기에 해당한다. 이들 종에서 엄마는 최소한 몇 주에서 보통 몇 달에 걸쳐 자나 깨나 신생아를 24시간 품에 안고 다닌다.

다른 개체들은 아기에게 관심이 없어서 그런 것 아니냐고? 이런 종들에서도 아기는 엄마뿐만 아니라 다른 개체, 특히 사춘기 암컷들의 관심을 끈다. 다만 엄마가 얼씬도 못 하게끔 으르렁대기 때문에 아기에게 접근할 수 없을 뿐이다. 이를테면, 야생의 오랑우탄 어미는 출산 후 다섯 달이 되기 전까지는 자기가 먼저 낳은 새끼들조차 갓 태어난 막내에게 손도 못 대게 한다. 어디를 가든지 아기를 안고 추스르고, 안색을 계속 살피고, 요구사항은 뭐든지 들어준다. 요컨대, 유인원 어미는 천사 같지만 집착과 소유욕이 심하다.[1]

인간 엄마의 사랑이 침팬지나 오랑우탄 엄마의 사랑보다 약하다는 뜻은 아니다. 인간 엄마도 침팬지 어미 못지않게 아기에게 온 신경을 쏟고 세심하게 보살핀다. 단, 아기를 독점하려 하지는 않는다. 다른 대형 유인원과 비교해볼 때, 왜 인간은 다른 가족도 아기를 돌보는 것에 이토록 '비정상적으로' 너그러운가?

이는 결코 사소한 질문이 아니다. 오랫동안 사회과학자들은 엄마, 아빠, 자녀로 이루어지는 핵가족이 인류의 진화 역사를 통해 이어진 이상적인 가족 모델이라고 여겼다.[2] 남성은 밖에서 사냥이나 노동을 통해 경제적 자원을 제공하고, 여성은 집 안에서 자녀 돌보기를 전적으로 담당하는 일부일처제적인 짝 결속이 자녀가 성장하는 최적의 환경으로 여겨졌다. 아이는 오직 엄마와만 애착을 형성하고, 안정적인 애착 형성의 여부가 아이의 미래를 좌우한다는 통념으로 인해 오늘날에도 많은 직장인 엄마가 죄책감에 시달린다.[3]

최근 들어 영장류학자 세라 블래퍼 허디Sarah Blaffer Hrdy를 포함해 많은 진화생물학자가 대형 유인원 가운데 오직 인간 종에서만 엄마뿐만 아니라 아빠, 조부모, 이모/고모/삼촌, 사촌, 손위 동기들도 자녀 돌보기에 함께 참여하는 가족 형태가 진화했다고 주장한다.[4] 즉, 엄마와 다른 여러 가족 구성원이 함께 아이를 돌보는 이른바 '협력 양육 cooperative breeding'이 인간 본성이라는 것이다. 왜 우리 인간만 이러한 확대가족 형태를 진화시켰는지, 이를 뒷받침하는 증거는 무엇인지 들여다보자.

혼자서 아기를 키우기엔 비용이 너무 크다

자녀를 낳고 돌보는 측면에서, 우리 인간은 다른 유인원들에게서는 찾아볼 수 없는 유별난 특성들을 지닌다. 이 특성들은 인간의 아기를 키우려면 유인원 아기보다 훨씬 더 많은 시간과 자원, 보살핌을 투자해야 함을 보여준다.

첫째, 인간은 몸 크기와 비교하면 뇌의 질량이 다른 어떤 대형 유인원의 그것보다 더 크다. 두뇌는 심장 다음으로 에너지를 많이 잡아먹는 '값비싼' 기관으로 이름나 있다. 실제로 인간 유아는 하루에 섭취하는 에너지의 무려 절반을, 성인은 20퍼센트를 두뇌에 투입한다. 이처럼 값비싼 두뇌는 인류의 진화 역사를 통해 꾸준히 팽창해왔다. 특히 지난 200만 년 사이에는 세 배로 늘어났다. 그래서 오늘날 인간의 뇌는 침팬지의 뇌보다 3.5배나 크다.[5] 우리는 모두 대두인 셈이다.

　둘째, 인간 아기는 유인원 아기보다 더 일찍 엄마 뱃속에서 세상으로 나온다. 그러므로 '값비싼' 두뇌 발육의 상당 부분은 출생한 이후에 이루어진다. 인간 어른의 두뇌가 침팬지 어른의 두뇌보다 3.5배 더 크다니, 인간 태아는 엄마 뱃속에서 그만큼 더 오래 머무를 것 같지만 그렇지 않다. 인간의 임신 기간은 침팬지나 고릴라의 임신 기간과 별로 다르지 않다. 달리 말하면, 태어날 때 인간 아기의 두뇌는 침팬지 아기 두뇌의 3.5배에는 한참 못 미친다. 한 동물학자는 만약 인간이 다른 유인원과 유사한 발달 패턴을 따르고 싶다면 태아가 엄마 뱃속에 열두 달을 더 있어야 한다고 추산했다. 즉, 아기는 대단히 미숙한 상태에서 난데없이 세상 밖으로 꺼내진 다음, 부모의 집중적인 영양 공급과 보살핌을 통해 '값비싼' 두뇌를 가파르게 팽창시킨다.

　셋째, 인간은 성적으로 성숙하는 데 기간이 더 오래 걸린다. 오늘날 남아 있는 수렵-채집 사회들을 조사하면 여성들은 대개 18~20세부터 아기를 낳기 시작한다. 이는 침팬지보다 5~7년이나 늦은 시점이다(물론 산업사회에서는 자원이 풍부해서 여성들이 일찍 초경을 하므로 더 빨리 낳을 수 있다). 즉, 인간은 부모의 도움을 여전히 필요로 하는 청소년기가 다른 어느 유인원들보다 더 길다. 인간은 다른 어느 유인원보다 더 '비싼' 두뇌를 지니고, 더 미숙하게 태어나고, 더 오랜 시간이 지나야 어른이 된다. 이처럼 한 명의 갓난아기가 어머니에게 지우는 부담이 어마어마하므로, 당연히 인간 여성은 다른 유인원 어미들보다 자식을 더 띄엄띄엄 낳으리라 기대된다. 놀라서 뒤로 넘어가지 마시라. 수렵-채집 사회 여성들은 3~4년마다 출산을 한다. 다른 유인원들의 평균 6~8년 자식 터울보다 거의 두 배나 더 빠른 속도다!

자식 하나가 어느 정도 혼자 앞가림할 때까지 키워낸 다음에 아기를 새로 잉태하는 유인원 어미와 달리, 인간 여성은 하나에서 열까지 다 챙겨줘야 하는 아이를 한꺼번에 여럿 키워야 하는 이중 부담을 짊어진다. 이상의 특성들을 고려하면, 우리 종에서는 엄마 혼자서 자식을 보살피기보다는 엄마와 더불어 대행 어미, 즉 아빠, 조부모, 손위 동기, 삼촌/이모/고모, 사촌 등도 양육에 동참하는 가족 모델이 진화했으리라는 결론이 얻어진다.

여기서 물음이 하나 생긴다. 그냥 아빠만 자식을 함께 돌보면 되지 않을까? 영장류학자 허디는 인류가 진화한 먼 과거의 환경에서는 빈번한 전쟁, 싸움, 전염병, 사고 등으로 성인 남성의 사망률이 높았음을 강조한다. 일부일처제적인 핵가족이 당시에 보편적이었다면, 매우 많은 여성이 남편이 죽거나 크게 다치는 바람에 홀로 자녀 양육의 굴레를 짊어지는 곤경에 처했을 것이다.

그뿐만 아니라, 현존하는 수렵-채집 사회에서도 남성들은 사냥을 허탕 치는 날이 많다. 어쩌다 사냥에 성공했다 해도 잡은 고기는 아내와 자식들뿐만 아니라 이웃들과 다 함께 나누어 먹는다. 즉, 아빠 혼자서는 매일 매일 다량의 음식을 요구하는 아이들의 요구를 충족시키기 어려웠을 것이다.

대행 어미 :
선택이 아닌 필수다!

허디는 엄마뿐만 아니라 대행 어미도 자식을 함께 돌보는 확대가족 형태가 약 180만 년 전에 출현한 호모 에렉투스부터 시작되었다고 본다. 대행 어미가 점차 음식 공급과 보살핌을 분담하게 되면서 두뇌 질량이 커지고, 성장기도 길어지고, 출산 간격은 줄었다. 엄마로서는 아기를 대행 어미에게 조금씩 맡기게 되면서 에너지를 아끼고, 더 건강해지고, 더 많은 자식을 낳게 되었다.

무엇보다도, 영아 및 유아 사망률이 매우 높았던 과거의 수렵-채집 환경에서 대행 어미는 아이가 살아남는 데 필수불가결했다. 대행 어미는 있으면 좋고 없어도 그만인 선택재가 아니라 필수재였다. 대행 어미가 없으면 아이가 살아남을 가능성이 확연히 떨어졌다.

인류의 진화 역사를 통해 아이는 엄마와 대행 어미의 품에서 자랐음을 보여주는 증거를 살펴보자. 첫째, 앞에서 이야기했듯이 유인원 중에서는 참으로 별스럽게 인간 엄마는 갓 낳은 아기를 다른 혈연이 안는 것을 너그럽게 허락한다. 현존하는 수렵-채집 사회를 조사한 연구들도 어느 사회에서나 갓난아기는 엄마 외에 다른 가족의 품에도 상당 시간 안겨 있음을 발견했다.

예를 들어, 필리핀의 아에타Aeta족에서 새로 태어난 아기는 "사람들이 돌아가며 한 번씩 안아서 결국엔 모든 사람이 아기를 꼭 끌어안고, 뺨을 비비고, 냄새를 맡고, 탄성을 지를 기회를 얻는다."[6] 아프리카에 사는 음부티Mbuti족에서는 엄마가 "갓난아기를 가족과 친한 친구들에게 건넨다. 이들은 아기를 그냥 쳐다보지 않고 꼭 끌어안는다."[7]

둘째, 수렵-채집 사회를 조사한 진화인류학자들은 아빠, 조부모, 손위 동기, 사촌 같은 대행 어미의 존재가 실제로 아기의 생존 가능성을 높여준다는 직접적인 증거들을 찾았다. 예를 들어, 카리브해의 트리니다드Trinidad섬, 태평양의 이팔루크Ifaluk 산호섬, 탄자니아의 하드자Hadza 사회에서 외할머니나 외이모할머니가 있는 아이들은 더 빨리 자라고, 기근이 닥쳤을 때 더 잘 살아남았다.

하드자 사회를 연구한 인류학자 크리스틴 호크스Kristen Hawkes는 논문에서 할머니들의 활약(?)을 생생하게 서술했다.[8] 식물성 음식을 채집하는 여성들 가운데 아침에 가장 일찍 집을 나섰다가 저녁에 가장 늦게 돌아오는 사람, 가장 많은 식물을 끙끙대며 채집해오는 사람은 한창 배고플 때의 자식을 둔 젊은 엄마들이 아니었다. 바로 쭈글쭈글하게 늙은 할머니들이었다.

외할머니는 특별하다

다른 유인원 어미들이 갓난아기를 선뜻 남에게 건네주지 못하는 이유는 남들을 믿지 못하기 때문이다. 앞에서 보았듯이, 유인원 어미들은 아기의 안전에 강박적으로 집착한다. 정도는 덜하지만 인간 엄마도 아기가 혹시라도 잘못될세라 매우 근심한다. 하지만 가까이에 자신을 낳은 생모, 즉 아기의 외할머니가 있다면 안심하고 아기를 건네줄 수 있다. 이미 자식을 성공적으로 길러낸 지식과 경험도 무시할 수 없다. 월경이 끝난 외할머니로서도 손주를 돌봄으로써 적합도를 간접적으로 높일 수 있다.

진화적인 관점에서 보면, 네 명의 조부모(외할머니, 외할아버지, 친할머니, 친할아버지)가 손주에게 쏟는 투자량은 다르리라 예측된다. 물론 이타적 행동을 일으키는 유전자를 손주와 공유할 확률은 0.25로 어느 조부모나 같다. 그러나 부계를 통한 유전적 연결고리는 모계를 통한 유전적 연결고리보다 불확실하다. 어머니는 자기 몸에서 나온 자식을 100퍼센트 확신할 수 있지만, 아버지는 자식이 정말 자신의 유전적 친자식인지 아니면 옆집 남자의 자식인지 확신할 수 없다(그래서 '엄마의 아기, 아빠의 아마도mother's baby, father's mayby'라는 표현도 있다).

외할머니의 경우, 손주와의 연결고리인 할머니에게서 딸 그리고 딸에게서 손주는 둘 다 확실하다. 반면에 친할머니와 외할아버지의 경우, 손주와의 두 연결고리 가운데 하나는 불확실하다. 친할아버지의 경우, 연결고리 둘 다 불확실하다. 따라서 손주에게 가장 많이 투자하는 조부모는 외할머니고, 중간 정도로 투자하는 조부모는 친할머니와 외할아버지고, 가장 적게 투자하는 조부모는 친할아버지일 것으로 기대된다.

한 심리학 연구에서는 미국의 대학생들을 대상으로 네 명의 조부모 가운데 누구에게 가장 친밀감을 느끼는지, 어릴 때 얼마나 시간을 함께 보냈는지, 얼마나 선물을 받았는지 등을 조사했다. 예측대로 외할머니가 손주에게 가장 많이 투자했고, 친할아버지가 가장 적게 투자했다.[9] 아직 남아 있는 28개의 원시적인 사회를 비교 조사한 인류학 연구에서도 외할머니는 어느 사회에서나 아이의 생존 가능성을 유의미하게 높여주는 요인이었다.[10] 손주가 찾아오면 허리춤에서 꼬깃꼬깃 접힌 돈을 꺼내어 한사코 쥐여주는 따뜻한 외할머니는 어느 사회에서나 있었던 셈이다.

어린이는 보살핌을 받지만 부모와 형제에게 도움도 준다

유아와 부모의 관계는 한 방향이다. 부모는 유아가 필요한 모든 자원을 제공하고 유아는 받기만 한다. 반면에 어린이(약 5세에서 사춘기 이

전)와 부모의 관계는 양방향이다. 어린이는 여전히 부모로부터 음식물과 보살핌을 받지만, 부모를 거들어 음식물 마련도 돕고 동생들도 돌보아준다. 아동기의 이러한 이중적인 특성은 오랫동안 간과됐지만, 인간 본성을 이해하는 데 없어서는 안 될 특성이다.

많은 수렵-채집 사회에서 어린이는 실제로 여러 집안일에 활발히 참여하여 부모의 부담을 어느 정도 덜어주는 것으로 나타났다. 부모와 함께 혹은 또래와 어울려 과일, 견과류, 씨앗 등을 채집하거나 작은 동물, 물고기, 조개 등을 사냥한다. 음식물을 다듬고, 땔감이나 물을 구해오고, 갓 난 동생을 업고 돌보기도 한다.

음부티족에서 갓난아기가 누구의 품에 얼마나 안겨 있는지 조사한 결과, 안겨 있는 시간 중에 10퍼센트는 손위 여자 동기, 즉 언니나 누나의 품속이었다. 하드자 사회에서는 어른들이 수렵과 채집으로 집을 비우면 주로 어린이들이 동생들을 돌보기 때문에 어린이들이 자녀를 돌보는 시간이 무려 60퍼센트에 이른다.[11]

요컨대, 현대 산업사회에서는 부모가 자식 하나를 키우는 데 학원비, 대학 등록금, 주택 마련 등 대단히 큰 비용이 들지만, 원시사회에서는 상대적으로 비용이 적게 들었다. 먼 과거에도 어린이를 어른으로 버젓이 키우려면 부모로선 크나큰 노력이 필요했지만, 자식들이 음식물 마련과 유아 돌보기에 활발히 참여하여 부담을 덜어주었기 때문이다.

아기는 엄마 혼자가 아니라
여럿이서 키운다

아빠는 밖에서 고기를 사냥해 오고, 엄마는 안에서 자녀를 전담하여 돌보는 일부일처제적 핵가족이 인간의 표준적인 가족 형태라고 흔히 여겨진다. 그러나 최근 들어 많은 진화생물학자는 대형 유인원 가운데 오직 우리 종에서만 엄마뿐만 아니라 대행 어미—아빠, 조부모, 이모/고모/삼촌, 사촌, 손위 동기들—도 자녀를 돌보는 협력 양육이 유별나게 진화했다고 주장한다.

인간의 아기는 다른 유인원보다 두뇌가 더 무겁고, 더 일찍 태어나고, 성장기가 더 길고, 출산 간격은 오히려 더 짧아서 어머니 혼자서 키우기에는 감당할 수 없을 만큼 비용이 많이 든다. 따라서 대행 어미도 자녀 돌보기에 동참하는 방향으로 인류가 진화했음을 알 수 있다. 영아 및 유아 사망률이 매우 높았던 과거의 수렵-채집 환경에서, 대행 어미는 아이의 생존에 필수적이었다. 그 예로써 할머니와 아이들이 어떻게 대행 어미로 기능했는지도 간략히 살펴보았다.

엄마와 대행 어미가 함께 자식을 돌보는 확대가족이 인간의 본성이라고 해서 가족 구성원 사이에는 결코 갈등과 반목이 없다거나, 핵가족이나 한 부모 가족은 잘못되었고 아이는 오직 확대가족에서만 건강하게 잘 자란다는 뜻은 아니다. 진화적 관점은 가족 사이에 협력뿐만 아니라 갈등도 일어나리라 예측한다(13장 '가족 내의 갈등은 당연하다' 참조). 혈연관계가 비교적 먼 친척이나 혼인으로 맺어진 인척도 포함되는 확대가족에서는 구성원 사이에 갈등이 일어날 소지도 그만큼 더 많다.

또한, 가족에 대한 진화적 분석은 이를테면 한 부모 가족이 비정상적이거나 잘못되었다고 낙인을 찍지 않는다. 그러기는커녕, 한 부모 가족에서 출생한 아기에게 어떤 환경을 마련해줘야 건강하게 성장할지 유용한 시사점을 제공해준다. 예컨대, 미국에서 10대 미혼모들을 대상으로 진행된 연구에 따르면, 외할머니와 한집에서 함께 사는 유아, 혹은 외할머니를 자주 만나는 유아들은 엄마와 더 안정적인 애착을 형성했다.[12]

다른 연구에서는 숙련된 간호사가 첫아기를 낳은 엄마들의 집을 한두 달에 한 번 정기적으로 방문해서 고민을 청취했다. 그리 대단한 정서적 지원도 아닌 것 같지만, 이렇게 간호사의 방문을 받은 엄마들의 아기는 그렇지 않은 아기들에 비해서 정서적으로 더 안정되고, 언어도 빨리 배우고, 부모에게 학대도 덜 당했다.[13] 사회복지 정책을 수립할 때 미혼모 가정에 무조건 금전적인 혜택을 주기보다는 엄마의 양육 부담을 덜어줄 수 있는 정서적, 사회적 지원을 제공하는 것이 더 효과적임을 알 수 있다. 이 장에서는 이것 하나만 기억하자. 우리는 엄마 혼자가 아니라 여럿이서 아기를 키우게끔 진화했다는 것을.

15

온몸을 녹이는 귀여움

라이언은 왜 귀여울까?

2017년 정보통신기업 카카오는 입사한 지 고작 1년 된 신입사원을 전무로 파격 승진시켰다. 일자 눈썹, 단추 같은 눈, 둥그런 얼굴에 항상 뚱한 표정인 갈기 없는 수사자 라이언이 그 주인공이다. 원래 모바일 메신저 카카오톡의 이모티콘으로 만들어진 라이언 전무는 뽀로로를 제치고 국내 최고의 인기 캐릭터로 등극했다.

카카오의 계열사인 카카오프렌즈는 라 전무의 활약 덕분에 2017년에 천억 원에 가까운 매출을 올렸다. 강남역, 홍대, 인천공항 등 전국의 노른자위 상권에 22개의 매장을 열었다. 장난감, 잡화, 문구, 육아용품 등 2,000여 개의 관련 상품을 판매한다. 네이버의 계열사인 라인프렌즈도 브라운(곰), 코니(토끼), 샐리(병아리) 등 주요 캐릭터를 활용해 전 세계에서 큰 수익을 올리고 있다.[1]

세상은 귀여운 것들로 넘쳐난다. 수호랑, 반다비, 도라에몽, 미키마우스, 보노보노, 올라프, 헬로키티, 꼬부기 같은 캐릭터는 누구에게나 사랑받는다. 개, 고양이, 햄스터, 기니피그, 토끼, 거북 같은 반려동물은 종종 가족의 일원으로 여겨진다. 아이돌 그룹 워너원의 가수 강다니엘은 순박한 대형견 사모예드를 닮아서 이른바 '멍뭉미'의 대표 주자로 꼽힌다. TV에 나오는 남녀 연예인들은 혀 짧은 목소리로 "나 꿍꼬또, 기싱꿍꼬또(나 꿈꿨어, 귀신 꿈 꿨어)"를 외친다.

이들은 왜 귀여울까? 귀여운 대상을 보면 왜 온몸이 사르르 녹아내릴까? 1943년 동물행동학자 콘라트 로렌츠Konrad Lorenz의 선구적인 노력 이래[2] 현대의 진화학자들은 그 해답을 밝혀냈다. 신체 비율상 큰 머리, 토실토실한 뺨, 작고 뭉툭한 코, 늘어진 피부, 서투른 몸동작 등 우리가 '귀엽다'고 여기는 시각적, 행동적 단서들은 모두 연약한 인간 아기에게서 공통으로 발견되는 특성이다. 그러니 종종 엄마들이 자기 아기에게 "아유, 내 강아지!"라고 부르는 모습은 묘하게 역설적이다. 아기가 강아지를 닮아서 귀여운 게 아니라, 강아지가 아기를 닮아서 귀여우니 말이다.

인간은 작고 무력한 아기를 접하면 상냥한 감정에 휩싸여 아기를 정성껏 돌보는 심리적 적응을 진화시켰다. 엄마뿐만 아니라 온 가족이 자식을 함께 돌보았던 과거의 수렵-채집 환경에서는 아기 앞에서 저절로 무장 해제되는 편이 다음 세대에 유전자를 남기는 데 더 유리했다.

주의사항이 있다. 상냥함tenderness이라는 정서는 단순히 우리가 귀엽다고 여기는 대상을 안아주고 챙겨주는 행동만 유발하지 않는다. 부모의 자식 돌보기는 언뜻 생각하면 보살핌과 관련이 멀어 보이는 일들, 이를테면 금전적인 위험 감수, 위협에 대한 지나친 경계, 손재주의 꼼꼼함 등에도 영향을 끼친다.[3] 상냥함이 빚는 자식 돌보기 행동을 알아보자.

"이것 좀 보세요! 내가 이렇게 어리고 무력하다니까요!"

너무나 작고 성가시고 무력한 존재, 바로 인간 아기다. 아기를 키워본 부모들은 쉽게 공감할 말이다. 아기는 혼자서 할 수 있는 게 정말로 하나도 없다. 부모가 24시간 아기에게 매달려서 먹이고, 재우고, 어르고, 놀아주고, 안 다치나 지켜봐야 한다. 양육자 품에서 간신히 잠든 아기를 바닥에 내려 눕히기만 하면, '등 센서'가 작동해서 떠나갈 듯 울어댄다. 아기를 키우기 시작한 부모들은 생지옥이 따로 없다고 호소한다.

14장에서 살펴보았듯이, 이처럼 무력하고 품이 많이 드는 아기는 그 어떤 종에서도 찾을 수 없는 인간의 유별난 특질이다. 동물원에서 엄마 침팬지에 껌딱지처럼 달라붙은 새끼 침팬지를 본 적이 있는가? 새끼 침팬지는 태어나자마자 엄마 복부의 털을 움켜쥐고 꽉 매달릴 수 있다. 엄마가 어딜 가더라도 항상 붙어 있는 것이 가능하다. 생후

몇 달간은 바닥에 꼼짝없이 누워 있어야 하는 인간 아기로선 차마 꿈도 꿀 수 없는 위엄이다. 인간 아기는 다른 어떤 유인원 새끼보다 엄마 뱃속으로부터 세상 밖으로 일찍 꺼내진다. 그래서 갓난아기는 뼈가 덜 여물고, 소화, 면역, 체온 조절계도 시원찮고, 운동 능력도 형편없는 상태다. 첫 돌이 아직 안 된 아기는 "자궁 밖에서 자라는 태아"와 같다고 진화인류학자들은 대놓고 말한다.[4]

핏덩이가 마침내 어른이 되기까지, 부모는 무력한 아기를 집중적으로 먹이고 보호하게끔 자연선택에 의해 진화하였다. 이제 부모와 자식 사이의 진화적 '게임'에서 새로운 무대가 시작되었다. 아기가 "이것 좀 보세요! 진짜로 내가 이렇게 어리고 서툴다니까요!"라고 부르짖으며 자신의 무력함을 부모에게 홍보하는 감각 신호를 마구 뿜어내게끔 자연선택된 것이다. 영장류학자 세라 블래퍼 허디는 아기가 부모에게 '귀엽다'고 여겨지는 시각적, 후각적, 청각적 신호를 통해 부모의 보살핌을 얻어내는 '감각적 덫sensory trap'이라고 했다.[5]

인간 아기가 부모를 감각으로 녹이는 덫이라는 관점과 부합하는 사실이 하나 있다. 다른 유인원 새끼들과 비교하면, 인간 아기의 운동 능력은 크게 뒤처지지만 감각 및 인지능력은 대단히 탁월하다는 것이다. 예를 들어, 신생아는 시력이 온전치 않긴 해도 자기 얼굴에서 30~45센티미터 떨어진 물체에 정확히 초점을 맞출 수 있다. 그 정도 거리에 있는 물체가 무엇일까? 아기가 젖을 빨 때 아기를 내려다보는 엄마의 두 눈이 대략 그 거리에 있다.[6] 두말할 필요 없이, 눈 맞추기는 부모와 자식 간의 끈끈한 애착을 형성하는 데 매우 중요하다. 요컨대, 아기는 부모에게 자신이 무력하다는 것을 알리는 감각 신호를 보낸다. 이 신호는 부모에게 상냥함이라는 정서를 촉발해 부모가 아기를

'귀엽다'고 여기고 정성껏 보살피게 만든다. 로렌츠는 이 같은 상냥함을 일으키는 아기의 전형적인 신체적 특징을 '아기 스키마baby schema'라고 불렀다.

아기의 전형적인 특징이
우리에겐 귀엽게 보인다

우리는 아기의 전형적인 신체적 특징을 귀엽다고 여기게끔 진화하였다. 이러한 아기 스키마에는 신체 비율상 큰 머리, 앞으로 튀어나온 큰 이마, 얼굴 아래쪽에 위치하는 큰 눈, 토실토실한 뺨, 부드러운 피부, 통통한 몸, 작고 뭉툭한 코, 크고 둥근 두 귀, 짧은 팔다리, 서툰 움직임 등이 있다. 이 요소들을 전부 혹은 일부나마 가진 대상을 만나면, 입가에 절로 미소가 피어나고 그 대상의 관심을 끌어보려고 애쓰게 된다. 실제로 아기에 대한 어른들의 최초 반응은 미소라는 것을 확인한 연구도 있다.[7]

아기 스키마에 해당하는 특징들을 몇 가지 살펴보자. 첫째, 인간 아기는 어른보다 신체에서 머리가 차지하는 비율이 유난히 높다. 어른은 7~8등신이지만, 아기는 3~4등신에 불과하다. 심지어 생후 6개월까지는 가슴둘레보다 머리둘레가 더 크다. 아기는 성장하면서 머리보다 팔다리가 더 빨리 자라서 어른과 같은 신체 비율을 갖게 된다. 즉, 겉모습을 놓고 볼 때 인간 아기는 성인의 단순한 축소판이 아니다.

상당히 성숙한 상태로 태어나는 다른 유인원 새끼들과 비교하면 이 점을 또렷이 이해할 수 있다. 새끼 침팬지는 신체에서 머리가 차지하는 비율이 성체 침팬지와 비슷하다. 그래서 새끼 침팬지를 얼핏 보면

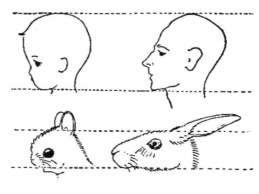

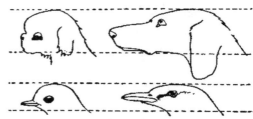

[그림 9] 상냥함을 촉발시키는 '아기 스키마'. 왼편의 그림들은 사람들에게 대개 귀엽다고 여겨지는 동물 새끼의 얼굴이다. 오른편 그림들은 사람들에게 별로 귀엽다고 여겨지지 않는 동물 성체의 얼굴이다.

마치 성체 침팬지를 그대로 축소 복사한 듯한 모습이다. 신체에서 머리가 차지하는 비율이 높은 사람을 귀엽다고 여기게끔 인류가 진화한 덕분에, 오늘날에도 순정만화의 주인공은 8등신이고 명랑만화의 주인공은 3등신이다. 참고로 라이언 전무는 1.67등신을 자랑한다.

둘째, 인간 아기는 이마가 앞으로 톡 튀어나왔고, 이마가 얼굴 전체에서 차지하는 비율도 높다. 그 여파로 눈도 얼굴의 중앙으로부터 약간 아래쪽에 위치한다. 갓난아기는 여러모로 미숙하지만, 예외적으로 감각 및 인지능력은 꽤 발달한 상태로 태어난다고 앞에서 이야기했다. 이처럼 큰 두뇌로 인하여 아기는 이마가 짱구처럼 돌출되고 두 눈은 엽기토끼처럼 얼굴 하단에 자리 잡는다.

셋째, 인간 아기는 토실토실한 뺨, 부드럽고 축축 늘어지는 피부, 통통한 몸을 지닌다. 한마디로, 살쪘다. 갓 태어난 아기의 지방 조직은 몸무게의 16퍼센트를 차지하는데, 이는 새끼 원숭이의 지방 조직보다 무려 네 배에서 여덟 배나 더 많은 수치다. 미쉐린 타이어의 마스코트처럼 터질 듯이 통통한 인간 아기와 비교하면, 다른 유인원 새끼들은 볼품없이 말랐다. 이렇게 풍부한 피하지방 덕분에 신생아는 일주일을 굶어도 혈당량을 정상 범위로 유지할 수 있다. 왜 인간 아기는 뚱뚱할까? 아기의 두꺼운 지방층은 기근, 질병, 재난 등으로 엄마가 일시적으로 젖을 주지 못하는 비상사태에 대비한 일종의 보험으로 해석된다. 그러나 이 가설은 다른 유인원 태아들은 왜 엄마의 자궁을 떠나 세상에 나오기 전에 지방층 구명조끼를 걸치지 않는지 설명을 못 한다는 한계가 있다.[8]

넷째, 인간 아기는 운동 신경 발달이 덜 되었기 때문에 몸동작이 굼뜨고 서투르다. 걸을 때도 아장아장 걷는다. 남극의 신사 펭귄은 두 발 걷기에 완벽히 적응하지 못해서 뒤뚱거리며 걷는다. 그런데 이 모습이 우연히 아기의 서투른 보행을 닮는 바람에, 펭귄은 어느 수족관에서나 관람객의 사랑을 독차지한다.

귀여움을 지각하는 문턱은 아주 낮다

아기의 무력함을 알리는 감각 신호를 받은 부모는 마음속에 상냥함이라는 정서가 촉발된다. 혐오라는 정서가 전염성 병원체를 피하는 행동을 만들듯이, 상냥함은 자식을 '귀엽다'고 여기고 정성스레 돌보는

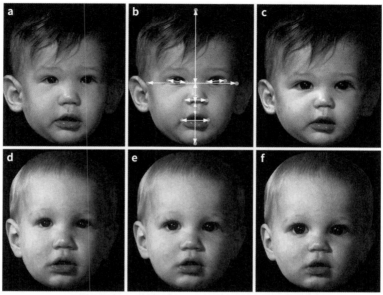

[그림 10] 아기처럼 덜 보이게끔 변형한 얼굴(a, d), 원래 얼굴(b, e), 그리고 아기다운 특징을 더 부각한 얼굴(c, f) 들의 예. 실험 참여자들은 (a, d)보다 (b, e)를, (b, e)보다 (c, f)가 더 귀엽다고 대답했다.

행동을 만든다.

　로렌츠의 아기 스키마 이론은 그동안 많은 연구를 통해 뒷받침되었다. 일례로, 이 이론은 어떤 대상이 아기 스키마의 속성을 더 많이 지닐수록 우리가 그 대상을 더 귀엽게 여기리라고 예측한다. 한 연구에서는 아기들의 실제 얼굴 사진을 그래픽 소프트웨어를 사용해서 아기다운 특징을 더 부각하도록 혹은 덜 그렇게 보이도록 변형시켰다. 어느 얼굴 사진이 가장 귀엽다고 여겨지는가? 연구진은 122명의 대학생에게 설문 조사를 했다. 예측대로, 아기 스키마의 속성을 많이 지닌 얼굴일수록 사람들로부터 더 귀엽다고 평가되었으며, 돌보아주고 싶은 동기를 더 강하게 불러일으켰다.[9]

아직 해결 안 된 문제가 있다. 왜 사람들은 인간의 아기뿐만 아니라 다른 포유동물의 새끼, 아기처럼 생긴 인간 어른, 심지어 애니메이션 캐릭터도 귀엽다고 여기는 걸까? 자식을 돌보는 행동에 큰 비용이 따름을 고려하면, 내가 낳은 유전적 친자식임이 확실할 때 애정을 기울이도록 심리적 적응이 진화해야 할 것이다. 그러기는커녕, 초등학생도 강아지나 미키 마우스 인형에 푹 빠져서 정신줄을 놓곤 한다. 귀여움을 지각하는 문턱은 왜 이렇게 낮을까?

이 문제에 대한 해답은 우리 인간에게서는 엄마뿐만 아니라 아빠, 조부모, 이모/고모/삼촌, 사촌, 손위 동기 등의 대행 어미들도 아기를 함께 돌보는 확대가족 형태가 진화했다는 이론에서 찾을 수 있다. 아이 하나를 키우는 데 온 가족의 도움이 필요했다. 즉, 먼 과거의 수렵-채집 환경에서는 어린이나 노인들도 갓난아기를 업어주거나 음식물을 다듬는 등 부모의 부담을 덜어주는 일에 나름대로 힘을 보탰다.

달리 말하면, 인류의 진화적 과거에는 내 앞에서 자지러지게 우는 아기가 내 친자식은 아닐지라도 내 친동생, 조카, 사촌, 혹은 손주일 가능성을 결코 무시할 수 없었다. 우리 조상들은 가깝거나 먼 혈연으로 이어진 아기를 돌봄으로써 간접적으로 번식 성공도를 높일 수 있었다. 그러므로 부모뿐만 아니라 부모가 아닌 사람('비부모')이라도 귀여운 아기를 접하면 상냥하게 보살피게끔 하는 유전자가 오랜 세월을 통해 자연선택되었을 것이다.[10] 아기 스키마의 속성을 많이 지닌 얼굴일수록 귀엽게 여기는지 조사한 앞의 연구도 대학생 집단, 즉 대부분이 부모가 아닌 사람들로 이루어진 집단을 대상으로 실험했음을 눈여겨보길 바란다.

참고로, 귀여움을 지각하는 문턱이 아주 낮다는 사실에 다 적응적 이유가 있다는 통찰과 별개로, 다른 포유동물의 새끼나 애니메이션 캐릭터에게 사람들이 애정을 듬뿍 쏟는 행동은 먼 과거의 심리적 적응이 현대의 낯선 환경 아래에서 오작동하는 경우다. 수백만 년 전의 소규모 수렵-채집 사회에는 인간 아기를 쏙 빼닮은 몰티즈, 푸들, 치와와나 도라에몽 쿠션 베개는 없었다. 우리가 이들을 품에 안았을 때 느끼는 만족감은 인간 아기를 보살피게끔 설계된 적응에서 부수적으로 유래한 것이다.[11]

위협을 노심초사 경계하는 부모와 손재주가 섬세한 부모

귀여운 대상을 보았을 때 우리 마음에 드는 정서인 상냥함은 무턱대고 그 대상을 껴안게 만드는 무식한(?) 정서가 아니다. 자연선택에 의해 정교하게 설계된 다른 심리적 적응들과 마찬가지로, 상냥함은 무력한 아이를 잘 보살핀다는 진화적 기능을 수행하게끔 아주 정밀하게 설계되어 있다. 무엇보다도, 부모나 대행 부모가 아이를 돌보는 행동에는 보호protection와 보육nurturance이라는 두 가지 차원이 있음을 주의할 필요가 있다. (1) 포식동물, 전염성 병원체, 악당 같은 외부의 위협으로부터 아기를 보호하기 그리고 (2) 아기가 무럭무럭 자라게끔 여러 종류의 자원을 제공하기이다.

먼저 보호 차원을 생각해보자. 이를테면 귀여운 아기를 보고 마음이 푸근해진 부모는, 세상을 내 아이에게 위험한 것들로 넘치는 곳으로 바라보는 경향이 더 심해질 것이다. 즉 잠재적 위협을 과도하게 경계하고("죽은 뒤에 후회 말고 지나치게 경계하자") 신체적, 금전적 위험을 회피하는 성향이 발동하리라 예측할 수 있다. 이러한 변화는 지킬 자식이 없는 비부모보다 실제로 지킬 자식이 있는 부모에게서 주로 나타날 것이다. 정말로 귀여운 아기를 본 부모는 불철주야 위협을 경계하고 염려하는 보초병이 될까?

한 연구에서는 연령대가 비슷한 부모들과 비부모들을 대상으로 길거리에서 생전 처음 본 사람을 얼마나 불신하는지, 스카이다이빙 등의 레저 활동이 얼마나 위험하다고 보는지, 금전적 위험을 얼마나 감수하는지를("확실히 10만 원 받을래? 아니면 50퍼센트의 확률로 30만 원 받기에 도전할래?") 조사했다. 예측대로, 부모들은 부모가 아닌 사람들보다 처음 본 사람을 더 불신했고, 스카이다이빙 등이 더 위험하다고 여겼고, 금전적 위험을 회피하는 경향이 있었다.

흥미롭게도, 부모들 사이에서도, 특히 자신이 토끼 같은 자식을 키우는 부모임을 또렷이 상기시켜주는 상황에 처했던 부모들은 그런 상황에 처하지 않았던 부모들보다 위협을 더 지나치게 경계하고 금전적 위험을 더 회피했다. 이는 부모가 위협을 지나치게 경계하는 성향은 고정된 것이 아니라 맥락에 따라 유연하게 조절됨을 보여준다.[12]

다음으로 보육 차원을 생각해보자. 아기가 잘 자라날 수 있도록 여러 가지 정서적, 물질적, 행동적 자원을 제공하는 차원이다. 이를테면, 작고 연약한 아기를 잘 보살피려면 매우 섬세하고 꼼꼼한 손길이 필요하다. 기저귀를 깨끗하게 갈아주기, 아기 머리 감기고 목욕시키기, 아기가 토할 때 응급처치하기 등등 보통 일이 아니다. 그러므로 귀여운 아기를 보고 마음이 푸근해진 부모는 손재주가 더 조심스럽고 능숙해지리라 예측해볼 수 있다. 정말로 귀여운 아기를 보면 손재주가 섬세해질까?

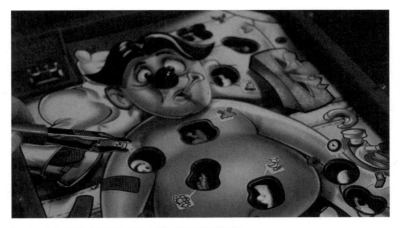

[그림 11] 섬세하게 손을 써야 이길 수 있는 '오퍼레이션' 게임

　한 연구에서는 귀여운 강아지와 새끼 고양이 들을 담은 사진을 본 집단과 다 자란 개와 고양이 들의 사진을 본 집단 사이에서 손재주의 섬세함 정도가 예측대로 차이 나는지 실험했다. 실험 참여자들로 하여금 아이들이 갖고 노는 병원 놀이 게임인 '오퍼레이션'을 하게 하여 솜씨의 섬세함 정도를 측정했다. 이 게임은 응급 이송된 환자의 몸속에 있는 작은 이물질들을 핀셋으로 조심스럽게 잘 빼내는 사람이 승리하는 게임이다. 예측대로, 귀여운 강아지와 새끼 고양이 들의 사진을 본 집단은 주어진 과제를 더 섬세하게 해내는 것이 확인되었다.[13]

　이상의 내용을 요약하자. 세상이 귀여운 것들로 넘쳐나는 까닭은 자신의 무력함을 알리는 아기의 전형적인 특성들을 우리가 귀엽다고 여기게끔 진화했기 때문이다. 인간에게는 아기를 접하면 상냥한 정서에 휩싸여 아기를 정성껏 보살피게 했던 심리적 적응이 자연선택되었다. 우리의 조상들이 엄마뿐만 아니라 모든 가족 구성원이 아기를 함

께 돌보는 확대가족을 유지했다는 이론은 인간이 귀여움을 지각하는 문턱이 매우 낮다는 사실을 잘 설명해준다. 마지막으로, 부모 혹은 대행 부모가 행하는 자식 돌보기는 양육과 별로 관련이 없어 보이는 심적 영역에도 영향을 끼친다.

귀여운 캐릭터 상품을 판매하는 카카오프렌즈 매장 같은 곳에 가면 "어머, 너무 귀엽다!"라며 감탄사를 지르는 수많은 손님을 볼 수 있다. 그 많은 사람이 귀여운 것들에 사로잡혀 심장이 사르르 녹고 있는 동안, 이를테면 외부의 잠재적 위협을 지나치게 근심하는 방향으로 이들이 동시에 변하고 있으리라는 추측은 왠지 흥미롭다.

V부

집단생활

16

사기꾼을 가려내기

왜 피붙이가 아닌 사람을 도와주는가?

내가 어릴 때, 먹을 것을 받으면 참 행복했어요……. 가진 것을 절대 나누려 하지 않는 사람을 나는 싫어했죠……. 요즘도 마찬가지예요. 오래전에 어른이 되었지만, 지금도 누군가 나에게 뭔가 주지 않으면, 나는 그 사람에게 아무것도 안 줘요. 내가 무언가 먹고 있는데, 그런 사람이 다가오면 나는 이렇게 말해요. "어, 당신한테 이것 절대 안 줄 거예요……. 예전에 아주 가끔이라도 나한테 먹을 걸 나눠줬더라면, 당연히 나도 이걸 당신에게 조금 나눠줬겠죠."**1**

마치 우리나라 시골의 어느 어르신이 하신 말씀 같다. 1960년대 아프리카 보츠와나의 쿵산족Kung San족 중년 여성인 니사Nisa, 가명가 한 말이다. 쿵산족은 황량한 칼라하리 사막에서 기린, 토끼, 뱀, 거북 등을 사냥하거나 곤충, 새알, 뿌리, 과일, 견과류, 알뿌리 등을 채집하며 산다. 인류의 진화적 조상처럼 평생 수렵-채집 생활을 한 니사가 타인과의 협력을 바라보는 태도는 자본주의와 물질숭배에 찌든(?) 현대 산업사회를 사는 우리와 별반 다르지 않다.

인간은 피붙이가 아닌 상대에게도 자주 도움을 준다. 아프리카 결식아동을 매달 후원하거나, 물에 빠진 낯선 이를 구하고자 바다에 뛰어들거나, 친구의 빚보증을 선다. 이 중에서 특히 양자 간의 협력 혹은 직접 상호성direct reciprocity이라 불리는 행동을 살펴보자. 직접 상호성은 말 그대로 두 사람이 서로 도움을 주고받음으로써 둘 다 순이득을 얻음을 말한다. 예컨대 상점에서 돈 내고 물건을 사거나, 직장동료로부터 저녁을 얻어먹고 커피를 사는 행동을 들 수 있다. 참고로 간접 상호성indirect reciprocity은 아프리카 아동을 후원하는 행동처럼 상대방으로부터 도움을 되돌려받을 수 없는 상황에서도 선행을 베풀 때 적용된다.

가만 보면 인간관계는 직접 상호성으로 설명되는 구석이 많다. "내가 걔한테 얼마나 잘 해줬는데, 어떻게 걔가 나한테 이럴 수 있어?" "이번 한 번만 도와주시면 은혜는 나중에 꼭 갚죠." "제가 한 것도 없는데 이렇게 과분한 대접을 받네요." "자네, 이번에 나한테 한 번 신세 진 거야." 도리, 신세, 염치, 은혜, 계약, 거래, 정의, 양심, 천벌, 배은망 덕, 싸가지 등은 모두 직접 상호성에서 나왔다.[2] 비친족과의 협력을 잘 수행하게끔 자연선택은 우리의 마음을 어떻게 설계했을까?

먹고 튀는 사기꾼을 색출하라!

1971년, 진화생물학자 로버트 트리버스는 비친족을 돕는 행동은 나중에 상대방이 도움을 되돌려준다면 선택될 수 있다고 주장했다. 한마디로, "내가 너를 도와줄게, 너는 날 도와다오."라고 외치는 상호성이 답이다.[3] 뭐야, 너무나 뻔한 말씀이잖아! 불평이 절로 나온다면 조금만 참길 바란다. 편의점에서 돈을 내고 상품을 받는 행동처럼, 도움을 동시에 교환한다면 누이 좋고 매부 좋은 상호성이 당연히 진화할 것이다. 문제는 내가 지금 베푼 도움을 나중이 되어서야 비로소 돌려받는 경우다. 이때는 이른바 먹고 튀는 사기꾼이 끼어들 수 있다. 구체적인 예를 들어보자.

수백만 년 전, 음식물을 얻고자 매일 사냥에 나섰던 우리의 조상 갑과 을을 생각해보자. 사냥은 운에 많이 좌우되는 일이라서 온종일 허탕만 치는 날이 부지기수다. 어느 날, 갑이 운 좋게 큰 동물을 잡았다. 을은 운이 나빠서 헛수고만 했다. 갑으로선 실컷 배불리 먹고서 남은 고기를 을에게 준다 해도 크게 손해보진 않는다. 냉장고도 없던 시절이니 어차피 썩어 없어질 고기다. 그러나 을의 처지에서는 굶어 죽을 위기를 벗어나는 엄청난 은혜를 갑으로부터 입었다.

다음 날, 전세가 역전되었다. 을은 운 좋게도 큰 동물을 사냥했고 갑은 운 나쁘게도 빈털터리다. 이번에는 을이 먹고 남은 고기를 갑에게 주었다. 을은 적은 비용을 치르면서 갑에게 큰 이득을 선사했다. 요컨대, 시간 간격을 두고 서로 도움을 주고받음으로써 갑과 을 모두 이득을 얻었다.

중요한 문제가 있다. 오늘 도움을 받은 을이 내일 갑에게 도움을 갚지 않으면 어떻게 될까? 을의 관점에선 내일 번거롭게 비용을 치르면서 은혜를 갚기보다는 그냥 모르는 척하는 게 상책이다. 즉, 누구에게나 사냥한 고기를 아낌없이 베푸는 무조건적인 협력자가 많은 세상에서는 이득만 빼먹고 비용은 치르지 않는 '먹튀', 혹은 사기꾼이 순식간에 널리 퍼지게 된다. 직접 상호성이 제대로 작동하려면, 과거에 나를 이용해먹은 사기꾼에게 더는 온정을 베풀지 말아야 한다는 결론이 나온다.

트리버스는 먼저 두 가지 전제를 들었다. 첫째, 두 사람이 자주 만나서 상호작용한다. 둘째, 도움을 통해 상대방이 받는 이득은 행위자가 치르는 비용보다 크다(그래야 상호 협력이 상호 배신보다 각자에게 더 낫다). 이 전제 하에, 트리버스는 다른 사람들과의 과거 상호작용을 기억한 다음에 예전에 나를 도와준 선인만 선별적으로 도와주고 예전에 나를 배신한 사기꾼은 더는 도와주지 않는 조건적인 협력 전략이 언제나 배신 전략을 제치고 선택되었다고 했다.

《성경》에 "눈에는 눈, 이에는 이"라고 했다. 우리 속담에도 "돌로 치면 돌로 치고, 떡으로 치면 떡으로 치라."는 말이 있다. 상대가 협력하는 한 나도 기꺼이 협력하지만, 상대가 배신하면 나도 단호히 돌아서는 조건적인 협력 전략이 결국엔 승리한다는 주장은 나중에 진화 게임이론가들이 죄수의 딜레마 게임을 활용하여 행한 컴퓨터 시뮬레이션 연구로 탄탄하게 뒷받침되었다. 널리 알려져 있듯이, 조건적인 협력 전략인 팃포탯Tit-for-Tat 전략은 자기들끼리 서로 뭉쳐 있다면 무조건 배신ALLD 전략을 이길 수 있다.[4]

사기꾼의 얼굴은 더 잘 기억된다

진화생물학과 진화 게임이론에서 밝혀진 연구 성과들은 비친족과의 협력 관계를 담당하는 심리적 적응이 우리와 상호작용한 사람 중에서 합당한 대가 없이 이득만 부당하게 취한 '먹튀'를 우리가 유난히 잘 잡아내게끔 설계되었으리라고 알려준다.[5] 그뿐만 아니라, 과거에 만난 사람들 가운데 나에게 협조적이었던 사람의 얼굴보다는 나를 이용해 먹었던 사기꾼의 얼굴을 더 잘 기억하게끔 설계되었을 것이다.[6] 일단의 인지심리학자가 사기꾼의 얼굴이 정말로 더 잘 기억되는지 실험했다. 먼저 참여자들에게 72명의 남성 얼굴 사진을 보여주었다. 각각의 얼굴 사진에는 그 사람이 협력적이거나, 그냥 중립이거나, 아니면 사기꾼임을 보여주는 간단한 설명이 달려 있었다.

예를 들면 이렇다. "재석은 빵집을 운영한다. 종종 부랑자들에게 무료로 빵을 대접한다." "준하는 정원사다. 난초에 관심이 많아서 아주 귀한 난초들을 수집했다." "명수는 중고차 딜러다. 그는 폐차 직전의 낡은 차를 마치 새 차인 양 손님들에게 속여서 판다."

일주일 후, 참여자들에게 지난주에 이미 본 얼굴 사진 36장과 생전 처음 보는 새로운 얼굴 사진 36장을 섞어서 보여주었다. 그러고 나서 지난주에 본 사진이 무엇인지 찾아내라고 기습적으로 과제를 냈다.

예측대로 참여자들은 협력적인 사람 얼굴이나 중립적인 사람 얼굴보다는 사기꾼이라는 꼬리표가 달린 사람의 얼굴을 더 잘 기억했다.[7] 〈런닝맨〉이나 종영한 〈무한도전〉 같은 예능 프로그램에서 이광수, 노홍철 같은 출연자들이 종종 배신의 아이콘으로 등극해서 화제를 모으곤 한다. 혹시 사기꾼에게 더 주목하고 사기꾼의 얼굴을 더 잘 기억하는 인간의 심리적 적응 때문이 아닐까?

인간은 논리적으로 사고하게끔 진화했을까?

비친족과의 협력에서 성공하려면 사기꾼을 잘 색출해야 한다고 했다. 곧, "네가 이득을 얻었다면, 반드시 그 비용을 치러야 한다."라는 규칙을 행여나 상대방이 어기지 않았는지 두 눈을 부릅뜨고 살펴야 한다.

예를 들어, 편의점에서 콜라를 받았다면 반드시 콜라값을 사장님에게 지불해야 한다. 이러한 사회적 교환을 통해 목이 말랐던 나도, 돈이 필요했던 사장님도 함께 웃게 된다. 진화심리학자 레다 코스미디스는 사기꾼을 탐지하는 문제처럼 사회적 교환에 필요한 추론을 '적응적으로' 잘하게끔 인간의 마음이 설계되었다고 제안했다.

위 문장에서 '적응적으로'에 유의하길 바란다. 일반적인 의미의 '논리적으로'가 아니다. 형식논리학에서는 명제의 내용은 제쳐놓고 오직 형식만 따진다. 이를테면, "P는 참이다. P이면 Q이다."로부터 "Q는 참이다."라는 명제를 연역적으로 도출한다. 여기서 P는 무엇이든 될 수 있다. "고등어가 미세먼지의 주범이다."도 될 수 있고 "파리는 새다."도 될 수 있다.

인간은 이처럼 추상적인 형식논리를 잘 해결하게끔 진화했을까? 웨이슨Wason 선택 과제라 불리는 다음 문제를 풀어보자.

Q1. 네 장의 카드가 있다. 모든 카드는 한 면에는 숫자가, 다른 면에는 글자가 인쇄되어 있다. 다음의 규칙이 참인지 확인하려면 어떤 카드(들)를 뒤집어야 할까?
(*규칙: 한 면에 짝수가 인쇄되어 있으면, 다른 면에는 반드시 자음이 인쇄되어 있어야 한다.)

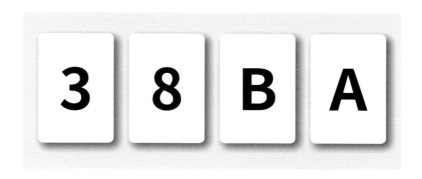

정답은 "8"이 쓰인 카드와 "A"가 쓰인 카드 두 장을 뒤집는 것이다. 다른 두 카드는 뒤집으면 안 된다. "8" 카드를 뒤집었더니 다른 면에 모음이 있다면 규칙 위반이므로 "8" 카드는 뒤집어서 확인해야 한다. 모음인 "A" 카드를 뒤집었더니 다른 면에 짝수가 있다면 역시 규칙 위반이므로 "A" 카드도 뒤집어야 한다. 만약 "3" 카드를 뒤집었더니 다른 면에 자음이 인쇄되었음을 발견했다고 해도 규칙 위반은 아니다. 이 규칙은 홀수가 인쇄된 카드에 대해서는 아무 말도 하지 않는다.

혹시 틀렸다고 해도 실망하지 마시라. 최고의 수재들만 다닌다는 하버드대학교 학부생들도 이 문제에 대한 정답률은 고작 21퍼센트 정도였다.[8] 매 학기 수업 시간에 이 내용을 강의하는 필자도 이 글을 쓰면서 정답을 여러 차례 점검하고 확인해야 했다.

낯설고 생소한 형식논리라서 정답률이 낮게 나온 걸까? 그렇지도 않다는 것이 후속 연구에서 밝혀졌다. 일상생활에서 흔히 접하는 친숙한 내용을 그냥 서술한 규칙에 대해서도 정답률은 매우 낮게 나온다.

예를 들어보자. "어떤 사람이 에빙하우스병에 걸리면, 그 사람은 잘 잊어버린다."라는 규칙이 있다. 이 규칙이 정말로 맞는지 확인하려면 에빙하우스병에 걸린 사람, 에빙하우스병에 걸리지 않은 사람, 잘 잊어버리는 사람, 잘 잊어버리지 않는 사람 중에 누구를 붙잡고 조사해야 할까? 이 실험에서도 정답률은 극히 낮았다.[9]

사기꾼 탐지에 특화된
추론 기제가 진화했다

이번에는 다른 버전의 문제를 풀어보자.

Q2. 네 장의 카드가 있다. 모든 카드는 술집에 있는 네 사람에 대한 정보를 각각 담고 있다. 한 면에는 그 사람의 나이가, 다른 면에는 그 사람이 무얼 마시고 있는지 적혀 있다. 다음의 규칙이 참인지 확인하려면 어떤 카드(들)를 뒤집어야 할까?
(*규칙: 어떤 사람이 맥주를 마시고 있다면, 그 사람은 반드시 20세가 넘어야 한다.)

| 25세 | 16세 | 콜라 | 맥주 |

이 문제에 대해서는 대다수 사람이 바로 정답을 찾아낸다. "16세"가 쓰인 카드와 "맥주"가 쓰인 카드를 뒤집으면 된다. 다른 두 카드는 뒤집으면 안 된다. "25세"가 넘은 사람은 무얼 마시던 알 바 아니다. "콜라"를 마시고 있는 사람은 술을 마신다는 특권을 누리지 않으므로 그가 20세가 넘은 성인이어야 한다는 요구 사항을 충족했는지 따질 필요 없다. 실험 결과, 이 문제에 대한 정답률은 80퍼센트 가까이 치솟았다.[10]

숫자/문자 인쇄 버전과 술집 버전은 둘 다 동일한 논리 구조를 지닌다. 즉, "P이면 Q"라는 조건 규칙이 잘 지켜지는지 확인하려면 "P, Not-P, Q, Not-Q"라는 네 장의 카드 가운데 무엇을 뒤집어야 하는지 묻는다. 다들 잘 아시다시피(?), "P이면 Q"의 부정은 "P이지만 Not-Q"이다. 따라서 P와 Not-Q 두 카드를 뒤집어야 정답이다. 그런데 왜 이토록 정답률이 널뛰기를 할까?

코스미디스는 우리의 마음이 추상적인 형식논리를 능숙하게 다루게끔 진화하지 않았다고 강조한다. 이를테면, 우리의 먼 진화적 조상이 "P이면 Q"의 부정이 "P이지만 Not-Q"임을 어느 날 홀연히 깨우쳤다고 해서 번식에 크게 더 유리했으리라고 생각하긴 어렵기 때문이다.

한편, 비친족과의 협력이 진화 역사에서 매우 중요한 문제였음을 고려하면, 이득만 취하고 비용을 내지 않는 사기꾼을 가려내는 데 필요한 추론을 적응적으로 잘 해내게끔 우리의 추론 기제가 정교하게 설계되었을 것이다. 즉, 우리는 아무 조건 규칙이나 척척 추론하게끔 진화하지 않았다. 조건 규칙이 부당한 이득을 취한 사기꾼을 잡아내는 형태로 주어졌을 때, 비로소 우리는 탁월한 추론 능력을 발휘하게끔 진화했다.

숫자/문자 인쇄 버전과 술집 버전에 대한 수행 능력 차이는 단순히 실험에 참여한 대학생들에게 술집에서 맥주 마시는 상황이 더 친숙해서가 아니다. 앞서 말했듯이, 가상의 질병 에빙하우스에 걸리는 친숙한 내용이라도, 사기꾼 탐지 없이 그냥 어떤 현상을 기술한 조건 규칙에 대해서는 정답률이 낮았다. 마찬가지로, 아프리카 어느 마을에서 성적 최음제로 쓰이는 카사바 뿌리를 먹는 낯선 내용이라도, 사기꾼을 탐지하는 조건 규칙에 대해서는 정답률이 높았다. 즉, 문제가 낯선지 친숙한지는 중요하지 않다. 조건 규칙이 사기꾼 탐지를 포함하는지 여부가 훨씬 더 중요하다.

정의란 무엇인가

요약해보자. 피붙이가 아닌 사람과 자주 만나며 이루어지는 협력 관계는 "내가 널 도와줄게, 너는 날 도와다오."라고 외치는 직접 상호성으로 설명된다. 직접 상호성이 잘 작동하려면, 이른바 '먹고 튀는' 사기꾼을 잘 가려내야 한다.

즉, 비친족과의 관계를 담당하는 우리의 심리적 적응은 사기꾼을 잘 탐지하게끔 설계되었을 것이다. 실제로 우리는 과거에 만난 사람들 가운데 협력자보다는 사기꾼의 얼굴을 더 잘 기억한다. 또한, 사기꾼을 잘 탐지하게끔 추론하는 심리적 적응도 진화했음을 웨이슨 선택 과제를 통해 알 수 있다.

서두에 이야기한 것처럼, 염치, 은혜, 정의, 양심 등등 도덕성을 이루는 많은 요소가 직접 상호성에 의해 자연선택되었다. 실제로 트리버스는 1971년 논문에서 도덕적 분노, 감사, 동정, 죄책감 등이 양자 간의 협력 관계에서 어떤 진화적 기능을 수행하게끔 설계되었는지 밝혔다.

예컨대, 감사라는 정서는 상대방이 나에게 얼마나 이득을 주었는지, 그 과정에서 얼마나 비용을 치렀는지를 비교하여 나중에 내가 상대방에게 은혜를 되돌려줄 가능성을 조절한다. 두 친구에게 같은 금액의 돈을 빌렸을지라도, 감사라는 정서는 부자인 친구보다는 가난한 친구에게 우선적으로 은혜를 갚게끔 해준다.

2002년에 트리버스는 자신의 상호성 이론이 정의감을 설명하는 데도 응용될지는 미처 몰랐다고 술회했다. 정의감은 자신과 상대방 사이에 주고받은 도움의 누적 합계가 어느 한쪽으로 기우는 것을 바로잡아준다. 그의 말을 들어보자.

나는 사회 정의에 깊은 관심을 보이는 이들이 이러한 주장을 환영하리라고 순진하게 믿었다. 어쨌거나, 이는 공평을 추구하는 감정이 어떤 자의적인 문화적 구성물이나 사회화의 변덕스러운 소산이 아님을 암시한다. 공평을 추구하는 감정에 깊은 생물학적 뿌리가 있다는

것은 나로서는 공평이나 정의에 더욱더 헌신하라고 독려하는 말로
들린다.[11]

17

덕을 쌓으면 언젠가
복을 받는다

왜 상대방이 내 도움을
갚을 수 없을 때도 돕는가?

2014년 4월 16일, 세월호 참사가 일어났다. 진도 팽목항 사고 현장으로 수많은 자원봉사자가 달려갔다. 경기도 가평에서 수제버거집을 운영하던 어느 40대 남성도 그중 한 명이었다. 그는 현장에 '함께버거'라고 적힌 천막을 쳤다. 매일 100만 원 가량의 사비를 털어서 최대 1,800인분의 햄버거를 만들었다. 실종자 가족과 자원봉사자들에게

햄버거를 무료로 제공했다. 일주일만 쉰다고 공지했던 가평의 수제버거집은 몇 달째 문이 잠겨 있었다.[1]

'함께버거' 아저씨뿐만 아니라 5만 명이 넘는 사람들이 자원봉사자로 굵은 땀을 흘렸다. 기업, 단체, 개인이 기부한 세월호 성금은 전부 1,200억 원이 넘었다.[2] 세월호뿐만이 아니다. 2016년 8월에 일어난 이탈리아 중부 지진처럼, 세계 어디서나 재난이 일어나면 삽시간에 온정의 손길이 쌓인다. 왜 우리는 생전 만나본 적도 없는 사람을 도와주는 걸까? 앞서 16장 '사기꾼을 가려내기'에서는 비친족 사이라도 두 사람이 자주 만나면서 도움을 주고받는다면 직접 상호성을 통해 협력이 진화할 수 있음을 살펴보았다. 그러나 '함께버거' 아저씨가 훗날 세월호 유가족으로부터 식사를 대접받길 기대했으리라고는 결코 생각할 수 없다.

우리는 구세군 자선냄비에 돈을 집어넣거나 환경을 생각해 샤워 시간을 줄인다. 소수자의 권익을 보호하기 위한 캠페인에 동참하기도 한다. 이처럼 상대방이 장차 내 도움을 갚아주기가 전혀 불가능할 때조차 인간은 종종 선행을 베푼다. 《성경》의 〈누가복음〉에는 강도를 만나 곤경에 처한 사람을 돌보아주고 여관에 묵게 한 다음에 이튿날 먼저 길을 떠난 착한 사마리아인 이야기가 나온다. 《주역》에는 "적선지가 필유여경(積善之家必有餘慶)", 즉 "착한 일을 많이 쌓은 집안에는 반드시 복이 후손에까지 미친다."는 구절이 있다. 동서양의 고전이 왜 피붙이도 친구도 아닌 생판 남남에게 아무런 보답도 바라지 말고 묵묵히 선을 행하라고 가르치는지 알아보자.

'어떻게'와 '왜'를 구별하여
혼동을 피하기

본론으로 들어가기 전에, 생명현상에 대한 설명에는 두 가지 수준이 있음을 되새길 필요가 있다(3장 '흔한 오해들' 참조). '어떻게'에 해당하는 근접 설명과, '왜'에 해당하는 궁극 혹은 진화적 설명이다. 이타성이나 협력 같은 사회적 행동을 진화적으로 설명하려 하면 사람들은 종종 근접 원인과 궁극 원인을 혼동한다. 예를 들어, 낯선 사람에게 베푸는 순수한 선행이 어떠한 진화적 기능을 가졌는지(예컨대 평판을 높여서 나중에 제삼자로부터 이득을 얻음) 진화심리학자가 설명하면 그 선행을 베푼 사람의 정서, 동기, 사고 등의 심리 기제(예컨대 공감, 자책감, 양심, 혹은 자신의 평판 하락에 대한 걱정)를 들어서 반박하는 식이다.

이 글에 대해서도 다음과 같은 반박이 나올지 모른다. "이봐요, 교수님. '함께버거' 아저씨는 평판을 높여서 나중에 남들로부터 이득을 얻으려고 그런 고생을 한 게 아니에요. 그분은 세월호 피해자들의 아픔에 깊이 공감한 나머지 진정한 이타심을 발휘한 거라고요!"

이제부터 우리는 사심 없는 선행이 주로 평판 상승이라는 이득을 주기 때문에 진화했다는 설명을 접할 것이다. 이는 착한 사마리아인들이 선행이 자기 평판에 끼치는 이득과 손실을 의식적으로 꼼꼼히 따져본다는 의미는 절대로 아니다. 그들이 실은 위선자이며 속에는 불순한 동기가 숨어 있다는 의미는 더더욱 아니다.

'어떻게'에 답하는 근접 설명의 수준에서, 어떠한 대가도 바라지 않는 진정한 이타적 동기는 당연히 있을 수 있다. 정말이다. '왜'에 답하는 궁극 설명의 수준에서, 우리는 그러한 이타적 동기가 어떤 진화적 기능을 수행하게끔 설계되었는지 여전히 물을 수 있다.[3] 진화심리학은 우리에겐 유전자를 퍼뜨리려는 무의식적인 동기가 있다고 주장하는 학문이 아니다.

평판이 중요한 이유

평판이란 무엇일까? 내가 어떤 특질을 갖고 있다는 타인의 믿음이다. 내가 얼마나 협력적인가 뿐만 아니라 모든 영역에서 나에 대한 평판이 있을 수 있다. 누가 얼마나 예쁜지, 건강한지, 폭력적인지, 부지런한지, 마당발인지, 바람기가 있는지 등등을 놓고 사람들은 다른 모든 이를 평가한다. 내 평판은 남들의 마음속에만 있음에 유의하길 바란다. 내가 실제로 그 특질을 지녔는지는 무관하다.[4]

이제 왜 평판이 중요한지 생각해보자. 동료로서건 혹은 데이트 상대로서건, 누군가와 상호작용하기 전에 그 사람이 어떤 사람인지 어느 정도나마 미리 안다면 큰 도움이 된다. 무작정 만나봤다가 알고 보니 거칠고 난폭한 사람이라면 피해가 막심하다. 한 가지 해결책은 누군가를 곧바로 만나기보다는 그가 제삼자들과 상호작용하는 모습을 관찰하여 그에 대한 정보를 얻는 것이다.

인간이 아닌 다른 동물들도 이런 식으로 상대방에 대한 정보를 미리 얻는다는 사실이 밝혀졌다. 예컨대, 박새great tit 암컷은 수컷 두 개체가 울음소리로 경쟁하는 과정을 엿들은 다음, 승자에게 다가가 짝외성교를 시도한다.[5] 샴 투어Siamese fighting fish 수컷은 다른 두 수컷이 싸우는 모습을 보고 나서, 승자를 피하고 약자에게 다가가 을러댄다.[6]

인간은 언어가 있다. 누군가가 제삼자들과 과거에 어떻게 상호작용했는지도 입소문을 통해 들을 수 있다. 이렇게 형성된 평판에 따라 그 사람과 상호작용할지 아니면 멀리할지를 결정할 수 있다. 예컨대, 어떤 남성이 성관계가 문란하다는 소문이 나 있다면 신랑감을 찾는 여성으로선 일찌감치 그를 피하는 편이 상책이다.

협력에 관한 평판도 마찬가지다. 사회적 관계에서 좋은 파트너는 남을 많이 도와줄 능력이 있고, 남을 기꺼이 도울 의향이 있고, 남을 오래 도울 수 있는 사람이다. 나쁜 파트너는 이런 요소들이 거의 없는 사람이다. 따라서 사람들은 남을 잘 돕기로 이름난 사람을 파트너로 더 선호하고, 그에게 먼저 다가가서 상호 협력을 시작하려 할 것이다. 뒤집어 말하면, 내가 남을 잘 돕는 사람이라는 평판이 나 있을수록 나는 이득을 얻는다. 바로 간접 상호성이다.

직접 상호성은 "내가 너를 도와줄게, 너는 날 도와다오."라는 말로 요약된다. 그러나 상대방의 보답을 기대하지 않는 일방적인 선행은 이러한 틀로 설명하기 어렵다. 1987년에 진화생물학자 리처드 알렉산더는 자신의 책 《도덕 체계의 생물학 The Biology of Moral Systems》에서 반드시 내가 도와줬던 상대방으로부터 도움을 돌려받을 필요는 없다고 지적했다.[7]

내가 상대방을 돕는 모습을 보거나 전해 들은 제삼자가 나를 도와줘도 협력은 진화할 수 있다는 것이다. 간접 상호성에 관한 설명이다. 이 제안은 한동안 많은 의심과 비웃음을 샀지만, 1998년에 수리생물학자 마르틴 노바크Martin Nowak와 카를 지그문트Karl Sigmund가 그 수학적 모델을 만들면서 대세로 자리 잡았다.[8]

간접 상호성의 논리는 이렇다. 남을 도와준 사람은 이를 관찰한 다른 사람들로부터 착한 사람이라는 평판을 얻는다. 이렇게 평판이 높아진 사람은 나중에 다른 누군가로부터 도움을 받을 확률이 높아진다. 만약 남을 돕기를 거절하는 모습이 다른 이들에게 관찰되면, 평판이 낮아져서 나중에 다른 누군가로부터 도움을 얻을 확률이 낮아진다. 한마디로, "내가 너를 도와줄게, 다른 누군가 날 도와주겠지."로 요약된다.

달리 말하면, 직접 상호성에서 내가 너를 도와줄지는 과거에 네가 나를 도와줬는가에 달렸다. 간접 상호성에서는 과거에 네가 다른 누군가를 도와줬는가(그래서 평판이 높은가)에 달렸다. 진화생물학자 데이비드 헤이그David Haig는 이렇게 요약했다. "직접 상호성에서는 얼굴이 필요하다. 간접 상호성에서는 이름이 필요하다."[9]

간접 상호성을
뒷받침하는 증거

노바크과 지그문트의 모델은 남을 많이 도운 사람이 다른 이들로부터 도움도 많이 받으리라고 예측한다. 한 실험 연구에서 이 예측을 검증했다. 79명의 학생을 둘씩 짝지어 상대방에게 돈을 기부할 기회를 주는 게임을 매번 상대를 바꿔가며 하도록 했다. 이때, 상대방이 과거에 얼마나 남을 도와줬는지 알려주는 상대의 평판 점수를 공개하고서 기부 여부를 결정하게 했다. 한 번 만난 상대는 두 번 다시 만나지 않는다고 주지시켰다.

예측대로, 과거에 남을 많이 도와준 사람들은 상대들로부터 더 많은 기부금을 받았다.[10] 이 연구 결과는 《성경》의 〈누가복음〉 6장 38절을 연상시킨다. "남에게 주어라. 그리하면 하나님께서도 너희에게 주실 것이니, 되를 누르고 흔들어서, 넘치도록 후하게 되어서, 너희 품에 안겨주실 것이다."

　사심 없는 선행에 나서는 진화적 이유가 협력적이라는 평판을 얻기 위해서라면, 다른 사람들이 나를 지켜보고 있어서 내 평판을 높일 기회가 열렸을 때 남을 더 잘 도와주리라는 예측이 나온다. 지켜보는 눈이 있으면 더 착하게 행동한다는 것은 다수의 연구를 통해 확인되었다. 실험실에서 상대방에게 돈을 기부하는 게임을 할 때, 자신이 어떤 선택을 했는지 다른 이들에게 모두 공개되는 상황이면 실험 참여자들은 더 너그럽게 행동한다.[11] 그 누구도 내 선택을 모르는 상황과 비교하면, 다른 참여자들은 내 선택을 몰라도 실험을 주관한 연구자는 알 수 있는 상황에서 사람들은 더 너그럽게 행동한다.[12]

　또한, 자신이 어떤 선택을 했는지 다른 실험 참여자들에게도 공개되는 상황이면 사람들은 지구온난화의 심각성을 전 세계에 알리기 위한 기금 마련에 돈을 더 많이 기부한다.[13] 요컨대, 착한 일은 남들이 알아줘야 제맛이다. "착한 일을 한 다음에는 남들에게 말하라."는 독일 속담도 있다.

　인간이 아닌 동물에도 간접 상호성이 작동한다는 증거가 있다. 산호초의 특정한 장소에 큰 물고기가 입을 벌리고 있으면 작은 청소 물고기가 찾아와 손님 입안의 기생충을 잡아먹는다. 유명한 상리공생의 예다. 그런데 사실 청소 물고기는 맛없는(?) 기생충보다 손님 입 안의 부드러운 피부 점막을 뜯어 먹는 걸 더 좋아한다. 청소 물고기가 이렇게 배신할 때마다 손님은 깜짝 놀라 몸을 뒤튼다. 청소 물고기가 손님을 접대하는 모습을 지켜보는 다른 손님들은 협력적인 청소 물고기, 즉 맛있는 피부 점막보다는 맛없는 기생충을 먹어서 손님을 편안히 접대한 청소 물고기에게 몰려든다. 그뿐만 아니라 청소 물고기도 자신이 손님을 접대하는 모습을 구경하는 다른 손님들이 있을 때는 현재 손님에게 더 착하게 행동한다. 즉, 손님 입안의 피부 점막보다는 기꺼이 기생충을 먹어서 평판을 높인다![14]

평판의 힘을
실생활에 활용하기

사람들이 이토록 자신의 협력성에 관한 평판에 민감하다면, 현실 세계에서 자선과 나눔을 증진하는 데 이러한 심리를 활용할 수 있을 것이다. 연구자들이 제안하는 실질적인 지침을 간략히 살펴보자.[15]

첫째, 각 구성원이 어떻게 행동했는지 남들이 잘 알 수 있게 하라. 간접 상호성 이론에 따르면, 다른 사람들이 내가 협력과 배신 가운데 무얼 택했는지 쉽게 알 수 있는 상황에서는 자발적으로 협력할 가능성이 커진다. 반대로 다른 사람들이 내가 무얼 택했는지 전혀 모르는 상황이라면 "나 하나쯤이야!" 하면서 무임승차를 택할 가능성이 커진다.

최근 미국의 한 연구팀은 대규모 정전 사태를 방지하고자 각 가정의 에어컨 사용을 절정기 때 중앙에서 일괄적으로 통제하는 공익사업에 1,408명의 캘리포니아 주민들이 자발적으로 참여하는 정도를 조사했다. 한 아파트에는 우편실처럼 주민들이 많이 드나드는 장소에 가입 신청서를 게시하고 신청자의 이름과 동, 호수를 기록하게 했다 ("어, 옆집은 신청했네?"). 다른 아파트에는 가입을 원하는 가구가 있으면 담당자에게 전화를 걸어 개별적으로 신청하게 했다. 그 결과, 누가 착한 일을 했는지 이웃들이 쉽게 알 수 있는 경우에는 그렇지 않은 경우보다 주민들이 공익사업에 가입하는 빈도가 거의 세 배나 더 높았다.[16] 헌혈을 조사한 다른 연구에서도 헌혈자들의 명단을 지역신문에 싣고 공개적으로 시상식을 열어주면 사람들이 더 많이 헌혈했다.[17]

둘째, 도와달라는 요청을 자연스럽게 피할 기회를 주지 말라. 길거리를 걷다가 앞에서 결식아동이나 난민을 위한 모금 활동이 열리고 있으면 상당수의 사람은 짐짓 한눈을 팔면서 멀찍이 돌아서 간다. 이렇게 착한 일에 동참해달라는 요청을 자연스럽게 피함으로써, 사람들은 협력에 따르는 비용은 치르지 않으면서 동시에 자기 평판이 하락하는 불상사는 막으려 한다. 즉, 도와달라는 사람에게 대놓고 "싫은데요."라고 대꾸하면 내 평판이 추락할 테니, 내가 마음만 먹으면 도울 수 있었다는 사실을 감추는 것이다.("그쪽에 사람들 있던 게 유니세프 모금하던 거였어? 휴대전화를 들여다보다 몰랐네. 알았으면 당연히 기부했지!")

사람들이 도움 요청을 자연스럽게 회피할 기회를 얻게 되면, 무임승차가 득세하고 협력은 무너진다. 따라서 구성원의 참여를 요청할 때 구성원에게 요청을 피할 기회를 주면 안 된다. 일단 공공 이익 증진에 참여하는 것을 기본 사항으로 하라. 그리고 참여하고 싶지 않다는 의사를 표명하려면 명시적인 행동이 필요하게끔 하라. 뉴욕의 메트로폴리탄 미술관을 예로 들 수 있다. 입장료는 무료지만 방문객은 기본적으로 25달러의 기부금을 내도록 설정이 되어 있다. 25달러보다 적게 내고 싶은 사람은 입구에서 얼마를 기부금으로 내려 하는지 반드시 밝혀야 한다.

이 장에서 살핀 내용을 요약해보자. 인간 사회에서는 상대방이 내 도움을 갚아주길 기대할 수 없을 때조차 베풂과 나눔이 자주 행해진다. '왜 이런 사심 없는 행동이 자연선택되었는가.'에 대한 궁극 설명은 '어떻게 공감, 양심, 자책감 등의 동기가 이런 행동을 촉발하는가.'에 대한 근접 설명과 모순되지 않는다.

사심 없는 선행은 간접 상호성으로 설명된다. 즉, 남을 도운 사람은 평판이 높아져서 나중에 다른 누군가로부터 도움을 받을 확률이 높다. 남을 많이 도운 사람이 다른 이들로부터 혜택을 많이 받는다는 예측 그리고 지켜보는 사람이 있으면 남을 더 잘 돕는다는 예측은 모두 많은 연구를 통해 확인되었다. 노파심에서 다시 한 번 말하고 싶다. 조건 없는 선행을 하는 이유는 평판을 높이기 위함이라는 진화적 설명은 결코 우리 주변의 착한 사마리아인들이 몽땅 위선자라고 고발하지 않는다. '어떻게'의 수준에서, 진정한 이타적 동기는 당연히 있을 수 있다. 이를테면, 일본군 '위안부' 피해자인 김복동 할머니는 병상에서도 재일 동포들을 응원하며 재일조선학교 학생들을 위해 3000만 원을 기부하셨다. 인류의 진화 역사를 통해서, 이처럼 진정한 이타심을 지녔던 사람들이 다른 경쟁자들을 제치고 우리의 직계 조상이 되었다는 사실은 기쁜 일이다.

18

우정은 왜 소중한가?

친구끼리 미안한 거 없다 …
아니 왜?

곽경택 감독의 2001년 영화 〈친구〉는 고교 동창들의 우정을 그렸다.
영화 마지막에 친구 동수(장동건)를 살인 교사한 혐의로 교도소에 갇
힌 준석(유오성)을 상택(서태화)이 면회한다. 준석이 머뭇대며 말한다.
"상택아, 미안하다. 친구로서 이래 부끄러운 모습을 보여갖고." 상택이
서둘러 답한다. "아이다. 그런 말 하지 마라. 친구끼리 미안한 거 없다."

그렇다. 가까운 친구 사이에 경우와 예의를 너무 차리면 오히려 정이 없다는 핀잔을 듣기 쉽다. 친구 집에 초대를 받아 즐겁게 식사한 다음, "오늘 밥값이 얼마야?"라고 물으면서 지갑을 꺼내보시라. 뺨이라도 얻어맞지 않으면 다행이다. 친한 친구를 도울 때, 우리는 결코 나중에 은혜를 돌려받길 기대하지 않는다. 그저 내 노력이 조금이나마 도움이 되었다는 것만으로도 기쁘고 뿌듯하다.[1] 우린 친구 아이가!

사람들은 가까운 친구에게 얼마나 도와주고 얼마나 도움받았는지 마치 금전출납부 적듯이 꼼꼼히 따지진 않는다. "내가 어제 자기한테 만 원짜리 점심을 사줬는데, 오늘 겨우 8,000원짜리 점심을 사? 천하의 사기꾼!"이라고 분노하는 사람은 많지 않다. 이러한 사실은 여러 연구를 통해 입증되었다.[2] 친구란 원래 그런 거라고? 당연하다고 생각할지 모르겠지만, 우정은 의외로 설명하기 까다로운 문제다.

비非친족에 대한 도움은 직접 상호성 이론으로 설명된다고 알려져 있다. 눈에는 눈, 이에는 이다. 우리가 비친족을 대할 때 "네가 협력하면 나도 협력하지만, 네가 배신하면 나도 배신한다."는 조건부 협력 전략을 구사하게끔 진화했다는 이론이다(16장 '사기꾼을 가려내기' 참조). 확실히 이 이론은 생전 처음 본 사람이나 그냥 인사만 하는 지인과의 관계를 잘 설명해준다. 이들을 대할 때, 우리는 혹시 호구처럼 주기만 하고 돌려받지는 못할까 봐 은근히 신경 쓰니 말이다.[3] 그러나 이전에 날 도와준 사람만 돕겠노라고 매몰차게 선언하는 직접 상호성이 오래 사귄 벗과의 진한 우정까지 설명하긴 어려워 보인다.[4]

친구 관계가 엄격한 상호성이 요구되는 사회적 계약이 아니라면, 어떻게 우정을 설명할 수 있을까? 우정은 어떤 진화적 기능을 수행하게끔 자연선택에 의해 만들어졌을까? 먼저 우정은 어느 사회에서나 존재하는 인간 본성임을 살펴본다. 그러고서 우정이 왜 진화했는지 설명하는 두 가설을 알아본다. 다음으로, 우정에는 밝은 면 못지않게 어두운 면도 있음을 이야기한다.

우정은 인간의 보편적인 적응이다

우정은 인간의 보편적인 특성이다. 어느 사회에서나 사람들은 피붙이가 아닌 이와 오랫동안 어울리면서 두터운 교분을 쌓는다. 수많은 문화권에서 가까운 친구끼리는 돈을 빌려주고, 농사일을 도와주고, 다툼이 생기면 역성을 들어주고, 속마음을 털어놓고, 음식과 잠자리를 주고, 따끔하게 충고하고, 따뜻하게 위로해준다.

이를테면, 중앙아프리카의 바카 피그미Baka pygmy족은 친한 친구들끼리는 귀한 물건을 나눌 뿐만 아니라, 심지어 남자들은 아내를 교환하기도 한다. 멕시코의 첼탈Tzeltal 원주민은 친한 친구건 먼 지인이건 간에 누군가 사정이 급하면 달려가서 밭을 갈거나, 집을 짓는 일 등을 도와준다. 단, 친구와 지인의 차이는 크다. 지인이 준 도움은 이른 시일 안에 그대로 갚아야 한다. 친한 친구가 준 도움은 갚지 않는 게 불문율이다.

파푸아뉴기니 고지대의 완데키Wandeki족 남자들은 죽마고우가 오랜만에 집을 방문하면 이렇게 외친다. "너의 내장을 먹고 싶어!" 물론 정말로 먹겠다는 말이 아니라, 모처럼 친구를 만나서 너무나 기쁘고 행복하다는 말이다. 친구도 함께 부둥켜안으면서 답한다. "그래, 나도 너의 내장을 먹고 싶어!" 어쩐지 파격적 제목으로 회자된 로맨스 영화

〈너의 췌장을 먹고 싶어〉를 떠올리는 독자도 있을 듯하다.[5]

진화인류학자 대니얼 흐루슈카Daniel Hruschka는 자신의 책《우정 Friendship》에서 친구 간의 따뜻한 우정이 모든 사회에서 나타나는지를 조사하였다. 총 400개의 사회 중에서 우정이라고 할 만한 인간관계가 명시적으로 기록되지 않은 사회는 겨우 다섯 개였다. 이 예외적인 사회에서는 사적인 우정이 전체 공동체의 단합을 해친다는 이유로 금지되고 있었다. 우정이 없다기보다는, 있는 우정을 감추는 바람에 기록이 되지 않은 것이다. 그렇기 때문에 흐루슈카는 모든 사회에서 우정이 존재한다고 결론을 내렸다.

혈연이 아닌 개체들이 오랫동안 붙어 다니며 서로에게 힘이 되는 광경은 인간이 아닌 다른 동물에게서도 나타난다. 예를 들어, 침팬지 수컷은 한 패거리를 이루어 함께 사냥하고, 서로 털 고르기를 해주고, 원숭이 고기도 나눠 먹는다. 한패에 속한 동료 가운데는 한 어머니에게서 태어난 이부異父형제도 있지만, 대개는 피 한 방울 섞이지 않은 남남이다.

또 다른 예를 보자. 돌고래 수컷들은 두세 마리가 한 팀을 이룬다. 망망대해에서 암컷을 찾아내 구애를 펼치는 작전을 함께 수행한다. 팀원들은 대개 피붙이지만, 비친족끼리 한 팀을 만드는 경우도 흔히 있다. 한편, 하이에나 암컷도 무리를 짓는다. 덕분에 동물의 사체를 사자나 다른 하이에나에게 빼앗기지 않고 동료끼리 독점할 수 있다.[6] 이처럼 다른 동물에게도 피를 나누지 않은 개체 간의 '우정'이 존재한다는 사실은 인간의 우정이 진화 역사에서 아주 오래전부터 시작된 적응임을 보여준다.

첫 번째 가설 :
우정은 어려울 때를 대비한 사회적 보험이다

주고받은 도움을 일일이 따지는 직접 상호성으로는 우정을 설명할 수 없다고 했다. 그렇다면 우정은 어떤 진화적 기능을 잘 수행하게끔 자연선택에 의해 설계되었을까? 첫 번째 가설에 따르면, 우정은 어려울 때를 대비한 일종의 사회적 보험으로 진화했다. 먼 과거의 환경에서는 몸이 아프거나, 먹을 것이 없거나, 천재지변이 닥쳤거나, 누군가와 갈등하는 등 갖가지 역경이 덮쳤을 때 신속히 보험금을 지급해줄 보험사는 없었다. 이러한 위험에 맞서 서로의 든든한 방패가 될 친구를 평소에 사귀고 지키게끔 우정이 진화했다는 설명이다.[7]

이 가설은 '은행가의 역설Bankers' Dilemma'에서 출발한다. 돈을 빌려주는 은행가는 딜레마에 빠진다. 돈이 절실히 필요한 사람은 나중에 빌린 돈을 갚지 못할 위험이 높다. 돈이 별로 필요 없는 사람은 나중에 빌린 돈을 갚지 못할 위험이 낮다. 따라서 은행은 돈이 정말로 필요한 사람에게는 대출을 거절하고, 돈이 덜 필요한 사람에게는 대출을 해주려 안달이다.

마찬가지로 누군가의 도움이 절실히 필요한 사람은 나중에 도움을 갚지 못할 위험이 높다. 도움이 별로 필요 없는 사람은 나중에 도움을 갚지 못할 위험이 낮다. 따라서 우리 조상들은 은행가와 비슷한 딜레마에 빠진다. 남을 도울 여력은 한정되어 있는데, 여러 사람 가운데 도대체 누구를 도와야 하나? 처지를 바꾸어 생각하면 문제의 중대함이 더 도드라진다. 어떻게 하면 갑자기 어려운 상황에 내몰려 도움이 절실히 필요할 때 다른 사람이 나를 돕게 할 수 있을까?

진화심리학자 존 투비와 레다 코스미디스가 내놓는 해법은 이렇다. 대체 불가능한 사람이 되어라. 즉 다른 사람들에게서는 쉽게 찾을 수 없는, 오직 자신만이 지닌 독특한 재능, 기술, 솜씨 등을 갈고닦아라. 이를테면, 대학 동창들이 하나같이 진지하고 심각하다면 당신이 유머 감각을 혹독하게 키우는 것이다. 나를 항상 교체할 수 있는 부속품이 아니라 유일무이한 희귀품으로 인정하는 친구로 내 삶을 채운다면 혹시 어려움이 닥치더라도 대출, 아니 도움을 못 받을까 봐 걱정할 필요는 없다.[8]

사회적 보험 가설은 사람들이 친구에게 느끼는 정서적 친밀감의 강도가 그 친구가 나를 얼마나 중요시하며 대체 불가능한 존재로 여기는가에 달려 있을 것이라고 예측한다. 눈을 감고 당신의 가장 친한 친구를 떠올려보라. 그 친구가 당신에게 별로 어렵지 않은 부탁—이를테면, 서류를 몇 장 복사하기—을 한다고 상상하라. 기분이 어떤가? 이제 그 친구가 당신을 옆에 두고 다른 사람에게 서류 복사를 부탁한다고 상상하라. 기분이 어떤가?

미국과 일본의 대학생들은 친한 친구로부터 작은 부탁을 받는다고 상상하면 기분이 좋아졌다. 친구가 자기를 내버려두고 다른 사람에게 부탁한다고 상상하면 기분이 나빠졌다.[9] 이러한 연구 결과는 친구가 자신을 대체 불가능한 사람으로 볼수록 그 친구에게 느끼는 친밀감이 높아진다는 보험 가설과 부합한다.

두 번째 가설 :
우정은 동맹을 구축한다

또 다른 대안 가설은 동맹 가설이다. 사실 이 가설은 앞에서 살펴본 사회적 보험 가설과 완전히 어긋나지는 않는다. 심하게 말하면 사회적 보험 가설에 포함된다고 할 수 있다. 어쨌든 동맹 가설은 난데없이 우리를 덮칠 수 있는 숱한 어려움 가운데 특히 사람들 간에 벌어지는 갈등에 주목한다. 나중에 내가 누군가와 말다툼을 하거나 멱살을 잡게 되면, 분연히 나서서 내 편이 되어줄 우군을 평소에 미리미리 만들어서 잘 유지하게끔 우정이 진화했다는 설명이다.

자연 다큐멘터리에서 사슴벌레, 코끼리, 호랑이 등이 싸우는 광경을 그려보라. 인간이 아닌 동물에게서 갈등은 대개 일대일로 펼쳐진다. 제삼자는 거의 개입하지 않는다. 반면에 인간에게서는 갈등이 불거지면 제삼자들이 흔히 끼어든다. 두 사람의 말다툼이 커져서 두 집단의 대결이 되는 경우가 왕왕 있다. 이때 승리는 어느 쪽일까? 게임 이론에 따르면, 머릿수가 많은 집단이 이긴다.[10] 따라서 처음에 시비가 붙은 두 당사자로서는 되도록 동맹자를 더 많이 끌어들여야 이길 수 있다.

A와 B가 싸운다. 지켜보는 C의 입장에서는 누구 편을 들어야 할까? 한 가지 방법은 나중에 C 자신이 분쟁에 휘말리면 기꺼이 C의 역성을 들어줄 사람을 택하는 것이다. 바로 동맹 구축이다. A와 B의 분쟁에 C가 A의 편을 자처하며 뛰어든다면 C는 당장은 손해다. 하지만 이 손해는 앞으로 C를 든든하게 지지해줄 동맹자(A)를 확보한다는 이득으로 넉넉히 상쇄되고도 남는다.

다시 말해, 내가 A와 B 가운데 누구의 편을 들어주는가는 나중에 내가 분쟁에 휘말렸을 때 내 편이 되어줄 사람이 누군가에 달렸다. 그러므로 나는 A 또는 B의 친구 랭킹에서 각각 내가 몇 등에 위치하는지 알 필요가 있다. 만약 내가 A의 친구 랭킹에서 2등이라면, A는 향후 내가 개입된 분쟁에서 대체로 내 편이 되어줄 것이다. 하지만 내가 A의 1등 친구와 시비가 붙는다면, A는 내 편이 되어주지 않을 것이다. 요컨대, 동맹 가설을 따르면 사람들은 자기 이름을 다른 친구들의 이름보다 상위권에 올려놓는 친구를 더 좋아할 것이다("너 나 좋아? 그럼 나도 너 좋아!").

진화심리학자 피터 드치올리Peter DeScioli는 사람들이 자신을 다른 친구보다 더 중시하는 친구를 더 좋아하리라는 예측을 검증했다. 지금은 몰락했지만 한때 페이스북을 눌렀던 사회연결망 사이트인 마이스페이스MySpace에서는 사용자들이 자기 친구의 순위를 공개적으로 매길 수 있었다. 1천만 명이 넘는 사용자를 조사한 결과, 내가 누구를 1등 친구로 선정하는지 가장 잘 알려주는 요인은 그 친구가 자신의 친구들을 매긴 순위에서 내가 얼마나 상위권에 위치하는가였다. 친구가 얼마나 잘생겼는지, 혹은 얼마나 인성이 뛰어난지 등은 내가 그를 나의 1등 친구로 선정하는 데 별로 영향이 없었다.[11] 강다니엘의 인스타그램에 매일 접속해서 줄기차게 '좋아요'를 눌러대는 열성 팬이라 하더라도, 그 열성 팬이 꼽은 최고의 친구 순위에 강다니엘이 상위권에 오르긴 어렵다는 뜻이다.

우정의 어두운 면

필자의 아들은 초등학교 3학년이다. 학교에 갔다 오자마자 책가방을 거실에 집어던지고 아파트 놀이터로 달려갈 때가 가장 행복하단다. 그런데 얼마 전에는 화를 잔뜩 내면서 놀이터에서 돌아왔다. 새로 이사 온 아이와 친하게 어울렸더니, 원래 같이 놀던 단짝 친구가 크게 질투했다고 한다.

지금껏 우리는 우정의 밝은 면만 살펴보았다. 애석하게도 우정에는 어두운 면도 있다. 질투, 배신, 강탈, 중상모략, 친구의 애인 가로채기, 절교하겠다는 위협에 이르기까지 그 그림자는 제법 길다. 이를 세 가지로 나누어 살펴보자. 친구의 다른 교우관계를 끊기, 자신의 교우관계를 끊기, 적들 사이의 교우관계를 끊기가 있다.[12]

첫째, 사람들은 종종 자신의 친구를 빼앗아가려는 제삼자에게 질투심을 느끼고 그를 친구로부터 떼어놓으려 한다. 이를 위해 어떤 어린 이들은 지독한 헛소문을 퍼뜨리거나 욕설을 퍼붓는 일도 마다하지 않는다. 가정이나 학교에서는 이런 일탈 행동을 고쳐주려고 노력하지만, 별로 효과를 보지 못한다. 친구를 독점하려는 성향은 어른이 되어서도 이어진다.

참고로, 우정을 엄격한 상호성으로 설명할 수 없다는 것은 친구에 대한 질투를 통해서도 확인된다. 친구 사이가 "네가 협력하는 한 나도 협력한다."는 조건적인 상호 관계라고 하자. 그렇다면 상대방에게 좋은 친구가 새로 생겼다는 사실은 상대가 내 도움을 충실히 되돌려줄 가능성이 다소나마 커진다는 희소식이 아니겠는가? 하지만 기뻐하기는커녕, 어떤 이들은 단짝 친구를 빼앗길까 봐 전전긍긍한다.

친구에 대한 질투는 사회적 보험 가설과 부합한다. 사람들은 친한 친구에게 자신이 대체 불가능하다고 인정받고 싶어 하므로, 자신의 자리를 위협하는 제삼자를 떼어놓으려 할 것이다. 마찬가지로, 친구에 대한 질투는 동맹 가설과도 부합한다. 사람들은 자신을 친구 순위에서 상위권에 올려놓는 친구를 좋아하고, 하위권에 두는 친구를 싫어한다. 내 친구에게 새로 친구가 생겼다는 사실은 나의 순위 하락을 암시하므로 무언가 대응책을 강구해야 한다.

둘째, 사람들은 종종 자신이 원하는 것을 얻기 위해 자신의 교우 관계를 스스로 끊겠다고 위협한다. 적지 않은 어린이들이 친구에게 화가 나면 입을 꼭 다물고 양쪽 귀를 손바닥으로 막는다. 혹은 "~를 해주지 않으면 너랑 앞으로 안 놀 거야!"라고 최후통첩을 한다. 절교할 가능성을 흘리며 친구로부터 원하는 바를 얻어내려는 모습은 국제 정치에서도 나타난다. 2017년 1월에 일본 정부는 부산에 설치된 평화의 소녀상에 반발하여 주한 일본대사를 본국으로 소환했다.

셋째, 사람들은 종종 적들 사이의 교우 관계를 끊으려 한다. 이 경우 나는 그 누구와도 친한 친구 사이가 아니지만, 나와 맞서는 두 적 사이의 결합이 약해짐에 따라 반사이익을 얻는다. 인간이 아닌 영장류에게서, 우위 개체가 열위 개체끼리 서로 털 고르기를 하려는 시도를 적극적으로 방해하는 모습이 흔히 관찰된다. 초중고 학생들도 적대적인 상대방에 대한 악의적인 헛소문을 퍼뜨린다는 사실이 보고된 바 있다.[13]

우정은 인간 삶의 근간이다

오랜 벗과의 훈훈한 우정은 인간 삶의 근간을 이룬다. 안타깝게도 우정은 낯선 사람이나 사무적으로 대하는 사람과의 엄격한 상호적 관계와 혼동되어서 그 중요성이 상당 부분 가려져 왔다.

우정의 진화적 기능을 설명하는 가설로서 두 가지를 살펴보았다. 사회적 보험 가설은 우정이 뜻밖에 찾아오는 고난에 대비한 일종의 사회적 보험으로 진화했다고 본다. 동맹 가설은 우정이 사람들 사이에 갈등이 벌어지면 든든하게 내 편을 들어줄 동맹자를 평소에 미리 만들어놓는 역할을 한다고 본다. 두 가설이 비슷하게 예측하는 지점이 많기 때문에, 어느 가설이 정답에 가까운지는 좀 더 연구가 필요하다.

19

폭력의 진화적 뿌리

개 목줄 때문에 벌어진
살인 사건

2009년 10월 어느 오후였다. 64세 남성 이 모 씨는 몰티즈종의 반려견과 함께 서울 광진구 구의동 주택가를 걷고 있었다. 반려견이 길에다 용변을 봤지만 무시하고 걸어갔다. 어느 50대 남성이 소리를 질렀다. "목줄도 하지 않고 똥도 치우지 않으면서 왜 개를 데리고 나왔냐, 이 ××야." 이 씨는 격분해서 그 남자와 욕설을 주고받았다. 먹살잡

이도 했다. 힘이 부치자 이 씨는 반려견을 안고 근처의 자기 집으로 달려갔다. 벌초용 낫을 챙겼다. 싸우던 장소로 다시 돌아왔다.

그 남자는 이미 사라진 다음이었다. 주변에 있던 사람들에게 그 남자가 어디로 갔는지 물었다. 47세 남성 고 모 씨가 이 씨에게 핀잔을 줬다. "그만하시고 들어가세요. 어쨌든 개 목줄을 하지 않은 건 잘못 아닙니까?" 순간, 이 씨는 고 씨의 입과 등을 예리한 낫으로 찍었다. 고 씨는 병원으로 옮겨졌지만 과다출혈로 사망했다. 이 씨는 경찰 조사에서 "너무 화가 난 나머지 나도 모르게 그랬다."라고 진술했다. 광진경찰서는 이 씨가 특별한 전과도 없어서 우발적인 범행 같다고 발표했다.[1]

왜 인간은 폭력을 저지르는가? 한낱 개 목줄 때문에 적도 아니고 적을 두둔한 구경꾼을 잔혹하게 죽이는 행동은 도무지 이해하기 어렵다. 유감스럽게도 체벌, 고문, 성희롱, 강간, 구타, 인종차별, 동물 학대, 아동 학대, 인신매매, 집단 학살, 전쟁 등 갖가지 폭력이 지금 이순간에도 벌어지고 있다. 우리를 해치려는 음산한 그림자는 어디에나 어른거린다.

이번 장은 폭력을 진화적인 시각에서 살펴볼 것이다. 헉, 뭐라고요? 많은 사람이 '폭력'이라는 단어가 생물학적 진화나 인간 본성 같은 말과 한 문장에서 어울리는 것조차 내심 뜨악해한다. 폭력이 진화된 인간 본성에서 유래한다면, 피할 수 없는 숙명이라는 소리가 아닌가. 그렇다면 폭력을 줄이려는 노력은 다 헛수고가 아니냐며 의심의 눈초리를 보일 수밖에.[2] 안심하시라. 진화적 시각은 폭력이 그냥 무작위로 생기는 작동 불량이 아니라, 특정한 기능을 잘 수행하게끔 정교하게 조절되는 심리적 적응의 산물임을 보여준다. 우리의 마음속에서 폭력을 일으키는 심적 장치에 달린 수많은 조절 버튼과 스위치들이 어떤

임무를 담당하게끔 설계되어 있는지 안다면, 폭력을 줄이고 평화를 가져오는 데 크게 도움이 될 것이다.[3]

먼저 인간의 원초적 충동이 이따금씩 불거지는 바람에 폭력이 생긴다는 인식이 왜 진화의 관점에서 보면 타당하지 않은지 알아본다. 그러고 나서 폭력은 자연선택이 정교하게 설계한 심리적 적응의 산물임을 보여주는 증거들을 만난다. 폭력의 다양한 범주가 생물의 적응 과정에서 발생하는 어떤 문제들을 풀기 위한 해결책으로 진화했는지 살펴본다.

동물적 본능의 유출 사고인가? 정교하게 설계된 적응의 산물인가?

뚜껑이 열린다. 양쪽 귀에서 증기가 뿜어져 나온다. 꼭지가 확 돈다. 이런 표현들은 폭력이 인간의 원초적인 충동에서 유래한다는 전통적인 관점을 잘 드러낸다. 피를 갈구하는 태곳적 본능이 평소에는 냉철한 이성에게 얌전히 순응하지만, 가끔 밖으로 뛰쳐나와 쑥대밭을 만든다는 설명이다. 일례로 2017년에 트럼프 미국 대통령이 북한을 완전히 파괴할 가능성을 언급하자, 북한의 〈로동신문〉은 "온 나라가 증오와 분노로 펄펄 끓는 거대한 용암"이라고 보도했다.[4]

폭력은 원초적인 충동이 아무렇게나 분출되는 사고에 불과하다고 말하기도 한다. 이러한 설명은 자연선택이 실제로 작동하는 방식을 감안하면 설득력이 크게 떨어진다. 이렇게 생각해보자. 인간을 포함한 어느 동물에게서나 음식물, 영토, 짝짓기 기회 등 유·무형의 한정된 자원을 놓고 개체끼리 경쟁이 펼쳐진다. 경쟁에서 이기는 좋은 방

책 중의 하나는 폭력이다. 힘을 동원해서 다른 개체를 겁주거나 흠씬 두들겨줌으로써 혼자서 자원을 독차지할 수 있다.[5]

문제는, 다른 개체도 되받아칠 수 있다는 점이다. 생명체는 꿔다놓은 보릿자루가 아니다. 어떤 상황에서 남에게 신체적 상해를 입혀서 자원을 몽땅 획득하는 폭력 전략이 유리하다고 하자. 이때 폭력은 나뿐만 아니라 모든 개체에게 수지맞는 장사다. 즉, 폭력이 유리한 상황에서는 어느 한 개체뿐만 아니라 동종에 속한 모든 개체가 일제히 폭력적인 성향을 진화시키기 마련이다. 내가 누군가를 때리려고 다가간다면, 상대방은 자신이 언어맞기 전에 먼저 주먹을 날리려고 할 것이다. 화근을 없애기 위해 아예 적을 죽이면 되지 않을까? 그래도 적이 남긴 피붙이들은 나를 죽여서 원한을 풀려는 목표를 갖게 된다.

이처럼 폭력은 이를 실행한 당사자에게도 심각한 부상이나 장애, 죽음 등 매우 높은 비용을 치르게 하는 전략이다. 그러므로 평화 대신 폭력이라는 수단을 택하는 의사 결정은 아주 신중하고 치밀하게 이루어지게끔 자연선택이 정교하게 설계했을 것이다.[6] 달리 말하면, 폭력을 담당하는 심리적 적응에는 자신과 상대방의 성, 연령, 몸집이나 제삼자의 참관 여부 등 구체적인 외부 조건에 따라 어떤 폭력을 얼마나 휘두를지 섬세하게 조절하는 각종 버튼과 스위치들이 빼곡히 달려 있다. 폭력에 대한 진화적 시각은 살인, 성폭행, 전쟁 같은 사회악이 고정불변이라고 주장하기는커녕, 우리의 노력에 따라서 얼마든지 발생 빈도를 크게 낮출 수 있음을 암시한다.[7]

요컨대, 자연선택에 의한 진화 이론은 폭력이 인간의 동물적 본능이 이따금 유출되는 고장 사고가 아니라 외부의 환경 조건에 따라 정교하게 통제되는 심리적 적응의 산물임을 암시한다. 진화심리학자 스티븐 핑커는 다음과 같은 비유를 들었다. "만약 내가 잔디 깎는 기계의 스위치를 껐는데도 기계가 계속 돌아 발을 다쳤다면, 나는 스위치나 다른 부품의 고장을 의심할 것이다. 그러나 만약 잔디 깎는 기계가 내가 집에서 나오기를 기다렸다가 내 뒤를 졸졸 쫓아다닌다면 나는 누군가가 그 속에 칩을 장착했을 것이라 결론을 내릴 수밖에 없다." (《빈 서판》, 552쪽)[8]

폭력이 인간 본성의
일부임을 보여주는 증거들

진화 이론은 폭력적 성향이 진화된 인간 본성의 일부로 우리의 마음속에 자리 잡았으리라 예측한다. 폭력을 담당하는 심리적 적응이 정말로 진화해왔음을 보여주는 증거들을 살펴보자. 첫째, 아기들은 본래 평화를 사랑하지만 자라나면서 점차 폭력을 배우게 된다는 '일반 상식'과 달리, 신체적 폭력은 만 한 살 무렵의 아기에게서도 이미 뚜렷이 나타난다. 발달심리학자들은 일생의 모든 시기에 걸쳐 타인에게 신체적 폭력을 행하는 빈도를 측정했다. 깨물고, 때리고, 발로 차고, 밀고, 위협하고, 물건을 빼앗는 등 폭력적인 행동의 발생 빈도는 만 두 살 정도의 유아기에 절정에 달했다. 이후 어른이 될 때까지 폭력의 빈도는 꾸준히 줄어들었다. 즉 인생에서 가장 폭력적인 시기는 질풍노도의 사춘기가 아니라 만 두 살 된 유아기라는 것이다.[9] 어린이날을 만든 소파 방정환은 "평화라는 평화 중에 그중 훌륭한 평화만을 골라 가진 것이 아기의 자는 얼굴이다."라고 했다. 실상은 사뭇 다르다. 아기들이 자라면서 어떻게 폭력을 학습하는지 묻기보다는 어떻게 비폭

력을 학습하는지 물어야 한다.[10]

둘째, 대다수의 사람은 누군가를 살해하는 상상을 진지하게 한 적이 있다. 진화심리학자 더글러스 켄릭Douglas Kenrick은 760명의 애리조나주립대 학생들에게 누군가를 죽이는 걸 상상한 경험이 있는지 설문 조사했다. 놀랍게도 남학생의 76퍼센트, 여학생의 62퍼센트가 지난 1년 동안 적어도 한 번 이상 살인을 꿈꾸었다고 응답했다.[11] 1,168명의 텍사스대학교(오스틴) 학생들을 조사한 다른 연구에서도 남학생의 79퍼센트, 여학생의 58퍼센트가 긍정적으로 답했다.[12] 이들 대학생이 살해를 꿈꾼 대상은 사랑의 경쟁자, 계부 혹은 계모, 자기에게 공개적으로 창피를 준 사람 등이었다. 예컨대, 한 남학생은 자신의 약혼녀에게 추근거리면서 자신에 대한 험담을 늘어놓은 친구를 온몸의 뼈를 부러뜨리며 잔인하게 죽이는 상상을 했다고 털어놓았다.[13]

셋째, 인간이 아닌 다른 동물들도 음식물, 영토, 사회적 지위, 짝짓기 기회 등을 놓고 동종의 개체들끼리 폭력을 행사한다. 특히, 인간과 가장 유연관계가 가까운 종인 침팬지에게서는 한 집단의 수컷들끼리 동맹을 맺고서 이웃 집단에 침입하여 대량 학살을 벌이는 모습이 종종 관찰된다.[14] 이 발견은 오직 인간만이 동종 개체를 집단으로 살해한다는 인류학자들의 오래된 가정을 무너뜨렸다.

넷째, 인간의 뇌와 신체는 타인을 공격하게끔 설계되었다는 증거들을 명백히 보여준다. 특히 남성의 키, 힘, 덩치, 상체 골격이 여성을 압도한다는 사실은 인류의 진화 역사에서 배우자를 차지하기 위한 남성들 간의 폭력적인 다툼이 끊이지 않았음을 입증한다.[15] 예를 들어, 피터지는 싸움에서 승리할 수 있는 열쇠는 묵직한 주먹을 휘두르게 해주는 상체 근육량이다. 그래서 남성은 여성보다 근육이 많을 뿐만 아니라, 특히 상체 근육이 더 많다. 남성은 여성보다 팔의 근육이 75퍼센트나 더 많은 반면, 다리의 근육은 50퍼센트만 더 많다.[16] 헬스클럽에서 어떤 남자들은 오로지 상체 운동에만 매달리는 이유가 무엇인지 이제는 알게 됐을 것이다.

도구적 폭력 :
구체적인 자원을 얻고자 폭력이라는 도구를 쓴다

폭력의 진화적 기능은 음식물, 영토, 짝짓기 기회, 사회적 지위 등 유·무형의 한정된 자원을 놓고 개체들끼리 경쟁이 펼쳐질 때 타인에게 신체적 위해를 가해서 자원을 독차지하기 위함이라고 앞에서 이야기했다. 폭력으로 얻는 자원이 정확히 무엇인가에 따라 폭력의 범주를 나눌 수 있다.

첫째, '도구적 폭력instrumental violence'은 음식물, 돈, 오락거리, 짝짓기 기회 등 구체적인 자원을 얻고자 폭력이라는 수단을 사용하는 행위다. 둘째, '복수'는 상대방으로부터 당한 만큼 고스란히 되갚아줌으로써 향후 생길지도 모르는 도발을 사전에 억제하여 자신의 안전을 도모하는 행위다. 셋째, '지배'는 사회적 지위를 지키고자 욕설, 모욕, 신체의 부딪힘 같은 사소한 불씨에도 지나치게 폭력적으로 반응하는 행위다. 도구적 폭력부터 들여다보자.

중세의 유럽인들에게 칭기즈 칸Genghis Khan이 지휘한 몽골 군대는 현실에 나타난 악마였다. 유럽을 정복하는 원정 길에서 높은 성벽에 둘러싸여 저항하는 도시를 만나면 몽골은 두 가지 선택지를 제시했다. 즉시 성문을 열고 항복한다면, 백성은 털끝만큼도 건드리지 않겠다. 그러지 않고 전면전을 택한다면, 승리하고 난 뒤 백성을 모조리 살육하겠다. 몽골군은 어떨 때는 정복한 도시의 모든 백성을 빠짐없이 다 학살하느라 일주일 이상을 낭비하기도 했다.[17]

항복하면 살려준다. 저항하면 몰살시킨다. 몽골의 이러한 전략은 목적을 달성하기 위한 도구로써 폭력이 사용되는 적절한 예다. 유럽인에게는 몽골군이 악마로 보였을지 몰라도, 몽골군은 그저 그들이 원하는 바—반란 가능성을 근절함—를 얻고자 폭력이라는 수단을 쓴 것이다. 이처럼 도구적 폭력의 가해자는 돈, 음식물, 성관계, 오락거리 등을 얻는 게 목적일 뿐 피해자를 괴롭히려는 의도는 없다. 가해자는 피해자의 고통에 무관심하고 지극히 실용적인 태도를 취할 뿐이다. 달리 말하면, 가해자가 만약 폭력을 쓰지 않고서도 원하는 목표를 얻을 수 있다면 기꺼이 폭력을 포기한다.[18]

예를 들어, 고기를 얻으려 야생 동물을 사냥하는 사냥꾼, 행인의 귀중품을 탈취하려는 강도, 여성을 강간하려는 성폭행범 등은 모두 도구적 폭력을 저지르는 가해자이다. 낚시꾼들은 감성돔을 미워하지 않는다. 그저 '나의 오락거리를 위해 감성돔이 생을 마감해야 하는가.'라는 질문 자체를 애써 무시할 뿐이다. 불판 위에 놓인 먹음직스러운 삼겹살을 보면서 그 돼지가 겪었을 고통을 애써 외면하는 우리도 도구적 폭력의 가해자인 셈이다.[19]

복수 :
빚진 만큼 되갚아줘서 선제공격을 미리 억제한다.

2013년 7월 22일 경북 안동에서 어느 모텔의 주인이 숨진 채 발견되었다. 피살당한 여성은 수년 전 동거했던 내연남으로부터 얼굴을 심하게 맞고서 그 남성을 경찰에 신고했었다. 1년을 복역한 뒤 출소한 남성은 앙심을 품고 피해자를 수십 차례 찾아가 공갈과 협박, 심지어 폭행까지 일삼았다. 결국 피해자 여성은 그가 휘두른 흉기에 수차례 찔려 사망했다.[20]

나에게 피해를 끼친 상대방에게 고스란히 앙갚음하려는 심리는 시대와 문화를 막론하고 흔히 등장한다. 《성경》도 "누구든지 사람의 피를 흘리면, 다른 사람이 그 사람의 피를 흘리게 할 것이다."(〈창세기〉 9:6), "눈에는 눈, 이에는 이."(〈출애굽기〉 21:24, 〈레위기〉 24:20, 신명기 19:21) 등 복수를 자주 언급한다. 춘추전국시대의 명재상 오자서伍子胥가 아버지와 친형을 죽인 초 평왕의 무덤에서 시신을 꺼내어 쇠 채찍으로 300번을 내리쳐 시체를 형체조차 찾을 수 없게 만들었다는 이야기는 유명하다.

오늘날에도 복수심은 폭력 범죄의 주요한 원인이다. 진화심리학자 마틴 데일리와 마고 윌슨 부부는 전 세계 60개 문화 가운데 57개 문화에서 혈족 복수blood revenge, 즉 살해된 희생자의 유가족이 살인자나 살인자와 관련된 사람을 죽이는 행위가 존재함을 입증하였다.[21] 현재 각국에서 벌어지는 살인 사건 중에 복수심이 동기가 된 살인 사건은 대략 10~20퍼센트를 차지한다.

왜 이토록 헛되고 무의미한 복수심이 진화했을까? 원수의 시체를 매질한다고 해서 아버지가 살아 돌아오는 것은 아니다. 모텔 주인을 살해한다고 해서 감옥에서 보낸 1년이라는 세월을 되돌릴 수 있는 것도 아니다. 엎질러진 우유는 다시 주워 담을 수 없다. 보복은 또 다른 보복을 낳는다. 결국 악순환에 빠져 모두 파국에 이르게 된다.

데일리와 윌슨의 연구에 따르면, 복수심은 '빚진 만큼 똑같이 되갚아준다.'고 선언하여 그 누구도 나를 함부로 건드리지 못하게끔 타인의 공격을 사전에 억제하는 기능을 한다. 눈에는 눈, 이에는 이로 맞대응해서 누구든지 나를 도발한 사람의 순이익이 언제나 0이 되도록 한다면, 더는 나를 도발하려는 이가 없을 것이다.[22] 복수심이 상대의 선제공격을 미리 억제하기 위해 대단히 소모적으로, 때로는 자신까지 파멸로 이끌게끔 진화했다는 이 설명은 진화게임이론가들이 행한 수많은 컴퓨터 시뮬레이션 결과로 뒷받침되었다.

지배 :
사회적 지위를 둘러싼 남성 간의 경쟁

개 목줄을 둘러싼 말다툼 때문에 잔혹한 살인까지 벌어진 사례를 첫머리에서 살펴보았다. 사람들은, 정확히 말하면 어떤 남성들은, 종종 뚜렷한 아무 이득도 걸려 있지 않은 상황에서 마주치는 시선, 경멸적인 미소, 어깨의 부딪힘 같은 사소한 시비 때문에 심각한 폭행이나 심지어 살인까지 저지른다.

사회학자 마빈 볼프강Marvin Wolfgang은 1948년부터 1952년 사이에 필라델피아에서 일어난 588건의 살인 사건을 조사하여 12가지 동기로 분류했다. 전체 살인 사건의 37퍼센트를 차지했던 가장 흔한 동기는 '욕설, 신체의 부딪힘, 모욕 같은 사소한 요인으로 인한 언쟁'이었다.[23] 우리나라에서도 2011년에 발생한 1,221건의 살인 사건 가운데 우발적 동기에 의해 벌어진 사건이 45.6퍼센트로 가장 높은 빈도를 차지했다. 운전 중이던 아버지 혹은 남편이 다른 차가 소소한 잘못을 저질렀다고 갑자기 육두문자를 내뱉으며 격노하는 바람에 동승한 가족이 당황하는 경우는 흔히 있다.

우연히 시선이 마주쳤다거나 어깨가 좀 부딪혔다고 살인까지 저지르는 사람들이 어리석어 보이지만, 진화의 관점에서 보면 충분히 설명이 가능하다. 과거의 수렵-채집 사회에서 112만 누르면 경찰이 달려오는 공공 치안 서비스는 없었다. 이처럼 자기 몸은 자기가 스스로 지켜야 했던 사회에서, 처음부터 "날 건드리면 재미없다."며 지위 서열 내에서 본인이 차지하고 있는 사회적 지위를 지키려는 의향과 능력이 충분함을 남들에게 똑똑히 각인시키는 것은 매우 중요한 과제였다.

남성들은 종종 사소한 이득 때문에 주먹다짐을 한다고 조롱을 받지만, 실은 아주 중대한 이득이 걸려 있기 때문에 주먹다짐도 불사한다. 바로 자신의 사회적 지위 말이다. 누가 더 지위가 높은지 불확실한 상태에서 상대방 남성과 언쟁이 붙었을 때, 얌전히 눈을 내리깔고 고개를 숙이면 나의 사회적 지위는 공개적으로 폭락하게 된다. 두 경쟁자의 지위가 비슷하고 서로 자신이 이길 것이라고 확신하는 상황에서는 사소한 언쟁으로부터도 심각한 폭력이 발생하기 쉽다. 그러나 두 경쟁자 가운데 누가 우위인지 잘 알려진 상황에서 충돌은 대개 의례적이고 격식적인 신호를 교환하는 것으로 그친다.

정리하기로 하자. 폭력에 대한 진화적 시각은 폭력이 인간의 원초적 본능이 이따금 터져 나오는 고장 사고가 아니라 외부의 환경 조건에 따라 선택적으로 가동되는 정교한 심리적 적응의 산물임을 보여준다. 폭력이 진화된 인간 본성의 일부라는 인식은 폭력 범죄에 대한 면죄부를 제공하기는커녕 폭력을 어떻게 하면 효과적으로 감소시킬 수 있을지 유용한 방법론을 알려준다.

20

리더십 본능

리더십은 인간의
진화된 본성이다

지름 50미터의 널찍한 원이 광장에 그려져 있다. 원의 중심에 200명
이 옹기종기 서 있다. 과학자가 주의 사항을 일러준다. "출발 신호가
떨어지면 보통 속도로 어디든지 걸어가세요. 단, 무리를 벗어나서는
안 됩니다. 한 팔 간격 이상으로 벌어지지 마세요. 말이나 몸짓으로
남에게 의사를 절대 표현하지 마세요." 자, 준비되셨는가? 출발! 어떤

일이 벌어질까? 각자 제멋대로 걷는 사람들이 어우러진 도넛 모양의 고리가 중앙부에 생긴다. 도넛은 계속 제자리에서 맴돈다. 원 바깥으로 나아가진 못한다.[1]

이번에는 다르게 실험해보자. 단 10퍼센트(20명)의 사람들에게만 비밀 쪽지를 따로 건네준다. "한 팔 간격을 계속 유지하면서, 4시 방향으로 걸어가세요." 잠시 후, 깨우친 소수의 사람이 갈 곳 없는 대다수 사람을 목표 지점으로 모두 이끄는 장관이 연출된다. 자기 의사를 전혀 알릴 수 없는 데도 말이다.[2]

2007년에 독일에서 행해진 이 실험은 중요한 시사점을 던진다. 주류 사회과학자들은 정치학, 조직심리학, 행정학, 경영학 등 다방면에 걸쳐 리더십을 깊이 연구해왔다. 그러나 이런 연구들은 "구성원을 어떻게 잘 이끌 것인가?"처럼 '어떻게'에 대한 근접 설명에 초점을 맞추었다. "왜 특정한 유형의 리더가 구성원에게 선호되는가?"처럼 '왜'에 대한 진화적 설명은 거의 다루지 않았다. 인간 사회의 리더십은 복잡다단한 문화적 현상이기에, 사회과학자들은 동물의 행동을 다루는 진화생물학까지 애써 들추어볼 필요가 별로 없다고 판단했을 것이다.

군중 실험은 그래서 이채롭다. 일찍이 진화생물학자들은 집단 내에서 그저 몇몇 개체만이라도 먹이가 있는 목표 지점이 어딘지 안다면, 그 소수가 별다른 지휘나 신호 없이도 집단 전체의 행동을 매끄럽게 조율할 수 있음을 컴퓨터 시뮬레이션 모델을 통해 발견했다.[3] 리더십과 팔로워십은 개인 간의 차이로 인해 자연스레 생겨난다는 일반 원리가 물고기 무리나 새 떼뿐만 아니라 인간에게도 적용됨이 이제 군중 실험을 통해 입증된 것이다. 즉 현대사회에서 국가, 회사, 군대 등을 이끄는 리더십 역시 생물학적으로 진화된 인간 본성에서 유래했음

을 시사한다.[4]

리더십에 대한 진화적 접근이 어떤 새로운 통찰을 줄 수 있을까? 먼저 리더십과 팔로워십이 어떠한 상황에서 출현하는지 그 기원을 살펴본다. 다음, 비교적 평등했던 소규모 씨족사회에서 독재적인 대규모 군장사회로 이어지는 리더십의 역사를 훑어본다. 마지막으로 지배 dominance와 명망prestige이 효과적인 리더십을 이루는 두 축임을 들여다본 후에 소규모의 수렵-채집 사회에 맞추어 설계된 우리의 두뇌가 21세기의 거대한 기업이나 국가에서 종종 말썽을 일으키는 경우를 살펴보려고 한다.

개인차가 있는 집단에서는
리더와 팔로워가 자연스레 나타난다

요즘 우리나라에 '혼밥'과 '혼술'이 유행이라고 한다. 동물계에서는 먼 나라 이야기다. 다른 곳으로 이동하거나, 포식자에 맞서거나, 먹이를 찾는 등 중요한 활동을 할 때 혼자보다는 다른 개체와 함께하는 동물이 상당히 많다. 언뜻 떠오르는 동물만 해도 개미, 꿀벌, 청어, 갈매기, 돌고래, 코끼리, 사자, 침팬지 등이 있다. 혼자 분투해서 얻는 몫보다 여럿이 함께했을 때 각자 얻는 몫이 더 크기 때문에 단체 활동에 기꺼이 참여하리라고 짐작할 수 있다.

어떠한 상황에서 리더십과 팔로워십이 출현하는가? 여기 두 개체인 A와 B가 함께 있다고 하자. A는 장소 (가)에, B는 장소 (나)에 먹이가 있음을 알고 있다. 편의상 (가)와 (나)에 있는 먹이의 양은 같다고 가정한다. 그리고 어느 곳에서든지 두 개체가 반드시 협력해야만 먹이

를 얻을 수 있고, 갖게 된 먹이는 똑같이 나눈다고 생각해보자. A와 B
는 어떻게 될까?

이 경우에는 누구든지 어느 하나가 먼저 자기가 아는 장소로 이동
하면 다른 개체가 그 뒤를 따르는 방향으로 진화가 이루어질 것이다.
그렇게 하면 둘 다 식사를 즐길 수 있다. 만약 각자 자기가 아는 장소
로 혼자 이동한다면 둘 다 허탕만 친다. 물론 서로 눈치만 보고 움직
이지 않아도 굶는 건 마찬가지다.

지극히 단순한 이 모델에서 A 혹은 B가 앞장서서 무리를 이끌 확률
은 무작위로 정해지므로 딱 반반임을 유의하길 바란다. 즉 누군가가
주로 무리를 이끌고(리더십) 누군가는 주로 리더를 따르는(팔로워십)
현상은 나타나지 않는다.[5]

현실은 더 복잡하다. A만 먹이가 있는 곳을 알 수도 있다. A는 거침
없고 B는 겁이 많을 수도 있다. A가 B보다 힘이 더 세서 먹이를 나눌
때 더 많이 챙길 수도 있다. 이럴 때는 A가 자주 혹은 항상 무리를 통
솔하는 리더로 떠오를 것이다. 집단 내에서 각 개체가 지닌 정보, 성
격, 자원 통제 능력 등이 조금씩 다른 현실 상황에서는, 소수의 개체
가 도맡아서 집단 전체를 이끄는 리더십이 자연스럽게 출현한다는 사
실이 이론생물학자에 의해 밝혀졌다.[6]

인간 집단에서도 목표 지점에 대한 정보가 있는 10퍼센트의 사람
들이 정보가 없는 90퍼센트의 사람들을 목표 지점으로 쉽게 인도함
을 앞의 실험에서 이미 살펴보았다. 이처럼 구성원 간의 차이로 인해
구성원이 소수의 리더와 다수의 팔로워로 자연스럽게 나누어지게끔
자연선택될 때에는, 리더뿐만 아니라 팔로워도 리더를 따름으로써 번
식적 이득을 얻는다.[7]

음? 팔로워도 번식상의 이득을 얻는다고? 언뜻 생각하면 리더는 이득을 얻을지 몰라도 팔로워는 순전히 손해만 입을 것 같다. 곰곰이 따져보면 그렇지 않다. 사냥, 전쟁, 이주, 방어, 집단 내 분쟁 해소 등 공동의 과업을 처리해야 할 때, 구성원을 잘 다독이고 조정하여 과제를 잘 해결하게 하는 리더가 있는 집단은 그런 리더가 없는 집단보다 번식적인 측면에서 생산성이 더 높기 마련이다.[8] 이렇게 추가로 얻어진 보상을 나눌 때, 아마도 리더는 팔로워보다 더 많은 몫을 챙길 것이다. 팔로워 입장에선 다소 짜증이 나는 노릇이다. 어쨌든 리더의 지휘 덕분에 팔로워도 가외의 보상을 얻으니 그쯤은 참아줄 수 있다. 치킨집을 함께 차린 두 친구가 둘 다 공동대표랍시고 사사건건 부딪쳐 쫄딱 망하기보다는, 하나는 대표를 맡고 하나는 배달원을 맡아 장사에 성공하는 편이 각자에게 낫다.

요컨대, 이론적 모델은 사회성동물 집단 구성원의 정보, 성격, 자원 통제 능력 등이 각기 다른 상황에서는 구성원이 공동의 과제를 해결하게끔 소수의 리더와 다수의 팔로워로 자연스럽게 분화되리라고 예측한다. 이제 인간 리더십의 진화 역사에 초점을 맞추어보자.

평등한 소규모 사회에서 독재적인 대규모 사회로

윗사람이 부리는 갑질이 요즘 우리 사회에서 큰 문제로 부각되고 있다. 선배 간호사가 신입을 길들인다며 '태움'을 가한다. 교수가 여학생에게 막말과 성희롱을 한다. 재벌 3세가 직원에게 고성을 지르며 물컵을 집어던진다. TV 다큐멘터리에 나오듯이, 고릴라나 침팬지 무리에서 으뜸 수컷이 지위가 낮은 수컷을 때리고 을러대는 장면이 저절로 연상될 지경이다. 갈등을 성행위로 해결하기로 유명한 보노보조차도 개체 간에 명확한 위계질서는 존재하며, 처절한 싸움이 종종 보고된다.[9]

인간과 가까운 유인원인 고릴라, 침팬지, 보노보에게서 강자가 약자를 힘으로 억압하고 착취하는 현상이 빈번히 관찰됨을 고려한다면, 갑이 을을 무자비하게 짓밟는 독재주의가 인간의 본성일까? 오, 이럴 수가! 평등한 민주주의는 인류 진화의 척도로 보면 지극히 최근인 기원전 5세기 아테네에 이르러서야 비로소 발명된 부록이란 말인가?

기쁜 소식이 있다. 이러한 통념은 틀렸다. 정해진 지배자 계급이 따로 없는 평등주의가 인간의 본성이다. 약 250만 년 전 초기 인류가 기원한 이래, 인류는 아프리카의 사바나 초원에서 수십 명 정도의 소집단을 이루어 수렵-채집 생활을 하면서 진화 역사의 99퍼센트 이상을 보냈다. 칼라하리 사막의 쿵산족, 북극의 이누이트족, 아마존강의 야노마모Yanomamo족, 호주 원주민 등 지금껏 남아 있는 소규모 씨족사회를 분석함으로써 당시의 생활상을 짐작할 수 있다.

우리 조상들이 살았던 소규모 사회는 개인들 사이에 재산이나 권력의 차이가 거의 없는 비교적 '평등한' 사회였다. 공식적으로 정해진 우두머리는 없었다. 세습되는 계급도 없었다. 명문화된 법과 제도도 없었다. 귀한 음식이 되는 동물은 함께 사냥하여 모두 공평하게 나누었다. 만약 여러분이 타임머신을 타고 가서 조상 한 분을 붙잡고 그에게 "이 집단의 우두머리에게 저를 데려다주세요."라고 부탁했다면, 그는 황당한 표정을 감추지 못했을 것이다.

앞에서 '평등한'이라는 단어가 작은따옴표로 묶여 있음에 유의하길 바란다. 공식적인 지도자는 없었고 금수저의 갑질은 더더욱 없었지만, 무리에 속한 모든 구성원이 똑같은 지위와 특권을 누리지는 않았다. 몇몇 사람은 특출한 지능, 기술, 성격 등을 바탕으로 자기 전문 분야에서 남들보다 더 큰 영향력을 발휘했다. 예컨대, 최고의 사냥꾼은 집단 전체가 오늘은 어디로 가서 무얼 사냥할지 결정할 때 입김이 더 셌다. 최고의 전사는 이웃 집단을 어떻게 공격할지 결정할 때 논의를 주도했다. 최고의 약초 채집자는 아픈 사람이 생기면 가장 먼저 호출되었다. 이렇게 어느 한 분야에서 명망을 쌓은 사람들은 자연스럽게 리더로 대접을 받았다. 이들은 이른바 '빅맨Big man'으로 불렸다. 빅맨들이 비공식적으로 획득한 지위는 진화적 성공으로 이어졌다. 실제로, 파라과이의 아체족을 연구한 인류학자들은 최고의 사냥꾼이 다른 사냥꾼보다 바람도 더 자주 피우고 자식도 더 많이 가짐을 발견했다.

 빅맨들의 영향력은 어디까지나 자기 전공에만 국한되었음을 주목할 필요가 있다. 무리 전체가 관련된 중요한 일을 결정할 때는 모든 사람이 평등하게 참여하였다. 무엇보다도, 얌체같이 자기 잇속만 채우거나 남들에게 갑질을 일삼는 빅맨이 있으면 일반 대중이 똘똘 뭉쳐서 폭주하는 리더를 제압하거나 쫓아낼 수 있었다. 을들의 단체 행동이 갑의 횡포를 통제하는 수단은 다양했다. 예를 들어, 갑이 저지른 잘못을 채팅방, 아니 입소문을 통해 퍼뜨리거나, 갑을 풍자와 조롱의 대상으로 삼거나, 갑의 명령을 대놓고 무시하거나, 심지어 광야로 내쫓거나 암살할 수도 있었다. 이런 의미에서 인류의 조상은 정치적으로 평등했다.

약 1만 년 전에 농업이 시작되어 잉여생산물이 생기면서 모든 것이 달라졌다. 집단이 한곳에 정착하고 인구수가 팽창하였다. 그 결과, 수

천에서 수만에 이르는 군장사회가 등장했다. 지배 계급과 피지배 계급이 세습되었다. 공식적 리더인 군장, 귀족, 혹은 왕이 다수의 일반 대중을 무자비하게 착취하는 일이 빈번히 일어났다. 사회의 규모가 크고 복잡해짐에 따라, 팔로워들이 조직적으로 리더의 횡포에 맞서기가 매우 어려워졌다. 요컨대, 평등하고 민주적이었던 소규모 수렵-채집 사회에서 리더는 팔로워들로부터 명망을 얻어서 자연스럽게 부각되었다. 약 1만 년 전부터 시작된 독재적인 대규모 군장사회에서는 리더가 팔로워들을 마음대로 지배하고 위협하는 모습이 일상화되었다.

두려워하게 할 것인가?
좋아하게 할 것인가?

헨리 포드 2세Henry Ford II는 포드 자동차 회사를 창업한 헨리 포드의 손자이다. 1945년에 전쟁으로 풍전등화에 놓인 회사를 맡아 세계에서 두 번째로 큰 자동차 회사로 키워냈다. 그의 성공적인 리더십의 비결은 무엇이었을까? 직원들에게 불같이 화를 내고, 창피를 주고, 가혹히 처벌하는 것이었다. 그는 덕분에 폭군, 독재자, 위선자, 고집불통이라고 불렸다. 자신이 한 말에 가끔 직원이 반론을 제기하기라도 하면, 조용히 이렇게 알려주었다. "이봐, 이 빌딩에는 내 이름이 쓰여 있다고." 포드사의 중역이었던 리 아이어코카Lee Iacocca를 해고하던 날, 아이어코카가 왜 자신이 물러나야 하는지 항의했다. 포드 2세가 답했다. "글쎄, 당신도 이따금 이유 없이 누군가가 싫어질 때가 있지 않나?"

워런 버핏Warren Buffett은 투자의 대가이자 버크셔 해서웨이Berkshire Hathaway 주식회사의 회장이다. 2008년에 세계 최고의 부자로 선정되었다. 매년 거액을 기부해서 전 세계인으로부터 존경을 받고 있다. 버핏의 리더십은 포드 2세의 그것과 매우 다르다. 버핏은 직원들을 잘 간섭하지도 추궁하지도 않는다. 믿고 맡김으로써 직원들의 잠재력을 최대한 이끌어낸다. 자기 자신은 도덕 원칙을 엄격히 지키며, 믿을 수 없이 검소하다. 20달러짜리 스테이크를 즐기며 12달러짜리 이발소에 간다. 우리나라를 방문했을 때도 위아래 펑퍼짐한 운동복에 운동화를 신은 공항 패션을 선보여 화제가 되었다.[10] 포드 2세와 버핏은 서로 전혀 다른 경로를 거쳐서 마침내 정상에 올라섰다는 점에서 흥미롭다. 앞에서 암시했듯이, 우리 인간에게서는 높은 지위를 차지하여 다른 사람에게 영향력을 행사하기 위한 방편으로써 지배와 명망이라는 두 갈래 길이 진화하였다.

첫째, 인류가 기원하기 이전에 영장류 조상으로부터 일찌감치 물려받은 지배 심리다. 대형 유인원뿐만 아니라 인간에게서도 다음과 같은 현상이 나타난다. 지위가 높은 개체는 지위가 낮은 개체가 오만하게 굴거나 음식이나 짝짓기 기회 같은 중요한 자원을 눈치껏 상납하지 않으면 폭력이나 차별 대우 등 각종 불이익을 당하리라는 인식을 암암리에 심어준다. 이렇게 강자가 약자에게 두려움을 심어줌으로써 강자는 높은 지위를 유지한다. 구성원들이 비교적 평등했던 수백만 년 전의 소규모 사회에서는 이처럼 강자가 약자 위에 군림하고 지배하려는 성향이 약자들의 집단 저항에 부딪혀 대부분 효과적으로 통제될 수 있었다. 그러나 1만여 년 전부터 대규모 군장사회가 나타나고 이어서 거대한 현대 산업사회가 등장하면서, 엄청난 잉여자원을 축적한 리더가 팔로워들에게 갑질을 일삼는 풍경이 흔히 생기게 되었다.

둘째, 소규모 수렵-채집 사회에서 인류가 진화하는 중에 고유하게 형성된 명망 심리다. 어떤 사람들은 사냥, 전투, 채집 등 여러 영역 중 어느 하나에서 독보적인 지식, 기술, 역량을 발휘했다. 일반인들은 이들 빅맨을 졸졸 따라다니며 기술을 익히는 한편, 그에 대한 답례로 윗사람으로 모시면서 각종 자원과 서비스를 제공했다. 즉, 명망은 윗사람이 아랫사람으로부터 강제로 뜯어내는 것이 아니다. 아랫사람이 윗사람을 진심으로 흠모하고 존경함에 따라 저절로 쌓이는 것이 명망이다.[11] 예를 들어보자. 이노우에 다케히코의 농구 만화 〈슬램덩크〉에서 북산고의 농구부 감독 안한수('안 선생님')는 KFC 할아버지를 닮은 후덕한 몸매로 인해 처음에는 주인공 강백호로부터 대놓고 무시당한다. 그러나 한때 대학농구팀 최고의 명장이었던 안 선생님은 따뜻한 가르침과 명석한 전술 구사를 펼쳐 나중에는 강백호로부터 절대적인 신망을 얻는다.

요컨대, 문화진화학자 조지프 헨리크Joseph Henrich가 처음 제안한 지배-명망 이론Dominance-Prestige theory은 '을'을 폭압적으로 지배했던 영장류로서의 유산과 명망 높은 대가를 섬기고 익혔던 문화적 존재로서의 유산을 모두 중시하는 이론이다.[12] 지배와 명망은 높은 지위를 얻는 두 갈래 통로다. 지배에 바탕한 리더십은 팔로워들로부터 두려움의 대상이 된다. 명망에 바탕한 리더십은 팔로워들로부터 존경과 선망의 대상이 된다.

지배와 명망은 실제로 사회적 지위를 높여준다

지배-명망 이론은 지배와 명망이 집단 내에서 사회적 지위를 높이는 두 가지 근본적인 전략이 된다고 예측한다. 한 연구에서는 참여자들을 4~6명으로 구성된 여러 개의 동성 집단으로 나누었다. 먼저 참여자들은 각자 개별적으로 생존 과제를 수행했다. 달에 불시착했을 때 가장 필요한 15개의 물품들(산소탱크, 난방시설, 신호탄 등)을 순서대로 줄 세우는 과제였다. 그 후에 자기가 속한 집단과 함께 논의하고 협력해서 같은 과제를 풀었다.

참여자들은 논의 과정에서 다른 구성원의 사회적 영향력, 지배력, 명망이 어느 정도로 느껴졌는지 상호 평가했다. 또한 참여자들의 개별적인 답안과 소속 집단의 최종 답안이 얼마나 유사한지 비교함으로써 각 참여자들의 실제 영향력도 구했다. 마지막으로, 참여자들이 함께 머리를 맞대고 과제를 푸는 모습을 제삼자가 외부에서 관찰하게 한 다음에 각자의 사회적 영향력, 지배력, 명망을 평가하게 했다. 즉 이 실험에서는 (1) 참여자들 간의 상호 평가, (2) 집단의 최종 답안에 실제로 영향을 끼친 정도, (3) 외부 관찰자의 참여자 평가라는 세 가지 차원으로 참여자들의 사회적 지위를 매겼다

결과는 예측대로였다. 지배 혹은 명망 전략 가운데 어느 하나를 구사한 사람들은 높은 사회적 지위를 얻었다. 이들은 동료 구성원이나 외부 관찰자로부터 사회적 영향력이 더 커 보인다는 말을 들었을 뿐만 아니라, 집단의 의사 결정에 실제로 큰 영향력을 행사했다.[13]

마무리하자. 250만 년 동안 소규모의 평등주의적 사회에서 생활해온 인류의 진화 역사는 오늘날 우리가 리더십을 발휘하고, 리더십에 따르는 양상을 만들었다. 우리가 적절하다고 여기게끔 진화한 리더십과는 거리가 먼 리더십을 내세우는 리더는 종종 우리를 좌절시키고, 분노케 하고, 실망하게 한다. 왜 어떤 리더십은 성공하고 어떤 리더십

은 실패하는지 근본적인 해답을 얻고 싶다면 인류의 먼 과거를 짚어 볼 필요가 있다.

VI부

학습과 문화

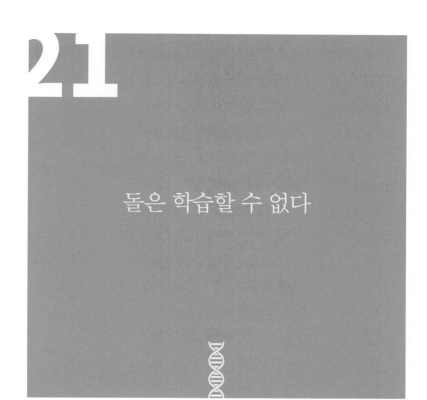

21

돌은 학습할 수 없다

학습 능력은 인간의
전매특허인가?

늑대벌*Philanthus triangulum*은 꿀벌 사냥꾼이다. 암컷은 멀리까지 날아가 꿀벌을 찔러 마비시킨 뒤 자기 굴로 가져온다. 지하 약 60센티미터까지 파 내려간 굴에는 보육실이 많다. 방마다 알을 하나씩 넣고 꿀벌을 둘씩 넣는다. 유충은 이 꿀벌을 파먹으며 성장한다. 여기서부터 문제가 발생한다. 암컷이 그 많은 꿀벌을 잡아 오려면 굴을 자주 비워야 한다. 복귀하는 길에 자기 굴을 찾지 못한다면 폭삭 망하는 셈이다. 사냥에서 돌아온 암컷은 어떻게 자기 굴 입구를 찾을까?

　동물행동학자 니콜라스 틴베르헌은 늑대벌이 사냥에 나설 때 굴 주변을 몇 바퀴 빙빙 돈다는 사실에 주목했다. 그는 늑대벌이 굴 주변의 주요한 지형지물을 눈여겨보면서 학습한다는 가설을 세웠다. 이 가설을 검증하고자 굴 입구 주위에 솔방울들을 둥글게 놓았다. 늑대벌은 그날따라 오랫동안 굴 위를 선회한 다음에 사냥을 나갔다. 늑대벌이 집을 비운 사이, 틴베르헌은 솔방울 고리를 옆으로 1미터 정도 옮겼다. 어떤 일이 벌어졌을까?

　사냥에서 복귀한 늑대벌은 옮겨진 솔방울 고리의 중앙 지점에 착륙했다. 그곳에서 굴 입구를 어떻게든 찾으려 발버둥을 쳤다! 이 실험 결과는 늑대벌 암컷은 사냥에 나서기 전에 굴 주변의 지형지물을 보고 학습함으로써 나중에 집을 잘 찾아서 돌아옴을 명확히 입증했다.[1] 흔히 동물은 본능에 의해 선천적으로 고정된 행동만 하지만, 인간은 뛰어난 학습 능력으로 다양한 행동을 후천적으로 습득한다고 믿는다. 좁쌀보다 작은 두뇌를 지닌 늑대벌은 이런 선입견을 간단히 무너뜨린다. 각 개체는 어른이 되어 제각기 다른 곳에다 굴을 판다. 따라서 태어나기 전에 자기 굴의 위치를 유전자에 아로새기기란 애초에 불가능하다.

　즉, 진화의 역사에서 생존과 번식을 좌우했던 많은 문제는 꼭 후천적으로 학습되어야 한다. 인간이건 다른 동물이건 말이다. 학습 역시 자연선택에 의해 진화한 심리적 적응임을 살펴보자.

모든 행동은 특정한
경험에 달려 있다

종종 대중 강연에서 청중으로부터 이런 질문을 받을 때가 있다. "그런데 그건 진화가 아니라 학습 때문인 거 같은데요?" 남성들이 젊고 아름다운 여성을 신붓감으로 원하는 까닭은 유전적 진화 때문이 아니라 우리 사회의 외모지상주의를 학습해서 그런 것 아니냐는 질문이다. 선천적으로 타고난 행동과 후천적으로 학습된 행동, 이 이분법은 뿌리가 깊다. 쉽게 떨치기 어렵다.

전통적인 사회과학 모델을 따르면, 선천적으로 타고난 행동은 자연선택에 의한 진화가 우리의 유전자에 새긴 본능이다. 졸리면 눈이 감기는 행동, 혹은 진수성찬을 보면 침이 고이는 행동처럼 누구나 어떤 상황에서나 무조건 하는 고정 레퍼토리다. 무엇보다도 경험과 무관하게 태어나면서부터 그냥 그렇게 주어진다.

전통적인 모델을 계속 따라가보자. 후천적으로 학습된 행동은 개체가 살면서 겪은 다양한 경험을 통해 만들어진다. 태어날 때 모든 사람의 마음은 텅 빈 백지상태다. 개인이 어느 사회와 문화에서 자랐는가에 따라 구체적인 내용이 백지에 채워진다. 그만큼 사람과 상황에 따라 가변적이고 유동적이다. 전통적인 모델은 패션, 요리법, 미의 기준, 지능, 성격, 가치관, 정치적 성향 등이 그 예라고 말한다.

이처럼 본성과 양육, 생물학과 문화, 선천성과 후천성을 칼로 자르듯 구별하는 전통적인 사회과학 모델은 왜 틀렸는가? 우선 학습을 정의하자. 학습은 경험을 통해 행동이 변함을 말한다. 아이가 구구단을 외우거나, 늑대벌이 굴의 위치를 익히거나, 돌고래가 조련사의 훈육으로 묘기를 부리게 되는 것 등은 모두 학습이다. 즉, 자연선택에 의한 진화는 선천적인 행동만 만들 뿐, 각 개인의 개별적인 경험에서 나오는 학습과는 아무 상관도 없다고 전통적인 사회과학 모델은 주장한다. 과연 그럴까?

어떤 환경에서든 무조건 나타나는 것처럼 보이는 본능적 행동조차도 실은 특정한 환경적 입력이 있어야만 일어난다. 특정한 환경요소가 없으면 발현되지 않는다. 일례로, 형제자매에 대한 *끈끈한 정*은 그야말로 유전자에 새겨진 천성 같다. 천하의 망나니라도 자기 친형제만큼은 아끼고 돌봐준다. 놀랍게도, 친동기간의 우애 역시 가까운 혈연을 알려주는 환경적 정보를 '학습한' 결과다. 인류의 진화 역사에서 부모는 각기 다른 나이의 어린 자식들을 한 보금자리에서 함께 키웠다. 따라서 생후 6~10세에 이르기까지 내가 누군가와 줄곧 한집에서 함께 자랐다는 사실은 그 사람과 내가 피를 나눈 친동기 사이임을 암시하는 강력한 단서가 된다.

"어릴 때 한솥밥을 먹고 자란 동년배에게는 친밀하게 대하라."라는 지침은 우리의 먼 조상들이 겪었던 웬만한 '정상적인' 환경에는 잘 작동했다. 이 지침은 낯설고 새로운 '비정상적인' 환경에선 휴지 조각이 된다. 태어나자마자 다른 가정에 입양되어 자란 친동기를 어른이 되어 만나면 아무래도 데면데면함은 잘 알려져 있다. 이는 친동기를 향한 *끈끈한 정*은 무조건 타고난 본능이 아니라 '어릴 때 한집에서 자람'이라는 특정한 환경적 입력을 잘 학습한 결과임을 보여준다.[2]

요컨대, 경험과 상관없이 막무가내로 발현되는 본능적 행동은 없다. 모든 행동은 특정한 환경적 입력을 전제로 한다. 만약 그 환경적 입력을 박탈하면(예컨대 친동기가 각기 다른 가정에 입양되어 '어릴 때 한집에서 자람'을 경험하지 못하면) 행동은 정상적으로 발현되지 않는다.

모든 행동은 특정한 경험에 의존하므로, 경험에 대한 반응성 유무로 타고난 행동과 학습된 행동을 나누는 이분법은 잘못되었다.[3]

학습 기제는 진화된
심리적 적응이다

본성과 양육 사이에 높은 장벽을 치는 이분법이 잘못되었다면, 둘의 관계를 올바르게 이해하는 길은 무엇일까? 흔한 정답은 본성과 양육이 상호작용하여 행동을 만든다고 본다. 즉, 둘이 동등한 파트너 관계라는 것이다. 이는 물론 정답이지만, 김빠진 콜라처럼 아쉽다. 양육이 하늘에서 내려와서 신통한 영향력을 발휘하는 존재인 양 오해를 불러일으키기 때문이다. 사실, 양육은 본성에 의해 만들어진다. 환경은 그냥 환경일 뿐이다. 개체를 특정한 환경에 갖다 놓았다고 해서 학습이 저절로 이루어지는 게 아니다. 학습을 가능케 하는 심리적 적응이 있어야 비로소 학습이 이루어진다(2장 '진화심리학이란 무엇인가?' 참조).[4]

예를 들어보자. 높은 곳에 대한 공포는 태어날 때부터 있는 것이 아니다. 아기들은 생후 6개월 정도가 되어야 높은 곳에 대한 공포를 학습한다. 왜 그럴까? 생후 6개월이라는 시기는 아기들이 혼자서 기어다니기 시작하는 시기와 일치한다. 즉, 부모가 잠시 한눈파는 사이에 아기가 빨빨대며 돌아다니다가 위험한 곳을 만나도 혼자서 피할 수 있어야 생존에 유리하기 때문이다.

심리학자들은 나이가 각기 다른 아기들을 투명 유리로 된 탁자 위에 놓고 실험했다. '시각 절벽Visual Cliff 실험'으로 불리는 이 실험은 탁자의 절반까지만 바로 아래에 벽지를 붙여서 마치 절벽처럼 보이게 만들었다. 실험 결과, 생후 6개월 이전의 아기들은 '절벽'의 안쪽과 바깥쪽을 자유롭게 드나들었다. 6개월 이후의 아기들은 절벽을 건너길 주저하고 몹시 겁을 냈다.[5] 높은 곳에 대한 공포를 학습하는 사례는 개체를 아무 환경에나 갖다 놓기만 하면 무엇이든지 마법처럼 척척 학습하지는 않음을 잘 보여준다. 높은 곳은 그저 높은 곳일 뿐이다. 높은 곳에 위치했을 때 아기는 행복해할 수도 있고, 질투할 수도 있고, 잠들 수도 있다. 아기가 하필이면 공포심을 느끼는 까닭은 높은 곳을 경험한 다음부터는 높은 곳을 계속 기피하게끔 행동이 변하는 편이 진화 역사에서 생존과 번식에 유리했기 때문이다.

학습은 저절로 이루어지지 않는다. 과거의 진화적 환경에서 번식에 도움이 되었던 방향으로 학습이 이루어지게끔 하는 심리적 적응이 있어야 비로소 학습이 이루어진다. 자연선택에 의한 진화는 우리가 무엇을 학습할지, 어떻게 학습할지, 얼마나 잘 학습할지 등을 적응적으로 설계한다.

학습 기제는 하나가 아니라 대단히 많다

전통적인 사회과학 모델은 무엇이든지 똑같은 효율로 학습하게 하는 단 하나의 범용 학습 기제가 존재한다고 주장한다. 이를테면, 긍정적인 행동을 하면 보상을 받고 부정적인 행동을 하면 처벌을 받는 단순한 학습 기제가 아이로 하여금 모국어를 습득하게 하고, 높은 곳을 무서워하게 하고, 친동기를 사랑하게 한다고 본다. 행동주의 심리학자 B. F. 스키너Burrhus Frederic Skinner는 아이가 올바른 문장을 말하면

("나, 밥 안 먹어.") 부모로부터 칭찬을 듣고, 틀린 문장을 말하면("나, 안 밥 먹어.") 핀잔을 듣는 과정을 통해 모국어가 습득된다고 주장했다.

이 주장엔 문제가 있다. 진화 역사에서 우리가 배워야 했던 것들은 수없이 많고 다양했다. 단 하나의 학습 기제가 이 많은 일을 동시에 다 완벽히 수행하리라고 기대하기는 어렵다. 각각의 일에 맞추어 전문화된 여러 학습 기제를 골고루 갖추는 편이 더 효율적이다.

예를 들어, 친동기를 사랑하게 하는 심리적 적응은 나이가 다른 어린 자식들이 한집에서 줄곧 함께 자란 진화적 환경에 딱 맞추어져 있다. 높은 곳을 두려워하는 심리적 적응은 아기가 생후 6개월부터 혼자서 기어 다니기 시작한 진화적 환경에 딱 맞추어져 있다.

우리의 조상들이 풀어야 했던 단 하나의 범용 문제는 애초부터 없었다. 우리의 조상들은 각기 다른 수많은 문제를 풀어야 했다. 따라서 학습 기제는 하나가 아니다. 매우 많다. 이들은 각각 자신이 담당하는 문제만 잘 해결하게끔 전문화되어 있다.

태어날 때부터 있어야 진화의 산물?

어떤 형질이 자연선택에 의해 만들어진 적응이라면, 그 형질은 태어날 때부터 반드시 있어야 한다고 흔히들 생각한다. 만약 아기가 태어날 때에 어떤 형질이 없었다면, 이는 그 형질이 '후천적으로 학습'되었음을 보여주는 강력한 증거라고 여긴다. 예컨대, 돌 이전의 갓난아기들은 아무 음식이나 입으로 가져간다. 하지만 아이가 네 살이 되면 입에 가져가는 음식물의 범위가 크게 줄어든다. 곧, 생후 2~3세는 음식에 대한 선호를 학습하는 결정적인 시기다. 이 기간 동안에 어떤 음식을 먹지 않으면 어른이 되어서도 그 음식을 멀리하게 된다(어릴 때 번데기를 먹어본 적이 없는 내 아내는 지금도 번데기라면 기겁을 한다). 많은 사람이 이 사실로부터 음식에 대한 호불호는 진화의 산물이 아니라 후천적인 학습의 결과라고 결론을 내린다.

여기에 숨은 가정은 이렇다. 유전적으로 진화된 적응은 반드시 출생 이전에 임무를 다 끝내야 하며, 출생 이후에는 조금이라도 작동하면 안 된다는 가정이다. 이 가정은 물론 틀렸다. 치아, 젖가슴, 겨드랑이 털, 울대뼈는 모두 자연선택에 의해 진화된 적응이다. 그러나 이들은 모두 태어나고 한참 지나서야 생긴다. 아기에게 이가 나는 것은 부모의 가정교육 덕분인가? 청소년에게 겨드랑이 털이 나는 것은 포르노그래피를 학습해서인가?

적응이 꼭 세상에 태어나자마자 한꺼번에 나타나야 할 이유는 어디에도 없다. 인생의 각 단계 가운데 먼 과거의 환경에서 그 적응이 꼭 필요했던 시점에 맞추어 비로소 나타나게끔 자연선택이 섬세하게 적응을 설계했을 것이다. 앞에서 우리는 혼자서 기어 다니기 시작하는 생후 6개월이 되어서야 아기들은 비로소 높은 곳에 대한 공포를 학습함을 살펴보았다. 또 다른 예로, 신생아는 입에 들어온 것을 뭐든지 빠는 빨기 반사를 지니지만 성적 욕망은 없다. 청년들은 성적 욕망을 지니지만 빨기 반사는 없다.[6] 요컨대, 태어날 때부터 어떤 형질이 있다는 사실은 진화적 과거에 그 형질이 태어날 때에도 필요했음을 의미할 뿐이다. 결코 그 형질이 자연선택에 의해 진화된 적응이 아님을 의미하진 않는다.

돌은 학습할 수 없다

이제 정리해보자. 선천적으로 고정된 행동과 후천적으로 학습된 행동을 나누는 이분법은 잘못되었다. 선천적인 행동은 경험과 무관하게 일어난다는 선입견과 달리, 모든 행동은 특정한 경험에 의존하기 때문이다. 개체는 들어오는 자극이라면 무엇이든지 똑같은 효율로 학습하지 않는다. 무엇을 어떻게 잘 학습할지 지정하는 심리적 적응이 있어야 비로소 학습이 이루어진다. 즉, 학습 기제는 진화된 심리적 적응이다. 진화의 역사에서 우리가 학습해야 했던 문제들은 수없이 많고 다양했으므로, 이에 따라 각각의 영역에 전문화된 학습 기제들이 매우 많이 진화하였다. 태어날 때부터 어떤 형질이 없으면 그 형질은 진화의 산물이 아니라 학습의 소산이라는 통념도 잘못되었다.

　이것만 기억하면 된다. 학습된 행동은 진화된 행동과 대척점에 있지 않다. 어떤 행동이 진화로 설명되지 않는다면, 이는 자동적으로 그 행동이 학습으로 설명됨을 뜻한다고 생각하면 큰 착각이라는 말이다. 돌은 학습할 수 없다. 꿔다놓은 보릿자루는 학습할 수 없다. 학습은 과거의 진화적 환경에서 특정한 경험에 반응하여 적응적인 행동 변화를 일으키도록—예를 들어, 어린 시절에 한집에서 생활한 동년배를 유독 아끼고 보살피게끔—자연선택에 의해 설계된 심리적 적응에서 유래한다. "본능을 따르는 동물과 달리, 인간은 뛰어난 학습 능력으로 만물의 영장이 되었다." 이런 잘못된 주장은 이제 박물관에 고이 모실 때가 된 것이다.

22

우리는 왜 학교에 가는가?

진화의 관점은 학교 교육에
어떤 시사점을 주는가?

당신은 넓은 벌판에서 권총을 들고 서 있다. 정면을 겨누고 지표면과 평행하게 한 발을 쏜다. 그와 동시에 또 다른 총알을 같은 높이에서 아래로 떨어뜨린다. 총에서 발사된 총알은 수백 미터 멀리에, 떨어뜨린 총알은 바로 당신 발밑에 떨어질 것이다. 어느 총알이 먼저 땅에 도달할까? 총으로 쏜 총알? 그냥 떨어뜨린 총알?

대다수 사람은 떨어뜨린 총알이 총에서 발사된 총알보다 먼저 땅에 닿으리라고 예측한다. 총에서 발사된 총알은 앞으로 나아가는 힘이 있어서 공중에 조금 더 오래 머무를 것이라고 추론하기 때문이다. 솔직히 필자도 이렇게 예측했다. 맙소사! 틀렸다. 정답은 "둘 다 동시에 땅에 도달한다."이다. 총에서 발사된 총알에만 작용하여 총알이 공중에 더 오래 있게 해주는 힘은 따로 없다. 중력이 두 총알에 공통으로 작용하여 동시에 땅에 닿게 한다.[1] 변명 같지만, 필자만 틀린 게 아니다. 필자의 옆방을 쓰시는 교육학 전공 교수님께도 이 문제를 여쭈었더니 틀리셨다.

왜 많은 사람이 이 문제를 틀릴까? 문제를 너무 배배 꼬아놓아서? 그러기는커녕, 이 문제는 물체의 낙하를 단순 명쾌하게 묻는 문제다. 과학에 대한 잘못된 정보가 난무하는 시대라서? 트럼프 미국 대통령이 대놓고 기후변화를 부정하는 등 확실히 그런 측면이 있긴 있다. 하지만 왜 애초에 과학 지식이 대중에게 잘 스며들지 못하는가에 대해선 여전히 물음표가 남는다. 사람들이 이 문제를 틀리는 주된 이유는 물체는 외부로부터 '힘' 혹은 이른바 '임페투스impetus'를 부여받음으로써 비로소 운동하게 된다는 잘못된 직관적 믿음을 우리가 어릴 때부터 발달시키기 때문이다. 그냥 떨어뜨린 총알과 달리, 총에서 발사된 총알은 앞으로 나가는 힘을 전달받아서 내부에 저장했다. 이 힘이 다 소모되면 그제야 총알은 힘없이 수직으로 급강하리라고 사람들은 예측한다(애니메이션에서 절벽 너머로 질주한 악당이 문득 자신이 허공에 떠 있음을 깨닫고 갑자기 추락하듯이 말이다).[2]

이러한 직관적 믿음은 뉴턴의 관성의 법칙, 즉 정지한 상태는 운동하는 상태의 특수한 사례일 뿐이며 물체는 외력이 없는 한 자신의 원래 운동 상태를 영원히(!) 유지한다는 과학 법칙에 반한다. 그러거나 말거나, 우리의 진화적 조상들은 공을 손가락으로 밀면 마찰력 때문에 공이 좀 굴러가다 멈추는 세상에서 살았다. 그들에게는 물체의 운동에 대한 잘못된 직관적 믿음의 하나인 '임페투스' 이론이 세상을 충분히 잘 설명했을 것이다.[3]

우리의 조상들이 직면했던 먼 과거의 세상은 사람, 동식물, 사물, 수량, 언어 등 다양한 영역으로 이루어져 있었다. 우리는 성공적인 번식에 도움이 되었던 다방면의 지식을 저절로 쉽게 학습하게끔 자연선택에 의해 설계되었다. 우리는 모두 직관적인 물리학자, 생물학자, 지구과학자, 심리학자, 공학자 그리고 수학자이다. 문제는, 이처럼 자연적으로 얻게 되는 지식이 종종 틀린다는 것이다.[4]

아이들이 먼 과거의 환경에서 번식에 중요했던 특정한 지식을 선천적으로 잘 습득하게끔 태어난다는 사실은 왜 장기간에 걸친 정규 교육과정이 소기의 성과를 얻지 못하는가에 대해서도 유용한 시사점을 준다. 진화의 관점은 학교 교육에 어떻게 도움이 될 수 있을까? 이를테면, 왜 그토록 많은 아이가 수학 포기자가 되는가? 왜 십여 년간 한국어를 배워온 어른들이 글쓰기를 두려워하는가? 왜 적지 않은 사람이 시간에 따라서 종이 진화한다는 사실을 도저히 믿을 수 없다고 불평하는가?

아이들은 먼 과거의 환경에서 적응적이었던 지식을 쉽게 잘 배우게끔 태어난다

요즘 아이들은 바쁘다. 취학 전에 '영어 유치원'을 다닌다. 한글, 수학 학습지를 푼다. 과학, 태권도, 피아노, 미술, 논술, 발레, 중국어 학원에 다닌다. 4차 산업혁명에 대비하기 위해 코딩 조기교육도 빼놓을 수 없다. 이처럼 "아이들 교육은 빠를수록 좋다."는 태도에는 태어날 때의 마음이 아무것도 쓰여 있지 않은 백지상태라는 가정이 깔려 있다. 텅 빈 상자 같은 아이들이 교실에 들어온다. 머릿속에 지식이 차곡차곡 쌓인다. 나중에 시험 시간이 되면 지식을 꺼내어 답안을 작성한다. 어려서부터 지식을 많이 축적한 아이가 이긴다.[5] 엄마의 정보력, 아빠의 무관심, 할아버지의 돈 그리고 아이의 체력이 자식을 명문대에 입학시키는 비결이라고들 한다.

그러나 아이들은 텅 빈 상자가 아니다. 수백만 년 전 수렵-채집 환경은 가족, 내집단과 외집단, 표정, 언어, 동물, 식물, 인공물, 무기물, 시공간, 수량, 기하, 셈 등 잡다한 것으로 가득 찬 이질적인 세상이었다. 그래서 인간은 각 영역에서 생존과 번식에 중요했던 정보들 그 자체에 흥미를 가졌고 잘 습득하게끔 진화하였다. 보상과 처벌이 없어도, 그냥 이유 없이 어떤 일이 재미있는 것이다. 이를테면, 아이들은 누가 시키지 않아도 친구와 수다 떨기나 운동장에서 뛰어놀기를 너무나 사랑한다. 옛날에는 이런 일들이 각각 사회적 지능과 운동 능력을 향상하는 지름길이었기 때문이다.[6]

각 영역에서 선택적으로 정보를 처리하는 인지 체계는 각 영역에서 세상이 어떻게 작동하는지 설명해주는 틀인 이른바 '직관 이론intuitive theory'을 만들어낸다. 이러한 직관 이론에는 직관 물리학, 직관 생물학, 직관 심리학, 직관 공학, 직관 수학, 직관 경제학, 언어 등이 있다. 직관 이론은 아이가 학교에서 어떤 현상에 대한 과학 이론을 배우기 전에 그 현상이 왜 일어나는지 나름대로 품는 추측이다. 앞에서 보았듯이, 아이들은 물체를 밀거나 당기면 물체가 조금 움직이다가 마찰력 때문에 멈추는 모습들을 수없이 보아왔다. 이로부터 "물체는 외부로부터 '힘'을 부여받아야만 움직인다."는 직관 이론을 발달시킨다.[7]

직관 이론은 그냥 잘못된 지식—예컨대 "성인은 뇌의 10퍼센트만 사용한다."는 틀린 정보—과 뚜렷이 구별된다. 첫째, 직관 이론은 논리적이고 일관된 믿음들의 체계다. 둘째, 시대와 문화를 막론하고 직관 이론은 모든 정상인의 마음속에 어려서부터 자연스럽게 자리 잡는다. 셋째, 직관 이론은 튼튼해서 이를 반증하는 증거나 주장을 접해도 잘 바뀌지 않는다. 앞의 예를 계속 들면, 총에서 발사된 총알이 외부에서 '힘'을 부여받지는 않았다는 관성의 법칙을 들으면 많은 일반인이 내심 못 미더워한다.[8] 요컨대, 소규모 사회에서 수렵-채집 생활을 했던 우리의 조상들에겐 학교가 따로 없었다. 성공적으로 번식하기 위해 삶의 다양한 영역에서 필요했던 지식을 배우는 일에는 별다른 보상이 없어도 강한 동기가 부여되고, 학습 자체도 식은 죽 먹기처럼 이루어지게끔 우리의 마음이 진화하였다.

학교는 우리가 잘 배우게끔 타고나지 않은, 현대 생활에서 필요한 지식을 배우는 곳

학교는 호모 사피엔스*Homo sapiens*에겐 낯설다. 한곳에 아이들을 모아놓고 지식을 체계적으로 가르치는 행위는 고작 수천 년 전에 만들어진 발명품이다. 전 국민이 적어도 초등교육을 반드시 이수하게끔 하는 제도는 겨우 200여 년 전부터 시작되었다. 진화발달심리학자 데이비드 비요크룬드David Bjorklund가 말했듯이, "아이들은 연령별로 나누어진 교실에서 책상 앞에 얌전히 앉아서 낯선 비친족 어른으로부터 장시간 교육을 받게끔 진화하지 않았다."

왜 학교는 아이들에게 독서, 작문, 외국어, 수학, 과학, 사회, 기술, 체육, 예술 등을 가르칠까? 각 영역에서 정보를 처리하는 인지 체계들에 바탕을 두어 인류는 지난 1만 년 동안 눈부신 학문적, 기술적인 진보를 이루었다. 몇몇 영역에서는 직관 이론이 해당 학문 분야를 꽃피우는 올바른 토대가 되었다. 예를 들어, 모든 아기는 세 개 정도의 물체를 활용해 간단한 덧셈 혹은 뺄셈을 하는 능력을 저절로 발달시킨다. 물론 이러한 계산 능력은 수학의 발전을 이끌었다.

다른 많은 영역에서, 직관 이론은 과학적으로 틀린 첫걸음을 내딛게 했다. 임페투스 이론이 뉴턴역학으로 부정되었음은 이미 살펴보았다. 또 다른 예로, 사람들은 생물의 내부에 그 생물이 살아서 움직이게 만드는 본질이 내재해 있다는 직관 생물학을 발달시킨다. 이러한 본질주의 이론은 종은 불변하지 않으며 시간에 따라 진화한다는 현대 진화생물학과 어긋난다.

이제 학교의 존재 이유에 다다랐다. 학문적, 기술적 진보를 통해 축적된 지식과 기술이 세대를 거쳐 전승됨에 따라 사회 안에 하나의 균열이 생겼다. 각 영역에서 특화된 인지 체계를 통해 누구나 저절로 갖게 되는 '1차 지식primary knowledge'과 관찰과 실험 등을 통해 학계에 확립되고 전파되는 '2차 지식secondary knowledge' 사이의 틈이 점차 커졌다. 진화교육심리학자 데이비드 기어리David Geary에 따르면, 학교는 이 틈을 메우기 위함이다. 즉 아이들이 저절로 잘 배우게끔 타고나지는 않은, 그러나 사회에서 유능한 구성원으로 자라는 데 꼭 필요한 '2차 지식'을 아이들에게 가르치기 위한 체계가 학교 교육이다. 잠시 정리하자면, 학교는 우리가 저절로 잘 배우는 일차 지식과 명시적인 지도와 반복 학습을 통해 애써 익히는 이차 지식 사이의 틈을 메우는 곳이다. 이제 각 영역에서 정보를 처리하는 인지 체계가 만들어내는 다양한 직관 이론 가운데 일부를 살펴보자.

언어 :
듣고 말하기는 쉽다, 읽고 쓰기는 어렵다

듣고 말하기는 참 배우기 쉽다. 이를테면, 영어 사용자들에게 한국어는 습득하는 데 극악의 난이도를 자랑하는 언어라지만 우리 한국인에겐 먼 이야기다. 지구상 어디서나 아이들은 생후 두 살이 되면 말문이 트인다. 네 살이 되면 온종일 재잘대서 부모의 혼을 쏙 빼놓는다. 어떤 엄마는 아기가 빨리 말을 터득하길 바라는 마음에 말 못 하는 갓난아기를 붙잡고 끊임없이 대화(?)를 나눈다. 사실, 별로 신경 쓸 필요 없다. 그저 아기가 자라면서 어른들이 하는 이야기를 어깨너머로 이따금 듣게 해주면 그만이다. 이러한 입력 정보만 주어지면 모든 정상적인 아기는 일정한 시기가 되면 모국어를 유창하게 듣고 말하게끔 자연선택에 의해 설계되었다. 고고학적, 신경학적, 해부학적 증거들은 음성 언어가 적어도 10만 년 전에 출현한 심리적 적응임을 입증한다.[9]

애석하게도, 문자를 읽고 쓰기는 배우기 어렵다. 말로는 부모를 쥐락펴락하는 유아들이 한글을 익히느라 몇 년을 고생한다. 아이 방에 한글 학습지, 연필, 종이 들을 잔뜩 쌓아놓기만 하면 어느 날 홀연히 아이가 한글을 깨우치는 게 아니다. 오랫동안 〈한글이 야호〉 같은 교육방송 프로그램도 보고, 한글 학습지도 꾸준히 풀고, 부모로부터 혼도 좀 나야 간신히 한글을 배운다. 한글을 다 깨쳤다 하더라도 글쓰기는 여전히 어려워한다. 요즘 우리 사회에 글쓰기 요령을 전하는 강좌나 실용서가 주목받는 모습은 그만큼 글쓰기가 사람들에게 커다란 두통거리임을 알려준다. 글쓰기가 말하기만큼 쉬웠다면《대통령의 글쓰기》나《유시민의 글쓰기 특강》같은 책들이 결코 베스트셀러가 되지 못했을 텐데!

　문자는 겨우 8,000여 년 전에 처음 발명되었기 때문에 글을 읽고 쓰기에 특화된 심리적 적응이 진화할 시간은 없었다. 신경과학자들은 시각 정보를 처리하는 등 다른 목적을 수행하게끔 진화된 심리적 적응들이 글을 읽을 때도 동원됨을 밝혀냈다. 글을 읽을 때 우리는 종이 위에 쓰인 단어(예: '전화'라는 글자)를 보고 이 상징이 가리키는 실제 사물의 이미지(예: ☎)를 뇌의 저장고에서 꺼낸다. 단어가 내는 소리 (예: '전화'라는 소리)에 이 이미지(예: ☎)를 연결함으로써 비로소 단어의 뜻을 이해하게 된다. 실제로 사물의 형상 같은 시각 정보 처리에 관여하는 뇌의 부위인 측두엽과 후두엽이 글을 읽을 때도 활성화된다.[10] 그림 그리기를 좋아하는 유아들이 대개 한글도 빨리 읽는다는 사실은 그래서 흥미롭다. 요컨대, 일차 지식에 해당하는 듣고 말하는 능력은 언어에 특화된 심리적 적응 덕분에 저절로 쉽게 배울 수 있다. 이차 지식에 해당하는 읽고 쓰는 능력은 다른 기능에 특화된 심리적 적응들을 임시변통으로 끌어다 쓰기 때문에 명시적인 지도와 고된 훈련을 거쳐야만 간신히 배울 수 있다.

직관 수학 :
초보적인 수학 능력은 있지만 학교에서 배우는 수학은 어렵다

기쁜 소식이다. 인간은 1부터 3(혹은 4)까지 수를 세고, 1부터 3(혹은 4) 사이에서 빼고 더하고, 양의 많고 적음을 비교하고, 더하면 양이 많아지고 빼면 양이 줄어듦을 이해하는 심리적 적응을 진화시켰다. 이런 기초적인 수학적 능력들은 따로 연습하지 않아도 영유아기의 특정 시기에 저절로 나타난다. 실행 과정도 매끄럽게 무의식적으로 이루어진다. 아이들은 이런 지식을 익히고 통달하게끔 강하게 동기부여가 되어 있다. 이런 의미에서, 모든 사람은 '수학 유전자'를 지니고 태어난다고 할 수 있다. 사실, 이처럼 초보적인 수학 능력은 번식에 도움이 될 것이므로 인간이 아닌 다른 동물들에게서도 자연스럽게 발달하리라 기대된다. 실제로 다른 영장류나 조류에서 초보적인 수학 능력이 확인되었다. 붉은털원숭이는 사과 조각이 각각 세 개와 네 개가 들어 있는 두 그릇 가운데 항상 후자를 선택했다.[11]

생후 다섯 달이 된 아기들도 작은 수를 더하거나 빼는 능력이 있음이 발달심리학자 캐런 윈Karen Wynn이 행한 일련의 실험을 통해 확인되었다. 작은 무대를 보고 있다고 상상해보자. 누군가의 손이 내려와 무대 위에 뽀로로 인형을 하나 놓는다. 차단막이 올라와 뽀로로 인형을 시야에서 가린다. 그리고 또 다른 뽀로로 인형을 쥔 손이 공중에서 내려와서 차단막 뒤에 인형을 놓는다. 빈손이 퇴장한다. 이제 차단막이 치워진다. 인형은 몇 개 있을까? 1+1=2를 아는 사람이라면, 당연히 두 개가 있으리라 예측할 것이다. 만약 무대에 인형이 한 개나 세 개 놓여 있다면 눈을 휘둥그레 뜨고 놀라워할 것이다. 다섯 달 된 아기들도 마찬가지로 행동했다. 즉 작은 수를 더하거나 빼는 능력이 있는 사람에겐 불가능하게 비추어지는 사건이 일어났을 때는 생후 다섯 달 된 아기들도 무대를 더 오래 쳐다보았다.[12]

이제 슬픈 소식이다. 지난 수천 년간 인류가 쌓아 올린 수학 법칙과 발견 들은 워낙 최근의 발명품이므로 우리가 이들을 잘 배우게끔 진화하지는 않았다. 수학 교과서를 온통 차지하는 이런 지식들에는 십진법, 받아 올림이나 받아 내림이 있는 덧셈과 뺄셈, 곱셈, 나눗셈, 분수, 지수, 확률, 퍼센트, 이차함수, 미적분 등이 있다. 이들을 숙달하려면 명시적인 가르침과 지속적인 반복 학습이 필요하다. 대다수 사람은 세 자리 이상의 큰 수를 더하고, 빼고, 곱하고, 나누는 일에서 아무런 즐거움도 느끼지 못한다. 그렇지만 다량의 물품을 생산하거나 유통하는 현대사회에서 유능한 구성원으로 기능하려면 정규 교육을 통해 큰 수를 다루는 법을 울며 겨자 먹기로 배워야 한다.

직관 생물학:
본질주의적 사고는 현대 생물학을 이해하는 데 장애물이 된다

얼마 전에 나갔던 어떤 모임에서 생긴 일이다. 필자가 진화심리학을 전공한다고 소개했다. 한 분이 호기심과 당혹감이 뒤섞인 표정으로 날 쳐다보더니 이렇게 말했다. "설마 생물이 진화했다고 정말로 믿는 건 아니시겠죠?"

생명현상을 이해할 때 어린이들이 자연스럽게 품는 직관 이론 가운데 가장 대표적인 것은 본질주의essentialism이다. 생물의 모든 특성은 내부 어딘가에 숨겨진, 눈으로 볼 수 없는 본질에 의해 결정된다는 믿음이다. 유기체의 본질은 고정불변하고(한 번 호랑이면 영원히 호랑이

다), 균일하고(모든 호랑이는 근본적으로 똑같다), 불연속적이고(호랑이는 다른 동물들과 근본적으로 다르다), 천부적이라고(호랑이다움은 태어나면서부터 있다) 간주된다. 예컨대, 취학 전 유아들은 소와 돼지는 각기 다른 본질을 지닌다고 생각한다. 소의 본질이 소가 뿔이 나게 하고, 돼지의 본질이 돼지가 꿀꿀 소리를 내게 한다고 믿는다.[13]

생물의 외형이나 행동이 달라지더라도 본질은 변치 않는다는 본질주의적 사고는 전 세계의 전래동화에서도 쉽게 찾을 수 있다. 〈미운 오리 새끼〉, 〈개구리 왕자〉, 〈콩쥐 팥쥐〉, 〈미녀와 야수〉, 〈소가 된 게으름뱅이〉, 〈호랑이 형님〉 등이 그 예다. 게으름뱅이가 쇠머리 탈을 쓰는 바람에 소가 되었지만, 사람의 본질은 그대로이기 때문에 다시 사람으로 돌아가려 애쓰는 대목은 본질주의를 잘 보여준다.[14]

물론 본질주의적 사고는 과학적으로 틀렸다. 단순히 틀렸으니 덮어두면 끝나는 문제가 아니다. 일반 대중은 현대 생물학의 지식을 접할 때도 여전히 자신에게 친숙하고 자연스러운 직관 이론(본질주의)의 틀을 부지불식간에 적용하기 때문에 현대 생물학을 오해하고 회의하기 쉽다.

예컨대, 아이들은 유기체의 내부에 본질이 있음을 '알지만' 정확히 어디에 있는지는 모른다. 반면에 어른들은 '유전자=본질'이라고 생각한다. 사람들이 유기체의 본질에 부여하는 속성 가운데 상당수는 유전자의 속성이 아닌데도 말이다. 그래서 사람들은 유전자는 고정불변하므로 종이 다른 종으로 진화하는 일은 있을 수 없다고 생각한다. 유전자는 균일하므로 한 종에 속한 개체 간의 차이는 무의미하다고 생각한다. 유전자는 천부적이므로 태어날 때 없었던 형질은 전적으로 외부의 환경에서 유래한다고 생각한다. 말할 필요 없이, 이처럼 잘못된 직관 이론을 적용하여 현대 과학을 이해하고자 하는 태도는 흔히 과학에 대한 회의와 불신을 낳는다.[15] 필자에게 어떻게 (비상식적인) 진화 이론을 받아들이냐고 진지하게 물었던 어떤 분처럼 말이다.

　정리하자. 학교 교육은 우리가 잘 배우게끔 타고나지는 않은 지식, 그러나 현대 산업사회에서 꼭 필요한 지식을 효율적으로 습득하게끔 도와주는 작업이다. 수백만 년 전 소규모 수렵-채집 사회에서 진화한 우리 아이들은 다양한 연령대의 친구들과 어울리면서 자발적인 놀이와 탐색을 통해 지식을 습득하는 일에 강한 흥미를 느끼게끔 진화하였다. 아이들에게 맞는 효율적인 교수법을 개발하려면 이러한 진화적 배경을 고려할 필요가 있다. 그뿐만 아니라, "학습은 본래 즐겁다."거나 "맹목적인 암기보다는 개념을 이해해야 한다."는 일반적인 명제와 달리, 로그함수를 미분하기처럼 진화적으로 생소한 지식을 얻기 위해서는 명확하고 상세한 가르침, 철저한 반복 훈련, 외부적 보상이 어느 정도 필수적임을 인정할 필요가 있다. 아이들은 로그함수를 어떻게 미분하는지 누가 따로 가르쳐주지 않아도 그 해법을 혼자서 잘 찾아내게끔 진화하지 않았기 때문이다. 학생들이 잘 배우게끔 타고나지 않은 지식을 어떻게 효과적으로 가르칠지 고민하는 곳이 학교다.

23

문화는 생물학이다

인간은 지구 어디에나 있다. 이 기이한 영장류는 그 어떤 육상 척추동물보다 더 넓은 서식 범위를 자랑한다. 인류의 조상은 아프리카에서 수백만 년을 보냈다. 약 6만 년 전, 그들은 갑자기 전 세계 곳곳으로 대이주를 시작했다. 여전히 사냥과 채집에 기댔던 그들은 북극해의 살을 에는 툰드라에서 오스트레일리아의 황량한 사막까지 거의 모든 곳을 점령했다. 농업이 시작되고 국가가 세워지고 문명이 성립한 것은 한참 후인 1만 년 전부터였다.[1] 인간은 어떻게 낯선 자연환경에 그토록 잘 적응할 수 있을까? 누구나 쉽게 떠올리는 답이 있다. "인간은 똑똑하니까." 놀랍게도, 생전 처음 겪는 환경에서 혼자서 도구를 만들거나 길을 찾는 데 필요한 물리적 인지능력에서 인간은 침팬지와 별 차이가 없다.

예를 들어, 사물이 놓였던 장소를 기억하거나, 물건의 많고 적음을 가려내거나, 도구를 써서 멀리 있는 음식물을 손에 넣는 과제는 인간이나 침팬지나 도긴개긴이다.[2] 즉, 인간이 거둔 엄청난 생태적 성공은 결코 인간이 수리와 과학탐구 영역에서 침팬지보다 월등히 높은 점수를 올려서가 아니다. 못 믿겠다면 사고실험을 해보자. 나영석 피디가 새로운 예능 프로그램을 시작했다고 가정하자. 이름하여 '꽃보다 생존'. 나 피디는 당신과 당신의 친구 19명을 납치했다. 중남미 코스타리카 정글에서 살던 카푸친원숭이 20마리도 납치했다. 그리고 중앙아프리카의 정글로 날아가서 한국인 20명과 원숭이 20마리를 각기 다른 곳에 내려놓고 가버렸다.

프로그램의 규칙은 두 팀 모두에게 어떤 문명의 이기―휴대전화, 성냥, 칼, 구두, 안경, 물통, 그릇, 총, 약, 텐트 등등―도 허용하지 않는 것이다. 2년 후 제작팀이 정글에 다시 방문했을 때 더 많이 살아남은 팀이 이기게 된다. 입고 있던 옷은 인간적으로 눈감아주었다. 자아, 어느 팀이 이길까? 아마도 당신이 속한 인간 팀이 패할 것이다. 화살이나 그물, 보금자리, 낚싯바늘을 만드는 법을 아는가? 어떤 식물이나 동물이 독을 품고 있는지 구별할 수 있는가? 성냥불 없이 불을 피울 수 있는가? 밤에 포식자로부터 어떻게 자신을 지킬 것인가? 식수를 구할 방법은 있는가?[3]

사실, 이 사고실험에서 인간 팀의 시나리오는 그동안 여러 차례 현실화되었다. 극지방, 밀림, 사막 등의 오지로 떠난 과거 유럽의 탐험가들은 종종 조난을 했다. 졸지에 수렵-채집 생활을 강요받은 그들은 낯선 환경에서 음식물을 못 구하거나 위험을 피하지 못해서 목숨을 잃었다.

예를 들어, 1845년에 존 프랭클린John Franklin은 129명의 대원을 이끌고 북극 탐험에 나섰다. 이들이 탄 배는 얼음에 밀려 북극 어느 섬에 갇혔다. 배를 버리고 육로로 탈출을 시도했다. 결국 굶주림과 괴혈병으로 전원 사망했다. 안타깝게도 이 섬에는 동물 자원이 매우 풍부했다. 이누이트 원주민들이 1,000년 가까이 살고 있는 섬이었다. 프랭클린 탐험대는 작살로 바다표범을 사냥하는 법, 순록을 잡아 가죽옷을 짓는 법 등등 원주민들이 오랫동안 축적해온 현지 지식이 없었기에 비참한 최후를 맞았다.[4]

아무리 현명한 현대인이라도 낯선 자연환경에 던져지면 속수무책이다. 그런데 어떻게 인류는 지구 위의 모든 곳을 정복했을까? 물론 문화 덕분이다. 인간은 다른 어느 동물보다 문화에 의존한다. 한 사람에게서 다른 사람으로 사회적 학습social learning을 통해 전달되는 기술과 지식, 관습이 인류의 현재를 만들었다. 특히 이런 정보가 세대를 통해 누적되면서 매우 복잡하고 정교하게 다듬어진다는 것이 중요하다. 그 어떤 천재라도 혼자서 시행착오를 통해 그런 정보를 터득하기란 아예 불가능할 정도로 말이다. 자연선택에 의해 설계된 심리적 적응이 어떻게 문화를 만들어내는지 두 장에 걸쳐 살펴보자. 이번 장에서는 각 지역의 다른 사회적, 생태적 환경이 보편적인 심리 기제에 입력되어 각기 다른 적응적 결과를 만드는 풍경에 주목한다.

집단 간의 차이는
문화가 다르기 때문이라는 '설명'은 설명이 아니다.

먼저 문화에 대한 진화적 접근이 전통적인 사회과학의 접근과 어떻게 다른지 짚어볼 필요가 있다. 사회과학자들은 한 지역에 사는 사람들이 비슷한 가치, 지식, 생활양식 등을 공유하는 반면, 다른 지역에 사는 사람들과는 상대적으로 차이가 난다는 사실에 주목한다. 예컨대, 미국인들보다 한국인들은 가족 내의 끈끈한 정情과 유대를 중시하는 경향이 있다. 미국인들의 애정은 대개 배우자와 자식이라는 핵가족의 울타리를 벗어나지 않는다. 반면에 한국인들은 자신이 독립된 주체가 아니라 부모, 형제, 조부모, 삼촌, 숙모, 사촌, 조카 등으로 이루어진 대가족 집단의 구성원이라고 생각한다. 설이나 추석이 되면 민족이 대이동을 한다. 나이 든 부모님은 자식이 모시는 게 도리라고 믿는다. 맞선 자리에선 "제 큰아버지는 공무원이고 제 동생은 K대학교 다니고⋯⋯." 하는 식으로 온 가족의 신상 정보가 교환된다.

왜 서로 다른 집단에 속한 사람들은 다르게 행동할까? 전통적인 사회과학자들이 내놓는 답은 이렇다. "문화 때문입니다." 이를테면, 명절마다 한국인이 민족 대이동을 하는 까닭은 한국인의 가족주의 문화 때문이다. 필자는 묻고 싶다. 여러분은 이 설명에 만족하십니까? 궁금증이 시원히 해결되었습니까? 이는 진정한 인과적 설명이 아니다. 순환논증이다. 새로 더 알려준 것이 없다. 전통적인 사회과학자들은 집단 내의 유사성과 집단 간의 차이가 문화에서 유래한다고 설명한다.

문화는 "한 집단에서 고유하게 나타나는 제도, 규범, 생활양식의 총합"으로 정의된다.

따라서 "한 집단이 그렇게 행동하는 까닭은 그들의 문화 때문이다." 라는 문장을 풀면 이렇게 된다. "한 집단이 그렇게 행동하는 까닭은 그들이 그렇게 행동하기 때문이다." 이를테면, 명절마다 한국인이 민족 대이동을 하는 까닭은 명절마다 한국인이 민족 대이동을 하게 하는 문화가 있기 때문이다.

애초에 우리는 집단 간의 차이를 설명하고 싶었다. 예컨대, 왜 미국인들은 안 그러는데 한국인들만 명절에 민족 대이동을 하는지 궁금했다. 그런데 집단 간의 차이에 '문화'라는 이름표를 새로 달아준 다음, 설명이 다 되었다고 안심하면 곤란하다. '문화'는 집단 간의 차이에 붙은 이름표일 뿐이다. 그 자체가 인과적 설명이 될 수는 없다.[5]

한국인의 끈끈한 가족주의 문화가 마치 유기체처럼 한국인들을 조종해서 귀경길 기차표를 억지로 예매하게 하는 것은 아니다. 혈연 간의 유대가 끈끈하다는 행동적 특성을 '가족주의 문화'라 불러도 좋고, '정 문화'라 불러도 좋다. 아니, '바닐라 라테'라고 불러도 좋다. 이름은 상관없다. 왜 한국인들만 '바닐라 라테'가 있어서 명절마다 민족 대이동을 감행하는지 알고 싶을 따름이다. 집단 내의 유사성과 집단 간의 차이는 우리가 설명해야 할 대상이다. 이를 문화 때문이라고 '설명'하는 것은 이름표를 새로 달아주는 일에 불과하다.[6]

유발된 문화와
전달된 문화

가치, 지식, 관습, 인공물, 규범, 제도, 생활양식 등에서 발견되는 집단 내의 유사성과 집단 간의 차이를 어떻게 진화적인 관점에서 설명할 수 있을까? 새로운 문화적 요소가 발생하여 정착하기까지는 '유발 evocation'과 '전달transmission'이라는 두 가지 경로가 있다.

첫째, 어떤 문화적 요소는 인류 보편적인 심리적 적응이 각 지역에 따라 서로 다른 사회적, 생태적 조건(병원균, 자원량, 가뭄, 온도 등)에 반응하여 가장 적응적인 행동을 만들어내기 때문에 생긴다. 즉, 서로 다른 환경 정보가 심리 기제에 입력되어 서로 다른 결과를 '유발'한다. 이렇게 유발된 문화적 차이는 외계인이 만든 노래방 기계에 비유할 수 있다.[7] 지구를 침공한 외계인들이 모든 지구인을 노래방 기계로 대체했다고 하자. 각 기계는 모두 똑같다. GPS가 내장되어서 정확한 위치와 시간을 알 수 있다. 기계가 놓인 장소와 시간에 따라 수천 곡 가운데 하나를 자동으로 연주하게끔 프로그램되어 있다.

따라서 부산에 있는 노래방 기계들은 모두 같은 곡을 연주하며, 이는 미국 오스틴에 있는 노래방 기계들이 연주하는 곡과 다를 것이다. 노래방 기계의 '행동'은 장소마다 다르지만, 내부 구조는 모두 똑같음에 유의하시라. 부산 기계들과 오스틴 기계들의 차이는 같은 내부 구조가 각기 다른 환경적 입력(위도, 경도, 시각)에 반응해 각기 다른 결과가 유발되었기 때문이다.

둘째, 한 사람의 마음속에 있는 문화적 요소(지식, 가치, 신념 등)가 사회적 학습을 통해 다른 사람의 마음으로 전달됨에 따라 점차 복잡하고 정교화될 수 있다. 여러 세대에 걸쳐 누적적인 문화적 진화가 이루어지면서 화살, 화폐, 법률, 민주주의, 농업, 인터넷 등 우리 종의 놀라운 생태적 성공을 끌어낸 작품들이 탄생했다.[8]

모방이나 가르침을 통한 사회적 학습은 무작위적이지 않다. 우리가 아무 아이디어나 똑같은 효율로 받아들이진 않는다는 말이다. 그보다는, 특정한 아이디어에 더 관심을 기울이고, 더 잘 기억하고, 더 잘 퍼뜨리게 하는 심리적 적응이 전달된 문화를 만든다. "가즈아~!"는 크게 유행했다. 그러나 개그맨 허경환이 밀었던 "언~발~란~스으~~"는 유행하지 못했다(여러분도 아마 처음 들어보셨을 것이다). 유발된 문화와 전달된 문화는 서로 배타적인 관계가 아니다. 다음에서 보듯이, 유발된 문화도 세대를 거쳐 사회적 학습을 통해 전달되면서 한층 더 발달하고 정교화될 수 있다.

유발된 문화의 예 : 병원체에 맞서기 위한 가족 내 유대

보편적인 심리적 적응이 어떻게 다양한 환경에서 각기 다른 관습, 가치 혹은 선호를 유발하는지 실례를 들어서 좀 더 파고들어 보자. 이를테면, 어떤 문화권에서는 가족 사이에 정이 흘러넘치는 반면, 다른 문화권에서는 가족 사이라도 맺고 끊음이 분명하다. 이를 어떻게 설명할 수 있을까?

진화심리학자 랜디 손힐과 코리 핀처Corey Fincher는 전염성 병원체에 주목했다.[9] 강한 가족 내 유대는 위험한 병원체를 옮길지도 모르는 외집단과의 접촉을 피하게 해준다. 만일 전염병에 걸려 앓아눕는다면, 친인척들이 "우리가 남이가!"를 부르짖으며 음식물을 주고 보살펴주는 등 든든한 방패막이 되어주리라는 기대도 빼놓을 수 없다.

　실제로 에콰도르 아마존 지역의 원주민 쉬위아르Shiwiar족에게서는 전염병에 걸렸을 때 친인척들의 극진한 보살핌이 사망률을 낮추는 중요한 요인이 된다.[10] 그러므로 손힐과 핀처는 병원체가 창궐한 지역에 사는 사람들은 그렇지 않은 지역에 사는 사람들보다 가족 내 유대가 더 강하리라고 예측했다. 이제 예측을 검증할 차례다. 연구팀은 전 세계 72개국을 대상으로 가족 내 유대가 끈끈한 정도를 측정했다. 여기에 포함된 설문에는 "가족은 당신의 인생에 얼마나 중요합니까?" "부모의 자질 혹은 부모가 한 잘못과 상관없이, 자식은 항상 부모를 사랑하고 존경해야 한다는 것에 동의합니까?" 등이 있었다. 이들 국가에서 홍역, 결핵, 뎅기열, 나병 등 28개 전염병에 따른 사망률의 증가도 아울러 조사했다. 예측대로, 병원체의 피해가 심한 국가일수록 가족 내 유대가 더 끈끈했다.(덥고 습한 동아시아나 아프리카는 춥고 건조한 유럽이나 북미보다 병원체가 더 창궐하는 경향이 있다. 우리나라도 마찬가지다.)

　두 변수 사이의 이러한 상관관계는 1인당 국내 총생산GDP, 경제적 불평등의 정도, 표현의 자유 정도 같은 혼동 요인을 통계적으로 제거한 뒤에도 여전히 유의미했다. 이를테면, 빈곤한 나라의 국민은 가족이 주는 안전망에 더 매달리게 되므로 가족 내 유대가 더 끈끈해지지 않을까? 즉, 병원체가 아니라 그 나라의 부가 끈끈한 가족 내 유대를 만드는 진짜 원인이 아닐까? 실제로 통계 분석을 한 결과, 병원체가 아니라 그 나라의 부가 끈끈한 가족 내 유대를 만드는 진짜 원인이라는 대안적 설명을 뒷받침하는 증거가 없다는 것도 연구팀은 아울러 밝혀냈다.[11]

　손힐과 핀처는 자신에게 병원균을 옮길 가능성이 있는 사람을 사전에 탐지하여 그와의 접촉을 미리 피하게 해주는 심리적 적응을 제안하였다. 이 심리적 적응이 만약 병원체가 창궐한 환경에 처하면, 그에 반응하여 강력한 가족 내 유대라는 적응적 결과물을 만들어낸다. 더 구체적으로, 성장 과정에서 전염병에 걸려 고생한 개인적 경험이 끈끈한 가족 내 유대를 유발시킬 것이다. 물론 주변에서 전염병에 걸린 환자를 관찰하거나, 가족의 우애를 강조하는 민담이나 설화를 접하는 등의 사회적 학습도 상당한 역할을 할 것이다.[12]

경제적 불평등이 유발하는 남성 간 위험한 경쟁

병원균, 가뭄, 기후 같은 생태적 환경뿐만 아니라 동성 간의 경쟁, 성비, 경제적 불평등 같은 사회적 환경도 보편적인 심리 기제에 입력되어 각 지역에서 다른 결과물을 유발할 수 있다. 예를 들어보자. 진화심리학자 마틴 데일리와 마고 윌슨은 자원과 사회적 지위를 놓고 남성들 사이에 벌어지는 경쟁의 강도는 경쟁이 끝난 후 승자와 패자가 각각 얻는 자식 수의 편차에 달려 있음을 컴퓨터 시뮬레이션을 통해 입증했다.[13] 누가 이기고 지는지가 상대적인 번식 성공도에 별로 영향을 주지 않으면, "인생 뭐 있어!"를 외치며 굳이 위험을 무릅쓸 필요가 없다. 반면에 누가 이기고 지는지가 상대적인 번식 성공도를 크게 좌우한다면, 대박을 꿈꾸며 불구덩이 속으로 과감히 뛰어드는 게 낫다.

그러므로 어떤 국가의 1인당 국내 총생산이나 국민 의식이 근대화된 정도보다는 국민 간의 경제적인 불평등 정도가 살인 사건 같은 폭력 범죄의 발생률을 잘 설명해주리라는 예측이 얻어진다. 실제로 범

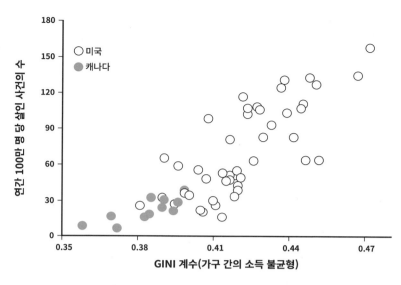

[그림 12] 북미 60개의 주에서 소득 불균형과 살인 사건 발생률 사이의 상관관계를 나타낸 그래프

죄통계학자들이 각 국가의 통계자료를 분석한 결과, 나라 안에서 경제적 부가 불평등하게 분배될수록 살인 사건이 더 많이 발생했다. 1인당 국내 총생산이나 근대화된 정도 등의 다른 변수들은 살인 사건 발생률과 상관관계가 없었다.[14]

데일리와 윌슨 연구팀은 경제적 불평등이 한 국가 내의 여러 지역들 사이에 나타나는 살인 사건 발생률의 차이도 잘 설명해주는지 조사했다. 캐나다에 속한 10개 주province와 미국에 속한 50개 주state를 분석한 결과, 한 국가 안에서도 경제적 불평등이 심한 지역에서는 살인 사건이 더 자주 일어남을 확인했다(그림 12 참조).[15]

데일리와 윌슨은 부가 재분배되는 정도라는 외부의 환경적 요인이 남성 간의 경쟁을 담당하는 심리 기제에 입력되어 남성이 고위험 고

보상 전략 혹은 저위험 저보상 전략을 택하게 한다고 주장했다. 흙수 저를 물고 태어난 젊은이는 장래가 어둡다. 질병과 스트레스에 시달리다 짧은 생을 마감하기 십상이다. 어차피 잃을 것은 없다. 혹시나 성공하면 팔자를 고칠 수 있는 폭력 범죄나 도박에 과감히 뛰어드는 것이 이 상황에서는 적응적인 행동이 될 수 있다.

문화는 생물학이다

인류가 엄청난 생태적 성공을 거둔 까닭은 세대를 거쳐 누적되는 문화를 만들 수 있었기 때문이다. 단, 어떤 인간 집단의 독특한 가치, 규범, 행동 양식이 '문화' 때문이라고 설명하고 만족해한다면 곤란하다. 이는 집단 간 차이를 새로이 기술했을 뿐, 인과적 설명이 아니기 때문이다. 집단 내의 유사성과 집단 간의 차이, 곧 문화적 차이를 만드는 심리적 적응은 무엇인가?

진화심리학자들은 유발된 문화와 전달된 문화를 구분한다. 서로 다른 환경 정보가 보편적인 심리 기제에 입력되어 곳에 따라 적응적인 결과물을 각각 '유발'할 수 있다. 남의 마음속에 있는 아이디어를 사회적으로 학습하되, 특정한 아이디어에 더 관심을 기울이고, 더 잘 기억하고, 더 잘 전파하는 심리적 적응이 전달된 문화를 만든다. 유발된 문화의 예로, 끈끈한 가족 내 유대와 폭력 범죄 등으로 표출되는 남성 간의 위험한 경쟁을 살펴보았다.

많은 사람이 문화와 생물학은 서로 대척점에 놓여 있다고 믿는다. 인간 행동을 누가 잘 설명하는가를 놓고 이 둘이 한판 대결을 펼친다고 생각한다. 한쪽이 이기면 다른 쪽은 지는 제로섬 zero sum 게임이라

믿는다. 이를테면, 우리나라에서 명절마다 민족 대이동이 일어나는 까닭은 한국인 특유의 *끈끈한* 가족주의 문화 때문이라고 '설명'된다. 문화로 설명이 되는 문제니, 생물학은 좀 *빠져달라*고 눈을 흘기기도 한다. 문화가 생물학과 무관하다는 오해는 이제 바로잡혀야 한다. 문화는 장구한 세월에 걸쳐 자연선택에 의해 설계된 심리적 적응들로부터 유래한다. 즉, 문화는 인간의 생물학적 특성이다. 사기꾼을 탐지하는 능력이나 직립보행을 하는 능력이 인간의 생물학적 특성이듯이 말이다.

24

문화는 인간 본성에서 유래한다

어떻게 영장류의 한 종이
달에 내릴 수 있었나?

1969년 7월 21일(월)은 우리 정부가 정한 임시공휴일이었다. "우주의 새로운 역사가 창조되는 이날을 경축하고 달세계 개척에의 전 인류 참여에 호응"하기 위해서였다.[1] 그렇다. 아폴로 11호가 달에 착륙할 예정이었다. TV가 귀하던 시절이라, TV가 있는 집 마당이나 전파상 앞으로 인파가 몰려들었다. 남산 야외음악당에서 혹시 생중계 화면을

볼 수 있는지 묻는 전화가 경찰서에 빗발치기도 했다.[2]

　한국 시각으로 오전 5시 18분, 승무원 닐 암스트롱Neil Armstrong은 달에서 지구로 첫 소식을 전했다. "휴스턴, 여기는 고요의 기지. 이글호는 착륙했다." 오전 11시 56분, 암스트롱은 달 표면에 첫발을 내디뎠다. 아직까지도 유명한 명언이 수신되었다. "이것은 한 인간에게는 하나의 작은 발걸음이지만, 인류에게는 하나의 거대한 도약이다." 어떻게 영장류의 한 종이 지구를 벗어나서 외계 위성을 유유히 걸어 다닐 수 있었을까? 작은 발걸음들이 헤아릴 수 없을 만큼 누적되었기에 가능했다. 수백 년에 걸쳐 탄도학, 공기역학, 재료공학, 제어공학, 구조역학, 추진공학, 전기공학, 전자공학, 항공우주공학 분야에서 행해진 연구들이 한 자리에 집약된 결과, 지구인은 달에 착륙할 수 있었다.[3]

　앞 장에서 강조했듯이, 인간은 여러 세대에 걸쳐 지식, 기술, 신념 등을 사회적 학습을 통해 전달함으로써 매우 정교하고 복잡한 문화를 이룩한다. 누적되는 문화는 오직 인간만의 특성이라 해도 과언이 아니다. 침팬지를 비롯한 다른 동물들도 원시적인 형태로나마 누적되는 문화를 지닌다는 증거가 있지만, 인간의 누적되는 문화는 그 양과 질에서 다른 동물들을 단연 압도한다.[4] 왜 유독 인간의 문화만 이토록 다르냐는 문제는 2005년 국제 학술지 《사이언스》에서 과학자들이 앞으로 밝혀야 하는 125가지 중요한 질문 가운데 하나로 선정되기도 했다.[5] 문화는 자연선택에 의해 설계된 심리적 적응에서 유래한다. 각지역의 고유한 생태적, 사회적 환경에 의해 유발된 반응(유발된 문화)과 개인들 사이의 선별적인 정보 교환(전달된 문화)이 문화를 만든다. 이번 장에서는 사회적 학습을 통해 전달된 문화를 만드는 심리적 적응을 살펴본다.

인간은 특정한 정보에
더 관심을 기울이고, 더 잘 기억하고, 더 잘 전파한다

음원, 영화, 뮤지컬, 연극, 뉴스, 도서, 게임, 패션, 웹툰, 앱, 전시, 유행어 등은 매일 새롭게 쏟아진다. 이 정보들은 사람의 마음속에 비집고 들어오고자 서로 치열하게 경쟁한다. 그런데 사람의 마음이 외부 정보에 할애하는 주의나 관심, 시간은 한정되어 있다. 어떤 정보는 크게 유행한다. 어떤 정보는 바로 사라진다. 종영된 예능 프로그램 〈무한도전〉에서 열심히 밀었던 유행어 "히트다 히트"는 '노잼'이라는 연관 검색어를 남긴 채 잊혔다.

즉, 우리가 타인의 마음속에 있는 정보를 접할 때, 우리는 결코 아무 정보나 똑같은 효율로 받아들이지 않는다. 먼 과거의 수렵-채집 환경에서 조상들의 번식 성공도를 높여주었던 특정한 정보에만 선별적으로 더 관심을 두고, 선별적으로 더 잘 기억하고, 선별적으로 더 잘 전파하는 심리적 적응이 우리의 마음속에 진화했다. 유발된 문화와 마찬가지로, 전달된 문화도 일련의 심리적 적응에서 유래한다. 타인의 마음속에 있는 정보가 내 마음속으로 전해지는 '사회적 학습' 과정에서 수용자는, 통념과 달리, 매우 능동적이다.[6] 심지어 유아들조차 부모가 옆에서 하는 행동이라면 무엇이든지 무작정 흉내 내는 '따라쟁이'가 아님이 여러 연구를 통해 밝혀졌다.

발달심리학자 앤드루 멜초프Andrew Meltzoff는 14개월 된 유아들에게 어떤 어른이 이상한 행동을 하는 모습을 보여주었다. 어른 실험자 앞에 놓인 탁자에 램프가 달린 상자가 놓여 있다. 손으로 램프를 가볍게 건드리면 불이 켜지는 상자다. 희한하게도 실험자는 고개를 숙여 이마로 램프를 건드려 불을 켰다! 일주일 후, 유아들을 실험했다. 대

[그림 13] 유아라고 해서 어른의 행동을 무조건 따라하는 것은 아니다. 위 실험에서 14개월의 유아들은 머리가 아닌, 자신들에게 효율적인 방법인 손을 사용해 불을 켰다.

다수 유아는 실험자를 그대로 따라 해서 손이 아니라 이마로 불을 켰다.[7] 이 실험 결과는 유아들이 아무 생각 없는 따라쟁이임을 입증할까? 그렇지 않음이 다른 학자들이 행한 연구를 통해 밝혀졌다.

이번에는 유아들을 두 집단으로 나누었다. 한 집단에게는 원래의 연구와 같은 장면(실험자가 두 손이 자유로운데도 이마를 써서 램프를 켜는 장면)을 보여주었다. 다른 집단에게는 짐짓 추워하며 담요로 몸을 꽁꽁 감싼 실험자가 손을 꺼내기 귀찮다는 듯이 이마를 써서 램프를 켜는 장면을 보여주었다. 일주일 후, 이 집단 중에선 무려 79퍼센트의 유아가 실험자를 따라 하지 않았다. 유아들은 이마가 아니라 손을 써서, 즉 자신에게 가장 효율적인 방법으로 불을 켰다.

요컨대, 유아들은 두 손이 자유로운데도 굳이 고개를 숙여 이마로 불을 켜는 어른을 보고 "이마를 쓰는 게 손보다 뭔가 더 나으니까 저렇게 하겠지!"라고 상대방의 목표를 합리적으로 추론해냈다. 두 손을 쓰기 어려운 상황에 부닥친 어른이 고육지책으로 하는 행동은 자신에겐 비효율적이라 무시한 것이다. 앞으로 어른의 행동을 흉내 내는 유

아를 보면 절대 놀리지 말고, 대단한 능력자라며 마구 칭찬해주시라.[8]

인간이 행하는 사회적 학습은 결코 아무 행동이나 생각 없이 다 따라 하는 단순한 과정이 아니다. 겉으로 나타나는 다른 사람의 행동만 보고서, 그 사람의 마음속에 있는 목표나 의도, 믿음 등을 추론해내는 복잡한 과정이다. 왜 이런 짓까지 꼭 따라 해야 하는지 그 이유를 알지는 못할지언정, 어쨌든 자신보다 지식과 경험이 더 많거나 지위가 더 높은 사람의 행동을 선별적으로 따라 하는 능력은 진화 역사를 통해서 우리 조상들의 번식 성공도를 높여주었을 것이다.

내용 편향 :
과거 조상들의 번식에 중요했던 정보를 더 잘 학습한다

이제 한 사람의 마음에서 다른 사람의 마음으로 특정한 지식, 가치 또는 관습 등을 전달시키는 사회적 학습을 담당하는 심리적 적응들을 하나씩 살펴보자. 이들은 과거의 환경에서 번식에 도움이 되었던 방향으로 누구에게 어떤 지식을 어떻게 물려받아서 누구에게 전달할지에 영향을 끼친다. 크게 내용 편향content bias, 모델-기반 편향model-based bias, 빈도-의존 편향frequency-dependent bias이 있다.[9]

내용 편향은 순전히 각 정보의 '내용'에 근거해서 특정 정보를 다른 정보보다 더 주목하고 더 잘 학습하게 하는 심리적 편향이다. 무엇을 더 잘 배울까? 물론 진화적 조상들의 생존과 번식에 더 중요했던 정보를 덜 중요했던 정보보다 더 잘 받아들인다(5장 '잡아먹거나, 잡아먹히거나' 참조).

아이들에게 코모도왕도마뱀, 땅돼지, 코아티, 태즈메이니아데블 등 생전 처음 보는 동물들의 그림 16장을 보여주었다. 각 동물의 이름, 초식/육식 여부, 사람에게 위험한지 아닌지도 아울러 알려주었다. 일주일 후, 아이들은 동물의 이름, 초식/육식 여부보다 사람에게 위험한지 아닌지를 가장 잘 기억했다. 심지어 문제를 틀리는 양상도 적응적이었다. 위험한 동물을 위험하지 않다고 답해서 틀리기보다는, 위험하지 않은 동물도 일단 위험할 것이라고 안전하게 가정하는 바람에 틀리는 경우가 더 많았다.[10]

내용 편향은 과거 조상들의 번식에 중요했던 정보를 더 주목하고 더 잘 기억할 뿐만 아니라, 더 정확히 전파하는 데도 작용한다. 예컨대, 이야기가 사람들의 입에서 입으로 순차적으로 전해질 때, 전염성 병원균을 옮길 수 있는 혐오 물질을 담은 이야기는 그렇지 않은 이야기보다 더 정확하게 전달되는 경향이 있다.[11]

누군가에게 벌어진 사적인 일을 남에게 입소문을 통해 알릴 때도, 특히 나의 번식 성공도를 높이는 데 도움이 되는 정보를 우선적으로 전파하리라 기대할 수 있다. 진화심리학자 프랜시스 맥앤드루Francis McAndrew는 잠재적인 경쟁상대나 사회적 지위가 매우 높은 인물에 대한 부정적인 정보는 긍정적인 정보보다 더 잘 전파됨을 발견하였다. "나의 연적 갑돌이가 알고 보니 숨겨놓은 자식이 있다더라."라는 등의 부정적인 정보를 퍼뜨리면 경쟁상대의 평판을 떨어뜨릴 수 있으니 나에게 유리하다. 반면에 "갑돌이가 그동안 수십억을 남몰래 기부했다더라." 등의 긍정적인 정보는 굳이 내가 나서서 퍼뜨릴 이유가 없다.[12]

모델-기반 편향:
기량이 뛰어나거나, 성공했거나, 명망이 높은 사람을
더 잘 학습한다

모델-기반 편향은 숙련된 기량을 지녔거나, 큰 성공을 거두었거나, 명망이 높거나, 나이가 많은 사람이 지닌 지식이나 신념, 가치, 관습을 더 잘 학습하게 하는 심리적 편향이다.[13] 여러분이 이제 본격적으로 사냥에 나서야 하는 석기시대의 풋내기 남성이라고 해보자. 어떻게 야생 동물을 사냥할 수 있을까? 화살을 길게도 짧게도 만들어본다. 아무 데나 매복하여 하염없이 사냥감을 기다려본다. 사냥에 필요한 그모든 능력을 오롯이 혼자서 습득하기란 불가능에 가깝다. 창을 멀리 던지기, 사냥감을 잘 찾아내기처럼, 생산적인 사냥에 직접 요구되는 기량을 이미 갖춘 사람의 일거수일투족을 따라 하는 게 유리한 방책이다.

때로는 어떤 과업에 필요한 기량이 무엇인지조차 모를 수 있다. 살을 빼고 싶어서 인터넷을 검색해보면 원푸드 다이어트, 저탄수화물 다이어트, 저인슐린 다이어트 등등 온갖 처방이 난무한다. 이럴 때는 어쨌든 그 분야에서 성공한 사람을 따라 하는 게 낫다. 살을 빼고 싶다면 몸매가 날씬한 사람의 행동을 따라하는 것이다.

한 연구에서는 참여자들에게 두 개의 음을 들려주고 어느 음이 더 높은지 가려내게 했다. 이 시험을 벌써 치른 몇몇 사람이 골랐던 답안과 그들이 받은 최종 점수도 함께 보여주었다. 그 결과, 참여자들은 과거에 높은 시험 점수를 받았던 사람이 골랐던 답안을 그대로 따르는 경향이 있었다. 이러한 경향은 특히 음을 잘 구별하지 못하는 참여자들 사이에 더 뚜렷했다.[14]

누가 성공했고 누가 실패했는지조차 알아내기 어렵다면? 걱정하지 마시라. 당신의 동료들이 진심으로 떠받들고 가르침을 받고자 하는 사람에게 당신도 달려가서 배움을 청하면 된다. 즉, 명망이 높은 사람을 학습하는 것이다. 탁월한 기술과 솜씨를 통해 뭇사람에게서 벌써 두터운 신망을 얻은 사람으로부터 지혜를 물려받음으로써, 혼자 시행착오를 거쳐 지식을 터득하느라 고생하지 않아도 된다.

예를 들어, 한 연구에서는 참여자들이 화살촉을 가상으로 설계하게 했다. 공학적으로 최적인 화살촉과 가까울수록 더 많은 사냥감이라는 점수를 얻는다. 이때 다른 사람이 설계하는 것을 참조하여 설계해도 좋다. 실험 결과, 참여자들은 명망이 높은 모델(가장 많은 사람의 시선을 받은 사람)과 이미 성공을 거둔 모델(사냥감을 많이 획득한 사람)을 집중적으로 따라 했다.[15]

빈도-의존 편향:
정보가 차지하고 있는 빈도에 따라서
특정 정보를 더 잘 학습한다

빈도-의존 편향은 어떤 정보가 개체군 내에서 차지하고 있는 빈도에 따라서 특정 정보를 더 잘 학습하게 하는 심리적 편향이다. 서로 경쟁하고 있는 두 문화적 형질을 생각해보자. 예컨대, 짜장면과 짬뽕을 들어보자. 여기 길동이가 오늘 점심을 먹으려는 참이다. 길동이는 짜장면을 택할까, 아니면 짬뽕을 택할까? 길동이가 길거리에서 아무나 붙잡고 그가 짜장면과 짬뽕 중 무엇을 더 좋아하는지 물어서 그 사람의 선호를 그대로 따른다고 해보자. 이는 가장 단순한 형태의 빈도-의존 편향이다. 이 경우, 어떤 문화적 형질이 채택될 확률은 그 형질의 개체군 빈도와 같다. 만약 80퍼센트의 사람들이 짜장면을 더 좋아한다면, 길동이가 오늘 점심으로 짜장면을 택할 확률은 80퍼센트다. 바로 사회심리학자들이 말하는 '동조conformity' 현상이다. 집단의 압력에 굴복하여 자기 의견을 접음을 말한다.[16]

더 흥미로운 질문은 이렇다. 어떤 형질을 그 형질의 개체군 빈도보다 '더 높은' 확률로 채택하게 하는 편향도 가능할까? 위에서 말한 예를 들면, 짜장면 애호가의 개체군 빈도가 80퍼센트일 때 길동이가 80퍼센트보다 더 높은 확률로(예컨대, 90퍼센트 확률로) 짜장면을 점심 메뉴로 택하게 하는 심리적 편향이 진화할 수 있을까? 헷갈리겠지만, 문화진화학자들은 이를 '동조적 전달conformist transmission'이라고 부른다. 즉, 문화진화학자들이 말하는 동조적 전달은 사회심리학자들이 말하는 동조보다 더 좁은 의미다.[17]

문화진화학자들은 수식 모델링을 통해 동조적 전달이 진화할 수 있는 상황을 찾아냈다. 한 개인이 그동안 살아온 집단을 떠나서 낯선 생태 환경에 놓인 새로운 집단에 이주했을 때, 동조적 전달은 그 지역에서 적응적인 행동을 효과적으로 습득하게 해준다.[18] 예컨대, 남태평양 피지에서는 임신부가 몇몇 종의 물고기를 먹지 못하게 하는 문화적 금기가 있다. 이는 독을 함유한 바닷물고기를 먹는 것을 미리 막기 위함이다.[19] 한국인 여성이 피지로 이주해서 임신했다고 하자. 이 여성이 임신부가 특정한 종의 물고기를 먹으면 집안에 재앙이 닥친다는 피지의 문화적 금기를 듣게 되었다. 이 금기를 따르는 피지인의 개체군 빈도보다 더 높은 확률로 금기를 따른다면, 이 여성에게 더 큰 도움이 될 것이다.

문화에 대한 그 무엇도 진화의 관점을
통하지 않고서는 의미를 지닐 수 없다

요약하자. 문화는 자연선택에 의해 만들어진 보편적인 심리적 적응들로부터 나온다. 각 지역의 생태적·사회적 환경에 의해 유발된 반응과 개인들 사이의 선별적인 정보 전달이 문화를 만든다. 가르침, 모방, 언어적 의사소통 등의 사회적 학습을 통해 남의 마음속에 있는 정보를 받아들일 때, 우리는 결코 아무 정보나 무차별적으로 다 받아들이지 않는다. 상대방의 목표, 의도, 믿음 등을 추론해서 과거의 진화 환경에서 조상들의 번식 성공도를 높여주었던 특정한 정보에 더 관심을 기울이고, 더 잘 기억하고, 더 잘 전파하는 심리적 적응들이 우리의 마음속에 진화했다.

전달된 문화를 만드는 심리적 적응들로 내용 편향, 모델-기반 편향, 빈도-의존 편향 등이 있다. 내용 편향은 순전히 각 정보의 '내용'에 근거해서 특정한 정보를 더 잘 학습하게 한다. 모델-기반 편향은 숙련된 기량을 지녔거나, 큰 성공을 거두었거나, 명망이 높은 사람을 더 잘 따라 하게 한다. 빈도-의존 편향은 개체군에 이미 널리 퍼진 정보를 더 잘 받아들이게 한다.

1976년에 진화생물학자 리처드 도킨스가 《이기적 유전자》의 마지막 장에서 밈(meme, 문화적 진화의 단위)을 언급한 이래, 문화의 진화적 토대는 많은 일반인의 관심을 끌었다. 진화심리학은 인간의 보편적인 행동을 설명할 수 있을 뿐, 다양한 문화 현상은 설명하지 못한다는 오해도 여전히 존재한다. 1992년에 출간되어 진화심리학을 태동시킨 명저 《적응된 마음》의 부제가 '진화된 심리 그리고 문화의 발생 Evolutionary Psychology and the Generation of Culture'임을 고려하면, 이러한 오해는 안타까울 따름이다.

'유발된 문화'는 주로 진화심리학자들이 많이 연구해왔지만, '전달된 문화'는 주로 문화진화학자들(혹은 유전자-문화 공진화 이론가들이라 불림)이 많이 연구했다. 유전자-문화 공진화 이론을 이끌어온 학자인 피터 리처슨Peter Richerson과 로버트 보이드Robert Boyd가 저술한 과학 대중서 《유전자만이 아니다Not by Genes Alone》가 우리나라에도 몇 년 전 번역되어 나온 바 있다.[20] 이런 책들이 널리 읽혀서 국내에도 문화에 대한 통섭적 접근이 뿌리내리길 바란다. 리처슨과 보이드는 이렇게 이야기했다. "문화에 대한 그 무엇도 진화의 관점을 통하지 않고서는 의미를 지닐 수 없다."

VII부

응용 진화심리학

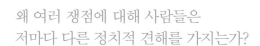

25

보수와 진보는 왜 존재하는가?

왜 여러 쟁점에 대해 사람들은
저마다 다른 정치적 견해를 가지는가?

"김구라 씨, 좌파죠?" 2016년 1월, JTBC의 예능 프로그램 〈썰전〉에 전원책 변호사가 패널로 합류해서 처음 던진 말이다. 새로운 패널들을 소개하는 자리에서 진행자인 김구라 씨가, 전 변호사가 유시민 작가보다 네 살 위임을 굳이 강조하길래 던진 농담이다. 당황한 김구라 씨는 "저는 중도인데요."라며 해명했다. 잠시 후 김구라 씨의 좌파스러운(?) 진행이 다시 도마 위에 올랐다. 전 변호사는 "이러니까 좌파 소리를 듣잖아!"라고 호통쳤다. 유 작가가 달랬다. "전 변호사님, 자꾸 모든 사람을 좌파로 밀면 외로워져요. 세상을 살리려면 친구가 많아야 죠."(유 작가 특유의 억양으로 읽으면 더 좋다.) 전 변호사가 버럭 대꾸했다. "나는 좌파 친구는 별로야! 좌파들은 술도 별로 안 사더라고!"[1]

왜 사람들은 좌파와 우파로 나뉘어 서로 으르렁댈까? 최저임금, 적폐 청산, 동성애, 탈원전, 문재인 케어, 증세, 낙태, 사형제, 외국인 노동자 이주 등 극히 다양한 쟁점에 대해 사람들은 저마다 다른 입장을 지닌다. 좌파와 우파, 혹은 진보와 보수라는 정치적 성향은 어떤 사람이 수많은 쟁점에 대해 취하는 입장을 한꺼번에 몽땅 결정해주는가? 그래서 이를테면 누군가 낙태 합법화에 찬성하는지만 알면, 그가 햇볕 정책이나 어린이집 확충에 찬성할 것인지도 신빙성 있게 예측할 수 있을까? 물론, 누가 좌파임이 밝혀졌다고 해서 그가 술 한 잔 안 사는 짠돌이일 가능성이 더 높아질 것 같지는 않지만 말이다.

좌파와 우파라는 이름은 프랑스 혁명 때 국민공회에서 공화파와 왕당파의 자리 배치에서 유래했다고 한다. 하지만 질서와 안정을 바라고 불평등에 고개를 끄덕이는 보수주의자는 아주 옛날부터 있었다. 변화와 혁신을 바라고 불평등을 결코 참지 못하는 진보주의자도 옛날부터 있었다. 왜 여러 민감한 쟁점을 놓고 사람들은 각자 다른 정치적 견해를 가지는지 진화의 관점에서 그 답을 찾으려는 흐름은 크게 두 가지다.

첫째, 대다수 진화심리학자와 정치학자는 우리의 마음속에 극좌에서 중도를 거쳐 극우에 이르는 정치 이념의 일차원적인 축이 하나의 보편적인 인간 본성으로 진화했다고 본다. 이 좌표축에서 각 개인이 어느 지점에 위치하는가에 따라 다양한 쟁점에 대한 그 사람의 입장이 '풀 패키지'로 좌르륵 정해진다. 진보-보수라는 정치 성향의 연속체가 어떤 쟁점에 대해서도 일관적으로 적용된다고 보는 이 모델은 '일반 성향 모델General Orientations Model'로 불린다.[2]

둘째, 정치 성향의 일차원적 축은 애초에 진화하지 않았다고 보는 대안 모델이 있다. 사람들은 그저 각각의 쟁점에 대하여 먼 과거의 수렵-채집 환경에서 자신의 번식 성공도를 높이는 데 도움이 되었을 입장을 안성맞춤으로 취할 뿐이다. 따라서 어떤 사람이 한 쟁점을 대하는 견해를 안다고 해서 그가 다른 쟁점을 대하는 견해를 더 잘 예측할수 있는 것도 아니다. 예컨대, 어떤 사람이 부의 재분배를 찬성하면서도 동성결혼 합법화에는 단호히 반대하는 일도 얼마든지 가능하다(왠지 바른미래당의 유승민 의원이 생각난다). 한 개인의 입장은 각각의 쟁점 영역에 맞추어서 쟁점마다 따로따로 정해진다는 이 모델은 '영역-특이적 모델Domain-Specific Model'로 불린다.[3] 여러 쟁점에 대한 정치적 신념의 개인차가 진화적으로 어떻게 설명되는지 자세히 살펴보자.

일반 성향 모델: 보수와 진보, 두 코스 메뉴만 제공됩니다

일반 성향 모델에 따르면, 다양한 쟁점에 대한 사람들 간의 견해 차이는 보수 혹은 진보를 지정해주는 우리 마음속의 깊은 생물학적 본성에서 나온다. 거창하게 들릴지 모르지만, 실은 누구나 뻔히 다 알고 있는 이야기에 가깝다. 미국의 영화배우이자 코미디언인 그루초 막스Groucho Marx는 이렇게 말했다. "모든 사람은 다 비슷하게 태어난다,

공화당 지지자와 민주당 지지자만 빼고." 김어준 〈딴지일보〉 총수도 "좌와 우는 가치관이 아니라 타고난 기질"이라고 주장했다.[4] 즉, 크게 보면 세상 모든 사람을 좌파와 우파라는 두 집단으로 묶을 수 있다는 것이다.

진보-보수의 일차원적인 축 위에서 전형적인 좌파와 우파가 위치하는 두 곳에는 호떡집에 불난 것처럼 많은 사람이 몰려 있다. 양극단이나 중도로 갈수록 사람이 줄어들어 비교적 한산하다. 앞에서 이야기했듯이, 이 모델은 정치 이념의 좌표축에서 내가 어느 곳에 위치하는가가 다양한 쟁점에 대한 나의 입장을 일괄적으로 결정해준다고 주장한다.[5]

연말 대목을 맞아 어느 레스토랑에서 밉살맞게 두 가지 코스 메뉴만 손님들에게 내놓는다고 상상해보자. 코스마다 샐러드, 수프, 메인 요리, 디저트, 차가 나온다. A 코스는 버섯 샐러드, 단호박 수프, 안심 스테이크, 초콜릿 케이크, 커피로 구성된다. B 코스는 시저 샐러드, 브로콜리 수프, 등심 스테이크, 치즈 케이크, 홍차로 구성된다. 말할 필요조차 없이, 이미 정해진 구성 가운데 일부를 손님 마음대로 바꿀 수는 없다. "저는 A 코스로 주시고요. 아, 샐러드는 시저 샐러드로 바꿔주세요!"라고 해맑게 주문했다간 진상 고객으로 낙인찍힌다.

이제 다양한 쟁점에 대한 정치적 입장을 택할 수 있는 마음의 레스토랑을 생각해보자. 일반 성향 모델이 맞는다면, 이 레스토랑에서는 보수와 진보라는 두 개의 코스 메뉴만 제공된다. 코스마다 경제, 사회 집단, 성/번식, 안보 등의 쟁점 영역들이 있다. 두 코스 가운데 하나를 고르면 된다. 잊지 마시라. 메뉴 구성을 내 마음대로 바꿀 수는 없다.

예컨대, 독자께서는 증세에 찬성하시는가? 만약 찬성하신다면, 독자께서는 외국인 노동자 차별에는 반대하실 것이다. 동성혼 합법화에는 찬성하실 것이다. 대북 군사 제재에는 반대하실 것이다. 만약 독자께서 증세에 반대하신다면, 이번에는 '보수' 코스 메뉴에 적힌 정치적 입장들을 좌르륵 채택하실 것이다. 요컨대, 일반 성향 모델은 진보 혹은 보수라는 정치적 성향이 여러 쟁점에 대한 견해를 한꺼번에 일괄적으로 결정한다고 설명한다.

일반 성향 모델 : 내 이념이 설 자리는 어디인가

진보-보수의 일차원적 축에서 각 개인이 설 지점을 정해주는 요인은 무엇일까? 이에 대해서는 학자들 사이에 아직 깔끔하게 합의가 이루어지지 않았다. 아래에서 그 요인들을 만나보자.

첫째, 어떤 성격심리학자는 우익 권위주의right-wing authoritarianism, 성실성conscientiousness, 개방성openness 같은 성격 특성이 보수 혹은 진보라는 정치 성향을 만든다고 본다. '우익 권위주의'는 기존의 권위를 충실하게 따르는 한편, 관습을 거부하는 소수자들을 매몰차게 배척하는 성향이다. "결혼식장에서 아내는 남편에게 순종하겠다고 서약해야 한다." "'구시대의 방식'이나 '구시대의 가치'는 여전히 최선의 삶의 방도를 알려준다." 같은 항목에 강하게 동의하는 사람들은 우익 권위주의 성향이 높다.

쉽게 짐작할 수 있듯이, 우익 권위주의 성향이 높으면 보수주의자가 되기 쉽다.[6] 덧붙이자면, 규칙을 지키면서 목표를 향해 조금씩 나아가는 성향인 성실성이 높으면 우파가 되기 쉽다. 전통에 얽매이지

않고 새롭고 독창적인 시도를 추구하는 성향인 개방성이 높으면 좌파가 되기 쉽다.[7]

둘째, 정치심리학자 존 히빙John Hibbing과 그의 동료들은 부정적인 자극에 더 크게 휘둘리고 민감하게 반응하는 사람은 보수주의자가 되기 쉽다고 주장했다.[8] 원래 인간은 긍정적인 자극보다 부정적인 자극을 더 신경 쓰게끔 설계되었다. 웃는 얼굴보다 화난 얼굴이, 신선한 고기보다 썩은 고기가, 화창한 날씨보다 비바람이 치는 날씨가 먼 과거 조상들의 번식 성공도에 미치는 영향이 더 크기 때문이다. 흥미롭게도 이처럼 전염병, 자연재해, 포식자, 악당, 사기꾼 등등 외부의 부정적 자극에 민감하게 반응하는 성향은 사람들 사이에도 매우 다르다. 보수주의자들은 진보주의자들보다 부정적 자극에 대해 심리적으로나 생리적으로 더 민감하게 반응하는 경향이 있다.

예를 들어, 한 신경과학 연구는 젊은 성인남녀 90명의 뇌 구조를 분석하고 이들의 정치적 성향도 아울러 조사했다.[9] 그 결과, 보수주의자들은 위험한 상황에서 두려움을 느껴 도망치게 만드는 뇌의 부위인 편도체amygdala가 진보주의자들보다 더 두꺼웠다. 보수주의자들은 부정적 자극에 대해 진보주의자들보다 두려움을 더 많이 느낀다는 것이다.

셋째, 도덕심리학자 조너선 하이트Jonathan Haidt는 도덕을 떠받치는 토대는 모두 다섯 개인데, 이들 모두를 엇비슷하게 중요시하는 사람은 보수주의자가 되기 쉽다고 주장했다. 전 세계의 도덕 체계를 두루 검토한 결과, 하이트는 도덕성을 이루는 다섯 토대에는 (1) 딱한 사람을 돌보고, (2) 함께 얻은 과실을 공평하게 나누는 등 개인적 차원뿐만 아니라 (3) 자기 집단에 충성하고, (4) 위아래 관계를 준수하고, (5) 몸과 마음을 고결하게 유지하는 등 공동체 차원도 있다고 결론 내렸다.

개인적 차원에 해당하는 두 토대를 나머지보다 유독 중시하면 진보주의자가 된다. 다섯 토대를 비슷비슷하게 중시하면 보수주의자가 된다.[10] 2017년 대선 토론 때 문재인 후보가 "이보세요."라고 하니 홍준표 후보가 "아니, 말씀을 왜 그렇게 버릇없이 해요. '이보세요'라니!"라고 발끈한 장면을 만약 하이트가 보았다면, 지위 서열에 민감한 사람이 역시 우파가 되기 마련이라며 흐뭇해했을 것이다.

정리하고 넘어가자. 일반 성향 모델에 따르면 우리 마음속에는 진보와 보수라는 두 코스 메뉴만 있다. 우익 권위주의 같은 성격적 특성, 부정적 자극에 대한 심리적 편향, 혹은 도덕을 이루는 다섯 토대가 진보-보수의 일차원적 축에서 각 개인이 어디에 자리 잡을지 지정해준다. 이렇게 추출된 누군가의 정치적 성향은 경제, 사회집단, 성/번식 등 여러 쟁점에 대한 그 사람의 견해를 한꺼번에 결정한다.

일반 성향 모델: 인과적 설명인가? '간판 새로 달기'인가?

정치적 개인차를 설명하는 일반 성향 모델이 그럴듯하게 들리는가? 필자가 보기엔, 이 설명은 어딘가 허전하다. 먼저 성격, 심리적 편향, 혹은 도덕 기반이 좌파/우파라는 정치 이데올로기를 결정한다는 주장을 뜯어보자. 예를 들어, 어떤 사람이 여성이나 동성애자에 대한 차별을 용인하는 까닭은 그가 우익 권위주의 성향이 높아서 그렇다고 설명된다.

우익 권위주의 성향은 어떻게 측정할까? 우익 권위주의 성향을 가늠하는 22개 항목으로 구성된 척도에 어떻게 답했는지 보면 알 수 있다.[11] 이 척도에는 앞에서 언급한 두 항목 외에도 다음 항목들이 포함된다. "게이와 레즈비언은 누구 못지않게 건강하고 도덕적이다." "여성이 남편과 사회적 관습에 굴복하던 시대는 이제 분명히 과거가 되었다." 요컨대, 어떤 사람이 여성이나 동성애자에 대한 차별을 용인하는 까닭은 그가 여성이나 동성애자에 대한 차별을 용인하기 때문이다. 응? 뭔가 이상한데?

설명하고 싶은 대상을 하나 찾는다(예컨대, 왜 소수자를 차별하는가). 그 대상을 측정하는 설문지를 만든다. 대상에 근사한 이름을 붙인다(예컨대, 우익 권위주의). 수수께끼를 풀었다고 선언한다(예컨대, 우익 권위주의 성향이 소수자를 차별하게 만든다). 이러한 패턴은 심리학에서 흔히 볼 수 있다. 이는 인과적 설명이 아니라 '간판 새로 달기'에 불과하다고 진화심리학자 제이슨 위든Jason Weeden과 로버트 커즈번Robert Kurzban은 지적했다.[12] (이런 작업이 다 헛수고라는 말은 결코 아니다. 이를테면, 우익 권위주의 성향이 폭력성과 어떻게 연관되는지 살펴보는 일은 당연히 의미 있다. 설명하려는 대상에 붙인 이름으로 다시 그 대상을 설명하려하면 곤란하다는 것이다.)

부정적 자극을 중시하는 심리적 편향이나 도덕을 이루는 다섯 토대가 진보-보수의 정치 성향을 만든다는 제안은 '간판 새로 달기'의 혐의를 피한다는 점에서 그나마 낫다. 하지만 왜 하필이면 부정성 편향이나 도덕성 토대가 그런 식으로 정치 성향을 결정하게 되었는가, 그럼으로써 먼 과거의 조상들이 얻었던 진화적 이점은 무엇인가에 대해서는 명확히 알려주지 못한다.

이제 좌파 또는 우파라는 정치 이데올로기가 경제, 사회집단, 성/번식 등 여러 쟁점에 대한 견해를 한 방에 결정해준다는 주장을 들여다보자. 언뜻 들으면 지극히 당연한 말씀이다. 사람들은 자신이 극좌, 중도좌파, 중도, 중도우파, 극우 중의 하나라고 믿는다. 이러한 이데올로기가 최저임금 인상, 대마초 합법화, 군복무 가산점제 같은 구체적인 쟁점이 불거졌을 때 자기가 취할 견해를 일일이 정해준다는 것이다.

하지만 그 반대가 참일 수도 있다! 각각의 쟁점에 대해 자기가 취한 견해들의 평균값을 대략 도출한 다음에, 이 값이 진보-보수의 일차원 축에서 어느 곳에 놓이는가로부터 자신의 좌우 이데올로기를 판단할 수도 있다.[13] 즉, 정치 성향의 일차원적 연속체라는 보편적인 인간 본성은 애당초 존재하지 않을지도 모른다. 바로 '영역-특이적 모델'이 내놓는 설명이다.

영역-특이적 모델:
고객님 취향에 따라 종류별로 하나씩 선택하십시오

2017년 19대 대선에서 문재인 더불어민주당 후보는 41.1퍼센트를 얻어 대통령에 당선되었다. 홍준표 자유한국당 후보는 24.0퍼센트로 2위였다. 그러나 대구·경북에서는 달랐다. 홍 후보가 과반에 가까운 47.1퍼센트를 얻었다. 문 후보는 고작 21.8퍼센트였다. 심지어 사드 배치 반대 시위가 격렬했던 경북 성주군에서조차 사드에 찬성한 홍 후보가 무려 56.2퍼센트를 얻었다. "TK는 답이 없다." "세뇌되었다."는 탄식이 쏟아졌다. 왜 대구·경북 주민들은 지난 9년간 지역 경제에 공헌한 건 별로 없는 보수정당 후보에게 또다시 표를 던졌을까? 비슷한 맥락으로, 왜 저소득층은 부의 재분배를 외치는 진보정당보다 부유층의 이익을 대변하는 보수정당을 더 지지할까? 저소득층은 자신에게

가장 이득이 되는 정당이 누군지 정말 모르는 걸까? 계급 배반 투표
가 이루어지는 경우는 또 있다. 조국 청와대 민정수석처럼, 일부 고학
력-고소득 지식인이 분배를 강조하는 진보정당을 지지하는 '강남좌
파'인 까닭은 무엇일까?

사람들이 자신에게 가장 큰 경제적 이득을 주는 정당을 지지한다는
가정은 한때 정치학자들 사이에 정설로 받아들여졌다. 물론 지금도
몇몇 정치인은 이 가정을 따르는 것처럼 보인다. 여야를 가리지 않고
선거철만 되면 선심성 퍼주기 공약들이 쏟아지니 말이다. 하지만 사
람들이 자신에게 가장 이득이 되는 후보에게 투표한다는 가정은 오늘
날 구닥다리로 치부된다. 언어학자 조지 레이코프George Lakoff는 "사
람들이 반드시 자기 이익에 따라 투표하지는 않는다. …… 그들은 자
기가 동일시하는 대상에게 투표한다."라고 말했다.[14] 레이코프가 보기
에, 우리나라의 저소득층은 자신을 부유층과 동일시하기 때문에 부유
층의 구미에 맞는 보수정당을 지지하는 셈이다. 어쨌든 선거에 출마
한 후보자가 공약한 이득이 "크고, 즉각적이고, 널리 홍보되었을" 때
를 제외하면, 유권자는 경제적 이득에 이끌려 투표하지 않는다고 최
근의 연구들은 결론 내리고 있다.[15]

어떤 쟁점이 돌출했을 때 과연 사람들은 자신에게 경제적 이득을
주는 입장을 취하는가? 위든과 커즈번은 저서 《정치적 마음의 숨은
의제 The Hidden Agenda of the Political Mind》에서 이 말이 반은 틀리고 반
은 맞는다고 주장했다.[16] 경제적 이득만 추구하지는 않는다는 뜻에서
반은 틀리다. 경제적 이득을 포함해 포괄적인 진화적 이득을 추구한
다는 뜻에서 반은 맞다.

영역-특이적 모델에 따르면, 경제, 사회집단, 성/번식 같은 다양한

쟁점이 불거졌을 때 사람들은 먼 과거의 수렵-채집 환경에서 자신의 번식 성공도를 높이는 데 도움이 되었을 입장을 각각 선택한다. 예를 들어, 미혼모는 사회 안전망 확충에 찬성할 것이다. 유능하고 똑똑한 인재는 성별, 인종, 장애, 성적 지향에 따르는 차별 정책에 반대할 것이다. 그리고 이렇게 다양한 쟁점에 대한 자신의 입장들을 취합하고 평균을 낸 끝에, 사람들은 자신의 정치적 성향이 극좌에서 극우 중에 어디에 해당하는지 파악하게 된다.

정치적 입장을 택하는 마음의 레스토랑에 다시 빗대어보자. 영역-특이적 모델에 의하면, 이 레스토랑에는 미리 정해진 코스 메뉴가 따로 없다. 고객의 입맛에 따라 샐러드, 수프, 메인 요리, 디저트, 차 등 종류별로 마음대로 선택하여 코스를 만들 수 있다. 어떤 고객이 선택한 음식들의 집합이 A 코스에서 제공되는 음식과 많이 겹치거나 아예 똑같을 수도 있겠지만, 어디까지나 이는 우연일 뿐이다. 고객이 처음부터 A코스 메뉴를 주문하지는 않았다. 영역-특이적 모델이 경제, 사회집단, 성/번식 등의 쟁점 영역에서 벌어지는 정치적 견해 차이를 어떻게 설명하는지 좀 더 살펴보자.

영역-특이적 모델: 사람들은 진화적 이득에 따라 각 쟁점에 대한 견해를 정한다

사람들이 자신에게 경제적 이득을 주는 입장을 취한다는 가정은 이제는 정치학자들 사이에 한물간 옛이야기로 취급당한다. 가정과 정반대로, 이를테면 가난한 사람들이 보수정당을 더 지지하는 식의 '계급 배반 투표' 행태가 흔히 나타나기 때문이다. 2012년 18대 대선 직후 실시된 면접 조사 결과를 보자. 저소득층 유권자의 56.3퍼센트가 박근혜 후보를 지지했다. 반면에 중간 소득층에서는 46.1퍼센트, 고소득층에서도 46.2퍼센트만이 박근혜에게 투표했다.[17] 이러한 결과를 보도하는 기사에는 "못사는 사람들이 무식해서 보수 언론에 세뇌당해서 그렇지."라는 냉소적인 댓글이 높은 추천 수를 받곤 한다.

가난한 사람들이 선거 때 보수정당에 투표하는 이상한 현상은 미국에도 존재한다. 동서 연안부보다 상대적으로 빈곤한 미국 내륙 중부의 유권자들은 오히려 빈익빈 부익부를 조장하는 공화당에 몰표를 던지는 경향이 있다.[18] 미국 선거의 개표 결과를 보도하는 기사에서 미국 지도를 보면 내륙 중앙은 온통 빨갛고(공화당 상징색), 동서 연안부는 파랗다(민주당 상징색). 정말로 가난한 사람들은 보수 우파의 세뇌공작(?)에 홀라당 넘어가서 자신의 계급적 정체성에 반하게 투표하는 걸까? 사람들이 자기 이득에 따라 투표하지 않는 듯한 현상을 어떻게 이해할 것인가?

이 수수께끼를 푸는 해법은 의외로 싱겁다. 돈은 우리가 추구하는 이득에서 전부가 아니다. 사실, 돈은 겨우 수천 년 전에 나온 발명품이라서 우리가 돈만 추구하게끔 진화했을 수는 없다. 돈이 최고라는 믿음을 설파한다고 이따금 오해받는 경제학자들조차 인간은 돈이 아니라 만족감을 추구하는 동물이라고 주장한다.

진화적인 관점에서, 만족감은 근본적인 진화적 동기를 충족시켰을 때 얻어진다. 피붙이 돌보기, 사회적 지위 높이기, 배우자 얻기, 결혼생활 유지하기, 전염병 피하기, 음식물 얻기, 자기편과 뭉치기, 안전한 거처 확보하기 등은 먼 과거의 수렵–채집 환경에서 우리 조상들의 번식 성공도와 직결하던 과제들이다. 인간의 마음은 이런 목표들을 열심히 추구하고 소기의 성과를 얻게 되면 뿌듯한 만족감을 얻게끔 진화하였다.[19] 돈 그 자체는 근본적인 동기가 아님에 유의하시라. 돈은 음식물을 얻는 등 몇몇 목표를 달성하는 데 도움을 줄 수 있을 뿐이다. 재임 중 저지른 비리로 결국 구치소에 수감된 어느 전직 대통령은 그 많은 재산을 쌓았어도 별로 행복하지 않을 것이다.

"사람들은 자기 이득에 따라 쟁점에 대한 태도를 정한다."고 말할 때, 그 이득을 '당장 주어지는 경제적 이득'으로 좁게 해석하는 기존의 관점과 '진화적으로 조상들의 번식에 기여한 이득'으로 넓게 해석하는 관점을 비교해보자. 당장의 경제적 이득을 중요시하는 기존 관점에 따르면, 정부가 실업급여 지급액을 인상하는 정책은 지금 현재 직장이 없는 실직자들에게만 이득을 준다. 임신한 직장 여성이나 외국인 노동자처럼 현재 직장이 있긴 하지만 장차 실직할 위험이 큰 근로자들에게 실업급여 인상 정책은 어떠한 이득도 주지 않는다고 본다 (!). 흠, 좀 이상한 것 같은데? 물론 진화적 관점에서 이 정책은 실직 가능성이 높은 근로자들에게도 이득을 준다.

또 다른 예를 들어보자. 기존 관점으로 보면, 서로 백년가약을 맺고 싶어도 그럴 수 없는 두 성인 남성(혹은 여성)은 동성 간의 결혼을 허용하는 정책이 시행되어도 이득을 얻진 않는다(!). 기존 관점에서는 오직 돈만 이득이 될 수 있기 때문이다. 대인관계는 이득이 될 수 없다. 반면에 진화적 관점에 따르면 동성애자들은 동성혼 허용 정책으로부터 이득을 본다. 자신이 사랑하는 사람과 법적으로 사회적으로 인정받는 이득이다.[20]

요컨대 위든과 커즈번의 영역-특이적 모델에 따르면, 진보/보수라는 정치 이데올로기가 수많은 쟁점에 대한 정치적 견해를 한꺼번에 결정하는 것이 아니다. 사람들은 먼 과거의 환경에서 자신에게 진화적 이득이 되었을 견해를 쟁점마다 택했을 뿐이다. 달리 말하면, 지나가는 시민을 한 명 붙잡고 그가 좌파/우파인지, 어느 정당을 지지하는지, 또는 헌법적 가치를 중시하는지를 아무리 물어본들, 그가 어떤 쟁점에 대해 취할 견해를 신빙성 있게 예측하기는 어렵다는 것이다. 그러기보다는, 그 사람의 진화적 이득에 영향을 끼치는 인구통계학적 요인들—성별, 연령, 소득, 인종, 번식 전략, 출신지 등—을 물어보면 그가 어떤 쟁점에 대해 취할 견해를 잘 예측할 수 있다고 이 모델은 주장한다.

영역	인구통계학적 요인	쟁점의 예
경제	소득, 사적 네트워크	정부의 소득재분배, 소외계층을 위한 사회 안전망 구축
사회집단	소속집단, 지적 역량	인종차별, 남녀 차별, 이주민 차별, 영호남 차별
성/번식 생활양식	일부일처제적 혹은 문란한 번식 전략	낙태, 기호용 약물, 혼전 성관계, 포르노 합법화, 동성애

영역-특이적 모델의 세 가지 쟁점 영역(2017, Weeden & Kurzban의 표를 변형함)

비정규직 전환, 문재인 케어, 최저임금 인상, 양심적 병역 거부, 북한 비핵화, 탈원전, 낙태, 마약, 안락사 등 쟁점은 참으로 많다. 위든과 커즈번은 이 쟁점들을 크게 세 영역으로 나눈다. 경제, 사회집단 그리고 성/번식 생활양식이다. 각 쟁점 영역에 따라 인구통계학적 요인들이 개인의 정치적 견해를 영역-특이적으로 만든다(표 참조). 하나씩 살펴보자.

경제 영역 : 저소득층은 소득재분배와 사회복지를 더 지지한다

첫 번째 영역은 경제다. 정부의 시장 개입, 소득재분배, 복지 안전망 구축 등을 놓고 허구한 날 다툼이 벌어진다. 경제 정책에 관한 태도를 정할 때, 사람들은 그 정책이 자신에게 이득이 되는지는 신경 쓰지 않고, 순전히 자신의 정치적 성향(보수/진보)이나 지지하는 정당에 따라 행동하는가? 아니면 마치 '그 정책이 나한테 이득이 되나?'라고 속으로 자문한 것처럼 행동하는가?

'팩트 체크'를 해보면 상당히 많은 연구가 후자를 뒷받침함을 알 수 있다. 즉 가난한 사람은 부자보다 소득재분배와 정부의 복지 지출 확대를 더 지지하는 경향이 있다. 예컨대, 매년 미국민에게 다양한 사항을 묻는 미국 종합사회조사GSS에는 "정부가 실업급여 지급액을 늘려야 합니까?"라는 질문이 있다. 이에 대해 실직자들의 57퍼센트가 긍정했다. 정규직 노동자들은 27퍼센트만이 긍정했다.[21] "소득 격차를 줄이는 것이 정부의 책임입니까?"라는 항목에 대해 미국 저소득층에서는 57퍼센트가 긍정했다. 중간 소득층에서는 49퍼센트였다. 고소득층에서는 겨우 30퍼센트만이 긍정했다.[22] 우리나라에서도 가난한 사람들은 부자들보다 정부의 복지 지출 확대를 더 지지하며, 성장보다 분배를 더 중요하게 생각한다고 여러 연구가 보고하였다.[23]

주의하시라. 진화적 이득은 '당장 받는 돈'뿐만 아니라 '훗날 받을 돈'도 포함한다. 불시에 닥치는 실업, 빈곤, 재해, 질병에 대비하는 사회 안전망 확충을 지지하는 사람 중에는 '지금 당장' 혜택을 받는 이도 있지만 '훗날' 혜택을 받게 될 이도 있다.[24] 풍수해 보험을 예로 들

자. 풍수해 보험은 지진, 홍수, 태풍 등으로부터 국민을 보호하기 위해서 보험료의 절반 이상을 정부가 대신 내주는 복지제도다. 지진으로 집이 무너진 가입자는 보상금을 받는다. 지진이 덮쳤지만 운 좋게 피해를 보지 않은 보험 가입자는 당장 보상금을 받진 않지만, 나중에 지진 피해를 입으면 보상금을 받을 수 있다는 믿음이 있다. 즉, 지금 벽이 와르르 무너지고 있는 사람만 정부의 풍수해 보험 지원책을 지지하는 것은 아니다. 집은 멀쩡해도 훗날 지진을 겪을지 모를 사람도 풍수해 보험에 세금을 지출하는 복지 정책을 지지한다. 이를테면 경주나 포항 주민들 말이다.

그러므로 영역-특이적 모델은 지금은 궁핍하지 않더라도 나중에 역경이 닥치면 혈연, 지연, 학연, 종교 단체 등으로부터 사적인 도움을 받기 어려워 공적부조에 주로 의존해야 하는 사람들도 소득재분배와 복지 증대를 더 지지하리라고 예측한다. 미국의 경우 저학력자, 저소득자, 여성, 유색인, 비기독교인, 이주민, 성 소수자 등이 해당한다. 위든과 커즈번은 미국 사회에서 이러한 예측이 들어맞음을 확인했다. 유색인, 비기독교인, 성 소수자 들은 빈곤층 지원과 의료 복지에 더 진보적이었다. 이주민들은 전반적인 소득재분배에 대해서는 긍정적이었지만, 미국 시민권자에게만 혜택을 주는 정부 지원 프로그램에는 부정적이었다.[25]

이 모델은 왜 고소득자 중에서도 어떤 사람은 부의 재분배와 복지 강화에 대해 상당히 진보적인 태도를 보이는지 제법 잘 설명해준다. 노무현 전 대통령은 젊은 시절에 변호사로 많은 돈을 벌었지만, 시골 출생에 고졸이 최종학력이고 무교였다. 즉 자신에게 질병이나 재해 같은 불상사가 닥치면 사적인 도움을 줄 인맥이 변변치 않아서 사회보장에 상대적으로 더 의존해야 하는 경우였다. 노 전 대통령은 퇴임 무렵 "복지를 위해 5년 내내 노력했습니다."라고 말했다.[26] 반면 이명박 전 대통령이 사회복지 확대에 별로 관심이 없었던 것은 고려대, 소망교회, 영남이라는 화려한 인맥이 설명해준다.

사회집단 영역 : 소속집단과 실력이 차별에 대한 태도를 만든다

두 번째 영역은 사회집단이다. 투표권을 주거나, 대학에서 입학을 허가하거나, 직원을 고용하거나, 결혼에 따른 법적 이익을 줄 때 성별, 인종, 출신지, 국적, 학력, 장애 여부, 가족 형태, 성적 지향 등 상대방이 소속된 집단에 따라 차별해서는 안 된다. 그야말로 당연한 말씀이다. 안타깝게도 현실에서는 동성 결혼 합법화, 외국인 노동자 임금 차별, 여성의 승진을 막는 유리 천장, 영호남 지역 차별 등을 놓고 갈등이 끊이지 않는다. 2016년에 이정현 당시 새누리당 대표는 "호남 사람들이 가장 많이 하는 이야기가 '능력이 있어도 호남 놈이라 진급이 안 된다. 너무 억울하다. 진급 좀 시켜달라'는 것이다."라고 말했다.[27] 소속집단에 따른 차별을 두고 찬반으로 엇갈리는 사람들은 각자 어떻게 자신의 진화적 이득을 높이는 방향으로 입장을 정했는가?

위든과 커즈번은 이 문제가 단순히 차별을 허용할지 말지를 넘어선다고 강조한다. 직원을 뽑을 때, 승진 심사를 할 때, 입학 사정을 할 때 우리는 여러 후보 가운데 누구를 뽑을지 고민한다. 이때 소속집단을 보고 적임자를 뽑을 수도 있고, 아니면 (시험 점수와 최종 학력으로 짐작되는) 각 개인의 순수한 실력만 보고 뽑을 수도 있다. 언뜻 생각하면 성별, 출신지, 인종 등의 소속집단을 일절 보지 않고 오직 실력 지상주의에 입각해 적임자를 뽑는 방식이 가장 공정해 보인다. 머리가 좋은 사람은 노력을 덜 해도 높은 시험 점수를 받을 수 있으니 실력 위주의 선발이 꼭 완벽한 해결책인 것은 아니다. 어쨌든 사회집단에 관련된 쟁점을 살펴볼 때는 소속집단에 따른 선발과 실력 위주의 선발이라는 두 차원을 함께 고려해야 한다는 것이다.[28]

적임자를 선발하는 규칙이 어떻게 정해지느냐에 따라 지원자는 울고 웃는다. 지원자는 주류 집단에 속해 있는지 여부와 실력을 가지고 있는지를 따져 네 부류로 구분된다. 주류 집단을 편애하고 비주류 집단을 배척하는 전통적인 선발 규칙으로 가장 큰 피해를 보는 지원자는 누굴까? 실력 있는 비주류 지원자다. 이를테면, 20세기 초반 미국에서 흑인 야구선수는 메이저 리그에서 뛸 수 없었다. 인종차별이 없었다면 메이저 리그를 석권할 만큼 실력이 뛰어난 흑인 야구선수가 인종차별 규칙으로부터 가장 큰 피해를 본다. 한편, 실력 없는 비주류 지원자는 이 규칙으로부터 상대적으로 피해를 덜 입는다. 야구를 잘못하는 흑인 야구선수는 인종차별이 없더라도 마이너 리그를 전전할 신세다.

마찬가지로, 실력은 보지 않고 주류 집단에 속한 지원자를 뽑는 선발 규칙으로 가장 혜택을 얻는 지원자는 누굴까? 실력 없는 주류 지원자다. 야구 실력이 시원치 않아서 메이저 리거가 되지 못했을 지원자가 인종차별 때문에 선발되었다면, 실력 없는 백인 야구선수가 차별 규칙으로부터 가장 큰 혜택을 입는다. 한편, 실력 있는 주류 지원자는 딱히 혜택이랄 것이 없다. 야구 실력이 뛰어난 백인 야구선수는 인종차별이 있건 말건 메이저 리그를 석권한다.

요컨대 소속집단에 따른 전통적인 차별 정책에 대해서, 실력 있는 비주류 지원자가 가장 반대하는 한편, 실력 없는 주류 지원자가 가장 찬성하리라는 예측이 도출된다. 위든과 커즈번은 미국 종합사회조사 자료를 분석하여 이 예측이 대체로 잘 맞아떨어짐을 입증했다. 이를테면, "모든 형태의 종교를 반대하는 사람이 대학에서 강의하거나 대중 연설을 하게끔 허용해야 합니까?"라는 질문에 가장 열렬하게 찬성한 사람들은 고학력의 비종교인들이었다(실력 있는 흑인 야구선수라고 생각하라). 가장 격렬히 반대한 사람들은 저학력의 기독교 신자들이었다(실력 없는 백인 야구선수라고 생각하라). 일반적으로 말해서, 실력 위주의 선발 규칙 아래에서 더 유리한 고학력 인재들은 주류 집단을 편애하는 전통적인 차별 정책에 강하게 반대하는 경향이 있다.[29]

성/번식 생활양식 영역 : 순정파 전략은 사회의 성적 자유를 제한하려 한다

세 번째 영역은 성/번식 생활양식이다. 혼전 성관계, 포르노그래피, 성매매, 낙태, 혼외정사, 동성애, 10대 청소년의 산아 제한 같은 쟁점을 놓고 자주 논쟁이 벌어진다. 황당하게 들리겠지만, 대마초, 필로폰, 알코올, 니코틴 같은 향정신성 약물 사용도 연장선상에 속한다. 미국 젊은이들을 조사한 여러 연구에서, 기호용 약물을 즐기는 사람은 여러 상대와 문란하게 성관계를 맺는 경향이 있음이 확인되었다.[30] 왜 성과 번식에 관련되는 생활양식을 두고 갑론을박이 벌어지는가?

사람들이 구사하는 성/번식 전략에는 남녀 공히 한 가지가 아니라 두 가지가 있다. 일편단심 순정파 전략과 자유분방한 바람둥이 전략이다. 순정파들은 오직 한 배우자에게 평생 헌신하고, 혼전 순결을 지키고, 일찍 결혼해서 자식을 많이 낳고, 이혼이나 외도가 없고, 이성애자가 다수고, 음주나 약물을 삼가고, (남자의 경우) 친자식을 끔찍이 아끼는 특징이 있다. 바람둥이들은 여러 사람과 자유롭게 성관계를 하고, 처음 성관계하는 시점도 빠르고, 결혼을 늦게 하거나 아예 하지 않고, 이혼이나 외도도 잦고, 동성애자들을 포함하고, 음주나 약물을 즐기고, (남자의 경우) 친자식도 잘 돌보지 않는 특징을 가진다.[31]

　중요한 점이 있다. 일부일처제적 성 전략과 문란한 성 전략은 서로 갈등할 수밖에 없다. 사회에서 성적 자유가 어느 정도까지 허용되는가에 따라 각 전략은 번식상의 이득 혹은 손실을 입는다. 일편단심 순정파들은 성적 자유를 폭넓게 허용하는 사회에서는 크게 손해를 본다. 순정파 남편의 경우, 그동안 애지중지 키운 자식이 알고 보니 호색한이 아내를 유혹하여 만든 생판 남남이었다면 엄청나게 손해다. 순정파 아내의 경우, 착실하던 남편이 바람둥이 여성의 유혹에 넘어가 외도한다면, 남편의 도움 없이 혼자서 자식을 키워야 할 확률이 높아지므로 역시 큰 손해다. 즉 순정파 전략을 구사하는 사람들은 개인의 성적 자유를 엄격히 규제하는 보수적인 사회에서 사는 편이 유리하다. 마찬가지로, 자유분방한 바람둥이들은 개인의 성적 자유를 폭넓게 인정하는 진보적인 사회에서 사는 편이 유리하다.

　성매매, 낙태, 혼전 성관계, 기호용 약물 등등 성과 번식에 관련된 쟁점에 대해 일부일처제적 성 전략을 구사하는 사람들은 성적 자유를 규제하는 태도를 보이는 반면, 문란한 성 전략을 쓰는 사람들은 성적 자유를 허용하는 태도를 보이리라 예측된다. 위든과 커즈번은 미국 사회에서 이 예측이 잘 들어맞음을 보였다. 예를 들어보자. "혼전 성관계는 전혀 잘못되지 않았다."는 항목에 순정파들은 34퍼센트가 찬성했지만, 바람둥이들은 67퍼센트가 찬성했다. 포르노 합법화에 대해 순정파들은 49퍼센트가 찬성했지만, 바람둥이들은 무려 80퍼센트가 찬성했다. 대마초 합법화에 대해 순정파들은 26퍼센트, 바람둥이들은

56퍼센트가 찬성했다.[32]

한 연구에서는 기호용 약물 사용에 대한 견해 차이를 통해 일반 성향 모델과 영역-특이적 모델을 비교하였다. 주지하다시피, 어떤 사람들은 약물에 격렬히 반대하지만 어떤 사람들은 약물이 별로 문제가 없다고 여긴다. 이를테면, 버락 오바마 전 미국 대통령은 "대마초는 나쁜 습관이다. 담배와 크게 다를 바 없다. 대마초가 술보다 더 위험하다고 생각하지 않는다."라고 말했다.[33] 우리나라에서도 2004년에 가수 신해철, 영화감독 박찬욱, 배우 김부선 씨 등이 대마초 합법화를 촉구한 바 있다.

왜 약물 사용을 놓고 찬반이 첨예하게 부딪히는 것일까? 진보-보수라는 추상적인 정치 이데올로기가 약물에 대한 태도를 결정하는가?(일반 성향 모델) 아니면 순정파 혹은 바람둥이라는 번식 전략이 약물에 대한 태도를 결정하는가?(영역-특이적 모델). 총 987명의 참여자들을 조사했더니, 정치 이념보다 번식 전략이 약물에 대한 태도를 더 강력하게 예측하는 요인임이 밝혀졌다.

정치 이념도 약물에 대한 태도를 유의미하게 예측하긴 했지만, 이 연관 관계에서 번식 전략이 기여하는 정도를 통계적으로 없애고 나면 정치 이념과 약물에 대한 태도가 더는 연관되지 않았다.[34] 즉 진보주의자들이 약물 사용을 더 지지하는 것처럼 보이는 까닭은 그들 가운데 문란한 성 전략을 구사하는 이들이 많이 있기 때문이다. 성적으로 문란한 정도가 비슷하면서 진보와 보수가 골고루 섞여 있는 집단을 조사하면, 사람들마다 약물에 대한 견해 차이는 거의 없다는 뜻이다.

가난한 사람이
보수정당에 투표하는 '역설'

이번 장에서는 다양한 쟁점에 대해 왜 사람들이 이른바 보수와 진보로 나뉘어 사사건건 대립하는지 살펴보았다. '일반 성향 모델'은 진보-보수라는 정치적 성향이 진화된 인간 본성이며, 이에 따라 각 쟁점에 대한 입장이 한꺼번에 결정된다고 본다. '영역-특이적 모델'은 정치적 성향이라는 심리적 적응은 아예 진화하지 않았고, 그저 사람들은 어떤 쟁점이 불거졌을 때 먼 과거의 환경에서 진화적 이득이 되었을 견해를 취할 따름이라고 본다.

어느 모델이 더 타당할까? 다행히 이에 답하기는 쉬워 보인다. 여러 쟁점에 대한 누군가의 견해가 일관되게 보수적(혹은 진보적)일지, 아니면 쟁점 영역에 따라 유연하게 달라질지를 두고도 각기 다른 예측을 내놓기 때문이다. 다시 '팩트 체크'에 돌입하자. 경제, 사회집단, 성/번식 전략이라는 세 영역 모두에서 일관되게 보수(혹은 진보)의 태도를 취하는 이는 의외로 적다. 한 영역에서는 보수지만 다른 영역에서는 진보라서 어느 한쪽으로 분류하기 모호한 사람들이 더 많다.

이를테면, '자유지상주의자libertarian'들은 소득재분배(경제 영역)에 반대하지만 동성 결혼(번식 전략 영역)에 찬성한다. '대중영합주의자 populist'들은 소득재분배에 찬성하지만 동성 결혼에는 반대한다. 각자의 인구통계학적 특성에 따라 사람들의 정치적 입장은 세 쟁점 영역이 만드는 삼차원 공간 안에서 여기저기 흩어져 있는 것처럼 보인다.[35]

영역-특이적 모델은 가난한 주민들이 보수정당에 투표하는 '역설'도 그럴듯하게 설명해준다. 저소득이고, 저학력이고, 조상 대대로 살아와서 혈연·지연이 든든하고, 교회를 열심히 다니고, 이성애자고, 배우자에게 충실한, 영남 지역의 서민을 떠올려보자. 먼저 경제 영역이다. 가난하니 정부의 소득재분배를 찬성할 것이다. 하지만 재난이 닥치면 사적으로 도와줄 인맥이 든든하니 경제적으로 '진보적'인 성향은 다소 약하다. 다음은 사회집단 영역이다. 저학력인 데다가 지역 토착민/기독교인/토종 한국인/이성애자 등 주류 집단에 속해 있으니, 이론상으로 실력 위주의 선발보다는 소속집단에 따른 차별에서 이익을 얻는다. 이는 '보수적'인 성향이다. 이제 번식 전략 영역이다. 꼬박꼬박 교회를 다니고 일평생 배우자만 바라보는 순정파는 동성애, 낙태, 혼전 성관계, 동거 등을 반대할 가능성이 크다. 이 역시 '보수적'인 성향이다. 뽑을 정당이 두세 개밖에 없는 상황에서, 서민의 경제적 이익에 도움이 될 것이라고 여겨지는 진보정당보다 자기 입장과 그나마 꽤 겹치는 보수정당에 투표하는 일은 놀랍지 않다. 결코 역설이 아니다.

덧붙이자면, 위든과 커즈번의 영역–특이적 모델은 흥미롭긴 하지만 한계점도 있다. 예를 들어, 국가 안보나 환경보호에 관련된 쟁점에서 왜 보수와 진보가 싸우는가는 잘 설명하지 못한다. 어쨌든 지금 우리나라에서 벌어지고 있는 정치 현상을 이해하는 데도 진화 이론은 중요한 역할을 하리라 기대된다.

26

도덕의 미스터리

"내 이혼이 당신에게
무슨 피해를 줬나?"

가수이자 예능인인 김C(본명: 김대원)는 요즘 방송 출연이 뜸하다. 2014년에 전처와 일 년 전에 합의이혼을 했다는 기사가 나왔다. 바로 다음 날 김C와 스타일리스트 박 모 씨가 열애 중이라는 소식이 전해졌다. 대중은 그가 바람을 피워 조강지처를 내쳤다며 격렬히 비난했다. 김C가 과거 방송에 출연해 무명시절 전혀 수입이 없었던 그를 아내가 한결같이 지원해주었다며 아내와 두 자녀에게 무한한 애정을 표한 사실이 사람들을 더욱 분노하게 했다.

최근 한 언론과의 인터뷰에서 김C는 이렇게 말했다. "(나와 내 가족은) 행복하게 잘 살고 있는데, 세상만 그렇게 바라보는 거다. 왜 그렇게 남들 일에 관심이 많고, 왜 그렇게 타인에 대해 쉽게 판단하려고 할까. 왜, 무슨 권리로? …… 내 이혼이 당신에게 무슨 피해를 준 건가? 어디가 아픈 건데? 나로서는 납득하기 어려웠다."[1]

김C가 이혼 후에 새로 연인을 만났는지 아니면 정말 불륜을 저질렀는지 필자는 모른다. 이 글의 관심사는 더더욱 아니다. 불륜이라고 잠시 가정하자. 왜 사람들은 자신과 무관한 제삼자의 불륜이 그릇되었다며 비난을 퍼부을까? 김C 말마따나 대중이 직접 피해를 받은 것은 없지 않나? 김C의 인터뷰 기사에 달린 댓글들은 다음과 같다. "피해를 입진 않았지만, 부도덕한 사람은 보기 싫다." "불륜으로 가정이 파탄나면 애꿎은 가족이 피해를 입는다." "불륜 당사자는 '타인에게 해를 끼쳐선 안 되고 공평성을 지켜야 한다'는 도덕 원칙을 위반했으므로 비난받아 마땅하다." 여기까진 좋다. 문제는 이렇다. 사람들이 제삼자의 어떤 행동이 옳고 그른지 판단할 때, 실제로는 그 행동이 일반적인 도덕 원칙에 위배되는지 꼼꼼히 따져서 판단을 내리지는 않음을 보여주는 실증적 증거가 많다는 것이다. 사람들은 종종 자기 자신도 그 이유를 모르는 채 어떤 행동의 옳고 그름을 직관적으로 순식간에 판단하는 것처럼 보인다.[2] 왜 사람들은 적지 않은 비용을 감수하면서 제삼자의 행동이 잘못되었다 여기고 심지어 처벌하고자 하는가? 도덕 판단은 어떠한 기능을 수행하게끔 선택되었는가?

'도덕성=이타성'이고
'부도덕성=이기성'인가?

그동안 진화생물학자들이 도덕을 어떻게 설명했는지 먼저 살펴보자. 다윈의 이론에 따르면 개체의 생존과 번식을 증가시키는 형질이 선택된다. 하지만 이를 잘못 해석하면 우리네 삶에 냉혹한 착취와 이기심만 판을 칠 것 같다고 근심할 수 있다. 사실, 진화 이론을 살벌한 약육강식과 동일시하는 이런 시각은 오늘날에도 흔하다.

　다윈은 이러한 해석을 단호히 배격했다. 다윈은 《인간의 유래와 성선택》에서 어떤 생물종이 지닌 지능과 사회적 본능이 매우 높은 수준에 도달하면 그에 따른 귀결로 양심, 곧 도덕관념이 자연히 진화한다고 주장했다.

> 부모와 자식 간의 애정까지 포괄하는 의미의 사회적 본능이 잘 발달한 그 어떤 동물이라도, 지적 능력이 인간만큼 혹은 인간에 거의 가깝게 도달하자마자 도덕관념, 즉 양심을 불가피하게 얻게 될 것이다.[3]

　다윈은 도덕의 '주춧돌'이 공감sympathy이며, 공감 능력의 초보적인 형태는 사회성을 지닌 다른 동물들에게서도 발견된다고 강조했다. 도덕관념은 인간의 직립보행 능력과 마찬가지로 자연선택에 의해 진화한 산물이라는 것이다.

　도덕성을 양심 혹은 이타성과 동일시한 다윈의 시각은 이후 진화생물학계에 그대로 이어졌다. "어떻게 행위자가 손실을 감수하면서 상대방을 돕는 이타적 성향이 진화되었는가?"라는 질문은 곧 도덕성의 진화를 묻는 것과 같다고 받아들여졌다. 이미 살펴보았듯이, 유전자의 눈높이에서 진화를 바라보는 새로운 패러다임은 왜 인간을 포함한 여러 동물이 피붙이를 돌보고, 도움을 주고받고, 사심 없이 선행을 베푸는지 잘 설명해주었다(12장, 16장, 17장 참조). 해밀턴의 혈연 선택 이론 등으로 이타성의 문제를 푼 순간, 도덕성의 문제도 덩달아 풀렸다고 다들 믿어 의심치 않았다.

'도덕성=이타성' 그리고 '부도덕성=이기성'으로 요약되는 이러한 도식은 '유전자의 눈' 관점을 널리 알리는 데 이바지한 몇몇의 과학 대중서에서도 드러난다. 과학저술가 맷 리들리Matt Ridley가 어떻게 동물 사회에서 이타적인 행동이 자연선택에 의해 진화했는지 대중에게 쉽게 설명한 책의 제목은《덕의 기원The Origin of Virtue》(1996)이었다(국내에는《이타적 유전자》로 번역됨). 과학저술가 로버트 라이트Robert Wright는 초창기 진화심리학의 다양한 연구 성과를 대중에게 소개하면서 책의 제목을《도덕적 동물The Moral Animal》(1994)이라고 했다. 사실 이 책에서 오롯이 도덕만 논의한 부분은 별로 많지 않다!

그러나 진화심리학자 피터 드치올리와 로버트 커즈번에 따르면 "행위자가 어떻게 이기심을 누르고 상대방에게 착하게 행동하는가?"에 초점을 맞추는 기존의 도덕 진화 이론은 "왜 사람들이 제삼자의 어떤 행동에 옳고 그름의 잣대를 들이대는가?"라는 도덕 판단의 문제를 설명하지 못한다.[4] 이를테면 "왜 사람들이 자기 자식을 삼시 세끼 챙겨 먹이는가?"라는 물음에 대한 정답은 "왜 사람들은 자식이 굶어 죽도록 내버려둔 부모를 처벌하려 하는가?"라는 물음에 대한 정답과 상관없다는 뜻이다. 요컨대, 사람들은 도덕 판단이 없어도 착하게 행동할 수 있다. 도덕 판단이 있어도 악하게 행동할 수 있다. 즉 도덕 판단과 이타성은 무관하다.[5]

도덕성은 행위자의 양심/이타성과 다름을 보여주는 증거들

도덕을 설명해온 기존의 진화 이론은 사람들이 특정한 조건이 충족되면—이를테면 가까운 혈연이나 믿음직한 친구를 대할 때—상대방에게 착하게 행동하게끔 진화했다고 본다. 그리고 이러한 인간 본성이 "무고한 타인을 해치거나 대가 없이 부당한 이득을 취해서는 안 된다."는 일반적인 도덕 원칙에 입각해 제삼자의 행동을 합리적으로 꼼꼼히 판단하는 심리를 낳았다고 본다.[6] 그러나 도덕성을 이타성과 동일시하는 이러한 시각을 반박하는 증거들이 최근 여러 연구에서 얻어지고 있다.

첫째, 무해하지만 금기시되는 몇몇 행동에 대한 도덕 판단을 들 수 있다. 그 누구에게도 해를 끼치지 않으며 때로는 공공의 복지를 증진시키기도 하는 어떤 행동에 대해 대다수 사람은 대뜸 눈살을 찌푸리며 그것이 잘못되었다고 답한다. 왜 잘못되었는지 설명하려고 애쓰지만, 대개 피해자를 끝내 찾지 못해서 자신의 입장을 정당화하는 데 실패한다. 그래도 그것이 틀렸다는 입장만큼은 굳건히 고수한다.[7] 해를 끼치지 않지만 금기시되는 이러한 행동에는 자발적인 장기매매, 자발적인 성매매, 동성애, 수간, 성인 남매간의 합의된 성관계, 합의된 식인, 마약 섭취 등이 있다.

예를 들어보자. 병원의 병리 검사 센터에서 일하는 제니퍼는 어느 날 신선한 상태의 시체를 소각하는 일을 맡게 되었다. 식용으로 쓸 수 있는 고기를 버리자니 왠지 아깝다는 생각이 들었다. 그래서 시체의 살을 한 조각 잘라 집으로 가져왔다. 요리해서 맛있게 먹었다. 제니퍼의 행동은 정당한가?

도덕심리학자 조너선 하이트의 연구에서 제니퍼의 행동이 정당하다고 답한 피실험자는 겨우 13퍼센트에 불과했다. 잘못되었다고 답한 대다수의 피실험자는 왜 그 행동이 틀렸는지 명확한 이유를 대지 못해 곤혹스러워했다.[8] 무해할 뿐 아니라 오히려 공공의 복지를 넓히는—제니퍼는 잿더미가 될 뻔한 고기를 알뜰히 재활용했다(!)—이러한 행동을 사람들이 옳다고 하기는커녕 잘못되었다고 단언한다는 사실은 도덕성이 이타성과 동의어가 될 수 없음을 보여준다.

둘째, 사람들은 행동의 옳고 그름은 그것이 어떤 결과를 낳을지 뿐만 아니라 그 행동이 구체적으로 어떤 행동인가에도 달려 있다고 보는 경향이 있다. 칸트의 의무론적 윤리설이 주장하듯이, 사람들은 거짓말, 도둑질, 살인, 신성모독 같은 특정한 행동들은 심지어 그것이 공공의 복지를 결과적으로 증진시킬 때조차 무조건 잘못되었다고 답하곤 한다. 왜 그럴까? 도덕 판단이 행위자의 이타성으로부터 유래했다면, 행동 그 자체보다는 행동이 가져올 결과에만 집중하는 심리가 자연선택되어야 했지 않을까? 금지옥엽 내 새끼가 굶게 내버려 두기보다는 음식을 먹여주는 편이 결과적으로 내 유전자를 후대에 남기는 데 유리했다면, 내가 아기를 먹이든지 내 배우자가 아기를 먹이든지 아기만 배부르면 그만일 터이다.

제삼자에 대한 도덕 판단이 결과주의보다는 의무론에 조금 더 부합한다는 사실은 그 유명한 '트롤리 딜레마'를 통해서도 알 수 있다. 당신은 선로 위에 놓인 육교에 서 있다. 저 멀리에서 브레이크가 고장 난 트롤리가 맹렬히 다가오고 있다. 선로엔 인부 다섯 명이 작업하고 있다. 인부들을 구할 방법은 단 하나, 옆에 있는 뚱뚱한 남자를 내 손으로 밀어서 선로로 떨어뜨리는 것이다. 한 명을 희생하는 대신 다섯 명을 구하겠는가? 아니면 다섯 명이 죽게 내버려 두겠는가? 대다수는 다섯 명이 죽더라도 차마 옆의 남자를 밀지는 못하겠다고 대답한다. 비도덕적인 선택이라는 것이다. 이처럼 행동이 가져올 결과뿐만 아니라 행동 그 자체에 따라 옳고 그름이 뒤바뀐다는 사실은 도덕 판단을 담당하는 심리적 적응이 제삼자의 구체적인 행동 범주에 민감하게 반응하게끔 별도로 설계되었음을 시사한다.

요컨대, 최근 보고되는 실증적 증거들은 '도덕성=행위자의 양심'이라는 기존 도식에 커다란 의문을 제기한다. 행위자의 양심으로부터 제삼자에 대한 도덕 판단이 부수적으로 파생되었다는 전통적인 관점과 달리, 제삼자에 대한 도덕 판단이야말로 이타성으로 환원되지 않는 인간 도덕성의 중추를 이룬다. 커즈번과 같은 진화심리학자들의 공통된 주장이다.

'흘러넘치기'로서의
부산물 가설

비용을 감수하면서 제삼자의 행동 중 일부를 도덕적으로 판단하고 심지어 비난하거나 처벌하려는 심리는 어떤 진화적 기능을 수행하게끔 설계되었을까? 이 질문에 답하고자 제안된 세 가설을 간략히 살펴보자. 먼저 '흘러넘치기'로서의 부산물 가설이다. 이 가설은 도덕성을 행위자의 양심과 동일시하는 기존 관점을 살펴보면서 이미 다룬 바 있다. 원래 행위자의 행동을 잘 통제하게끔 설계된 '행위자의 양심'이라는 심리 기제가 '과도한 일반화overgeneralization'로 인해 행위자 자신뿐만 아니라 행위자와 무관한 제삼자의 행동도 통제하게 되었다는 가설이다. 컵에 물을 따르다 보면 물이 어느새 밖으로 흘러넘치듯이, 행위자의 양심이 '흘러넘쳐서' 그 부산물로 제삼자의 행동에도 도덕 판단을 내리게 되었다는 설명이다. 이를테면, 부모가 친자식을 돌보는 이타적 행동이 이미 자연선택에 의해 진화했고, 그 부산물로서 나와 무관한 제삼자가 자기 아이를 유기하는 행동도 비도덕적이라고 비난을 퍼붓게 되었다는 것이다.[9]

근친상간, 수간, 나이 차이가 매우 많이 나는 남녀 간의 성관계, 동성애 등을 규제하는 성도덕도 마찬가지로 설명할 수 있다. 특정한 성 행동을 자발적으로 피하게 만드는 유전적 형질이 그렇지 않은 형질을 제치고 어떤 이유로든지 자연선택되었다고 하자. 일단 이런 형질이 선택되고 나면 그 부산물로서 사람들이 제삼자의 부적절한 성행동도 비도덕적이라고 단죄하게 되었을 것이다.

예컨대, 근친상간을 생각해보자. 가까운 혈연과 성관계하여 낳은 자식은 치명적인 유전병을 지닐 가능성이 매우 높다. 따라서 나 자신의 짝짓기 상대로 가까운 혈연을 기피하는 심리 기제가 자연선택에 의해 진화하였다. 이 심리 기제가 제삼자가 성관계 상대를 고를 때에도 뜻하지 않게 작동하는 바람에, 만약 제삼자가 근친과 성관계를 하면 제삼자를 도덕적으로 처벌하려 애쓰게끔 되었다는 설명이다.[10]

진화심리학자 커즈번과 드치올리는 이러한 '흘러넘치기' 가설을 강한 어조로 비판했다. 우리의 도덕 판단이 자기 자신의 행동과 타인의 행동을 구별하지 못할 정도의 심리 기제라면 너무나 부실하고 형편없는 설계이기 때문이다. 나와 무관한 제삼자가 그의 친남매와 성관계하는 장면을 실제 혹은 상상으로 접하고 나서 이를 내가 내 친남매와 성관계하는 장면으로 혼동한다고? 당장 반품해야 할 정도로 엉터리 설계이다. 사실, 진화의 관점에서 보면 타인이 근친상간이나 친자식을 방치하는 것처럼 자신의 번식 성공도를 스스로 낮추는 행동을 한다면 뜯어말리기는커녕 오히려 적극적으로 칭찬하고 장려하는 심리기제가 개체 간의 경쟁에서 유리하게 작용했을 것이다.[11]

진화된 설계와 현대의 낯선 환경 사이의 불일치 가설

진화심리학자 데브라 리버먼Debra Lieberman은 제삼자에 대한 도덕적 질책이 현대의 환경에서는 공연히 비용만 부과하는 골칫덩이일지 몰라도 우리의 마음이 진화한 먼 과거의 수렵-채집 환경에서는 적응이었을 것이라고 제안했다. 현대 산업사회에서 우리는 친구, 직장 동료, 모르는 사람 등 수많은 비혈연과 매일 상호작용한다. 이는 인류가 진화 역사의 99퍼센트 이상을 보낸 소규모의 수렵-채집 사회와 전혀 딴판이다.

우리의 진화적 조상들은 대개 100여 명을 넘지 않는 혈연 중심의 소집단에서 매일 남들과 대면 접촉을 했다. 따라서 인류의 진화 역사에서 제삼자는 나와 정말로 무관한 남남이 아니라, 유전자를 공유하는 혈연일 가능성이 꽤 있었다. 제삼자가 수간, 동성 성교, 근친상간 또는 친자식 유기처럼 자신의 번식 성공도를 저해하는 행동을 할 경우 내 유전적 성공도 덩달아 하락하는 사태를 막기 위해 제삼자의 자기 파괴적 행동을 도덕적으로 비난하고 처벌하려는 심리 기제가 진화했다는 설명이다.[12]

그러나 불일치 가설은 왜 제삼자가 자신에게 해가 되는 다른 위험한 행동, 이를테면 스카이다이빙, 활강 스키, 극한 스포츠, 패러글라이딩, 고층 빌딩 셀피 등을 시도할 때 우리가 그를 비도덕적이라고 비난하지 않는 이유를 설명하지 못한다. 예를 들어보자. 2017년 중국에서 우융닝이라는 26세 남성이 안전 장비 없이 62층 빌딩에 올라가 동영상을 찍으려다가 그만 추락사했다.[13] 사람들은 우융닝에게 어리석다고 혀를 찰지언정 "인간의 탈을 쓰고 저런 악독한 만행을 저지르다니!"라며 분통을 터뜨리지는 않는다. 즉 제삼자가 근친상간하거나 스카이다이빙을 하거나 자신의 번식 성공도를 스스로 낮추는 것은 마찬가지인데 왜 우리는 특정한 행동에 대해서만 비도덕적이라고 욕하게끔 진화했는지 매끄럽게 설명하기 어렵다.[14]

갈등의 격화를 막기 위한 편들기 가설

최근 드치올리와 커즈번은 '제삼자에 대한 질책'이 왜 진화했는가를 설명하는 이른바 '편들기 가설side-taking hypothesis'을 제안하였다.[15] 행위자 A와 상대방 B 사이에 분쟁이 벌어졌다고 하자. 주변에서 이를 지켜보고 있는 방관자들로서는 A와 B 중에 강한 사람을 지지할 수 있다. 그러나 이렇게 되면 강한 사람에게 과도하게 권력이 쏠린다. 결국 강자가 약자를 일방적으로 착취하는 결과가 초래될 수 있다. 방관자들이 A와 B 가운데 누가 더 강한 사람인지 신경 쓰지 않고 오직 행위 그 자체에 주목하여 모두가 비도덕적인 행동을 한 사람을 비난한다면, 방관자들이 A와 B를 비슷하게 편드는 바람에 두 진영 사이에 갈등이 무한정 격화되는 것을 막을 수 있다는 가설이다.

필자는 편들기 가설도 제삼자에 대한 도덕 판단의 진화적 기능이 무엇인지 온전히 밝혀내지 못한다고 본다. 즉, 불일치 가설과 마찬가지로 이 가설은 왜 우리가 제삼자의 여러 행동 가운데 어떤 행동에 대해서는 옳고 그름의 잣대를 들이대는 반면 다른 행동에 대해서는 전혀 신경을 쓰지 않는지 잘 설명하지 못한다. 왜 자기 파괴적인 행동인 것은 매한가지인데도 근친상간, 동성애, 수간, 마약 복용 등은 도덕 판단의 대상이 되는 반면에 스카이다이빙, 고층 빌딩에서의 셀피, 활강 스키 등은 도덕 판단의 대상이 되지 않는가? 편들기 가설에서 도출된 예측을 실험적으로 입증한 연구가 아직껏 매우 드물다는 사실도 언급할 만하다.[16]

"왜 사람들은 자신과 무관한 제삼자의 특정한 행동을 도덕적으로 판단하는가?"라는 질문은 오늘날 도덕성의 학제적 탐구에서 으뜸가는 미스터리이다. 도덕성에 대한 최신 연구 성과들을 리뷰한 한 논문은 "도덕적 질책과 그에 따른 수많은 인간 행동을 야기하는 인지 체계의 기능에 대해서 훨씬 더 많은 연구가 행해져야 함은 명백하다."라고 결론을 내리기도 했다.[17]

지금까지 살펴보았듯이, 필자는 제삼자의 행동에 대한 도덕 판단이 어떤 진화적 기능을 수행하게끔 설계되었는가에 답하고자 제안된 가설들이 모두 만족스럽지 않다고 생각한다. 어쨌든 우리 사회는 대마초를 흡입한 사람을 처벌하고, 장기를 매매한 사람을 처벌하고, 친자식을 유기한 사람을 처벌한다. 우리의 무의식적이고 정서적인 직관이 왜 이런 행동들이 잘못되었다고 판단하는지는 아직 베일에 싸여 있다. 놀라운 일이다.

27

성격은 왜 다른가?

왜 사람들은 각기
다른 삶을 사는가?

예능인 서장훈 씨는 정리정돈의 '끝판왕'이다. 그의 화장대 위에는 각
종 화장품이 열을 맞춰 서 있다. 심지어 펌프형 화장품 용기의 손잡이
들도 모두 한 방향을 향한다. 냉장고 안의 유산균 음료들은 유통기한
이 임박한 순서대로 오름차순으로 진열되어 있다. 예능인 유재석 씨
는 누구에게나 따뜻하고 친절하다. 자신이 사는 아파트 경비원들의

이름을 모두 외운다. 경비원을 보면 큰 소리로 먼저 인사를 건넨다.[1] 예능 프로그램에 처음 출연해서 긴장한 후배 연예인들을 녹화 내내 살뜰하게 챙겨줬다는 미담이 끊이지 않는다. 예능인 노홍철 씨는 명랑하고 말이 많다. 처음 본 사람들과도 낯을 가리지 않고 대화하기를 즐긴다. 중국 음식점에 혼자 식사하러 가서도 식당 종업원과 한참 이야기한다. 어릴 때부터 길거리에서 지나가는 외국인을 보면 꼭 말을 걸었다고 한다.[2]

셋 다 대한민국의 40대 남성 연예인이지만, 이들의 삶은 매우 다르다. 사실 유명인을 예로 들 필요도 없다. 우리는 연령, 성별, 성장 배경 등이 유사한 주변 사람들이 아주 다르게 생각하고 행동함을 잘 알고 있다. 왜 사람들은 다를까? 그냥 다른 게 아니라, 사람들의 행동은 시간이 가도 여러 영역—연애, 우정, 직장, 가족 등—에 걸쳐서 일관되게 다르다. 만약 진철이가 맞선 자리에서 초조해한다면 취업 면접 자리에서도 초조해할 것이다. 만약 진철이가 지난달 중간시험에서 초조해했다면, 다가오는 기말시험에도 초조해할 것이다. 이처럼 시간이 흘러도 여러 영역에 걸쳐 일관되게 나타나는 행동의 개인차를 성격 personality이라고 한다.[3]

다시 원래의 질문으로 돌아가자. 사람들의 삶이 각기 다른 이유에 대한 정답은 이미 나온 듯하다. 즉 "사람마다 성격이 다르기 때문에 각자 다른 삶을 산다."가 정답인 것 같다. 오늘날 성격심리학자들은 사람의 수많은 성격 특성을 다섯 개의 큰 집단으로 나누는 5대 성격 모델을 채택하고 있다. 한 사람이 다섯 가지 요인에서 각각 어떤 점수를 보이는지만 알면 그가 어떤 삶을 살아가는지 알 수 있음이 확인되었다. 예컨대, 다섯 요인 가운데 하나인 성실성은 부지런하고, 일에 몰두하고, 자기 절제력이 강하고, 정리에 능한 성향이다.[4] 서장훈 씨는 성실성 수치가 높기 때문에 물건들을 칼같이 정리한다고 설명할 수 있다.

5대 성격 모델이 사람들 간의 성격 차이를 잘 설명해주는 마당에, 굳이 진화적 시각을 끌어올 필요가 있을까? 물론 필요하다. 진화적 시각은 관심이 있다고 한번 참조하고 끝날 별책부록이 아니라, 성격 차이를 이해하는 데 필수불가결한 분석 틀이다.[5] 먼저 성격심리학이 왜 진화 이론을 필요로 하는지 알아볼 것이다. 다음으로 성격상의 변이가 어떻게 제거되지 않고 계속 유지되는가에 대한 진화적 설명을 살펴보자. 그러고 나서 인간의 성격 특성들이 진화적 시각에서 어떻게 이해되는지 들여다보려고 한다.

진화는 성격 연구의 핵심적인 이론 틀

성격심리학자들은 "성실성이 높아서 물건들을 깔끔히 정리한다."로 서장훈 씨를 설명한다고 앞서 말했다. 여러분은 이런 '설명'이 어떻게 들리는가? 적지 않은 사람들이 이런 '설명'이 김빠진 콜라처럼 어딘가 허전하다고 생각한다. 성실성을 규정하는 여러 행동에는 정리에 능한 행동도 있다. 그런데 서장훈 씨는 성실성이 높아서 정리벽이 심하다고 '설명'한다면 왠지 허탈하지 않은가?

이런 아쉬움은 성격심리학자들의 주된 관심사가 무엇인지 알면 상당 부분 해소된다. 성격심리학자들은 사람들이 실생활에서 하는 수많은 행동으로부터 인간의 주요한 성격 차원이 무엇인지 정확히 기술記

述하는 것을 일차 목표로 삼는다. 주요한 성격 특성을 먼저 확정한 다음에야 성격을 연구할 수 있으니 말이다.[6] 이는 어느 과학에서나 일상적인 풍경이다. 모든 과학은 우선 연구 대상을 상세하게 기술하는 단계에서 출발한다. 예컨대, 천문을 관측하거나, 야생 동물을 관찰한다. 이 단계를 거치고 나서야 연구 대상을 인과적으로 설명하는 다음 단계로 나아갈 수 있다.

지난 수십 년에 걸쳐 성격심리학자들은 수많은 자료로부터 인간의 주요한 5대 성격 특성을 추출하였다. 이제 '왜' 서장훈 씨는 다른 사람보다 정리벽이 심한지, '왜' 노홍철 씨는 낯선 사람과도 수다를 잘 떠는지 인과적으로 설명할 차례. 요컨대, 성격심리학자들은 아직 성격을 충실히 기술하는 일에 초점을 맞추고 있으므로, 성격 차이에 대한 인과적 설명을 당장 내놓으라는 요구는 우물가에서 숭늉을 찾는 격이다.[7] 그런데 왜 성격심리학자들은 어떤 사람이 외향성extraversion 수치가 높으면 그 외향성이 그 사람의 행동을 잘 '설명'한다는 식으로 말할까? 흥분하지 마시라. 이때의 '설명'은 인과적인 설명이 아니라 통계적인 의미의 설명이다. 사람들이 성격 검사지에서 자신이 명랑한지, 남들과 잘 어울리는지, 수다스러운지 등의 문항들에서 스스로 매긴 점수들을 놓고 볼 때, 우리가 '외향성'이라는 잠재 요인을 가정한다면 외향성과 관련한 문항의 점수 간 차이를 상당 부분 묶어서 설명할 수 있다는 뜻이다. 외향성, 성실성, 개방성, 원만성agreeableness, 신경성neuroticism 등의 5대 성격 특성은 통계적인 요인이다. 사람들 간의 성격 차이를 정말로 만들어내는 근접 혹은 궁극 원인이 아니다.

진화적 시각은 성격 차이를 이해하는 데 핵심적인 분석 틀이 됨을 이제 알 수 있다. 왜 성격 차이가 하필이면 이런 식으로 유지되는가에 대한 궁극적인 원인을 밝혀주기 때문이다. 여러 번 강조했듯이, '왜'에 해당하는 궁극 혹은 진화적 원인은 '어떻게'에 해당하는 근접 원인—유전자, 뇌 구조, 호르몬 등—이 왜 하필이면 그런 식으로 작동하는가를 알려준다. 성격 차이를 유전자나 뇌 수준에서 설명하는 최근의 연구들과 더불어, 진화적 시각은 성격심리학이 대상을 인과적으로 설명하는 성숙한 과학으로 도약하게끔 도와준다.

성격상의 변이가 유지되는 이유: 환경에 따라 최적의 형질값이 다를 때

왜 사람들은 서로 다른 성격을 지니는가? 성격, 곧 시간이 가도 다양한 영역에서 일관되게 나타나는 행동의 개인차가 조상들의 번식 성공도를 높이는 데에 중요하게 작용했다면, 오늘날 사람들의 성격은 판에 박힌 듯이 똑같아야 할 것이다. 외향성을 예로 들어보자. 외향적인 사람들은 명랑하고 긍정적이어서 친구들 사이에 인기가 많다. 얼핏 생각하면, 자연선택이 노홍철 씨처럼 지독히 외향적인 사람만 남기고 나머지는 싹 지웠어야 할 것 같다. 하지만 실제로 우리 주변에는 중도적인 사람도 있고 지독히 내향적인 사람도 있다. 왜 다들 똑같이 극도로 외향적이지는 않을까?

진화생물학은 어떻게 자연선택이 성격상의 유전적 변이를 제거하지 않고 계속 유지시키는지 잘 설명해준다. 가장 대표적인 설명은 이렇다. 환경이 시간과 장소에 따라 달라지면 최적의 형질값도 달라진다. 그런데 단일한 유전형이 각각의 환경에 맞는 최적의 형질값을 유연하게 만들어내는 능력에 한계가 있다면, 서로 다른 최적의 형질값

을 만드는 유전적 변이가 계속 유지될 수 있다는 것이다.[8]

거피guppy, *Poecilia reticulata*라는 열대어를 예로 들어보자. 우리나라에서도 관상용으로 많이 키우는 작고 알록달록한 물고기다. 남미의 트리니다드에서 어떤 거피들은 물길이 너무 좁아서 포식 물고기가 살 수 없는 강의 상류에 산다. 어떤 거피들은 포식 물고기가 득실대는 하류에 산다. 하류에서 거피 떼를 관찰하노라면, 거피 두어 마리가 무리를 벗어나서 포식 물고기에게 겁도 없이 다가가 정찰하는 모습을 볼 수 있다. 여러 실험을 통해 이러한 개인차는 시간이 흘러도 일관되게 유지되는 것을 확인했다. 즉 어떤 거피들은 '대담해서' 항상 포식자에게 다가가 정찰한다. 어떤 거피들은 '소심해서' 항상 무리를 지어 포식자로부터 달아난다.

대담한 거피가 치르는 비용은 물론 포식자의 맛있는 식사가 되기 쉽다는 것이다. 한 실험에서는 포식 물고기가 있는 어항에 대담한 거피와 소심한 거피를 각 20마리씩 넣었다. 60시간이 지났다. 소심한 거피는 여덟 마리가 살아남았다. 대담한 거피는 모조리 잡아먹혔다.[9] 자, 주목하시라. 대담성이 주는 이득도 있다. 대담한 거피는 소심한 거피보다 먹이가 있는 장소를 더 잘 찾아냈다. 소심한 거피는 포식자를 피하는 데 너무 신경을 쓰는 통에 먹이를 찾거나 짝짓기를 하는 일은 여유 있게 잘 해내지 못한다.[10]

어떻게 거피 개체군에서 대담함 또는 소심함이라는 성격상의 변이가 계속 유지될 수 있었을까? 포식자에게 먹힐 위험이 장소마다 달랐으므로 그 위험을 감수하는 성향의 최적값도 장소마다 달랐기 때문이다. 포식자가 없는 상류에서는 대담한 성향이 최적값이다. 포식자가 많은 하류에서는 소심한 성향이 최적값이다. 단일한 유전형이 장소에 따라 대담한 혹은 소심한 성향을 유연하게 만들지 못한다면, 어떤 거피는 대담하게 타고나고 어떤 거피는 소심하게 타고나게끔 두 가지 유전형이 자연선택에 의해 지속되었을 것이다.[11]

성격상의 변이가 유지되는 이유 : 행동 전략이 드물수록 더 짭짤한 성공을 거둘 때

성격상의 유전적 변이를 계속 유지시킬 수 있는 또 다른 기제를 살펴보자. 개체군 내에 여러 행동 전략이 함께 있을 때, 어떤 전략이 드물게 존재할수록 그 전략이 거두는 적합도(=평생 얻는 자식의 수)가 더 커지는 경우가 있다. 선택이 작용함에 따라 결국에는 여러 행동 전략이 모두 같은 적합도를 얻는 시점에서 평형에 이르게 된다.[12]

밑들이류 곤충에 속하는 한 종*Hylobittacus apicalis*을 예로 들자. 이 종의 수컷은 자기가 사냥한 먹이를 일종의 혼인 선물로 암컷에게 제공하여 교미를 허락받는다. 물론 먹이 사냥은 어느 수컷에게나 어렵고 힘든 일이다. 그런데 어떤 수컷은 기상천외한 전략을 진화시켰다. 당장이라도 교미하려는 암컷처럼 다소곳하게 자세를 취한다. 다른 수컷이 자신을 암컷으로 착각해 날아오면, 혼인 선물을 잽싸게 훔쳐 달아난다![13]

말할 나위 없이, 이러한 약탈자 전략이 처음 우연히 생겨났을 때는 엄청난 적합도를 얻었을 것이다. 그러나 약탈자가 점점 흔해짐에 따라, 다른 정직한 수컷들이 생산한 혼인 선물을 놓고 약탈자들끼리 더 치열하게 경쟁하게 된다. 결국 생산자와 약탈자가 얻는 적합도가 똑같아지는 시점에서 평형에 도달한다. 생산자 전략과 약탈자 전략이 내내 공존하는 것이다.

참고로, 행동 전략이 드물수록 더 큰 성공을 안겨주는 식의 자연선택이 개체군 내에서 반드시 유전적 변이를 유지시키는 것은 아니다. 두 행동 전략이 공존하는 상황(예컨대, 70퍼센트의 생산자와 30퍼센트의 약탈자)은 각 전략을 지정하는 유전자형이 둘 다 있는 덕분에 생길 수도 있고, 혼합 전략(예컨대, 교미 시도 가운데 70퍼센트는 혼인 선물을 직접 생산하고 30퍼센트는 남의 혼인 선물을 약탈하는 전략)을 지정하는 단일한 유전자형이 개체군을 독점하는 덕분에 생길 수도 있다.

5대 성격 특성이 만드는
이득과 손실 간의 타협

어떻게 성격상의 유전적 변이가 유지될 수 있는가에 대한 이상의 설명을 바탕으로 인간의 주요한 5대 성격 특성을 진화적으로 이해하려는 연구가 이루어지고 있다. 뉴캐슬대학교의 진화성격심리학자인 대니얼 네틀Daniel Nettle은 각각의 성격 요인이 먼 조상들의 적합도에 끼친 영향이 여러 다른 환경에서는 어떻게 달랐을지 선구적으로 제안하였다.[14] 다섯 요인을 모두 다루기는 어려우니 외향성과 원만성에 대해서만 살펴보자.

첫째, 외향성이다. 명랑하고, 수다스럽고, 사회적 교류를 즐기고, 신선한 쾌락을 추구하고, 자신감이 넘치는 성향이다. 외향성 수치가 높은 사람들은 여러 과업에 용기 있게 도전하고, 종종 그 도전이 성공해 사회적 지위와 부를 얻는다. 어딜 가나 인기가 많고, 여러 집단에서 지도자로 활약한다.

또한 이들은 외향성 수치가 낮은 사람들에 비하여 성관계 상대자의 수가 더 많다. 혼외정사도 더 자주 저지른다. 새로운 상대와 재혼하고자 기존의 혼인 관계를 끝내는 경향도 더 강하다. 즉 인류의 진화 역사를 통해서 외향적인 사람들은 높은 사회적 지위에 올라서고 많은 이성과 성관계를 하는 번식상의 이득을 누렸을 것이다.

그러나 외향적인 성격이 항상 이롭기만 했을까? 대담한 거피는 낯선 환경을 잘 탐색해서 먹이를 많이 찾아내지만, 한편으로는 포식자에게 더 잘 잡아먹힌다. 외향적인 사람에게도 비슷한 일이 벌어진다. 이들은 항상 여기저기 기웃거리며 위험한 일에 과감히 뛰어든다. 그 결과 다치거나 전염병에 걸리기 쉽다. 이를테면, 사고나 부상으로 병원에 입원한 광부들은 다른 광부들보다 외향성 수치가 더 높았다. 또한 외향적인 사람들은 감옥에 가는 경우도 더 많다. 무엇보다도, 외향적인 사람들은 결혼과 이혼을 반복하는 바람에 자녀를 직접 돌보지 못하거나 자녀가 계모나 계부 밑에서 자라게 놔두는 경향이 있다. 요컨대, 외향성이 주는 적합도에서의 이득과 비용이 주변 환경에 따라 달라짐을 고려하면, 자연선택이 외향성-내향성 연속체에 존재하는 유전적 변이들을 유지하는 방향으로 작용했으리라는 것을 알 수 있다.

둘째, 원만성이다. 따뜻하고, 온화하고, 타인의 심정을 잘 헤아리고, 사람을 잘 믿고, 웬만한 일에는 화를 내지 않는 성향이다. 원만성 수치가 높은 사람들은 과거에 자신을 속인 사람도 기꺼이 용서할 준비가 되어 있다. 이들은 누군가 어려운 처지에 놓이면 진심으로 공감하고 위로하는 사람들이다.

요즘 우리 사회에서 공감과 신뢰 능력이 워낙 강조되다 보니, 원만한 성격은 번식상의 이득만 오롯이 제공할 뿐 전혀 손실은 입히지 않을 것 같다. 이는 심각한 오해다. 원만성이 어느 사회가 지향하는 가치에 부합하는지 여부는 그것이 태곳적 조상들의 적합도를 증가시켰는지 여부와 무관하다. 물론 원만성이 우리 조상들에게 때로는 번식에서 이득을 제공했으리라 볼 여지는 많다. 원만성 수치가 높은 사람들은 수치가 낮은 사람들에 비하여 더 행복한 결혼생활을 누리고, 친구 사이의 우정도 더 끈끈하다. 또한 이들은 심혈관계 질병에 잘 안 걸리고, 걸려도 쉽게 회복되는 경향이 있다.[15]

그러나 원만한 성격이 어떤 상황에서는 조상들의 번식에 손실을 끼쳤을 것이다. 남을 무자비하게 착취하려는 사기꾼이 있는 환경에서 원만성 수치가 높은 사람이 베푸는 선의는 사기꾼의 허기를 채우는 만만한 먹잇감으로 전락할 뿐이다. 즉 무조건적인 친절과 자비는 사기꾼이 출몰하는 환경에서는 오히려 번식 성공도를 급락시킬 수 있다. 미국과 유럽에서 대기업 임원 4,000명의 성격과 경력을 조사한 한 연구에 따르면, 원만성 수치가 낮은 임원일수록 연봉이 더 높았고 승진도 더 빨리 되었다.[16]

진화심리학은
성격 차이도 설명한다

환경이 시공간적으로 달라짐에 따라 각각의 환경에 맞는 최적의 형질 값도 달랐기 때문에 인간 성격의 유전적 변이가 계속 유지되었으리라는 추론을 살펴보았다. 이러한 추론을 뒷받침하는 실증적인 연구도 활발히 수행되고 있다.[17]

예를 들어보자. 볼리비아의 아마존강 유역의 치마네Tsimané족 원주민들은 50명에서 500명이 함께 지내는 소규모 집단 수십 개로 흩어져서 산다. 수렵-채집과 간단한 농업을 병행하는 등 아직도 원시적인 생활 양식을 고수하고 있어서 우리 조상들의 삶을 짐작하는 데 도움이 된다. 진화인류학자 마이클 거번Michael Gurven과 그의 동료는 총 632명의 치마네족 원주민들을 대상으로 5대 성격 특성, 자식의 수, 자식의 생존율, 최초 번식 연령 등을 조사했다. 그 결과, 현대사회와 비교적 가까운 강 하류 집단에 사는 여성들은 외향성 수치가 높을수록 자식을 더 많이 낳았다. 학교 등을 통해 외부인을 비교적 쉽게 접할 수 있는 상황이므로, 외향적인 성격이 번식에 더 도움이 되었으리라 풀이된다. 반면에 깊은 산속 집단에서 사는 여성들은 외향성 수치가 높을수록 자식을 더 적게 낳았다. 사회적 교류가 많지 않은 상황이므로 자유분방한 성관계에 따르는 손실 등이 더 크게 부각되었으리라 짐작할 수 있다.[18]

외향적인 성격이 적합도에 끼치는 손실 가운데 특히 성관계나 접촉에 의한 전염병에 걸릴 가능성을 높인다는 사실에 주목한 연구도 있다. 외향성이 전염병에 걸릴 가능성을 증가시킨다면, 여름이 덥고 습해서 과거에 전염병이 많이 창궐했던 지역일수록 외향성이 적합도에 끼치는 손실은 높아질 것이다. 이런 지역에서는 낯선 사람들과의 사회적 교류를 즐기기보다는 집 안에 조용히 머물러 있는 게 상책이다. 한 연구에서는 전 세계 71개국에서 전염성 병원균의 득세 수준과 각국의 외향성/내향성 빈도가 어떻게 연관되는지 조사했다. 예측대로, 동아시아나 아프리카처럼 과거에 전염병이 많았던 나라일수록 국민들이 더 내향적이었다.[19]

정리하자면, 진화적 시각은 성격 차이를 이해하는 필수불가결한 이론의 틀을 제공해준다. 진화심리학자들은 성격상의 변이가 어떻게 자연선택에 의해 제거되지 않고 계속 유지되는가에 대한 진화생물학 이론을 활용하여, 인간의 주요한 성격 특성들이 왜 그런 식으로 나타나는지 설명하고 있다. 진화심리학은 모든 인간이 보편적으로 지니는 심리 기제뿐만 아니라, 사람들의 행동에서 나타나는 적응적인 개인차도 설명해준다.

28

마음은 왜 병에 걸리는가?

진화는 정신 장애를 이해하는 데
어떻게 도움이 되는가?

앤더슨 톰슨 2세 J. Anderson Thomson, Jr 의학박사는 미국 버지니아주에서 40년 가까이 정신과 의원을 운영했다. 광대뼈가 나오고 턱수염이 텁수룩한 신사다. 다른 정신과 의사들과 마찬가지로 톰슨은 우울증이 두뇌의 신경전달물질이 불균형해서 일어나는 질환이라고 보았다. 그래서 신경전달물질의 분비를 조절하는 항우울제를 우울증 환자들에게 흔히 처방했다.

어느 날 톰슨이 치료 중인 우울증 환자가 찾아왔다. 뜻밖에도 그 여성은 항우울제를 그만 처방해달라고 요구했다. 톰슨이 물었다. "그 항우울제가 잘 듣지 않나 보죠? 다른 종류의 항우울제를 처방해드릴까요?" 그 여성이 답했다. "아뇨. 정말 잘 들어요. 덕분에 기분이 아주 좋아졌어요." 톰슨이 지금껏 결코 잊지 못하는 말이 뒤따라 이어졌다. "그렇지만 난 아직도 그 빌어먹을 술주정뱅이 남편과 같이 살고 있다고요! 약 때문에 그 인간을 참고 사는 거죠."[1]

시대는 변했다. 국정원이 자신의 휴대전화를 도청한다고 믿거나, 손을 수십 번 빡빡 씻거나, 종일 침울하게 벽만 바라보는 사람들을 옛날에는 귀신에 들렸다고 설명했다. 오늘날 정신 장애는 뇌의 오작동으로 생기는 생물학적 질병이라는 인식이 널리 받아들여지고 있다. 몸에 병이 나면 그 원인을 알아내서 약물로 치료하듯이, 마음에 병이 나면 약물로 치료한다는 관점이다. 문제는, 왜 마음에 병이 생기는지 그 원인을 알려주는 과학 이론이 정신의학에 없다는 것이다.

아니, 뇌의 어느 부위가 잘못되었는지 콕 찍어주는 뇌과학이 왜 정신 장애의 원인을 밝혀주지 않을까? 뇌과학은 사람들이 '어떻게' 이상하게 행동하는지 근접 원인을 규명한다. 이는 물론 중요하지만, 애초에 사람들이 '왜' 이상하게 행동하는지 그 진화적 원인도 함께 밝혀내야 정신 장애를 온전하게 설명할 수 있다. 정신 장애를 오롯이 설명하는 이론이 아직 없다는 사실은 정신 장애의 분류 체계로서 국제적으로 인정받고 있는 서적 《정신 장애 진단 및 통계 편람*Diagnostic and Statistical Manual, DSM*》을 펼쳐보아도 알 수 있다.[2] 1980년에 나온 *DSM* 3판은 이 분류 체계가 어떠한 이론에도 기대고 있지 않다고 명시하였다. 분류 체계를 조직하는 이론이 없다는 언급은 *DSM* 4판과 5판에서 빠졌지만, 그 기본 틀과 접근법은 여전히 유지되고 있다.[3]

　진화적 시각은 정신 장애를 이해하는 데 어떻게 도움이 될까? 흔한 오해와 달리, 진화적 시각은 모든 정신 장애가 나름대로 이롭기 때문에 진화했다는 대책 없는 낙관론을 설파하지 않는다. 자연선택에 의한 진화는 질병을 설명하지 않는다. 그보다는, 복잡하고 정교한 우리의 몸과 마음이 왜 허구한 날 수많은 질병에 시달리게끔 어설프게(?) 설계되었는지를 설명해준다.[4] 눈, 심장, 허파처럼 고도로 복잡한 적응을 척척 만들어낸 자연선택이 왜 환청과 망상을 일으키는 조현병은 제거하지 않았을까? 왜 어떤 이들은 취업 면접 같은 중요한 순간에 말을 더듬고 몸을 부들부들 떨까?

　그뿐만 아니라, 진화정신의학은 심리 기제의 고장에 따른 손상과 자연선택에 의해 설계된 적응적인 방어를 구별해야 함을 일깨워준다. 예컨대, 병원체에 감염되면 몸에 열이 나서 끙끙 앓는다. 하지만 열은 병원체의 농간이 아니다. 열은 우리 몸이 체온을 높여 병원체를 '태워 죽이려는' 정상적인 방어다.[5] 무작정 해열제부터 먹는 태도는 집에 침입한 도둑에게 곳간 자물쇠를 활짝 열어주는 격이다. 만약 우울증의 어떤 유형은 번식에 직결된 문제를 잘 해결하게끔 정교하게 설계된 적응이라면, 톰슨 박사처럼 우울증 환자에게 무턱대고 항우울제를 처방하는 태도는 재고해보아야 하지 않을까?

인간이 정신 장애에 시달리게끔 진화한 이유 : 해로운 돌연변이, 분포의 양극단, 설계상 절충

진화가 왜 우리의 마음이 갖가지 장애에 시달리게끔 내버려 두었는가에 대해서는 여섯 가지 이유를 들 수 있다. 이들은 왜 진화가 우리의 몸이 질병에 잘 걸리게 방치했는가를 설명할 때도 그대로 적용된다. 먼저 자연선택에 의한 진화가 결코 완벽하지 않고 일정한 한계를 지니기 때문에 생기는 요인 세 가지를 알아보자.

첫째, 해로운 돌연변이다. 돌연변이는 부모의 유전정보가 자녀에게 전달될 때 생기는 무작위적인 실수다. 천체망원경을 살짝 건드리면 대부분의 경우에 상이 더 흐려지듯이, 돌연변이가 개체에 끼치는 효과는 대개 해롭다. 자연선택은 해로운 돌연변이를 줄기차게 솎아낸다. 그러나 어떤 해로운 돌연변이가 매우 드물게 일어나거나 그 피해가 미미하다면, 돌연변이가 발생하는 속도와 자연선택이 솎아내는 속도가 평형을 이룬다. 결국 이런 돌연변이는 없어지지 않고 매우 낮은 빈도로 계속 존재하게 된다. 예를 들어, 두개골이 너무 커지는 에이퍼트 증후군Apert's syndrome이나 발육이 부진한 연골무형성 왜소증 Achondroplastic dwarfism은 단일 유전자의 해로운 돌연변이로 생긴다.[6]

둘째, 여러 유전자가 만드는 형질이 정상분포할 때의 양극단이다. 완두콩의 둥긂/주름짐이나 노랑/초록 같은 형질은 하나의 단일 유전자에 의해 결정된다. 반면에 키, 지능, 성격, 정서 같은 대다수 복잡한 적응은 여러 좌위에 놓이는 수많은 유전자에 의해 결정된다. 이러한 다인자 형질은 평균 근처에 개체들이 가장 몰리고 양쪽으로 갈수록 드물어지는 종형 곡선 모양으로 분포한다. 즉, 평균치보다 너무 많거나 적은 형질을 지닌 개체가 드물지만 계속 존재한다. 키가 170센티미터인 성인 남성은 흔하다. 키가 2미터가 넘거나 140센티미터가 안 되는 성인 남성은 드물다. 예를 들어, 두려움은 우리를 괴롭히지만 임박한 위험을 모면하게 해주는 심리적 적응임이 알려져 있다. 공포증 환자들이 어둠, 높은 곳, 낯선 사람, 뱀, 거미 등을 지나치게 두려워하는 현상은 부분적으로 이렇게 설명할 수 있다.

셋째, 설계상의 절충이다. 자연선택이 설계하건, 인간이 설계하건 간에 모든 면에서 완벽한 제품은 만들 수 없다. 인체의 모든 형질은 타협의 산물이다. 형질의 한 부분에 투자를 많이 할수록 그 부분은 개선되지만 다른 부분이 그만큼 희생된다. 라면에 한우 꽃등심을 듬뿍 넣어 끓여보라. 맛은 당연히 좋아지겠지만, 식자재비가 너무 많이 든다.

예를 들어, 인간은 과거에 자신을 배신한 사기꾼을 다음부터는 도와주지 않는 조건적인 협력자로 진화했다. 누구에게나 차별 없이 온정을 베푸는 무조건적인 협력 전략이 인간의 본성으로 진화했다면, 사기꾼을 구별하느라 신경 쓸 필요는 줄었겠지만 무조건적인 배신자에게 속수무책으로 착취당할 위험성이 급증했을 것이다.[7]

인간이 정신 장애에 시달리게끔 진화한 이유 : 불일치, 감염, 방어

우리의 마음이 정신 장애에 시달리게끔 진화한 이유 가운데 네 번째와 다섯 번째는 자연선택이 수많은 세대에 걸쳐 느리게 이루어지는 점진적인 과정이기 때문에 생긴다. 여섯 번째 이유인 방어는 사실 정상적인 반응이지만, 종종 질병이 만드는 기능부전과 혼동되기에 함께 다룬다.

넷째, 진화된 설계와 새로운 환경 사이의 불일치다. 여러 번 강조했듯이, 인간의 마음은 수백만 년 전 소규모 수렵-채집 사회에 적응되어 있다. 고작 수백 년 전에 시작된 현대 산업 사회에 맞는 마음을 자연선택이 새로 설계할 시간은 없었다. 오늘날 현대인은 매일 익명의 낯선 대중과 부대끼고, TV와 인터넷이 부추기는 전 지구적인 경쟁에 내몰리고, 두뇌의 쾌락 회로를 미친 듯이 누르게끔 생산된 기호품을 쉽게 구매할 수 있는 낯선 환경에서 산다.

예를 들어, 니코틴, 대마초, 아편, 알코올 같은 향정신성 약물은 천연 상태의 식물에서 나오므로 우리의 진화적 조상들은 가끔 운이 좋아야(?) 약물을 즐겼을 것이다. 하지만 환경이 급격히 달라진 오늘날에는 헤로인 같은 합성 마약, 피하 주사기, 궐련 담배, 높은 도수의 증류주가 널려 있어서 약물 남용 및 중독이 매우 심각한 문제로 주목받고 있다.[8]

다섯째, 병원체에 의한 감염이다. 세균이나 바이러스 같은 병원체는 한 세대가 매우 짧다. 일례로 대장균은 20분마다 두 배로 늘어난다. 이처럼 빠르게 진화하는 병원체에 맞서 우리 인간은 면역계라는 정교한 방어벽을 진화시켰다. 병원체도 이에 대응하여 더욱 정교한 공격 무기를 진화시키게 된다. 숙주와 병원체의 이러한 진화적 군비 경쟁으로 우리 인간은 병원체에 계속 시달릴 수밖에 없다.

예를 들어, 톡소포자충*Toxoplasma gondii*은 고양이의 장내에서만 번식할 수 있는 기생충이다. 고양이의 배설물과 함께 배출된 다음, 쥐 같은 설치류의 몸속으로 들어간다. 쥐로 들어간 톡소포자충은 쥐의 신경계를 조종해서 쥐가 고양이의 소변 냄새를 두려워하긴커녕 오히려 끌리게끔 한다. 쥐가 고양이 앞에서 무모하게 까불다가 잡아먹히게 함으로써, 톡소포자충은 다시 고양이 안으로 들어간다. 그런데 톡소포자충에 감염된 사람도 더 무모하고 충동적으로 변한다. 과속운전으로 사망할 확률도 정상인보다 서너 배 더 높다. 톡소포자충이 쥐와 사람의 신경계에 비슷한 영향을 끼치는 것이다.[9]

여섯째, 적응적인 방어다. 서두에 살펴보았듯이, 우리가 겪는 정신적 괴로움 가운데 일부는 질병이나 장애에 따른 기능부전이 아니라 번식에 연관된 문제를 잘 해결하게끔 설계된 유용한 방어다. 진화의학자들은 열, 기침, 통증, 급성 염증, 구토, 설사 등이 우리를 힘들게 하지만 여러 위협이나 재난으로부터 지켜주는 방어 반응임을 강조한다. 예컨대, 통증은 신체 조직이 손상되고 있음을 알리는 비상경보다. 구토와 설사는 해로운 물질을 배출시킨다. 마찬가지로, 진화정신의학자들은 불안, 슬픔, 공포, 혐오, 시기, 분노 같은 부정적 정서는 우리의 영혼을 갉아먹지만, 과거의 적응적 문제를 해결하는 데 어쨌든 유용했기 때문에 선택된 방어 반응임을 역설한다.

예를 들어, 불안은 우리를 괴롭히는 불쾌한 정서지만, 태풍이나 기말시험처럼 곧 닥칠 위험에 효율적으로 대비하게 해준다. 우리의 진화적 조상 가운데 전혀 불안을 느끼지 못했던 사람은 스트레스 없이 태평하게 살았겠지만, 태풍에 휩싸여 죽거나 호랑이의 밥이 되기에 십상이었을 것이다.

우리에게 정신 장애를 불러오는 이상의 여섯 요인은 서로 배타적이지 않다. 즉, 각각의 요인마다 대표적인 예를 어쩔 수 없이 들기는 했지만, 상당수의—아마도 대부분의—정신 장애는 여러 요인이 함께 작용한 결과일 것이다. 이 점을 유념하면서 몇몇 정신 장애에 대한 진화적 설명들을 들여다보자.

우울증의 수수께끼 :
왜 그토록 무서운 병이 그토록 흔한가?

우울증은 현대의 역병이라고 불린다. 옛날 맹위를 떨쳤던 흑사병, 결핵, 천연두 같은 전염병 못지않게 전 세계적으로 아주 심각하면서도 흔한 질환이란 뜻이다. 슬프고 가라앉는 기분은 누구나 일상적으로 경험하지만, 그 강도가 심하고 오래 지속하면 '주요 우울 장애major depressive disorder'라는 정신 장애로 분류된다. 통상적으로 우울증이라 불리는 질환이다. 종일 슬프고 공허하고, 식욕이 갑자기 늘거나 줄고, 잠이 갑자기 늘거나 줄고, 일, 친구, 성관계 등 거의 모든 활동에 흥미를 잃고, 어떤 생각을 곱씹어 반복하는 등의 행동이 2주 이상 이어진다.

당연히 우울증은 생활에 큰 지장을 준다. 직장을 잃거나 이혼할 가능성을 높인다. 평생 낳는 자식 수도 감소시킨다. 유명 연예인이 우울증을 겪다 자살한 사건이 종종 보도되듯이, 치사율도 매우 높다. 세계보건기구WHO는 2030년이 되면 인류에게 부담을 주는 질환 가운데 우울증이 2위를 차지하리라 예측했다.[10]

이처럼 엄청난 손해를 끼치면서도 사람들 사이에 널리 퍼져 있다는 점에서 우울증은 커다란 수수께끼다. 대다수 정신 장애와 달리, 병적인 우울증은 어디에서나 볼 수 있다. 미국인이 일생에서 주요 우울 장애를 적어도 한 번은 겪을 가능성이 23퍼센트나 된다. 반면에 조현병을 적어도 한 번 겪을 가능성은 0.7퍼센트에 불과하다. WHO에 따르면 2015년 기준으로 전 세계 인구 가운데 약 4퍼센트에 달하는 3억 2,200만 명이 우울증을 앓고 있다.

조절 실패 가설 :
슬픔이라는 적응이 잘 조절되지 않아 생기는 병리 상태

삶을 완전히 망가뜨리고 심지어 목숨까지 앗아가는 우울증을 진화적으로 어떻게 설명할 수 있을까? 진화의학을 창시한 랜돌프 네스Randolph Nesse는 1990년대 초창기에 내놓은 가설에서 일시적으로 슬프고 가라앉는 기분과 병적인 우울증을 구별할 필요가 있다고 제안했다. 슬픔 혹은 '처진 기분low mood'은 너무 무리한 목표를 좇느라 헛수고를 하지 않게 해주는 적응이다. 필자가 국민적 아이돌로 거듭나고자 〈프로듀스 101〉 남자편에 지원했다가 곧바로 탈락했다고 가정해보자. 슬프고 축 처지는 기분이 들어 며칠 동안 괴롭겠지만, 더욱 현실적인 목표를 세우고 더 큰 망신을 당하지 않게끔 도와준다.

　반면에 우울증은 슬픈 정서가 제대로 조절되지 않아서 생기는 비정상적인 병리 상태라고 네스는 제안했다. 슬픔을 느끼는 역치의 정상 분포 양극단에서, 어떤 사람들은 역치가 비정상적으로 낮게 설정되었을 것이다. 그래서 이혼하거나 실직했을 때뿐만 아니라 모기에 살짝 물려도 땅이 꺼져라 절망한다. 한편, 어떤 사람들은 슬픔을 느끼는 역치가 너무 높아서 대학 입시에 십 년 연속 실패해도 마냥 느긋해할 것이다. 전자가 바로 병적 우울증에 해당한다. 요컨대, 이 가설은 슬픔은 정상적인 적응이지만 우울증은 슬픔 기능이 잘 조절되지 못해서 생기는 병리적 증상이라고 주장한다.[11] 아마 눈치챘겠지만, 조절 실패 가설은 문제점이 있다. 이 가설이 맞는다면, 슬픔을 느끼는 역치가 너무 높아서 만사 천하태평인 사람들도 우울증 환자들만큼 우리 주변에 많아야 한다. 그러나 이런 부류의 정신 장애는 거의 보고된 바 없다.

분석-반추 가설 :
복잡한 사회적 문제를 되새김질하여 분석하기 위한 적응

대안 가설로서, 우울증은 우리를 괴롭히지만 과거의 적응적 문제를 해결하는 데 유용했기 때문에 자연선택된 심리적 적응이라는 가설들이 제시되었다. 마치 열이 우리를 힘들게 하지만 체온을 높여 병원체를 '태워 죽이기' 위한 방어이듯이 말이다.

'패배의 신호' 가설은 집단 내에 우열 순위가 확립되어 을이 갑에게 공연히 대들어봤자 더 얻어맞기만 할 것이 분명한 상황에서는 을이 차라리 보란 듯이 고개를 숙이고 갑에게 복종하는 모습을 보이는 편이 번식에 더 유리했다고 설명한다. 즉 우울증은 "제가 졌습니다. 앞으론 대들지 않을게요."라는 신호이다. 격투기 경기의 승패가 갈린 후에 패자가 고개를 푹 숙이고 시선을 내리까는 모습은 결코 우연이 아니라는 것이다.[12]

'도움 요청' 가설은 우울증이 가족이나 친구로부터 자원을 더 받아내기 위한 전략이라고 설명한다. 선천적 장애를 지닌 아기를 낳았거나, 남편 없이 혼자서 아기를 키워야 하는 엄마들이 산후 우울증에 더 잘 걸린다는 사실은 이 가설을 뒷받침한다.[13]

서두에서 만난 정신과 개업의 톰슨 박사를 다시 소환하자. 톰슨은 1990년대 후반부터 진화심리학에 빠져들었다. 2004년에 진화심리학자 폴 앤드루스Paul Andrews를 만난 그는 의기투합하여 우울증에 대한 공동연구를 시작했다. 이들은 우울증 환자들이 종종 자신에게 주어진 복잡한 사회적 문제―실직, 따돌림, 이혼, 사별, 배신 등등―를 골똘히 생각하고 또 생각한다는 점에 주목했다. 소나 양이 한번 삼킨 먹이를 다시 게워내어 씹듯이, 한 문제를 계속 되새김질하는 과정을 반추

反芻, rumination라고 부른다. 한 문제만 워낙 강박적으로 생각하는 터라, 우울증 환자들은 다른 것을 생각하는 데 어려움을 겪는다. 이들은 한 문제를 여러 구성 요소로 잘게 나눈 다음에, 하나씩 각개격파하며 해결책에 다다른다.

이를테면, 이혼으로 촉발된 우울증을 상상해보자. 우울증 환자는 과거에 저지른 잘못을 후회하고("내가 더 좋은 남편이어야 했는데."), 일어나지 않은 일을 상상하고("내가 불륜을 안 저질렀다면 어떻게 되었을까?"), 앞날을 걱정하기도 한다("아이들은 잘 자랄까?"). 이러한 되새김질은 물론 고통스럽지만, 몇 주나 몇 달 후에 자신에게 주어진 사회적 딜레마에 대한 올바른 해결책을 마침내 얻게 된다면 번식의 측면에서 손해 보는 장사는 아니었을 것이다.

즉, 앤드루스와 톰슨은 우울증이 복잡한 문제를 꼼꼼히 분석하기 위한 심리적 적응이라고 제안했다. 이 가설로부터 우울증의 여러 특성은 그냥 아무렇게나 유발된 기능부전이 아니라, (1) 우울증을 촉발한 복잡한 문제에만 온통 관심을 기울이고, (2) 정신을 어지럽히는 다른 문제들에는 일체 신경을 끄게끔 정교하게 다듬어진 설계상의 특질을 보여주리라 예측할 수 있다. 아닌 게 아니라, 사람들과 만남을 스스로 끊고서 방 안에 틀어박히거나, 성관계나 음식으로부터 즐거움을 얻지 못하게 되는 변화는 인지적 자원을 오직 한 문제에만 집중적으로 투자하기 위한 노력으로 해석된다.[14] 우울증 환자들은 특정한 문제에만 주의를 기울이게 하는 뇌의 부위인 복외측 전전두엽 피질 ventrolateral prefrontal cortex이 정상인들보다 더 활성화되어 있다는 연구도 가설이 내놓는 예측과 부합한다.[15]

숙주의 방어 가설 :
왜 심각한 전염병이나 자가면역질환에 걸리면
종종 우울증이 생기는가?

전 세계에서 인스타그램 팔로워가 가장 많은 유명인은 가수 셀리나 고메즈Selena Gomez다. 팔로워가 1억 4천만 명을 넘는다. 부와 명예를 함께 누리는 고메즈는 안타깝게도 면역세포가 자기 몸을 공격하는 자가면역질환의 일종인 루푸스lupus를 앓고 있다. 그 때문에 친구의 신장을 이식받기도 했다. 고메즈는 루푸스로 투병하면서 우울증에 걸렸다. 세계 순회공연 일정을 모두 취소하고 석 달간 우울증 집중 치료를 받기도 했다. 최근 그녀는 이렇게 인터뷰했다. "루푸스는 나에게 참을 수 없는 우울증을 줬어요. 제가 우울증을 완전히 극복하는 날은 오지 않을 거예요. 평생 우울증과 부딪혀 싸워야겠죠."[16]

간염 바이러스 감염, 호흡기 감염 같은 심각한 전염병이나 류머티즘성 관절염, 루푸스, 건선 같은 자가면역질환을 앓는 환자들은 우울증에 시달리는 경향이 있다. 한 연구에서는 1945년에서 1995년 사이에 태어난 덴마크인을 전수조사했다. 심한 전염병에 걸린 사람들은 그렇지 않은 사람들보다 우울증, 공황장애 같은 기분 장애를 앓을 확률이 62퍼센트 더 높았다.[17] "뭐, 그거야 당연하잖아?" 많은 사람이 이렇게 생각할 것이다. 중한 병에 걸리면 장기간 입원해야 한다. 식사나 목욕을 할 때 제 한 몸 가누기도 불편하다. 들어올 돈은 없고 나갈 돈은 많다. 스트레스가 치솟는다. 이러니 자신의 처지를 비관하며 우울증에 빠질 확률이 높은 것은 어찌 보면 당연하다.

그러나 다른 설명도 가능하다. 우울증은 병원체가 우리 마음 깊숙이 낸 생채기가 아니라, 병원체에 맞서 우리 몸이 면역반응을 강화하

는 방어기제의 일부일지 모른다. 즉 우울증은 감염에 따른 기능 고장
이라기보다는 병원체를 박멸하려는 적응적인 행동의 하나일 수 있
다.[18] 이 가설이 맞는다면, 우울증이 평생의 적이라는 고메즈의 발언
은 다시 생각해볼 필요가 있다.[19] 앞에서 얘기한 '숙주의 방어' 가설을
다시 한 번 살펴본 뒤 조현병에 대한 진화적 가설을 만나보자.

숙주의 방어 가설 :
감염 시 에너지를 비축하여 면역 능력을 높이려는 적응

병원체에 감염되거나 피부에 상처가 나면 우리 몸은 어떻게 대응할
까? 면역계는 우선 세포 간의 의사소통을 담당하는 단백질들의 총칭
인 사이토카인cytokine을 분비한다. 사이토카인 연락병은 적이 침입한
장소에 백혈구 군대를 호출하여 전투를 개시한다. 피를 콸콸 투입하
려니 혈관이 팽창한다. 베이거나 긁힌 상처 부위가 조금만 지나면 붉
게 부풀어 오르고 열이 나는 현상, 즉 염증은 면역계에 의한 방어의
일환이다.

　　어떤 연락병은 두뇌로 몰려가서 '앓기 행동sickness behavior'을 일으
킨다. "병든 닭처럼 꾸벅꾸벅 존다."는 표현이 있듯이, 인간을 포함한
여러 동물은 전염병에 걸리면 에너지를 되도록 아껴서 면역반응에 에
너지를 집중 투자하는 한편, 외부 스트레스에 더는 노출되지 않으려
는 일련의 행동을 한다. 피곤해서 만사가 귀찮아진다. 열이 난다. 온몸
이 쑤신다. 아픔을 더 예민하게 느낀다. 집중력이 떨어진다. 입맛이 없
어진다. 잠이 많아진다. 이러한 '앓기 행동'은 우리를 몹시 괴롭히지
만, 쓸모 있는 적응적 방어로 진화했다.[20]

임상심리학자 셰리 앤더스Sherry Anders와 그의 동료들은 우울증이 앓기 행동의 일부라고 제안했다. 병원체에 더 취약한 어떤 사람들은 통상적인 앓기 행동뿐만 아니라 우울증까지 발병한다. 그리고 이때 생기는 우울증은 통상적인 앓기 행동과 마찬가지로 에너지를 아끼고 재분배하여 면역반응을 강화하게끔 자연선택에 의해 설계되었다는 것이다.[21]

사실, 우울증과 앓기 행동은 신기할 정도로 많은 부분이 겹쳐진다. 피로하고, 식욕이나 성욕이 떨어지고, 매사가 귀찮고, 사고력이나 운동신경이 감퇴하고, 잠이 많아지는 현상이 공통으로 일어난다. 일례로 우울증을 겪은 동화작가 조제 씨(가명)는 지독한 무기력 때문에 석 달 가까이 침대에서 거의 일어나지도 못했다고 고백했다. 밥을 먹기는커녕 세수하는 일조차 너무나 어려웠다고 한다.[22] 조금 냉정하게 들릴지 모르지만, 이러한 행동 변화는 에너지를 아끼고 비축하게 만든다. 물론 우울증이 통상적인 앓기 행동과 다른 점도 있다. 우울증은 남들과 어울리는 행동을 일부러 피하고 방 안에 틀어박히게 만든다. 이는 자신의 몸 안에 들어온 병원체를 가족이나 동료에게 옮기지 않기 위해서라고 연구자들은 추측한다.

우울증이 전염병에 맞서 에너지를 아끼고 비축하여 신체의 면역반응을 촉진하기 위한 방어라는 '숙주의 방어' 가설이 황당하게 들리는가? 솔직히 필자도 반신반의했다. 하지만 이 가설이 지닌 의미에 대해서는 높이 평가할 만하다. 우울증이 주로 사회적 상호작용에 도움을 준다고 보는 다른 가설들과 달리, 숙주의 방어 가설은 유독 우울증과 면역반응 사이의 연관 관계에 대해 뚜렷한 예측을 제공하므로 그 타당성을 쉽게 검증할 수 있다.

예를 들어, 숙주의 방어 가설은 우울증을 겪는 사람이 그렇지 않은 사람보다 더 심한 면역반응을 일으키리라 예측한다. 이 예측과 부합하게, 우울증 환자는 종양괴사인자-α$_{TNF-α}$, 인터류킨-6$_{interleukin-6}$ 같은 사이토카인이 체내에 더 많이 분비되며 만성 염증에 더욱 시달린다는 사실이 밝혀졌다.[23] 우울증 환자의 면역계가 병원체와 더 치열하게 싸우고 있음은 현대인뿐만 아니라 볼리비아의 치마네족 원주민에게서도 확인되었다.[24]

그뿐만 아니라 이 가설은 병원체에 대한 면역력을 떨어뜨리는 외부 요인이 우울증에 걸릴 가능성도 높이리라고 예측한다. 면역력을 떨어뜨리는 대표적인 위험 요인으로 스트레스와 만성적인 불면증이 있다. 흥미롭게도 이 두 요인은 우울증에 걸릴 가능성도 높인다.[25] 가족과 사별하거나, 연인과 이별하거나, 친구로부터 따돌림당하는 등 복잡한 사회적 문제에 부닥치면 흔히 우울 증상이 찾아오는 까닭은 이러한 사회적 문제가 엄청난 스트레스를 주어서 면역력을 떨어뜨리기 때문이라고 해석된다.

지금껏 살펴본 우울증에 대한 진화적 가설들이 반드시 서로 배타적인 것은 아니다. 우울증의 어떤 유형은 승자에게 보내는 패배의 신호일 수 있다. 어떤 유형은 가족이나 친구에게 도움을 요청하는 신호일 수 있다. 어떤 유형은 복잡한 사회적 문제를 꼼꼼히 분석하기 위한 방편일 수 있다. 어떤 유형은 병원체에 맞서서 에너지를 축적해 면역반응을 강화하기 위한 방어일 수 있다. 우울증의 복잡다단한 특성을 포괄적으로 이해하려는 시도도 최근 활발히 이루어지고 있다.[26]

왜 대단히 해롭고 자식에게 유전되는 조현병이
상대적으로 흔하게 존재하는가?

조현병은 숱한 정신 장애 중에서도 심신에 가장 궤멸적인 타격을 주는 병이다. 헛소리가 들리거나 헛것이 보인다. 남들이 자신을 해치려 한다고 믿는다. 말이 어눌하고 엉켜서 알아듣기 힘들다. 갑자기 소리를 지르는 등 기괴하게 행동한다. 정서적으로 둔감해진다. 의욕이 없어진다. 사회적으로 고립된다.[27] 예컨대 잘 알려진 조현병 환자로는 영화 〈뷰티플 마인드A Beautiful Mind〉의 주인공 수학자이자 노벨상 수상자 존 내시John Nash가 있다. 내시는 자신이 남극의 황제가 되리라고 믿었다. 교황, FBI, 미국대사관에 편지를 보내 자신이 국제 정부를 세우고 있다고 했다. 외계인이 〈뉴욕타임스The New York Times〉를 통해 자신에게 암호로 된 메시지를 보낸다고 확신했다.[28] 조현병은 이처럼 지각, 인지, 정서, 동기 체계를 한꺼번에 무너뜨려 막대한 번식상의 손실을 입힌다. 실제로 조현병 환자들이 평생 낳는 자식 수는 일반인들이 얻는 자식 수의 채 절반에도 미치지 못한다.[29]

　왜 누구는 조현병에 걸려 괴로워하고 누구는 조현병과 철저히 무관한 삶을 살까? 조현병에 걸리는 경향의 개인차는 환경적 요인보다 유전적 요인에서 상당 부분이 유래한다. 만약 일란성 쌍둥이 중 한 명이 조현병을 앓는다면, 다른 한 명도 조현병에 걸릴 확률이 약 48퍼센트다. 이란성 쌍둥이의 경우, 그 확률은 약 17퍼센트다. 조현병 환자가 있는 가정에서 태어난 아기가 조현병 환자가 없는 가정으로 바로 입양되었을 경우, 이 아기가 자라면서 조현병에 걸릴 가능성은 다른 아기들보다 몇 배나 더 높다. 요컨대, 내가 어떤 환경에서 자랐는가보다 내가 부모로부터 어떤 유전자를 물려받았는가가 조현병에 걸릴 가능성에 훨씬 더 큰 영향을 끼친다. 달리 말하면, 조현병은 약물중독처럼 현대의 문명이 새로이 만들어낸 골칫거리가 아니라는 뜻이다.[30]

유전될 가능성이 높고 대단히 해로운 몇몇 장애를 앞에서 이미 살펴보았다. 에이퍼트 증후군이나 연골무형성 왜소증 등은 단일 유전자의 해로운 돌연변이와 이를 솎아내는 자연선택 사이의 평형으로 인해 개체군 내에서 매우 낮은 빈도로 계속 존재한다고 했다(어쩌나 그 빈도가 낮은지 필자는 이런 장애를 생전 처음 들어보았다).

문제는, 조현병의 경우 훨씬 더 흔하다는 점이다. 전 세계 어느 사회에서나 인구의 약 1퍼센트가 일생에 적어도 한 번은 조현병에 걸린다. 이 수치는 연골무형성 왜소증처럼 단일 유전자의 돌연변이로 생기는 드문 장애들과 비교하면 무려 1,000배나 더 높다! 조현병은 인생에서 번식 가치가 가장 높은 시기인 10대 후반에서 20대 사이에 주로 발병한다. 그 피해는 대개 죽을 때까지 이어진다. 여자들보다 남자들에게서 조금 더 많이 발병한다.[31]

조현병을 일으키는 유전적 토대가 과거의 수렵-채집 환경에서도 우리 조상들의 번식 성공도를 크게 떨어뜨렸다면, 자연선택이 그처럼 해로운 유전자들을 싹 제거하거나 극히 낮은 빈도로 유지했어야 한다. 왜 매우 해롭고, 유전될 가능성이 높은 조현병이 다른 드문 정신 장애에 비해 상대적으로 아주 흔할까? 진화정신의학자인 매슈 켈러 Matthew Keller는 이를 "흔하고, 해롭고, 유전되는 정신 장애의 역설"이라고 불렀다.[32]

앞에서 말했듯이, 일생에 한 번 이상 걸릴 확률이 23퍼센트인 우울증은 아마도 모든 사람이 특정한 상황에서는 우울 증상을 보이는 심리적 적응을 보편적으로 지녔기 때문이라고 추측된다(물론 모든 우울

증의 사례가 적응이라는 뜻은 아니다). 평생 유병률이 1퍼센트인 조현병
은 절대적인 의미에서는 드물다. 하지만 자식에게 유전될 가능성이
매우 높은 병치고는 상대적인 의미에서 너무 흔하다. 왜 그럴까?

조현병에 걸리게 하는 유전자는
숨겨진 이득을 주기 때문에 선택되었는가?

대단히 해롭고 잘 유전되는 조현병이 왜 그토록 흔하냐는 수수께끼를
풀기 위해 많은 가설이 제안되었다. 크게 '균형 선택balancing selection'
과 '다유전자 돌연변이-선택 균형polygenic mutation-selection balance'이
라는 두 범주로 나눌 수 있다. 균형 선택에 속하는 가설부터 살펴보
자. 균형 선택은 두 대립유전자가 함께 공존하도록 선택이 작동하는
경우다. 조현병에 잘 걸리게 하는 유전자가 인류의 진화사를 통해 어
떤 특정한 조건에서는 오히려 번식상의 이득을 제공했다면 기존 유전
자와 함께 선택되었으리라는 것이다. 괴이하고 섬뜩한 조현병에 알고
보니 숨겨진 이득이 있었다고? 조현병 환자를 '미친 사람'이라며 함부
로 업신여기면 안 된다는 교훈까지 덤으로 안겨주는(?) 이러한 적응
적 가설들은 진화정신의학 초창기에 큰 인기를 끌었다. 조현병은 집
단이 새로 갈라져 나올 때 신이 약속한 낙원으로 백성을 이끌겠다는
사명감을 지도자에게 심어준다는 가설(아돌프 히틀러를 떠올려보라.),[33]
조현병 환자의 가족은 암에 걸릴 확률이 낮아진다는 가설,[34] 조현병
환자의 가족은 뛰어난 언어 능력을 지닌다는 가설[35] 등이 제안되었다.
   그러나 균형 선택으로 조현병을 설명하는 가설 대부분은 치명적인
문제가 있다. 균형 선택은 어떤 조건에는 매우 해로운 대립유전자가

다른 조건에는 조금이라도 이롭기만 하면 되는 것이 아니다. 한 유전자 좌위를 두고 경쟁하는 대립유전자가 두 개 있다고 하자. 각각의 대립유전자가 서로 다른 조건 A와 조건 B에서 내는 적합도 효과의 평균값이 정확히 같아야 한다.

균형 선택의 예를 성격상의 유전적 변이를 논하면서 이미 살펴본 바 있다. 알록달록한 열대어 거피를 기억하는가? 포식자가 없는 상류에는 대담한 거피들이 많다. 포식자가 있는 하류에는 소심한 거피들이 많다. 시간과 장소에 따라 최적의 형질값이 다르면, 각기 다른 형질값을 만드는 대립유전자들이 함께 공존할 수 있다. 이처럼 균형 선택이 작동하려면 언뜻 보면 해로울 듯한 유전자가 특정한 환경 조건에서는 그를 상쇄할 만큼 큰 이점을 반드시 제공해야 한다. 내향적인 성격이 전염병에 걸릴 가능성을 낮추듯이, 성격 특성을 만드는 유전적 변이들은 그들이 번식상의 이점을 줄 상황을 쉽게 추측할 수 있다. 그러나 직장을 잃고, 친구들과 멀어지고, 배우자와 이혼해 결국 자살까지 시도하게 만드는 조현병이 어떠한 번식상의 이점을 주는가? 그런 이점이 존재한다면 진작 우리 눈에 띄어야 했지 않을까?[36]

조현병에 걸리게 하는 유전자가 숨겨진 이득을 남몰래 주리라는 제안을 반박하는 실제 증거가 많다. 한 연구에서는 1만 1,000명의 핀란드인 조현병 환자들이 둔 친동기 2만 4,000명을 모두 조사했다. 조현병 환자의 친동기가 번식상의 이득을 누릴 것이라는 예측과 달리, 친동기들이 낳은 자식 수는 전체 개체군의 평균 자식 수와 전혀 차이가 없었다.[37] 한편, 조현병, 주요 우울증, 자폐증, 양극성 장애(조울증), 지적 장애 등 여러 정신 장애가 한 환자에게 동시에 찾아오는 경향이 있다는 사실도 균형 선택으로 설명하기 어렵다. 조현병이 숨겨진 이득

을 주는 덕택에 선택되었다면, 굳이 주요 우울증과 함께 발병할 이유가 없기 때문이다.[38]

수천 개의 유전자 좌위에서 일어날 수 있는 해로운 돌연변이들 때문에 조현병이 생긴다

다유전자 돌연변이-선택 균형 모델은 조현병에 취약하게 만드는 유전자가 위치하는 좌위는 고작 하나 혹은 몇 개가 아니라 무려 수천 개가 넘는다고 제안한다. 해로운 대립유전자들이 개별적으로 끼치는 손실은 미미하며, 자연선택이 이들을 꾸준히 솎아낸다. 그러나 돌연변이가 생길 수 있는 곳이 워낙 많기 때문에 1퍼센트라는 상대적으로 흔한 빈도로 조현병 환자들이 꾸준히 유지된다는 설명이다.

예를 들어, 거실에 형광등이 켜지지 않는다고 가정해보자. 왜 안 켜질까? 램프가 고장일까? 안정기가 고장일까? 스위치가 고장일까? 퓨즈가 나갔을까? 아니면 정전일까? 잘못될 수 있는 곳은 많다. 이 중 어느 하나만 잘못되어도 형광등이 안 켜지는 증상을 초래한다. 마찬가지로, 수천 개의 유전자가 촘촘한 그물망을 이루어 적응적 행동을 만드는 경로에서 어느 한 유전자만 잘못되어도 조현병 증상이 생길 수 있다.[39] 다유전자 돌연변이-선택 균형을 뒷받침해주는 실증적 증거는 상당히 많다. 첫째, 여러 정신 장애가 한 환자에게 동시에 발병하는 경향은 균형 선택으로는 설명하기 어렵지만 돌연변이-선택 균형으로는 잘 설명된다. 정신 장애가 수많은 유전자 좌위에서 생길 수 있는 해로운 돌연변이에서 기인한다면, 각각의 정신 장애를 만드는 유전자들의 집합이 서로 전혀 겹치지 않을 가능성은 제로에 가까울 것이기 때문이다.

둘째, 부모의 나이와 자식이 조현병에 걸릴 가능성 사이의 상관관계도 돌연변이-선택 균형 모델을 뒷받침한다. 여성은 23회의 세포분열을 거쳐 난자를 만들며, 이러한 복제 횟수는 평생 일정하다. 반면에 남성은 일평생 새로운 정자를 만든다. 15세 남성의 정자는 35회, 50세 남성의 정자는 840회, 75세 남성은 1,500회의 세포분열을 거친다. 이에 따라 남성은 나이가 들수록 유전자 복제상의 오류, 곧 돌연변이 유전자를 더 많이 지닌 정자를 만들게 된다. 돌연변이-선택 균형 모델이 예측하는 대로, 나이 든 아버지를 둔 자식일수록 조현병에 걸릴 가능성이 더 높았다. 대조적으로, 어머니의 나이는 자식이 조현병에 걸릴 가능성과 무관했다.[40]

다유전자 돌연변이-선택 균형 모델이 조현병에 대한 설명으로 유력하긴 하지만, 이 가설이 다른 대안과 양립이 불가능하지는 않다. 한 흥미로운 가설은 어떤 유전자들은 한편으로는 조현병에 걸릴 위험을 높여서 적합도를 낮추지만, 다른 한편으로는 창조성이나 남의 마음을 간파하는 능력을 증대시켜 적합도를 높이는 두 가지 효과를 냈으리라고 제안한다. 두 효과가 상쇄되어 이러한 유전자들은 결국 적합도에 거의 중립적인 효과를 내어 비교적 흔한 빈도로 존재하게 되었다는 것이다.

창의성 가설이 주는 예측과 부합하게, 조현병의 증상이 심하지 않게 지속적으로 나타나는 조현형 성격 장애schizotypal personality disorder를 겪는 사람들은 예술적 창조성이 높으며, 남성의 경우 성관계 상대의 수도 많다는 사실이 알려져 있다. 8만 6,000여 명의 아이슬란드인을 조사한 연구에 따르면, 조현병 발병을 높이는 유전자를 많이 지닌 사람일수록 음악, 영화, 무용, 연극, 미술, 저술 등의 창조적인 직업에 종사할 가능성이 높았다. 농업, 어업, 회사원, 육체노동 등의 직업에 종사할 가능성과는 상관이 없었다.[41] 존 내시 역시 22세에 프린스턴 대학교에서 27쪽짜리 학위 논문을 가지고 박사 학위를 받을 정도로 천재였다. 나중에 한 페이지도 안 되는 논문으로 학술지에 발표된 이 연구는 그에게 노벨상을 가져다주었다.

　마무리하자. 진화적 시각은 모든 정신 장애가 나름대로 유익하기 때문에 존재했다고 억지 부리지 않는다. 그러기는커녕, 진화적 시각은 왜 극도로 복잡한 적응을 척척 만들어내는 자연선택이 우리가 갖가지 정신 장애에 시달리게끔 잠자코 내버려두었는지 설명해준다. 다른 의학 분야와 달리, 왜 정신 장애가 생기는가에 대한 통합적인 이론 틀이 없는 정신의학 분야는 어찌 보면 진화적 시각이 가장 큰 혁신을 가져올 수 있는 미답지未踏地이기도 하다.

그래서 어쩌라고?

마음은 먼 과거의 환경에서 조상들의 번식을 높이게끔 자연선택에 의해 '설계'되었다. 우리는 이 단순한 명제가 찾아낸 새로운 발견들을 살펴보았다. "자, 이제 마칠 시간입니다. 다음에 또 뵙길 바랍니다. 감사합니다." 드디어 끝났다. 하지만 어떤 독자는 못내 허전해할 것이다. "그래서 어쩌라고? 재미있긴 한데, 이 내용이 대체 나한테 무슨 의미가 있지?" 이 책의 저자는 청중의 안색은 살피지 않은 채 자기가 좋아하는 이야기만 신나게 떠들고 퇴장하는 범생이 과학자임이 틀림없다!

뭐, 꼭 그렇진 않다. 과학자도 사람이다. 특히 진화심리학처럼 인간이 연구 대상인 경우, 과학이 우리 자신과 세계에 어떤 시사점을 던져주는지 신경 쓰지 않을 수 없다. 진화심리학을 공부하는 한 사람의 입장에서 "그래서 어쩌라고?"라는 질문에 답하고자 한다.

인간의 마음이 자연선택에 의한 진화의 산물이라는 사실은 무엇을 의미하는가? 달리 말하면, 인간이 '이기적' 유전자의 생존 기계라는 사실은 무얼 의미하는가? JTBC드라마 〈SKY 캐슬〉에는 도킨스의 《이기적 유전자》를 읽고 독서토론회가 열린다. 전교 1등 강예서(김혜윤 분)가 "유전자를 다음 세대에 남기기 위해 개체는 이기적일 수밖에 없습니다."라고 영어로 깐죽거린다. 이에 차기준(조병규 분)은 "인간만이 유전자의 이기성을 극복하고 대항할 수 있다잖아요. 제가 볼 땐 이게 이 책의 핵심인 것 같은데."라고 맞받아친다.

둘 다 틀렸다. 유전자가 '이기적'이라는 말은 자연선택의 단위가 집단이나 개체가 아니라 유전자라는 뜻이다(1장 참조). 학자들이 '이기적'이라고 은유하는 유전자가 반드시 이기적인 개체를 만들어야 할 이유는 전혀 없다.(차기준이 잘 지적했듯이, 분명히 도킨스는《이기적 유전자》에서 "관용과 이타성을 가르치도록 노력하자. 왜냐하면 우리는 이기적으로 태어났기 때문이다."라고 적긴 했다. 2006년에 새로 쓴 서문에서 도킨스는 책을 낸 1976년 당시에는 자신도 그 문제를 종종 헷갈렸다고 고백하며 이 틀린 문장을 마음속에서 지워달라고 부탁했다.) 어쨌든 "인간은 본래 이기적으로 태어났다."는 해석이 틀렸다면, 인간이 '이기적' 유전자의 생존 기계라는 말의 진짜 의미는 무엇인가? 마음이 진화했다는 사실이 그리 대단한가?

엄청나게 대단하다. 자연선택은 우리의 마음이 외부 세계를 있는 그대로 정확히 인식하게끔 설계하지 않았다. 자연선택은 우리의 마음이 먼 과거의 환경에서 유전자를 남기는 데 가장 유리한 방향으로 외부 세계를—필요하다면 왜곡하여—인식하게끔 설계했다(자연선택은 어떤 의도나 목적도 없는 맹목적인 과정이지만, 편의상 이렇게 의인화하여 설명하겠다). 물론 마음이 외부 세계를 올바르게 인식하는 경우도 있다. 그러나 이는 자연선택의 관심사가 아니다. 외부의 실재를 정확히 인식하는 편이 번식에 유리한 경우에 한해서만 자연선택은 우리가 실재를 올바로 인식하게 한다. 실재를 왜곡하여 인식하는 편이 번식에 더 유리하다면, 자연선택은 주저 없이 우리가 실재를 잘못 인식하게 한다.

이를테면, "죽은 뒤에 후회 말고 지나치게 경계하자."라는 '화재경보기 원리'는 우리가 외부의 실재를 왜곡하여 파악하게 만든다. 같은 길이의 두 선분이 수직과 수평으로 만날 때, 우리가 수직선을 더 길게 지각하는 수직-수평 착시를 떠올려보라(3장 참조). 진화 역사에서 높은 곳은 항상 위험했기에 같은 길이의 선분이라도 높이를 너비보다 더 길게 지각하여 높은 곳을 경계한 조상이 자식을 더 많이 남겼다. 물체가 소리를 내며 나에게 다가올 때는 내게서 멀어질 때보다 더 가까이 위치한다고 여기는 청각 편향도 포식동물을 과도하게 경계하기 위한 심리적 적응이다(5장 참조).

우리의 마음은 외부 세계의 객관적 실재를 정확히 파악하게끔 자연선택에 의해 설계되지 않았다. 이는 정서나 동기처럼 빠르게, 자동으로 우리를 특정한 행동 양식으로 떠미는 심리적 적응을 우리가 무조건 신뢰하고 도덕적 판단의 준거로 삼을 이유가 없음을 뜻한다. 예컨대, 제주도에 들어온 예멘 난민들에 대한 일부 시민의 혐오 정서를 생각해보자. 혐오감은 병원체를 옮길 수 있는 대상에 대해 순식간에, 자동적으로, 의지와 무관하게, 누구나 갖게 되는 원초적인 정서다. 다른 집단에서 온 외부인은 우리 집단에 위험한 병원체를 옮길 수 있으므로, 외부인을 역겨워하며 차별하는 행동은 과거의 수렵-채집 환경에서 조상들의 번식에 도움이 되었다(6장 참조). 외부인에 대한 혐오는 장구한 세월에 걸쳐 자연선택이 공들여 만들어낸 심리적 적응이자 인간 본성의 일부이므로, 예멘 난민에 대한 차별은 도덕적으로 정당할까?

그렇지 않다! 외부인에 대한 혐오가 인간 본성의 일부가 된 까닭은 어디까지나 그러한 기피 행동이 진화적 과거에 '어쩌다 우연히' 조상들의 번식 성공도를 높여주었기 때문이다. 외부인에 대한 혐오가 수백만 년에 걸쳐 전수된 고대의 지혜이자 절대적 진리여서가 아니다. 현대를 사는 우리는 과학의 힘과 이성을 발휘해 예멘 난민에 대한 차별이 과연 우리 사회의 공익과 정의 실현에 기여할지 꼼꼼하고 차분하게 따져볼 수 있다. 우리가 난민 차별을 지양하기로 했다면, 혐오감의 작동 기제에 대한 적응주의적 분석이 그 정책적 목표를 실현하는 데 실질적인 도움이 될 수 있다.

혐오뿐만이 아니라 폭력 범죄를 촉발하는 분노, 우리와 그들 간의 갈등을 일으키는 패거리주의, 아이스크림을 폭식하게 하는 식욕, 포르노그래피에 빠지게 하는 성욕, 자기 핏줄만 챙기는 족벌주의 등 우리가 바람직하지 않다고 여기는 인간 본성의 여러 측면이 있다. 이들은 그저 과거 진화적 조상들의 번식에 이바지했다는 평범한(?) 이유로 오늘날 우리에게 주어졌을 뿐이다. 우리가 과학과 이성을 통해 이러한 본성을 적절하게 제어한다고 해서 눈살을 찌푸릴 조물주나 자연의 섭리는 없다.

마찬가지로, 타인의 고통을 헤아리는 공감, 자신의 잘못을 인정하는 양심, 자식에게 부모가 베푸는 자애처럼 우리가 바람직하다고 보는 인간 본성의 다른 측면들도 조상들의 번식에 기여했다는 지극히 세속적인 이유로 우리에게 주어졌다. 현대사회에서 이러한 본성을 어느 정도까지 장려할지, 그 부작용이 있다면 어떻게 통제할지 역시 우리는 합리적 추론을 통해 판별할 수 있다.

인간 본성은 초월적 존재에게서 나온 것이 아니라 생물학적 진화의 산물이므로 그로부터 도덕적 당위를 이끌어낼 수 없다는 주장이 '엄청나게 대단해' 보이지 않는다면, 다음 사례를 생각해보자. 성인의 대마초 흡입은 누구에게도 해를 끼치지 않지만, 많은 사람은 이를 듣자

마자 역겨워하며 잘못되었다고 답한다(26장 참조). 왜 대마초 흡연은 잘못되었을까? 대마초 흡연은 더러운 죄악임이 너무나 당연해서? 이처럼 대마초 흡연에 대한 원초적인 혐오감이 진화된 인간 본성이라는 이유로 대마초 흡연을 범죄로 간주하는 태도가 도덕적으로 정당화될 수는 없다. 불편하고 고통스럽더라도, 이성적 추론을 통해 대마초 흡연의 범죄화가 과연 우리 사회의 공익 증진과 정의 구현에 기여하는지 꼼꼼히 따져보아야 할 것이다(오해하지 마시라, 필자가 대마초 흡연을 허용해야 한다고 주장하는 것은 아니다!).

지구상의 다른 모든 동물과 달리, 아마도 우주 전체에서 유일하게, 인간은 자신이 왜 이러한 모습으로 존재하게 되었는지를 알아낸 동물이다. 인간은 자신에게 주어진 진화된 본성을 잘 이해할 뿐만 아니라, 과학과 합리적 추론을 통해 어떤 본성은 강화하고 어떤 본성은 억제할지 선택할 수 있다. 사적 복수를 금지하는 법률, 피임, 저칼로리 다이어트, 성희롱 예방 교육, 사회복지제도 등은 우리가 본성을 제어하려는 노력의 사례들이다(물론, 합리적 이성도 자연선택에 의해 진화한 심리적 적응이다).

도킨스의 《이기적 유전자》는 "이 지구에서 오직 인간만이 이기적인 복제자의 폭정에 반역할 수 있다."라는 문장으로 끝을 맺고 있다. 이말은 이기적인 유전자 때문에 인간이 본래 이기적으로 태어났으니 이타성을 후천적으로 길러야 한다는 뜻이 아니다. 신, 우주의 섭리 혹은 역사의 운행 법칙이 아니라 자연선택에 의한 진화가 인간 본성을 만들었다. 특정한 행동을 하게 만드는 심리적 적응이 진화했다고 해서 우리에게 반드시 그 행동을 해야 할 당위나 의무는 없다. 한 대 맞으면 그대로 갚아주려는 보복심은 인간 본성의 일부다. 하지만 우리는 사적 복수를 추구하도록 허용하면 결국엔 모두 공멸하리라는 이성적 추론 능력—이 역시 진화된 인간 본성의 일부다!—을 발휘하여 사적 복수가 법률로 금지된 평화로운 세상을 만들었다. 진화적 시각은 인간 본성을 한발 떨어져서 차분히 조망할 수 있게 해준다. 더 나은 삶과 세상을 만들기 위해 우리는 얼마든지 본성을 거역할 수 있다.

이 책은 2016년, 2018년 네이버에서 '파워라이터 ON' 시리즈의 하나인 〈전중환의 본격 진화심리학〉으로 게재된 글들을 다듬고 새로 덧붙인 것이다. 2016년에 텍사스대학교(오스틴) 심리학과의 버스 랩Buss Lab에서 방문교수로 지내게 해주신 데이비드 버스 교수님, 오스틴 생활을 도와준 텍사스대학교의 성시범 교수, 저술에 뺏기는 시간을 참아준 아내 안소이와 아들 전하준, 항상 자식을 걱정하시는 어머니 그리고 이 책을 쓸 기회를 마련해준 휴머니스트 편집부에 감사드린다.

책을 마치며

I부 진화심리학의 토대

1장 - 진화심리학의 기원

1 최영인(PD). (2012.04.30). 〈힐링캠프- 기쁘지 아니한가〉. SBS.

2 Dawkins, R. (1976). *The Selfish Gene*. Oxford: Oxford University Press. 홍영남, 이상임(역). (2010). 《이기적 유전자》. 을유문화사.

3 Allee, W. C. (1951). *Cooperation among Animals*. New York: Schuman.

4 Brockman, J. (1996). *Third Culture: Beyond the Scientific Revolution*. Simon and Schuster.

5 Wigglesworth, V. B. (1964). *The Life of Insects*. London: Weidenfeld & Nicholson.

6 Segerstråle, U. (2000). *Defenders of the Truth: The Battle for Science in the Sociobiology Debate and Beyond* (p. 54). Oxford University Press.

7 Dawkins, R.. 홍영남, 이상임(역). (2010). 《이기적 유전자》 (p. 22). 을유문화사.

8 Darwin, C. (1859). *On the Origin of Species* 1st ed. (p. 236). London: J. Murray.

9 Hamilton, W. D. (1963). The evolution of altruistic behaviour. *American Naturalist*, 97, 354-356.

10 Trivers, R. (1985). *Social Evolution* (p. 47). Menlo Park, CA: The Benjamin/ Cummings.

11 Segerstråle, U. (2007). An Eye on the Core: Dawkins and Sociobiology. In A. Grafen, & M. Ridley (Eds.), *Richard Dawkins: How a Scientist Changed the Way We Think* (pp. 75-97). Oxford: Oxford University Press. 이한음(역). (2007). 《리처드 도킨스: 우리의 사고를 바꾼 과학자》. 을유문화사.

12 김지수. (2018.05.05). 김지수의 인터스텔라: 북촌의 소크라테스 "미지근하게 살면 지옥에도 못 가". 《조선일보》.

13 Dawkins, R. (2013). *An Appetite for Wonder: The Making of a Scientist*. Ecco Press. 김명남(역). (2016), 《리처드 도킨스 자서전 1: 어느 과학자의 탄생》. 김영사.

14 '사회생물학'이라는 용어는 1950년대 중반에 윌슨의 대학원생이었던 스튜어트 앨트만(Stuart Altmann)이 붉은털 원숭이(rhesus monkey)의 사회구조를 연구하면서 만든 말이다.

15 Segerstråle, U. (2000). *Defenders of the Truth: The Battle for Science in the Sociobiology Debate and Beyond* (p. 4). New York: Oxford University Press.
Laland, K. N., Brown, G., & Brown, G. R. (2011). *Sense and Nonsense: Evolutionary Perspectives on Human Behaviour*. Oxford University Press. 양병찬(역). (2014). 《센스 앤 넌센스》. 동아시아.
Segerstråle, U. (2007). 앞의 글.

16 Wright, R. (1988). *Three Scientists and Their Gods: Looking for Meaning in an Age of Information*. New York: Times Books. 임기철(역). (1991). 《3인의 과학자와 그들의 신》. 정신세계사.

17 Segerstråle, U. (2000). 앞의 글.

18 Dawkins, R. (1982). *The Extended Phenotype: The Gene as the Unit of Selection*. Oxford: Oxford University Press.

19 Grafen, A. (2006). The intellectual contribution of *The Selfish Gene* to evolutionary theory. In A. Grafen, & M. Ridely (Eds.), *Richard Dawkins: How a Scientist Changed the Way We Think* (pp. 66-74). Oxford: Oxford University Press.

20 Alcock, J. (2001). *The Triumph of Sociobiology*. Oxford: Oxford University Press. 김산하, 최재천(역). (2013). 《사회생물학의 승리》. 동아시아.

21 Betzig, L. (1997). Preface. In L. Betzig (Ed.), *Human Nature: A Critical Reader* (pp. xi-xiv). Oxford: Oxford University Press.

22 Brown, G., Dickins, T. E., Sear, R., & Laland, K. N. (2011). Evolutionary accounts of human behavioural diversity. *Philosophical Transactions of the Royal Society B, Biological Sciences, 366*, 313-324.

23 Smith, E. A. (1985). Inuit foraging groups: some simple models incorporating conflicts of interest, relatedness, and central-place sharing. *Ethology and Sociobiology, 6*(1), 27-47.

24 Alexander, R. (1987). *The Biology of Moral Systems*. New Brunswick: Aldine Transaction.

25 Symons, D. (1989). A Critique of Darwinian Anthropology. *Ethology and*

Sociobiology, 10(1), 131–144.

Symons, D. (1992). On the use and misuse of Darwinism in the study of human behavior. In J. H. Barkow, L. Cosmides, & J. Tooby (Eds.), *The Adapted Mind* (pp. 137-159). Oxford: Oxford University Press.

26 Symons, D. (1992). 위의 글.

27 Tooby, J., & Cosmides, L. (2015). The theoretical foundations of evolutionary psychology. In D. M. Buss (Ed.), *The Handbook of Evolutionary Psychology: I. Foundations* 2nd ed. (pp. 3-87). Hoboken, NJ: Wiley.

2장 - 진화심리학이란 무엇인가?

1 Pinker, S. (2015). Foreword. In D. M. Buss (Ed.), *The Handbook of Evolutionary Psychology: I. Foundations*, 2nd ed. (pp. ix-xiii). Hoboken, NJ: Wiley.

2 Silverman, I. (2003). Confessions of a closet sociobiologist: Personal perspectives on the Darwinian movement in psychology. *Evolutionary Psychology*, 1: 1–9.v

3 Cosmides, L., & Tooby, J. (1994). Beyond intuition and instinct blindness: Toward an evolutionarily rigorous cognitive science. *Cognition, 50(1-3)*, 41–77.

4 Silvertown, J. (2017). *Dinner with Darwin: Food, Drink, and Evolution*. Chicago, IL: University of Chicago Press. 노승영(역). (2019).《먹고 마시는 것들의 자연사》. 서해문집.

5 Tooby, J., & Cosmides, L. (2015). The theoretical foundations of evolutionary psychology. In D. M. Buss (Ed.), *The Handbook of Evolutionary Psychology: I. Foundations,* 2nd ed. (pp. 3-87). Hoboken, NJ: Wiley.

Barkow, J. H., Cosmides, L., & Tooby, J. (Eds.). (1992). *The Adapted Mind: Evolutionary Psychology and the Generation of Culture*. Oxford: Oxford University Press.

6 Williams, G. C. (1966). *Adaptation and Natural Selection: A Critique of Some Current Evolutionary Thought*. Princeton, NJ: Princeton University Press. 전중환(역). (2013).《적응과 자연선택》. 나남출판.

7 Cosmides, L., & Tooby, J. (2013). Evolutionary psychology: New perspectives on cognition and motivation. *Annual Review of Psychology, 64*.

3장 - 흔한 오해들

1 Von Hippel, W., & Buss, D. M. (2017). Do ideologically driven scientific agendas

impede the understanding and acceptance of evolutionary principles in social psychology? In J. Crawford & L. Jussim (Eds.), *Politics of Social Psychology* (pp. 17-35). New York: Psychology Press.

2 Gould, S. J., & Lewontin, R. C. (1979). The Spandrels of San Marco and the Panglossian Paradigm: A Critique of the Adaptationist Programme. *Proc. R. Soc. Lond. B, 205(1161)*, 581-598.

3 Kurzban, R. (2002). Alas poor evolutionary psychology: Unfairly accused, unjustly condemned. *Skeptic (Altadena, CA), 9(2)*, 99-102.

4 Avery, G. C., & Day, R. H. (1969). Basis of the horizontal-vertical illusion. *Journal of Experimental Psychology, 81(2)*, 376-380.

5 Jackson, R. E., & Cormack, L. K. (2007). Evolved navigation theory and the descent illusion. *Perception & Psychophysics, 69(3)*, 353-362.

6 Dawkins, R. (1982). *The Extended Phenotype*. Oxford: Oxford University Press. 홍영남, 장대익, 권오현(역). (2016). 《확장된 표현형》. 을유문화사.

7 Crawford, C. B., & Anderson, J. L. (1989). Sociobiology: An environmentalist discipline? *American Psychologist, 44(12)*, 1449-1469.

8 Roney, J. R. (2003). Effects of visual exposure to the opposite sex: Cognitive aspects of mate attraction in human males. *Personality and Social Psychology Bulletin, 29(3)*, 393-404.

9 Hagen, E. H. (2015). Evolutionary psychology and its critics. In D. M. Buss (Ed.), *The Handbook of Evolutionary Psychology: I. Foundations,* 2nd ed. (pp. 136-160). Hoboken, NJ: Wiley.

10 Ruti, M. (2015). *The Age of Scientific Sexism: How Evolutionary Psychology Promotes Gender Profiling and Fans the Battle of the Sexes.* New York, NY: Bloomsbury Publishing. 김명주(역). (2014). 《나는 과학이 말하는 성차별이 불편합니다》. 동녘사이언스.

11 Mayr, E. (1961). Cause and effect in biology. *Science, 134(3489)*, 1501-1506.

12 Kenrick, D. T. (2011). *Sex, Murder, and the Meaning of Life: A Psychologist Investigates How Evolution, Cognition, and Complexity Are Revolutionizing Our View of Human Nature.* New York, NY: Basic Books. 최인하(역). (2012). 《인간은 야하다》. 21세기북스.

II부 생존

4장 - 어떻게 먹거리를 얻고 가려낼까?

1 Lieberman, D. E. (2013). *The Story of the Human Body: Evolution. Health, and Disease*. New York: Pantheon. 김명주 (역). (2018).《우리 몸 연대기》웅진지식하우스.

2 Rozin, P. (1976). The Selection of Food by Rats, Humans and Other Animals. In J. Rosenblatt, R. A. Hinde, C. Beer, & E. Shaw (Eds.), *Advances in the Study of Behavior, 6* (pp. 21-76). New York, NY: Academic Press.

3 Rozin, P. & Todd, P. M. (2016). The Evolutionary Psychology of Food Intake and Choice. In D. M. Buss (Ed.), *The Handbook of Evolutionary Psychology, Volume 2: Integrations*, 2nd ed. (pp.183-205). New Jersey: John Wiley & Sons.

4 Lieberman, D. E. 앞의 책.

5 Silverman, I., Choi, J., & Peters, M. (2007). The hunter-gatherer theory of sex differences in spatial abilities: Data from 40 countries. *Archives of Sexual Behavior, 36(2)*, 261-268.

6 Silverman, I., & Eals, M. (1992). Sex differences in spatial abilities: Evolutionary theory and data. In J. H. Barkow, L. Cosmides, & J. Tooby (Eds.), *The Adapted Mind: Evolutionary Psychology and the Generation of Culture* (pp. 531-549). New York, NY: Oxford University Press.

7 New, J., Krasnow, M. M., Truxaw, D., & Gaulin, S. J. (2007). Spatial adaptations for plant foraging: women excel and calories count. *Proceedings of the Royal Society of London B: Biological Sciences, 274(1626)*, 2679-2684.

8 Rozin, P. (1969). Adaptive food sampling patterns in vitamin deficient rats. *Journal of Comparative and Physiological Psychology, 69,* 126-132.

9 Wertz, A. E., & Wynn, K. (2014). Selective social learning of plant edibility in 6-and 18-month-old infants. *Psychological Science*, 25, 874-882.

10 Tiger, L. (1992). *The Pursuit of Pleasure*. Bostion: Little, Brown.

11 Nesse, R. M., & Williams, G. C. (1994). *Why We Get Sick: The New Science of Darwinian Medicine*. Vintage. 최재천(역). (1999).《인간은 왜 병에 걸리는가》. 사이언스북스.

5장 - 잡아먹거나, 잡아먹히거나

1 인간도 동물이므로 이 글 전체에서 '동물'은 '인간이 아닌 동물'을 의미한다. 가독성을

높이고자 '비인간 동물' 대신 '동물'을 주로 사용했음을 양해해주시길 바란다.

2　Pinker,S. (1997). *How the Mind Works* (p. 377). NY: Norton. 김한영(역). (2007). 《마음은 어떻게 작동하는가》. 동녘사이언스.

3　Hill, K. R., & Hurtado, A. M. (1996). *Ache Life History: The ecology and demography of a foraging people*. Transaction Publishers.

4　김동진. (2013.03.01.) 호피는 조선시대의 로또였다. 《한겨레》.

5　Ferraro, J. V., Plummer, T. W., Pobiner, B. L., Oliver, J. S., Bishop, L. C., Braun, D. R., ... & Hertel, F. (2013). Earliest archaeological evidence of persistent hominin carnivory. *PloS ONE, 8(4)*, e62174.

6　Barrett, H. C. (2015). Adaptations to Predators and Prey. In D. M. Buss (Ed.), *The Handbook of Evolutionary Psychology, Volume 2: Integrations*, 2nd ed. (pp.246-263). New Jersey: John Wiley & Sons.

7　Rochat, P., Striano, T., & Morgan, R. (2004). Who is doing what to whom? Young infants' developing sense of social causality in animated displays. *Perception, 33(3)*, 355-369.

8　Heider, F., & Simmel, M. (1944). An experimental study of apparent behavior. *The American Journal of Psychology, 57(2)*, 243-259.
　이 실험에 쓰인 동영상은 유튜브 등에서 쉽게 시청할 수 있다. 다음 사이트에서 볼 수 있다. https://www.youtube.com/watch?v=wp8ebj_yRI4&nohtml5=False.

9　Öhman, A., Flykt, A., & Esteves, F. (2001). Emotion drives attention: detecting the snake in the grass. *Journal of Experimental Psychology: General, 130(3)*, 466-478.

10　Neuhoff, J. G. (2001). An adaptive bias in the perception of looming auditory motion. *Ecological Psychology, 13(2)*, 87-110.

11　Kenrick, D. T., & Griskevicius, V. (2013). *The Rational Animal: How Evolution Made Us Smarter Than We Think*. Basic Books. 조성숙(역). (2014). 《이성의 동물》. 미디어윌.

12　Hills, T. T. (2006). Animal Foraging and the Evolution of Goal-Directed Cognition. *Cognitive Science, 30(1)*, 3-41.

13　Barrett, H. C., & Broesch, J. (2012). Prepared social learning about dangerous animals in children. *Evolution and Human Behavior, 33(5)*, 499-508.

6장 - 병원체를 피하라!

1　Alizon, S., Hurford, A., Mideo, N., & Van Baalen, M. (2009). Virulence evolution and the trade-off hypothesis: history, current state of affairs and the future. *Journal of Evolutionary Biology, 22(2),* 245-259.

2   Inhorn, M. C., & Brown, P. J. (1990). The anthropology of infectious disease. *Annual Review of Anthropology, 19(1),* 89-117.

3   World Health Organization. (2017). Key points: World malaria report 2017. Retrieved from http://www.who.int/malaria/media/world-malaria-report-2017/en/

4   World Health Organization. (2017). Global Health Observatory (GHO) data: HIV/AIDS. Retrieved from http://www.who.int/malaria/media/world-malaria-report-2017/en/

5   Uppsala Conflict Data Program. (2017). UCDP Conflict Encyclopedia: www.ucdp.uu.se, Uppsala University.
(Retrieved from *http://ucdp.uu.se/#/year/2016*)

6   기생체(parasites)와 병원체는 종종 같은 의미로 쓰이지만, 엄밀히 말하면 기생체 중에는 숙주에게 해를 끼치지 않고 의존해 사는 것들도 있다. 병원체는 장내 기생충이나 곤충보다 세균, 바이러스 같은 미생물을 주로 가리키는 용어다.

7   Nesse, R. M., & Williams, G. C. (1994). *Why We Get Sick: The New Science of Darwinian Medicine.* Vintage. 최재천(역). (1999). 《인간은 왜 병에 걸리는가》. 사이언스북스.

8   Nesse, R. M. & Williams, G. C. 앞의 책.

9   Schaller, M., & Duncan, L. A. (2007). The behavioral immune system. In J. P. Forgas, M. G. Haselton & W. von Hippel (Eds.), *Evolution and the Social Mind* (pp. 293-307). New York: Psychology Press.
Schaller, M. (2016). The behavioral immune system. In D. M. Buss (Ed.), *The Handbook of Evolutionary Psychology, Volume 2: Integrations,* 2nd ed. (pp. 206-224). New Jersey: John Wiley & Sons.

10   Rozin, P., Haidt, J., & McCauley, C. (2008). Disgust. In M. Lewis, J. M. Haviland-Jones & L. F. Barrett (Eds.), *Handbook of Emotions,* 3rd ed. (pp. 757-776). New York: Guilford Press.

11   Curtis, V., & Biran, A. (2001). Dirt, disgust, and disease: Is hygiene in our genes? *Perspectives in Biology and Medicine, 44(1),* 17-31.
Curtis, V. (2013). *Don't Look, Don't Touch, Don't Eat: The Science Behind Revulsion.* Chicago: The University of Chicago Press.

12   Curtis, V., Aunger, R., & Rabie, T. (2004). Evidence that disgust evolved to

protect from risk of disease. *Proceedings of the Royal Society of London. Series B: Biological Sciences, 271(Suppl 4)*, S131–S133.

13 Fessler, D. M. T., Eng, S. J., & Navarrete, C. D. (2003). Elevated disgust sensitivity in the first trimester of pregnancy Evidence supporting the compensatory prophylaxis hypothesis. *Evolution and Human Behavior, 24*, 406–417.

14 Kenrick, D. T. (2011). *Sex, Murder, and the Meaning of Life*. New York: Basic Books. 최인하(역). (2012).《인간은 야하다》. 21세기북스.
McAuliffe, K. (2016). *This is Your Brain on Parasites: How Tiny Creatures Manipulate Our Behavior and Shape Society*. New York: Houghton Mifflin Harcourt. 김성훈(역). (2017).《숙주 인간》. 이와우.

15 Park, J. H., Schaller, M., & Crandall, C. S. (2007). Pathogen-avoidance mechanisms and the stigmatization of obese people. *Evolution and Human Behavior, 28(6)*, 410–414.

16 Thompson, J. N. (2005). *The Geographic Mosaic of Coevolution*. Chicago: University of Chicago Press.

17 Faulkner, J., Schaller, M., Park, J. H., & Duncan, L. A. (2004). Evolved disease-avoidance mechanisms and contemporary xenophobic attitudes. *Group Processes & Intergroup Relations, 7(4)*, 333–353.

18 Gangestad, S. W., Haselton, M. G. & Buss, D. M. (2006) Evolutionary foundations of cultural variation: evoked culture and mate preferences. *Psychological Inquiry*, 17, 75–95.

19 Lee, A. J., & Zietsch, B. P. (2011). Experimental evidence that women's mate preferences are directly influenced by cues of pathogen prevalence and resource scarcity. *Biology Letters*, 7, 892–895.

III부 성과 짝짓기

7장 - 남녀의 짝짓기 전략

1 Buss, D. M., & Schmitt, D. P. (1993). Sexual strategies theory: an evolutionary perspective on human mating. *Psychological Review*, 100(2), 204–232.

2 개인적인 의사소통

3 Wilson, E. O. (2012). *On Human Nature*. Cambridge, MA: Harvard University Press. 이한음(역). (2000).《인간 본성에 대하여》. 사이언스북스.

4   Lovejoy, C. O. (1981). The origin of man. *Science, 211(4480)*, 341-350.

5   Baker, R. R., & Bellis, M. A. (1995). *Human Sperm Competition: Copulation, Competition and Infidelity*. London, England: Chapman & Hall. 이민아(역). (2007).《정자 전쟁》. 이학사.

Ryan, C., & Jethá, C. (2010). *Sex at Dawn: The Prehistoric Origins of Modern Sexuality*. New York, NY: Harper Collins. 김해식(역). (2011).《왜 결혼과 섹스는 충돌할까》. 행복포럼.

6   짝짓기 성공(mating success)은 한 개체가 일정한 기간 동안에 성관계한 상대의 수로 정의된다.

7   Trivers, R. L. (1972). Parental investment and sexual selection. In B. Campbell (Ed.), *Sexual Selection & the Descent of Man* (pp.136-179). Chicago: Aldine de Gruyter.

8   Clutton-Brock, T. H. (1989). Mammalian mating systems. *Proceedings of the Royal Society of London B: Biological Sciences, 236(1285)*, 339-372.

9   거칠게 정의하면, 적합도는 '한 개체가 평생 낳는 자식들 가운데 어른으로 무사히 자라나는 자식들의 수' 혹은 '평생 낳는 손주들의 수'이다. 이런 의미에서 적합도는 번식 성공도와 같다고 할 수 있다. 그러나 손주들이 모두 어른이 되지 못하고 어린이일 때 죽으면 아무 소용이 없다는 사실에서 알 수 있듯이, 미래 세대의 자식수로 정의되는 적합도는 아무리 여러 세대를 내려가더라도 완전히 정확할 수는 없다. 적합도는 자연선택에 의해 최대화되는 그 무엇이다. 엄밀하게 정의하면, 적합도는 기존의 대립유전자들로 이루어진 개체군 내에서 새로이 생긴 소수의 돌연변이가 대립유전자의 개체군 성장 속도로 정의된다.(Metz, J. A., Nisbet, R. M., & Geritz, S. A. (1992). How should we define 'fitness' for general ecological scenarios? *Trends in Ecology & Evolution, 7(6)*, 198-202.)

10 Oberzaucher E, Grammer K. (2014). The Case of Moulay Ismael - Fact or Fancy? *PLoS ONE 9(2)*: e85292.

11 Berglund, A., Rosenqvist, G., & Robinson-Wolrath, S. (2006). Food or Sex: Males and females in a sex role reversed pipefish have different interests. *Behavioral Ecology and Sociobiology, 60(2)*, 281-287.

12 Chamie, J., & Nsuly, S. (1981). Sex differences in remarriage and spouse selection. *Demography, 18(3)*, 335-348.

13 Alexander, R. D., Hoogland, J. L., Howard, R. D., Noonan, K. M., & Sherman, P. W. (1979). Sexual dimorphisms and breeding systems in pinnipeds, ungulates, primates, and humans. In N. A. Chagnon & W. Irons (Eds.), *Evolutionary*

Biology and Human Social Behavior: An Anthropological Perspective (pp. 402-435). North Scituate, MA: Duxbury Press.

14 Murdock, G. P. (1967). *Ethnographic Atlas*. Pittsburgh: University of Pittsburgh Press.

15 Mace, R. (2016). The Evolutionary Ecology of the Family. In D. M. Buss (Ed.), *The Handbook of Evolutionary Psychology, Volume 2: Integrations*, 2nd ed. (pp. 561-577). New Jersey: John Wiley & Sons.

16 Schmitt, D. P. (2016). Fundamentals of Human Mating Strategies. In D. M. Buss (Ed.), *The Handbook of Evolutionary Psychology, Volume 2: Integrations*, 2nd ed. (pp. 294-316). New Jersey: John Wiley & Sons.

8장 - 장기적인 배우자 선호

1 Voland, E., & Grammer, K. (Eds.). (2013). *Evolutionary Aesthetics*. Springer Science & Business Media.

2 Davies, N. B., Krebs, J. R., & West, S. A. (2012). *An Introduction to Behavioural Ecology*. New Jersey: John Wiley & Sons.

3 생존력(viability)은 일정한 기간 동안 살아남을 가능성을 뜻한다. 기생체에 대한 저항성이나 건강, 운동 능력 등을 들 수 있다.

4 Zahavi, A. (1975). Mate selection: A selection for a handicap. *Journal of theoretical Biology, 53(1)*, 205-214.

5 Andersson, M. B. (1994). *Sexual Selection*. Princeton University Press.

6 Buss, D. M., & Schmitt, D. P. (1993). Sexual strategies theory: an evolutionary perspective on human mating. *Psychological Review, 100(2)*, 204-232.

7 산타바바라 소재 캘리포니아대학교 인류학과에서 은퇴한 도널드 시먼스(Donald Symons)가 1979년에 출간한 《섹슈얼리티의 진화*The Evolution of Human Sexuality*》는 진화심리학계의 고전으로 인정받는다. 2007년에 한길사에서 번역 출간되었다.

8 Buss, D. M. (2003). Sexual Strategies: A journey into controversy. *Psychological Inquiry, 14(3-4)*, 219-226.

9 Buss, D. M. (1989). Sex differences in human mate preferences: Evolutionary hypotheses tested in 37 cultures. *Behavioral and Brain Sciences, 12(01)*, 1-14.

10 진화심리학은 밖으로 나타나는 행동이 전 세계 어디서나 똑같아야 한다고 주장하지 않는다. 환경적 입력을 처리하여 외부적 행동을 만드는 우리 마음속의 심리적 적응이 전 세계 어디서나 똑같다고 주장한다. 예컨대, 여성들은 자신보다 연상이어서 자원 획득 능력도 그만큼 높은 남성을 신랑감으로 선호하는 심리 기제를 진화시켰다. 남성의 나

이와 남성이 얻는 자원량과의 연관성이 강한 전통적인 사회에서, 연상 남성을 선호하는 보편적인 심리 기제는 남성 나이와 자원량과의 연관성이 상대적으로 덜한 현대 산업사회에 비하여 여성들이 상대적으로 나이 차이가 더 많이 나는 남성을 선호하게끔 만든다.

11 생식력(fertility)은 성관계를 했을 때 난자가 수정되어 자식을 낳을 확률로 정의된다.

12 Gottschall, J., Berkey, R., Cawson, M., Drown, C., Fleischner, M., Glotzbecker, M., ... & Patterson, S. (2003). Patterns of characterization in folktales across geographic regions and levels of cultural complexity. *Human Nature, 14(4)*, 365-382.

13 Pettay, J. E., Helle, S., Jokela, J., & Lummaa, V. (2007). Natural selection on female life-history traits in relation to socio-economic class in pre-industrial human populations. *PLoS ONE, 2(7)*, e606.

14 Wiederman, M. W. (1993). Evolved gender differences in mate preferences: Evidence from personal advertisements. *Ethology and Sociobiology, 14(5)*, 331-351.

9장 - 단기적인 성관계 상대 선호

1 Nicholson, J. (2007, December 9). Still devilish at 70, Jack Nicholson talks about 50 years of movies and womanising. *The Sunday Times Magazine*.

2 Arnqvist, G., & Rowe, L. (2013). *Sexual Conflict*. Princeton University Press.
   Jennions, M. D., & Petrie, M. (2000). Why do females mate multiply? A review of the genetic benefits. *Biological Reviews, 75(1)*, 21-64.

3 Buss, D. M., & Schmitt, D. P. (1993). Sexual strategies theory: an evolutionary perspective on human mating. *Psychological Review, 100(2)*, 204-232.

4 Zuk, M. (2002). *Sexual Selections: What We Can and Can't Learn about Sex from Animals*. Berkeley, CA: Univ of California Press.

5 Symons, D. (1979). *The Evolution of Human Sexuality*. New York: Oxford. 김성한(역). (2007). 《섹슈얼리티의 진화》. 한길사.

6 Thornhill, R., & Gangestad, S. W. (2008). *The Evolutionary Biology of Human Female Sexuality*. New York, NY: Oxford University Press.

7 Greiling, H., & Buss, D. M. (2000). Women's sexual strategies: The hidden dimension of extra-pair mating. *Personality and Individual Differences, 28(5)*, 929-963.
   Schmitt, D. P. (2014). Evaluating evidence of mate preference adaptations: How

do we really know what Homo sapiens sapiens really want? *In Evolutionary Perspectives on Human Sexual Psychology and Behavior* (pp. 3-39). New York, NY: Springer.

8 Greiling, H., & Buss, D. M. (2000). 앞의 글.

9 Waynforth, D., Delwadia, S., & Camm, M. (2005). The influence of women's mating strategies on preference for masculine facial architecture. *Evolution and Human Behavior, 26(5)*, 409-416.

10 Castro, F. N., & de Araújo Lopes, F. (2011). Romantic preferences in Brazilian undergraduate students: From the short term to the long term. *Journal of Sex Research, 48(5)*, 479-485.

11 Kenrick, D. T., Groth, G. E., Trost, M. R., & Sadalla, E. K. (1993). Integrating evolutionary and social exchange perspectives on relationships: Effects of gender, self-appraisal, and involvement level on mate selection criteria. *Journal of Personality and Social Psychology, 64(6)*, 951-969.

12 Clark, R. D., & Hatfield, E. (1989). Gender differences in receptivity to sexual offers. *Journal of Psychology & Human Sexuality, 2(1)*, 39-55.

13 Guéguen, N. (2011). Effects of solicitor sex and attractiveness on receptivity to sexual offers: A field study. *Archives of Sexual Behavior, 40(5)*, 915-919.

14 Trivers, R. L. (1972). Parental investment and sexual selection. In B. Campbell (Ed.), *Sexual Selection & the Descent of Man* (pp.136-179). Chicago: Aldine de Gruyter.

15 Trivers, R. L. (1985). *Social Evolution.* Menlo Park, CA: Benjamin-Cummings.

16 Schmitt, D. P. and 118 members of the International Sexuality Description Project. (2003). Universal sex differences in the desire for sexual variety: Tests from 52 nations, 6 continents, and 13 islands. *Journal of Personality and Social Psychology, 85(1)*, 85-104.

17 Kennair, L. E. O., Schmitt, D., Fjeldavli, Y. L., & Harlem, S. K. (2009). Sex differences in sexual desires and attitudes in Norwegian samples. *Interpersona, 3*, 1-32.

18 Carroll, J. L., Volk, K. D., & Hyde, J. S. (1985). Differences between males and females in motives for engaging in sexual intercourse. *Archives of Sexual Behavior, 14(2)*, 131-139.

19 Roese, N. J., Pennington, G. L., Coleman, J., Janicki, M., Li, N. P., & Kenrick, D. T. (2006). Sex differences in regret: All for love or some for lust?. *Personality and*

Social Psychology Bulletin, 32(6), 770–780.

20 Buss, D. M. (2016). *The Evolution of Desire: Strategies of Human Mating*. Basic Books.

21 Schmitt, D. P. (2014). 앞의 글.

10장 - 아름다운 얼굴

1 아주경제 라이프팀. (2014.08.14). "강남일대 성형외과 2500여개…성형전문의가 운영하는 곳은 5%도 안 돼". 《아주경제》.

2 Wolf, Naomi (1991). *The Beauty Myth*. New York: Bantham Doubleday Dell Publishing.

3 Langlois, J. H., Kalakanis, L., Rubenstein, A. J., Larson, A., Hallam, M., & Smoot, M. (2000). Maxims or myths of beauty? A meta-analytic and theoretical review. *Psychological Bulletin, 126(3)*, 390–423.

4 Langlois, J. H., Roggman, L. A., Casey, R. J., Ritter, J. M., Rieser-Danner, L. A., & Jenkins, V. Y. (1987). Infant preferences for attractive faces: Rudiments of a stereotype? *Developmental Psychology, 23(3)*, 363–369.

5 Slater, A., Von der Schulenburg, C., Brown, E., Badenoch, M., Butterworth, G., Parsons, S., & Samuels, C. (1998). Newborn infants prefer attractive faces. Infant *Behavior and Development, 21(2)*, 345–354.

6 Tooby, J., & Cosmides, L. (1992). Psychological foundations of culture. In J. Barkow, L. Cosmides, & J. Tooby (Eds.), *The Adapted Mind: Evolutionary Psychology and the Generation of Culture* (pp. 19-136). New York: Oxford University Press.

7 Little, A. C., Jones, B. C., & DeBruine, L. M. (2011). Facial attractiveness: evolutionary based research. *Philosophical Transactions of the Royal Society B: Biological Sciences, 366(1571)*, 1638–1659.

Little, A. C. (2014). Facial attractiveness. Wiley Interdisciplinary Reviews: Cognitive Science, 5(6), 621–634.

8 '배우자 가치(mate value)'는 어떤 개체가 다른 이성과 짝짓기를 해서 그 이성의 번식 성공도를 높여주는 정도로 정의된다. '배우자'는 대개 혼인 관계로 맺어진 상대를 뜻하지만 여기서는 단기적 짝짓기 상대도 포함하는 넓은 의미로 쓰인다.

9 Henderson, J. J., & Anglin, J. M. (2003). Facial attractiveness predicts longevity. *Evolution and Human Behavior, 24(5)*, 351–356.

Jokela, M. (2009). Physical attractiveness and reproductive success in humans:

evidence from the late 20th century United States. *Evolution and Human Behavior, 30(5)*, 342-350.

10 Pflüger, L. S., Oberzaucher, E., Katina, S., Holzleitner, I. J., & Grammer, K. (2012). Cues to fertility: Perceived attractiveness and facial shape predict reproductive success. *Evolution and Human Behavior, 33(6)*, 708-714.

11 Møller, A. P., & Swaddle, J. P. (1997). *Asymmetry, Developmental Stability and Evolution.* Oxford: Oxford University Press.

12 김도훈. (2014.06.14). "완벽하게 대칭인 얼굴이 과연 더 아름다울까?". 《허핑턴포스트 코리아》.

13 Grammer, K., & Thornhill, R. (1994). Human (*Homo sapiens*) facial attractiveness and sexual selection: the role of symmetry and averageness. *Journal of Comparative Psychology, 108(3)*, 233-242.
Perrett, D. I., Burt, D. M., Penton-Voak, I. S., Lee, K. J., Rowland, D. A., & Edwards, R. (1999). Symmetry and human facial attractiveness. *Evolution and Human Behavior, 20(5)*, 295-307.

14 Little, A. C., Apicella, C. L., & Marlowe, F. W. (2007). Preferences for symmetry in human faces in two cultures: data from the UK and the Hadza, an isolated group of hunter-gatherers. *Proceedings of the Royal Society of London B: Biological Sciences, 274(1629)*, 3113-3117.

15 Waitt, C., & Little, A. C. (2006). Preferences for symmetry in conspecific facial shape among Macaca mulatta. *International Journal of Primatology, 27(1)*, 133-145.

16 Symons, D. (1979). *The Evolution of Human Sexuality.* Oxford: Oxford University Press.

17 Thornhill, R., & Gangestad, S. W. (1993). Human facial beauty. *Human Nature, 4(3)*, 237-269.

18 Rhodes, G., Zebrowitz, L. A., Clark, A., Kalick, S. M., Hightower, A., & McKay, R. (2001). Do facial averageness and symmetry signal health? *Evolution and Human Behavior, 22(1)*, 31-46.

19 Folstad, I., & Karter, A. J. (1992). Parasites, bright males, and the immunocompetence handicap. *American Naturalist, 139*, 603-622.

20 Thornhill, R., & Gangestad, S. W. (2006). Facial sexual dimorphism, developmental stability, and susceptibility to disease in men and women. *Evolution and Human Behavior, 27(2)*, 131-144.

21 Jones, D., & Hill, K. (1993). Criteria of facial attractiveness in five populations. *Human Nature, 4(3)*, 271-296.

22 Cunningham, M. R., Barbee, A. P., & Pike, C. L. (1990). What do women want? Facialmetric assessment of multiple motives in the perception of male facial physical attractiveness. *Journal of Personality and Social Psychology, 59(1)*, 61-72.

23 Swaddle, J. P., & Reierson, G. W. (2002). Testosterone increases perceived dominance but not attractiveness in human males. *Proceedings of the Royal Society of London B: Biological Sciences, 269(1507)*, 2285-2289.

24 Perrett, D. I., Lee, K. J., Penton-Voak, I., Rowland, D., Yoshikawa, S., Burt, D. M., ... & Akamatsu, S. (1998). Effects of sexual dimorphism on facial attractiveness. *Nature, 394(6696)*, 884-887.

25 Penton-Voak, I. S., Perrett, D. I., Castles, D. L., Kobayashi, T., Burt, D. M., Murray, L. K., & Minamisawa, R. (1999). Menstrual cycle alters face preference. *Nature, 399(6738)*, 741-742.

26 Little, A. C., Burt, D. M., Penton-Voak, I. S., & Perrett, D. I. (2001). Self-perceived attractiveness influences human female preferences for sexual dimorphism and symmetry in male faces. *Proceedings of the Royal Society of London B: Biological Sciences, 268(1462)*, 39-44.

27 Penton-Voak, I. S., Jacobson, A., & Trivers, R. (2004). Populational differences inattractiveness judgement so fmale and female faces: Comparing Britishand Jamaican samples. *Evolution and Human Behavior, 25(6)*, 355-370.

28 DeBruine, L. M., Jones, B. C., Crawford, J. R., Welling, L. L., & Little, A. C. (2010). The health of a nation predicts their mate preferences: cross-cultural variation in women's preferences for masculinized male faces. *Proceedings of the Royal Society of London B: Biological Sciences, 277(1692)*, 2405-2410.

11장 - 인간의 발정기

1 Takahata, Y., Ihobe, H., & Idani, G. (1996). Comparing copulations of chimpanzees and bonobos: do females exhibit proceptivity or receptivity? In W. C. McGrew, I. F. Marchant, & T. Nishida (Eds.), *Great Ape Societies*. Cambridge: Cambridge University Press.

2 Brewis, A., & Meyer, M. (2005). Demographic evidence that human ovulation is undetectable (at least in pair bonds). *Current Anthropology, 46(3)*, 465-471.

3 Alexander, R. D. (1987). *The Biology of Moral Systems*. New York: Aldine de Gruyter.

4 Dixson, A. F. (1998). *Primate Sexuality: Comparative Studies of the Prosimians, Monkeys, Apes, and Humans*. 2nd ed. Oxford: Oxford University Press.

5 Slob, A. K., Bax, C. M., Hop, W. C., & Rowland, D. L. (1996). Sexual arousability and the menstrual cycle. *Psychoneuroendocrinology, 21(6)*, 545-558.

6 Laeng, B., & Falkenberg, L. (2007). Women's pupillary responses to sexually significant others during the hormonal cycle. *Hormones and Behavior, 52(4)*, 520-530.

7 Krug, R., Plihal, W., Fehm, H. L., & Born, J. (2000). Selective influence of the menstrual cycle on perception of stimuli with reproductive significance: an event-related potential study. *Psychophysiology, 37(01)*, 111-122.

8 Gangestad, S. W., & Thornhill, R. (1998). Menstrual cycle variation in women's preferences for the scent of symmetrical men. *Proceedings of the Royal Society of London B: Biological Sciences, 265(1399)*, 927-933.

   Thornhill, R., & Gangestad, S. W. (1999). The scent of symmetry: a human sex pheromone that signals fitness? *Evolution and Human Behavior, 20(3)*, 175-201.

   Thornhill, R., & Gangestad, S. W. (2008). *The Evolutionary Biology of Human Female Sexuality*. Oxford: Oxford University Press.

9 Gangestad, S. W., Thornhill, R., & Garver-Apgar, C. E. (2005). Adaptations to ovulation. In D. M. Buss (Ed.), *The Handbook of Evolutionary Psychology* (pp. 344-371). New Jersey: John Wiley & Sons.

10 Penton-Voak, I. S., Perrett, D. I., Castles, D. L., Kobayashi, T., Burt, D. M., Murray, L. K., & Minamisawa, R. (1999). Menstrual cycle alters face preference. *Nature, 399(6738)*, 741-742.

11 Penton-Voak, I. S., & Perrett, D. I. (2000). Female preference for male faces changes cyclically: Further evidence. *Evolution and Human Behavior, 21(1)*, 39-48.

   Johnston, V. S., Hagel, R., Franklin, M., Fink, B., & Grammer, K. (2001). Male facial attractiveness: Evidence for hormone-mediated adaptive design. *Evolution and Human Behavior, 22(4)*, 251-267.

   Gangestad, S. W., Thornhill, R., & Garver-Apgar, C. E. (2010). Men's facial masculinity predicts changes in their female partners' sexual interests across the ovulatory cycle, whereas men's intelligence does not. *Evolution and Human Behavior, 31(6)*, 412-424.

12 Munoz-Reyes, J. A., Iglesias-Julios, M., Martin-Elola, C., Losada-Perez, M., Monedero, I., Pita, M., & Turiegano, E. (2014). Changes in preference for male faces during the menstrual cycle in a Spanish population. *Anales de Psicologia, 30(2)*, 667-675.

Scott, I. M., Clark, A. P., Josephson, S. C., Boyette, A. H., Cuthill, I. C., Fried, R. L., ... & Honey, P. L. (2014). Human preferences for sexually dimorphic faces may be evolutionarily novel. Proceedings of the National Academy of Sciences, 111(40), 14388-14393.

13 Puts, D. A. (2005). Mating context and menstrual phase affect women's preferences for male voice pitch. *Evolution and Human Behavior, 26(5)*, 388-397.

Little, A. C., Jones, B. C., & Burriss, R. P. (2007). Preferences for masculinity in male bodies change across the menstrual cycle. *Hormones and Behavior, 51(5)*, 633-639.

Gangestad, S. W., Garver-Apgar, C. E., Simpson, J. A., & Cousins, A. J. (2007). Changes in women's mate preferences across the ovulatory cycle. *Journal of Personality and Social Psychology, 92(1)*, 151.

14 Gangestad, S. W., Simpson, J. A., Cousins, A. J., Garver-Apgar, C. E., & Christensen, P. N. (2004). Women's preferences for male behavioral displays change across the menstrual cycle. *Psychological Science, 15(3)*, 203-207.

15 Gangestad, S. W., & Thornhill, R. (1998). Menstrual cycle variation in women's preferences for the scent of symmetrical men. *Proceedings of the Royal Society of London B: Biological Sciences, 265(1399)*, 927-933.

16 Gangestad et al. (2007). 앞의 글.

17 Gangestad, S. W., Thornhill, R., & Garver-Apgar, C. E. (2015). Women's sexual intrests acrss the ovulatory cycle. In D. M. Buss (Ed.), *The Handbook of Evolutionary Psychology, Volume 2: Integrations*, 2nd ed. (pp. 403-426). New Jersey: John Wiley & Sons.

IV부 가족과 혈연

12장 - 피는 물보다 진하다

1   Hamilton, W. D. (1963). The evolution of altruistic behavior. *American Naturalist, 97*, 354-356.

 Hamilton, W. D. (1964). The genetical evolution of social behaviour. I & II. *Journal of Theoretical Biology, 7(1)*, 1-52.

2   근연도를 양수로 만드는 다른 기제로 '제한된 이소(limited dispersal)'가 있다. 개체가 어른이 되어 태어난 고향을 벗어나 다른 곳으로 이주할 때, 대개 고향 가까이에 정착하기 마련이다. 서울에서 태어난 갑은 수도권에 정착할 확률이 페루의 마추픽추에 정착할 확률보다 높다. 이처럼 무작위적이지 않은 이소 때문에, 이타주의자는 이타주의자끼리, 얌체는 얌체끼리 공간적으로 뭉치기 쉽다. 즉, 내가 이타주의자라면 내 옆의 사람도 이타주의자일 확률이 이타주의자의 개체군 내 전체 평균빈도보다 더 높다. 이러한 상황에서는, 주변 이웃들에게 '아무나' 도움을 주더라도 근연도가 양수이므로 이타적 행동이 진화할 수 있다.

 또 다른 기제는 이른바 '녹색 수염 효과(greenbeard effect)'이다. 리처드 도킨스의 《이기적 유전자》(1976) 6장 〈유전자의 행동 방식〉을 참고하길 바란다.

3   Hamilton, W. D. (1975). Innate social aptitudes of man: an approach from evolutionary genetics. In Robin Fox (Ed.), *ASA Studies 4: Biosocial Anthropology* (pp. 133-153). London: Malaby Press.

4   Grafen, A. (1985). A geometric view of relatedness. *Oxford Surveys in Evolutionary Biology, 2*, 28-90.

5   Berte, N. A. (1988). K'ekchi' horticultural labor exchange: Productive and reproductive implications. In L. Betzig, M. Borgerhoff Mulder, & P. Turke (Eds.), *Human Reproductive Behavior: A Darwinian Perspective* (pp. 83-96). Cambridge: Cambridge University Press.

6   Essock-Vitale, S. M., & McGuire, M. T. (1985). Women's lives viewed from an evolutionary perspective. II. Patterns of helping. *Ethology and Sociobiology, 6(3)*, 155-173.

7   Flinn, M. V., & England, B. G. (1995). Childhood stress and family environment. *Current Anthropology, 36(5)*, 854-866.

8   Daly, M., & Wilson, M. (1988). *Homicide*. New York: Aldine de Gruyter.

13장 - 가족 내의 갈등은 당연하다

1   Trivers, R. L. (2002). *Natural Selection and Social Theory: Selected Papers of Robert Trivers* (p. 125). New York: Oxford University Press.

2   Trivers, R. L. (1974). Parent-offspring conflict. American Zoologist, 14(1), 249–264.
    Schlomer, G. L., Del Giudice, M., & Ellis, B. J. (2011). Parent–offspring conflict theory: An evolutionary framework for understanding conflict within human families. *Psychological Review, 118(3)*, 496–521.

3   부모의 투자(parental investment)는 부모가 자식에게 제공하는 음식, 신체적 보호, 관심, 물질적 자원, 시간 등등 부모가 다른 자식에게 투자하는 능력을 떨어뜨리면서 당장 눈앞에 있는 자식의 적합도를 증가시켜주는 모든 형태의 투자를 말한다.

4   Godfray, H. C. J. (1999). Parent-offspring conflict. In L. Keller (Ed.), *Levels of Selection in Evolution* (pp. 100-120). Princeton University Press.

5   Nesse, R. M., & Williams, G. C. (1994). *Why We Get Sick: The New Science of Darwinian Medicine*. Vintage. 최재천(역). (1999). 《인간은 왜 병에 걸리는가》. 사이언스북스.

6   Trivers, R. L. (2002). 앞의 글 (p. 125).

7   Fouts, H., Hewlett, B., & Lamb, M. (2005). Parent-Offspring Weaning Conflicts among the Bofi Farmers and Foragers of Central Africa. *Current Anthropology, 46(1)*, 29-50.

8   Trivers, R. L. (1974). 앞의 글.
    근래의 진화생물학자들은 자식들이 부모에게 내는 신호가 비용이 많이 드는 정직한 신호라고 본다. 큰 울음소리를 내려면 적지 않은 비용이 들기 때문에 정말로 배고픈 자식만 이를 감당할 수 있다. 따라서 정직한 신호라는 것이다. 이러한 관점에서 보면, 별로 배가 고프지 않은 자식도 마치 배가 몹시 고픈 것처럼 크게 울어서 부모로부터 자원을 더 받아내는 속임수가 진화할 수 있다는 트리버스의 주장은 설득력이 약하다고 할 수 있다.

9   아이가 의식적으로 부모를 위협한다는 뜻은 물론 아니다. 아이는 마치 부모를 위협하려 애쓰는 것처럼 행동하는 방향으로 자연선택되었다는 뜻이다.

10 van Lawick-Goodall, J. (1968). The behaviour of free-living chimpanzees in the Gombe Stream Reserve. *Animal Behaviour Monographs, 1*, 161-311.

11 Mock, D. W., & Parker, G. A. (1997). *The Evolution of Sibling Rivalry*. Oxford: Oxford University Press. 정석묵(역). (2005). 《살아남은 것은 다 이유가 있다》. 산해.

12 Daly, M., & Wilson, M. (1990). Is Parent-Offspring Conflict Sex-Linked?

Freudian and Darwinian Models. *Journal of Personality, 58(1)*, 163-189.

14장 - 아이 하나 키우는 데 온 마을이 필요하다

1 Hrdy, S. B. (2011). *Mothers and Others: The Evolutionary Origins of Mutual Understanding*. Harvard University Press.

2 Lovejoy, C. O. (1981). The origin of man. *Science, 211(4480)*, 341-350.

3 애착이론으로 유명한 존 볼비(John Bowlby)는 유아의 심적 발달이 어떻게 먼 과거의 환경에서 부딪혔던 적응적 문제들을 잘 해결하게끔 설계되었는지 밝힌 위대한 진화심리학자였다. 그러나 그의 1969년 저서 《애착*Attachment*》은 침팬지, 고릴라, 비비원숭이, 붉은털원숭이 등 어미 혼자서 아기를 집착적으로 돌보는 영장류 네 종에 대한 연구들을 바탕으로 써졌다. 이로 인해 어머니 외에 다른 양육자가 우리 종에서 존재할 가능성은 크게 다루어지지 않았다.

4 Emlen, S. T. (1995). An evolutionary theory of the family. *Proceedings of the National Academy of Sciences, 92(18)*, 8092-8099.
Hrdy, S. B. (2011). 앞의 책.

5 Ruff, C. B., Trinkaus, E., & Holliday, T. W. (1997). Body mass and encephalization in Pleistocene Homo. *Nature, 387(6629)*, 173-176.

6 Peterson, J. T. (1978). *The Ecology of Social Boundaries: Agta Foragers of the Philippines*. Urbana: University of Illinois Press.

7 Turnbull, C. M. (1965). *The Mbuti Pygmies: An Ethnographic Survey*. New York: American Museum of Natural History.

8 Hawkes, K., J. F. O'Connell, & N. G. Blurton Jones, N. G. (1989). Hardworking hadza grandmothers. *Comparative Socioecology: The Behavioural Ecology of Humans and Other Mammals* (pp. 341-366.) London: Basil Blackwell.

9 DeKay, W. T. (1995). *Grandparental Investment and the Uncertainty of Kinship*. Paper presented at the 7th Annual Meeting of the Human Behavior and Evolution Society, Santa Barbara, California.

10 Sear, R., & Mace, R. (2008). Who keeps children alive? A review of the effects of kin on child survival. *Evolution and Human Behavior, 29(1)*, 1-18.

11 Apicella, C. L., & Crittenden, A. N. (2016). Hunter-Gatherer Families and Parenting. In D. M. Buss (Ed.), *The Handbook of Evolutionary Psychology, Volume 2: Integrations*, 2nd ed. (pp. 578-597). John Wiley & Sons.

12 Spieker, S. J., & Bensley, L. (1994). Roles of living arrangements and grandmother social support in adolescent mothering and infant attachment.

Developmental Psychology, 30(1), 102-111.

13 Olds, D. L., Sadler, L., & Kitzman, H. (2007). Programs for parents of infants and toddlers: recent evidence from randomized trials. *Journal of Child Psychology and Psychiatry, 48*, 355-391.

15장 - 온몸을 녹이는 귀여움

1 임현우. (2018.04.08). 年 1000억 벌어오는 카카오 라 전무, 또 특진하겠네. 《한국경제》.

2 Lorenz, K. (1943). Die angeborenen Formen moeglicher Erfahrung. *Z Tierpsychol*, 5, 235 –409.

3 Buckels, E. E., Beall, A. T., Hofer, M. K., Lin, E. Y., Zhou, Z., & Schaller, M. (2015). Individual differences in activation of the parental care motivational system: Assessment, prediction, and implications. *Journal of Personality and Social Psychology, 108(3)*, 497.

4 Trevathan, W. R., & Rosenberg, K. R. (2016). Human evolution and the helpless infant. In W. R. Trevathan, & K. R. Rosenberg (Eds.), *Costly and Cute: Helpless Infants and Human Evolution* (pp. 1-28). Albuquerque, N. M.; University of New Mexico Press.

5 Hrdy, S. B. (2011). *Mothers and Others: The Evolutionary Origins of Mutual Understanding*. Harvard University Press.

6 Brazelton, T. B., Scholl, M. L., & Robey, J. S. (1966). Visual responses in the newborn. *Pediatrics, 37(2)*, 284-290.

7 Hildebrandt, K. A., & Fitzgerald, H. E. (1978). Adults' responses to infants varying in perceived cuteness. *Behavioural Processes, 3(2)*, 159-172.

8 Hrdy, S. B. (1999). *Mother Nature: Maternal Instincts and How They Shape the Human Species*. New York: Ballantine Books. 황희선(역). (2010). 《어머니의 탄생》. 사이언스북스. 이 책에서 허디는 신생아의 지방층이 인간 두뇌가 빨리 성장하게끔 여분의 지방을 공급하는 기능을 한다고 제안했다.

9 Glocker, M.L., Langleben, D.D., Ruparel, K., Loughead, J.W., Gur, R.C., & Sachser, N. (2009). Baby Schema in Infant Faces Induces Cuteness Perception and Motivation for Caretaking in Adults. *Ethology, 115*, 257-263.

10 Trevathan, W. R. & Rsenberg, K. R. (2016). 앞의 글.

11 Bloom, P. (2010). *How Pleasure Works: The New Science of Why We Like What We Like*. Random House. 문희경(역). (2011). 《우리는 왜 빠져드는가?》. 살림.

12 Eibach, R. P., & Mock, S. E. (2011). The vigilant parent: Parental role salience

affects parents' risk perceptions, risk-aversion, and trust in strangers. *Journal of Experimental Social Psychology, 47(3)*, 694-697.

13 Sherman, G. D., Haidt, J., & Coan, J. A. (2009). Viewing cute images increases behavioral carefulness. *Emotion, 9(2)*, 282.

V부 집단생활

16장 - 사기꾼을 가려내기

1 Shostak, M. (1981). *Nisa: The Life and Words of a !Kung Woman*. Cambridge, MA: Harvard University Press. 유나영(역). (2008). 《니사: 칼라하리 사막의 !쿵족 여성 이야기》. 삼인.

2 Ridley, M. (1997). *The Origins of Virtue*. New York, NY: Penguin.

3 Trivers, R. L. (1971). The evolution of reciprocal altruism. *Quarterly Review of Biology, 46*, 35-57.

4 Hamilton, W. D., & Axelrod, R. (1981). The evolution of cooperation. *Science, 211(27)*, 1390-1396.

   Axelrod, R. M. (2006). The Evolution of Cooperation. New York, NY: Basic books.

5 Cosmides, L., & Tooby, J. (1989). Evolutionary psychology and the generation of culture, part II: Case study: A computational theory of social exchange. *Ethology and Sociobiology, 10(1)*, 51-97.

   Cosmides, L. (1989). The logic of social exchange: Has natural selection shaped how humans reason? Studies with the Wason selection task. *Cognition, 31(3)*, 187-276.

6 Mealey, L., Daood, C., & Krage, M. (1996). Enhanced memory for faces of cheaters. *Ethology and Sociobiology, 17(2)*, 119-128.

7 Buchner, A., Bell, R., Mehl, B., & Musch, J. (2009). No enhanced recognition memory, but better source memory for faces of cheaters. *Evolution and Human Behavior, 30(3)*, 212-224.

   Bell, R., & Buchner, A. (2012). How adaptive is memory for cheaters?. *Current Directions in Psychological Science, 21(6)*, 403-408.

8 Cosmides, L. (1989). 앞의 글.

9 Cosmides, L., & Tooby, J. (2016). Adaptations for reasoning about social

exchange. In D. M. Buss (Ed.), *The Handbook of Evolutionary Psychology, Volume 2: Integrations*, 2nd ed. (pp. 625-668). New Jersey: John Wiley & Sons,

10 Cosmides, L. (1989). 앞의 글.

11 Trivers, R. L. (2002). *Natural Selection and Social Theory: Selected Papers of Robert Trivers* (p. 17). New York, NY: Oxford University Press.

17장 - 덕을 쌓으면 언젠가 복을 받는다

1   박소연. (2014.05.14). 팽목항 '함께버거' 아저씨, "자비 털어 하루 1,800인분씩…".《머니투데이》.

2   정보공개센터. (2015.05.14). '세월호 성금', 어디에 어떻게 쓰이나?.《뉴스타파》. (*http://newstapa.org/25399*).

3   Barclay, P. (2010). *Reputation and the Evolution of Generous Behavior*. Nova Science Publishers.

4   Barclay, P. (2015). Reputation. In D. M. Buss (Ed.), *The Handbook of Evolutionary Psychology, Volume 2: Integrations*, 2nd ed. (pp. 810-828). New Jersey: John Wiley & Sons.

5   Otter, K., McGregor, P. K., Terry, A. M., Burford, F. R., Peake, T. M., & Dabelsteen, T. (1999). Do female great tits (Parus major) assess males by eavesdropping? A field study using interactive song playback. *Proceedings of the Royal Society of London B: Biological Sciences, 266(1426)*, 1305-1309.

6   Oliveira, R. F., McGregor, P. K., & Latruffe, C. (1998). Know thine enemy: fighting fish gather information from observing conspecific interactions. *Proceedings of the Royal Society of London B: Biological Sciences, 265(1401)*, 1045-1049.

7   Alexander, R. D. (1987). *The Biology of Moral Systems*. Transaction Publishers.

8   Nowak, M. A., & Sigmund, K. (1998). Evolution of indirect reciprocity by image scoring. *Nature, 393(6685)*, 573-577.

9   Nowak, M., & Highfield, R. (2011). *Supercooperators: Altruism, Evolution, and Why We Need Each Other to Succeed*. New York, NY: Simon and Schuster.

10 Wedekind, C., & Milinski, M. (2000). Cooperation through image scoring in humans. *Science, 288(5467)*, 850-852.

11 Rege, M., & Telle, K. (2004). The impact of social approval and framing on cooperation in public good situations. *Journal of Public Economics, 88(7)*, 1625-1644.

12 Hoffman, E., McCabe, K., Shachat, K., & Smith, V. (1994). Preferences, property rights, and anonymity in bargaining games. *Games and Economic Behavior, 7(3)*, 346–380.

13 Milinski, M., Semmann, D., Krambeck, H. J., & Marotzke, J. (2006). Stabilizing the Earth's climate is not a losing game: Supporting evidence from public goods experiments. *Proceedings of the National Academy of Sciences of the United States of America, 103(11)*, 3994–3998.

14 Bshary, R., & Grutter, A. S. (2006). Image scoring and cooperation in a cleaner fish mutualism. *Nature, 441(7096)*, 975–978.

15 Rand, D. G., Yoeli, E., & Hoffman, M. (2014). Harnessing reciprocity to promote cooperation and the provisioning of public goods. *Policy Insights from the Behavioral and Brain Sciences, 1(1)*, 263–269.

16 Yoeli, E., Hoffman, M., Rand, D. G., & Nowak, M. A. (2013). Powering up with indirect reciprocity in a large-scale field experiment. *Proceedings of the National Academy of Sciences, 110(Supplement 2)*, 10424–10429.

17 Lacetera, N., & Macis, M. (2010). Social image concerns and prosocial behavior: Field evidence from a nonlinear incentive scheme. *Journal of Economic Behavior & Organization, 76(2)*, 225–237.

18장 - 우정은 왜 소중한가?

1 Buss, D. (2015). *Evolutionary Psychology: The New Science of the Mind* 5thed. (pp. 270–278). Boston: Pearson.

2 Clark, M. S. (1984). Record keeping in two types of relationships. *Journal of Personality and Social Psychology, 47(3)*, 549.
Clark, M. S., & Mills, J. (1979). Interpersonal attraction in exchange and communal relationships. *Journal of Personality and Social Psychology, 37(1)*, 12.

3 Trivers, R. L. (1971). The evolution of reciprocal altruism. *The Quarterly Review of Biology, 46(1)*, 35–57.

4 Silk, J. B. (2003). Cooperation without counting: The puzzle of friendship. In P. Hammerstein (Ed.), *Genetic and Cultural Evolution of Cooperation* (pp. 37–54). Boston: MIT Press.

5 Hruschka, D. J. (2010). *Friendship: Development, Ecology, and Evolution of a Relationship*. Berkeley, CA: Univ. of California Press.

6   Seyfarth, R. M., & Cheney, D. L. (2012). The evolutionary origins of friendship. *Annual Review of Psychology, 63*, 153-177.

7   Tooby, J., & Cosmides, L. (1996). Friendship and the banker's paradox: Other pathways to the evolution of adaptations for altruism. *Proceedings of the British Academy, 88*, 119-143.

8   위의 글.

9   Niiya, Y., Ellsworth, P. C., & Yamaguchi, S. (2006). Amae in Japan and the United States: An exploration of a "culturally unique" emotion. *Emotion, 6(2)*, 279-295.

10   Adams, E. S., & Mesterton-Gibbons, M. (2003). Lanchester's attrition models and fights among social animals. *Behavioral Ecology, 14(5)*, 719-723.

11   DeScioli, P., Kurzban, R., Koch, E. N., & Liben-Nowell, D. (2011). Best friends: Alliances, friend ranking, and the MySpace social network. *Perspectives on Psychological Science, 6(1)*, 6-8.

12   DeScioli, P., & Kurzban, R. (2012). The company you keep: Friendship decisions from a functional perspective. In J. Krueger (Ed.), *Social Judgment and Decision-making* (pp. 209-226). New York: Taylor and Francis Group.

13   DeScioli, P., & Kurzban, R. (2012), 위의 글.
     Hruschka, D., Hackman, J., & Macfarlan, S. (2015). Why do humans help their friends? Proximal and ultimate hypotheses from evolutionary theory. In V. Zeigler-Hill, L. L. M. Welling, & T. K. Shackelford (Eds.), *Evolutionary Perspectives on Social Psychology* (pp. 255-266). Springer International Publishing.

19장 - 폭력의 진화적 뿌리

1   조국현. (2009.10.11). 살인 부른 '개 목줄' 시비…꾸짖는 이웃과 다툼 이후 무참히 살해. 《국민일보》.

2   Pinker, S. (2002). The Blank Slate: *The Modern Denial of Human Nature*. London, UK: Penguin Books. 김한영(역). (2004). 《빈 서판》. 사이언스북스.

3   Buss, D. M., & Shackelford, T. K. (1997). Human aggression in evolutionary psychological perspective. *Clinical Psychology Review, 17(6)*, 605-619.

4   김은정. (2017.09.23). 北 노동신문, 트럼프 '완전히 파괴' 발언에 "온 나라가 증오와 분노로 펄펄 끓는 거대한 용암". 《조선일보》.

5   Archer, J. (2009). The nature of human aggression. *International Journal of*

Law and Psychiatry, 32(4), 202-208.

6 Campbell, A. (2005). Aggression. In D. M. Buss (Ed.), *Handbook of Evolutionary Psychology* (pp. 628-652). Hoboken, NJ: Wiley.

7 Pinker, S. (2011). *The Better Angels of Our Nature: The Decline of Violence in History and Its Causes*. London, UK: Penguin Books. 김명남(역). (2014). 《우리 본성의 선한 천사》. 사이언스북스.

8 Pinker, S. (2011). 위의 책.

9 Tremblay, R. E., Japel, C., Perusse, D., McDuff, P., Boivin, M., Zoccolillo, M., & Montplaisir, J. (1999). The search for the age of 'onset'of physical aggression: Rousseau and Bandura revisited. *Criminal Behaviour and Mental Health, 9(1)*, 8-23.

10 Holden, C. (2000). The violence of the lambs. *Science, 289(5479)*, 580-581.

11 Kenrick, D. T., & Sheets, V. (1993). Homicidal fantasies. *Ethology and Sociobiology, 14(4)*, 231-246.

12 Buss, D. M. (2005). *The Murderer Next Door: Why the Mind Is Designed to Kill*. New York: Penguin. 홍승효(역). (2006). 《이웃집 살인마》. 사이언스북스.

13 Buss, D. M. (2006). 위의 책.

14 Wrangham, R. W., & Peterson, D. (1996). *Demonic Males: Apes and the Origins of Human Violence*. Houghton Mifflin Harcourt. 이명희(역). (1998). 《악마 같은 남성》. 사이언스북스.

15 Geary, D. C. (1998). *Male, Female: The Evolution of Human Sex Differences*. Washington, DC, US: American Psychological Association.

16 Sell, A., Cosmides, L., Tooby, J., Sznycer, D., Von Rueden, C., & Gurven, M. (2009). Human adaptations for the visual assessment of strength and fighting ability from the body and face. *Proceedings of the Royal Society of London B: Biological Sciences, 276(1656)*, 575-584.

17 Gottfredson, M. R., & Hirschi, T. (1990). *A General Theory of Crime*. Stanford, CA: Stanford University Press.

18 Baumeister, R. F. (1999). *Evil: Inside Human Violence and Cruelty*. New York: W. H. Freman and Comany.

19 Pinker, S. (2011). 앞의 책.

20 권기상. (2013.08.02.). 안동 모텔 여주인 살해사건은 예견된 보복살인?. 《오마이뉴스》.

21 Daly, M. & Wilson, M. (1988). *Homicide*. Hawthorne, N. Y.: Aldine de Gruyter. 김명주(역). (2015). 《살인》. 어마마마.

22 Daly, M. & Wilson, M. (1988). 위의 책.

23 Polk, K. (1999). Males and honor contest violence. *Homicide Studies*, 3, 6-29.

20장 - 리더십 본능

1 Dyer, J. R., Johansson, A., Helbing, D., Couzin, I. D., & Krause, J. (2009). Leadership, consensus decision making and collective behaviour in humans. *Philosophical Transactions of the Royal Society B: Biological Sciences, 364(1518)*, 781-789.

동영상의 링크는 다음과 같다. 혹은 "Dyer, leadership"으로 구글링해서 첫 번째로 나오는 웹사이트에서 '부록(supplemental material)' 페이지를 열길 바란다.

https://royalsocietypublishing.org/action/downloadSupplement?doi=10.1098%2Frstb.2008.0233&file=rstb20080233supp03.wmv

공중에서 본 동영상은 다음과 같다.

https://royalsocietypublishing.org/action/downloadSupplement?doi=10.1098%2Frstb.2008.0233&file=rstb20080233supp04.wmv

2 동영상의 링크는 다음과 같다.

https://royalsocietypublishing.org/action/downloadSupplement?doi=10.1098%2Frstb.2008.0233&file=rstb20080233supp01.wmv

3 Couzin, I. D., Krause, J., Franks, N. R., & Levin, S. A. (2005). Effective leadership and decision-making in animal groups on the move. *Nature, 433(7025)*, 513-516.

4 King, A. J., Johnson, D. D., & Van Vugt, M. (2009). The origins and evolution of leadership. *Current Biology, 19(19)*, R911-R916.

Van Vugt, M. & Ahuja, A. (2010). *Selected: Why Some People Lead, Why Others Follow, and Why It Matters*. London: Profile Books. 이수경(역). (2011). 《빅맨》. 웅진지식하우스.

5 Conradt, L., & Roper, T. J. (2003). Group decision-making in animals. *Nature, 421(6919)*, 155-157.

6 Gavrilets, S. (2015). Collective action and the collaborative brain. *Journal of the Royal Society Interface, 12(102)*, 20141067.

7 Smith, J. E., Gavrilets, S., Mulder, M. B., Hooper, P. L., El Mouden, C., Nettle, D., ... & Smith, E. A. (2016). Leadership in mammalian societies: Emergence, distribution, power, and payoff. *Trends in Ecology & Evolution, 31(1)*, 54-66.

8 Hooper, P. L., Kaplan, H. S., & Boone, J. L. (2010). A theory of leadership in

human cooperative groups. *Journal of Theoretical Biology, 265(4)*, 633-646.

9   Boehm, C. (2012). Ancestral hierarchy and conflict. *Science, 336(6083)*, 844-847.

10 Cheng, J. T., Tracy, J. L., Foulsham, T., Kingstone, A., & Henrich, J. (2013). Two ways to the top: Evidence that dominance and prestige are distinct yet viable avenues to social rank and influence. *Journal of Personality and Social Psychology, 104(1)*, 103~125.

11 Cheng, J. T., & Tracy, J. L. (2014). Toward a Unified Science of Hierarchy: Dominance and prestige are two fundamental pathways to human social rank. In J. T. Cheng et al. (eds.), *The Psychology of Social Status* (pp. 3-27). New York, NY: Springer.

12 Henrich, J., & Gil-White, F. J. (2001). The Evolution of Prestige: Freely conferred deference as a mechanism for enhancing the benefits of cultural transmission. *Evolution and Human Behavior, 22(3)*, 165-196.

13 Cheng, J. T., et al., 앞의 글.

VI부 학습과 문화

21장 - 돌은 학습할 수 없다

1   Tinbergen, N. (1951). *The Study of Instinct*. London: Oxford University Press.

2   Lieberman, D., Tooby, J., & Cosmides, L. (2007). The architecture of human kin detection. *Nature, 445(7129)*, 727-731.

3   Gaulin, S. J., & McBurney, D. H. (2001). *Psychology: An Evolutionary Approach*. Prentice Hall.

4   Pinker, S. (1997). *How the Mind Works*. New York: W. W. Norton. 김한영(역). (2007). 《마음은 어떻게 작동하는가》. 동녘사이언스.

5   Gibson, E. J. & Walk, R. D. (1960). The "visual cliff." *Scientific American, 202*, 64-71.

6   Tooby, J. & Cosmides, L. (2016). The theoretical foundations of evolutionary psychology. In D. M. Buss (Ed.), *The Handbook of Evolutionary Psychology, Volume 2: Integrations*, 2nd ed. (pp. 3-87). New Jersey: John Wiley & Sons.

22장 - 우리는 왜 학교에 가는가?

1   Shtulman, A. (2017). *Scienceblind: Why Our Intuitive Theories about the World Are So Often Wrong.* New York, NY: Basic Books.

2   Halloun, I. A., & Hestenes, D. (1985). Common sense concepts about motion. *American Journal of Physics, 53(11),* 1056-1065.
    Kaiser, M. K., Proffitt, D. R., & McCloskey, M. (1985). The development of beliefs about falling objects. *Perception & Psychophysics, 38(6),* 533-539.

3   Shtulman, A. (2017). 앞의 책.

4   Pinker, S. (2002). *The Blank Slate: The Modern Denial of Human Nature.* London, UK: Penguin Books.
    Geary, D. C. (2002). Principles of evolutionary educational psychology. *Learning and Individual Differences, 12(4),* 317-345.
    Carlson, J., & Levin, J. R. (Eds.). (2007). *Educating the Evolved Mind: Conceptual Foundations for an Evolutionary Educational Psychology.* Charlotte, N. C.: Information Age Publishing.

5   Pinker, S. (2002). 앞의 책.

6   Muller, K. (2010). Evolutionary educational psychology: the disparity between how children want to learn and how they are being taught. *EvoS Journal: The Journal of the Evolutionary Studies Consortium, 2(1),* 12-23.

7   Bjorklund, D. F., & Pellegrini, A. D. (2002). *The Origins of Human Nature: Evolutionary Developmental Psychology.* American Psychological Association.

8   Shtulman, A. (2017). 앞의 책.

9   Pinker, S. (1994). *The Language Instinct: How the Mind Creates Language.* New York: Morrow. 김한영(역). (2004).《언어본능》. 소소.

10 Paulesu, E., Démonet, J.-F., Fazio, F., McCrory, E., Chanoine, V., Brunswick, Frith, C. D. (2001). Dyslexia: cultural diversity and biological unity. *Science, 291(5511),* 2165-2167.

11 Beran, M. J., & Beran, M. M. (2004). Chimpanzees remember the results of one-by-one addition of food items to sets over extended time periods. *Psychological Science, 15(2),* 94-99.
    Hauser, M. D., Carey, S., & Hauser, L. B. (2000). Spontaneous number representation in semi-free-ranging rhesus monkeys. *Proceedings of the Royal Society of London B: Biological Sciences, 267(1445),* 829-833.

12 Wynn, K. (1992). Addition and subtraction by human infants. *Nature,*

358(6389), 749-750.

13 Gelman, S. A., & Wellman, H. M. (1991). Insides and essences: Early understandings of the non-obvious. *Cognition, 38(3)*, 213-244.

14 Shtulman, A. (2017). 앞의 책.

15 Sousa, P., Atran, S., & Medin, D. (2002). Essentialism and folkbiology: Evidence from Brazil. *Journal of Cognition and Culture, 2(3)*, 195-223.

23장 - 문화는 생물학이다

1 Boyd, R., Richerson, P. J., & Henrich, J. (2011). The cultural niche: Why social learning is essential for human adaptation. *Proceedings of the National Academy of Sciences, 108(Supplement 2)*, 10918-10925.

2 Herrmann, E., Call, J., Hernández-Lloreda, M. V., Hare, B., & Tomasello, M. (2007). Humans have evolved specialized skills of social cognition: The cultural intelligence hypothesis. *Science, 317(5843)*, 1360-1366.

3 Henrich, J. (2015). *The Secret of Our Success*. Princeton, NJ: Princeton University Press.

4 Boyd, R. et al. (2011). 앞의 글.

5 Tooby, J., & Cosmides, L. (1992). The psychological foundations of culture. In J. Barkow, L., Cosmides, & J. Tooby (Eds.), *The Adapted Mind: Evolutionary Psychology and the Generation of Culture*, (pp. 19-136). New York: Oxford Universiy Press.

6 Buss, D. (2015). *Evolutionary Psychology: The New Science of the Mind*. 5thed. Pearson Education Inc. 이충호(역). (2012). 《진화심리학》. 웅진지식하우스.

7 Tooby J. & Cosmides, L. (1992). 앞의 글.

8 Mesoudi, A. (2016). Cultural evolution: Integrating psychology, evolution and culture. *Current Opinion in Psychology*, 7, 17-22.

9 Fincher, C. L., & Thornhill, R. (2012). Parasite-stress promotes in-group assortative sociality: The cases of strong family ties and heightened religiosity. *Behavioral and Brain Sciences, 35(02)*, 61-79.

10 Sugiyama, L. S. (2004). Illness, injury, and disability among Shiwiar forager-horticulturalists: Implications of health-risk buffering for the evolution of human life history. *American Journal of Physical Anthropology, 123(4)*, 371-389.

11 Inglehart, R., & Baker, W. E. (2000). Modernization, cultural change, and the

persistence of traditional values. *American Sociological Review*, 19-51.

12 Thornhill, R., & Fincher, C. L. (2014). *The Parasite-Stress Theory of Values and Sociality: Infectious Disease, History and Human Values Worldwide*. New York: Springer.

13 Daly, M., & Wilson, M. (1988). *Homicide*. New York: Aldine de Gruyter. 김명주 (역). (2015).《살인》. 어마마마.

14 Fajnzylber, P., Lederman, D., & Loayza, N. (2002). Inequality and Violent Crime. *Journal of Law and Economics, 45(1)*, 1-39.

15 Daly, M., Wilson, M., & Vasdev, S. (2001). Income inequality and homicide rates in Canada and the United States. *Canadian Journal of Criminology, 43*, 219-236.

24장 - 문화는 인간 본성에서 유래한다

1 곽노필. (2014.07.18). 아폴로 11호 달착륙 45돌, 그때 그 순간들.《한겨레》.

2 숨죽인 순간…인간은 이겼다. (1969.07.21).《경향신문》.

3 Dean, L. G., Vale, G. L., Laland, K. N., Flynn, E., & Kendal, R. L. (2014). Human cumulative culture: a comparative perspective. *Biological Reviews, 89(2)*, 284-301.

4 장대익. (2017).《울트라 소셜》. 휴머니스트.

5 Anonymous. (2005). So much more to know, *Science, 309*, 104-114.

6 '사회적 학습(social learning)'은 한 개체가 다른 개체의 행동에 영향을 받아서 새로운 행동을 학습하는 과정을 말한다. 이는 명시적인 가르침, 모방, 언어 소통, 혹은 기타 다른 형태의 사회적 전달을 통해 이루어진다. 반면에 '개별 학습(individual learning)'은 한 개체가 시행착오 등을 통해 자신을 둘러싼 자연환경과 상호작용함으로써 직접 새로운 행동을 습득함을 말한다.

7 Meltzoff, A. N. (1988). Infant imitation after a 1-week delay: long-term memory for novel acts and multiple stimuli. *Developmental Psychology, 24(4)*, 470-476.

8 Gergely, G., Bekkering, H., & Király, I. (2002). Rational imitation in preverbal infants. *Nature, 415(6873)*, 755-755.

9 '전달된 문화'를 주로 연구하는 문화진화학자(혹은 유전자-문화 공진화 이론가)들은 아이디어의 입력, 저장, 전파에 영향을 끼치는 진화된 심리적 적응을 '편향(bias)'이라고 부르기 때문에 이러한 용법을 따랐다.

Mesoudi, A. (2016). Cultural evolution: Integrating psychology, evolution and culture. *Current Opinion in Psychology, 7*, 17-22.

Henrich, J. (2015). *The Secret of Our Success*. Princeton, NJ: Princeton University Press.

10 Barrett, H. C., & Broesch, J. (2012). Prepared social learning about dangerous animals in children. *Evolution and Human Behavior, 33(5)*, 499-508.

11 Eriksson, K., & Coultas, J. C. (2014). Corpses, maggots, poodles and rats: Emotional selection operating in three phases of cultural transmission of urban legends. *Journal of Cognition and Culture, 14(1-2)*, 1-26.

12 McAndrew, F. T., & Milenkovic, M. A. (2002). Of Tabloids and Family Secrets: The Evolutionary Psychology of Gossip1. *Journal of Applied Social Psychology, 32(5)*, 1064-1082.

13 Chudek, M., Muthukrishna, M., & Henrich, J. (2015). Cultural evolution. In D. M. Buss (Ed.), *The Handbook of Evolutionary Psychology, Volume 2: Integrations*, 2nd ed. (pp. 749-769). New Jersey: John Wiley & Sons.

14 Morgan, T. J. H., Rendell, L. E., Ehn, M., Hoppitt, W., & Laland, K. N. (2012). The evolutionary basis of human social learning. *Proceedings of the Royal Society of London B: Biological Sciences, 279(1729)*, 653-662.

15 Atkisson, C., O'Brien, M. J., & Mesoudi, A. (2012). Adult learners in a novel environment use prestige-biased social learning. *Evolutionary psychology, 10(3)*, 147470491201000309.

16 장대익. (2017). 앞의 책.

17 Morgan, T. J., Cross, C. P., & Rendell, L. E. (2015). Nothing in human behavior makes sense except in the light of culture: shared interests of social psychology and cultural evolution. In V. Zeigler-Hill et al. (Eds.), *Evolutionary Perspectives on Social Psychology* (pp. 215-228). Springer International Publishing.

18 Boyd, R., & Richerson, P. J. (1988). *Culture and the Evolutionary Process*. University of Chicago Press.

19 Henrich, J., & Henrich, N. (2010). The evolution of cultural adaptations: Fijian food taboos protect against dangerous marine toxins. *Proceedings of the Royal Society of London B: Biological Sciences, 277(1701)*, 3715-3724.

20 Richerson, P. J., & Boyd, R. (2005). *Not by Genes Alone: How Culture Transformed Human Evolution*. Chicago: University of Chicago Press. 김준홍 (역). (2009). 《유전자만이 아니다》. 이음.

VII부 응용 진화심리학

25장 - 보수와 진보는 왜 존재하는가?

1 김은정(PD). (2016.01.14). 〈썰전〉. JTBC.

2 Pinker, S. (2002). *The Blank Slate: The Modern Denial of Human Nature*. London, UK: Penguin Books.
Haidt, J. (2012). *The Righteous Mind: Why Good People Are Divided by Politics and Religion*. New York: Pantheon Books. 왕수민(역). (2014). 《바른 마음》. 웅진지식하우스.

3 Weeden, J., & Kurzban, R. (2016). Do people naturally cluster into liberals and conservatives? *Evolutionary Psychological Science, 2(1)*, 47-57.

4 김어준, 지승호 엮음. (2011). 《닥치고 정치》 (p. 48). 푸른숲.

5 Hibbing, J. R., Smith, K. B., & Alford, J. R. (2013). *Predisposed: Liberals, Conservatives, and the Biology of Political Differences*. Routledge.
Hibbing, J. R., Smith, K. B., & Alford, J. R. (2014). Differences in negativity bias underlie variations in political ideology. *Behavioral and Brain Sciences, 37(3)*, 297-307.

6 Altemeyer, B. (1981). *Right-wing Authoritarianism*. University of Manitoba Press.

7 우익 권위주의, 성실성, 개방성 등의 성격적 특성이 보수 또는 진보라는 정치적 성향을 만든다고 보는 성격심리학자들 중에는 정치적 성향이 자연 선택에 의해 진화한 인간 본성이라는 시각에 별로 동의하지 않는 사람들도 상당히 있다.

8 Hibbing et al. (2014). 앞의 글.

9 Kanai, R., Feilden, T., Firth, C., & Rees, G. (2011). Political orientations are correlated with brain structure in young adults. *Current Biology, 21(8)*, 677-680.

10 Graham, J., Haidt, J., & Nosek, B. A. (2009). Liberals and conservatives rely on different sets of moral foundations. *Journal of Personality and Social Psychology, 96(5)*, 1029.

11 Altemeyer, B. (1998). The other "authoritarian personality". *In Advances in Experimental Social Psychology, Vol. 30.* (pp. 47-92). Academic Press.

12 Weeden, J., & Kurzban, R. (2014). *The Hidden Agenda of the Political Mind: How Self-Interest Shapes Our Opinions and Why We Won't Admit It*. Princeton University Press.

13 Weeden. J. & Kurzban, R. (2014). 위의 책, (p. 19).

14 Lakoff, G. (2004). *Don' Think of an Elephant!: Know Your Values and Frame the Debate-The Essential Guide for Progressives*, White River Junction, Vt.: Chelsea Green Publ.

15 Taber, C. S. (2003). Information processing and public opinion. In D. O. Sears, L. Huddy, & R. Jervis (Eds.). *Oxford Handbook of Political Psychology* (pp. 433–476). Oxford: Oxford University Press.

16 Weeden. J. & Kurzban, R. (2014). 앞의 책.

17 강원택. (2013). 한국 선거에서의 '계급 배반 투표'와 사회 계층. 《한국정당학회보》 제12권 제3호, 5-28.
    이 조사에서는 2인 이상 가구의 월 소득을 10분위로 나눈 다음에 1~4분위를 저소득층, 5~7분위를 중간소득층, 8~10분위를 고소득층으로 간주했다. 4분위 가구의 평균 월 소득은 297만 7천원이었다.

18 Frank, T. (2007). *What's the Matter with Kansas?: How Conservatives Won the Heart of America*. Metropolitan Books. 김병순(역). (2012). 《왜 가난한 사람들은 부자를 위해 투표하는가》. 갈라파고스.

19 Kenrick, D. T., & Griskevicius, V. (2013). *The Rational Animal: How Evolution Made Us Smarter Than We Think*. Basic Books. 조성숙(역). (2014). 《이성의 동물》. 미디어윌.

20 Weeden, J., & Kurzban, R. (2014). *The Hidden Agenda of the Political Mind: How Self-Interest Shapes Our Opinions and Why We Won't Admit It* (p. 37). Princeton, NJ: Princeton University Press.

21 Weeden, J., & Kurzban, R. (2014). 위의 책, (p. 30).

22 Weeden, J., & Kurzban, R. (2014). 위의 책, (p. 32). 이 문헌에서는 가계 소득의 하위 20%가 저소득층, 중앙 20%가 중간소득층, 상위 10%가 고소득층으로 분류되었다.

23 허수연, 김한성. (2016). 한국인의 복지태도에 관한 연구. 《사회보장연구》 32(3), 203–235.
    김수완, 김상진,강순화. (2014). 한국인의 복지정책 선호에 관한 연구: 성장과 분배, 선별과 보편을 중심으로. 《사회보장연구》 30(2), 67-90.

24 Weeden, J., & Kurzban, R. (2014). 앞의 책, (p. 127).

25 Weeden, J., & Kurzban, R. (2017). Self-interest is often a major determinant of issue attitudes. *Political Psychology, 38(S1),* 67-90.

26 김연명. (2008.02). '말의 성찬' 노무현 복지담론, 상처 얼룩진 '진보적 복지'. 《신동아》.

27 홍수영. (2016.10.10). 이정현 "호남 출신들 진급 안돼 억울". 《동아일보》.

28 Weeden, J., & Kurzban, R. (2014). 앞의 책, (pp. 96-122).

29 Weeden, J., & Kurzban, R. (2014). 앞의 책.

30 Whitaker, D. J., Miller, K. S., & Clark, L. F. (2000). Reconceptualizing adolescent sexual behavior: beyond did they or didn't they?. *Family Planning Perspectives, 32(3)*, 111-117.

31 Gangestad, S. W., & Simpson, J. A. (2000). The evolution of human mating: Trade-offs and strategic pluralism. *Behavioral and Brain Sciences, 23(4)*, 573-587.

32 Weeden, J., & Kurzban, R. (2014). 앞의 책, (pp. 69-95).

33 서영지. (2014.01.21). "대마초, 술보다 위험하지 않다"…오바마, 옹호 발언 논란. JTBC.

34 Kurzban, R., Dukes, A., & Weeden, J. (2010). Sex, drugs and moral goals: Reproductive strategies and views about recreational drugs. *Proceedings of the Royal Society of London B: Biological Sciences, 277(1699)*, 3501-3508.

35 Weeden & Kurzban. 앞의 책, (pp. 145-159).

    천관율. (2017.08.30). 왜 가난한 사람이 보수정당에 투표하는가. 《시사인》.

26장 - 도덕의 미스터리

1   강병진. (2018.04.10). 김C는 "내 이혼이 당신의 어디를 아프게 했냐"고 묻는다. 《허핑턴 포스트》.
    (https://www.huffingtonpost.kr/entry/kim-c_kr_5acb11f1e4b07a3485e6296b).

2   Kurzban, R. (2010). *Why Everyone (Else) Is a Hypocrite: Evolution and the modular Mind*. Princetion, New Jersey: Princeton University Press. 한은경(역). (2012). 《왜 모든 사람은 (나만 빼고) 위선자인가》. 을유문화사.

3   Darwin, C. R. (1871). *The Descent of Man, and Selection in Relation to Sex* (pp. 120-121). London: John Murray.

4   DeScioli, P., & Kurzban, R. (2009). Mysteries of morality. *Cognition, 112(2)*, 281-299.

5   DeScioli, P. (2014). *Morality: the Amazing Side-Taking Machine*. Retrieved from https://www.humansandnature.org/mind-morality-peter-descioli.

6   Williams, G. C. (1989). A sociobiological expansion of "Evolution and Ethics". In J. G. Paradis & G. C. Williams (Eds.), *Evolution and Ethics* (pp. 179-214). Princeton: Princeton University Press.

7   Haidt, J. (2001). The emotional dog and its rational tail: a social intuitionist approach to moral judgment. *Psychological Review, 108(4)*, 814-834.

8 Haidt, J. (2012). *The Righteous Mind: Why Good People Are Divided by Politics and Religion.* New York: Pantheon Books.

9 Haidt, J. (2012). 위의 책.

10 Fessler, D. M., & Navarrete, C. D. (2004). Third-party attitudes toward sibling incest: Evidence for Westermarck's hypotheses. *Evolution and Human Behavior, 25(5)*, 277-294.

Lieberman, D., Tooby, J., & Cosmides, L. (2003). Does morality have a biological basis? An empirical test of the factors governing moral sentiments relating to incest. *Proceedings of the Royal Society of London. Series B: Biological Sciences, 270(1517)*, 819-826.

Tooby, J. (1975). The evolutionary psychology of incest avoidance and its impact on culture. *Proceedings of the Institute for Evolutionary Studies, 75(1)*, 1-91.

11 DeScioli, P., & Kurzban, R. (2009). 앞의 글.

12 Lieberman, D. (2007). Moral sentiments relating to incest: Discerning adaptations from by-products. In W. Sinnott-Armstrong (Ed.), *Moral psychology, Vol. 1*, (pp. 165-208). Cambridge, MA: MIT Press.

13 박희천. (2017.12.12.). 62층에서 추락사한 고공 극한스포츠 일인자. YTN.

14 Kurzban, R. (2012). 앞의 책.

15 DeScioli, P., & Kurzban, R. (2013). A Solution to the mysteries of morality. *Psychological Bulletin, 139(2)*, 477-496.

DeScioli, P. (2016). The side-taking hypothesis for moral judgment. *Current Opinion in Psychology, 7*, 23-27.

DeScioli, P., & Kurzban, R. (2018). Morality is for choosing sides. In K. Gray & J. Graham (Eds.), *Atlas of Moral Psychology* (pp. 177-185). New York, NY: The Guilford Press.

16 Petersen, M. B. (2013). Moralization as protection against exploitation: do individuals without allies moralize more? *Evolution and Human Behavior, 34(2)*, 78-85.

17 Kurzban, R. & DeScioli, P. (2016). Morality. In D. M. Buss (Ed.), *The Handbook of Evolutionary Psychology, Volume 2: Integrations*, 2nd ed. (pp. 770-787). Hoboken, NJ: Wiley.

27장 - 성격은 왜 다른가?

1 조해진. (2014.12.12). 아파트 경비원 폭행 논란, 예의바른 유재석 미담 재조명 '훈훈'. 《티브이데일리》.

2 편집국. (2011.01.18). 노홍철 인터뷰. "에너지가 다른 사람보다 막 넘치는 사람은 아니에요.". 《텐아시아》.

3 Nettle, D., & Penke, L. (2010). Personality: bridging the literatures from human psychology and behavioural ecology. *Philosophical Transactions of the Royal Society B: Biological Sciences, 365(1560)*, 4043-4050.

4 Costa, P. T., & McCrae, R. R. (1992). Four ways five factors are basic. *Personality and Individual Differences, 13(6)*, 653-665.

5 Buss, D. M., & Penke, L. (2015). Evolutionary personality psychology. In M. Mikulincer, P. R. Shaver, M. L. Cooper & R. J. Larsen (Eds.): *APA Handbook of Personality and Social Psychology, Vol. 4: Personality Processes and Individual Differences* (pp. 3-29). Washington, DC: American Psychological Association.

6 Nettle, D., & Penke, L. (2010). Personality: bridging the literatures from human psychology and behavioural ecology. *Philosophical Transactions of the Royal Society B: Biological Sciences, 365(1560)*, 4043-4050.

7 Nettle, D. (2009). *Personality: What Makes You the Way You Are.* Oxford University Press. 김상우(역). (2009). 《성격의 탄생》. 와이즈북.

8 Hedrick, P. W., Ginevan, M. E., & Ewing, E. P. (1976). Genetic polymorphism in heterogeneous environments. *Annual Review of Ecology and Systematics, 7(1)*, 1-32.
Moran, N. A. (1992). The evolutionary maintenance of alternative phenotypes. *The American Naturalist, 139(5)*, 971-989.

9 Dugatkin, L. A. (1992). Tendency to inspect predators predicts mortality risk in the guppy (Poecilia reticulata). *Behavioral Ecology, 3(2)*, 124-127.

10 Dugatkin, L. A., & Alfieri, M. S. (2003). Boldness, behavioral inhibition and learning. *Ethology Ecology & Evolution, 15(1)*, 43-49.

11 Nettle, D. (2006). The evolution of personality variation in humans and other animals. *American Psychologist, 61(6)*, 622.

12 Wolf, M., & Weissing, F. J. (2010). An explanatory framework for adaptive personality differences. *Philosophical Transactions of the Royal Society B: Biological Sciences, 365(1560)*, 3959-3968.

13 Thornhill, R. (1979). Adaptive female-mimicking behavior in a scorpionfly.

Science, 205(4404), 412-414.

14 Nettle, D. (2006). 앞의 글.

Nettle, D. (2009). 앞의 책.

Nettle, D. (2011). Evolutionary perspectives on the five-factor model of personality. In D. M. Buss, & P. H. Hawley (Eds.), *The Evolution of Personality and Individual Differences* (pp. 5-28). Oxford, New York: Oxford University Press.

15 이기범, 마이클 애쉬튼. (2013). 《H 팩터의 심리학》. 문예출판사.

16 Boudreau, J. W., Boswell, W. R., & Judge, T. A. (2001). Effects of personality on executive career success in the United States and Europe. *Journal of Vocational Behavior, 58(1)*, 53-81.

17 Penke, L., & Jokela, M. (2016). The evolutionary genetics of personality revisited. *Current Opinion in Psychology*, 7, 104-109.

18 Gurven, M., von Rueden, C., Stieglitz, J., Kaplan, H., & Rodriguez, D. E. (2014). The evolutionary fitness of personality traits in a small-scale subsistence society. *Evolution and Human Behavior, 35(1)*, 17-25.

19 Shaller, M., & Murray, D. R. (2008). Pathogens, personality and culture: disease prevalanece predicts worldwide variability in sociosexuality, extraversion and openness to experience. *Journal of Personality and Social Psychology, 95*, 212-221.

28장 - 마음은 왜 병에 걸리는가?

1 Lehrer, J. (2010, Feb 28). Depression's upside. *New York Times Magazine*.

2 American Psychiatric Association. (2013). *Diagnostic and Statistical Manual of Mental Disorders*, 5th ed. Washington, DC, APA Press.

3 Follette, W. C., & Houts, A. C. (1996). Models of scientific progress and the role of theory in taxonomy development: A case study of the DSM. *Journal of Consulting and Clinical Psychology, 64(6)*, 1120-1132.

4 Nesse, R. M., & Williams, G. C. (1994). *Why We Get Sick: The New Science of Darwinian Medicine*. New York: Times Books.

Stearns, S. C., & Koella, J. C. (Eds.). (2008). *Evolution in Health and Disease*. Oxford: Oxford University Press.

5 Nesse, R. M. (2015). Evolutionary psychology and mental health. In D. M. Buss (Ed.), *The Handbook of Evolutionary Psychology, Volume 2: Integrations*, 2nd

ed. (pp. 903-927). New Jersey: John Wiley & Sons.

6   Keller, M. C., & Miller, G. (2006). Resolving the paradox of common, harmful, heritable mental disorders: which evolutionary genetic models work best? *Behavioral and Brain Sciences, 29(4)*, 385-404.

7   Nesse, R. M., & Stearns, S. C. (2008). The great opportunity: evolutionary applications to medicine and public health. *Evolutionary Applications, 1(1)*, 28-48.

Nesse, R. M., & Williams, G. C. (1994). 앞의 글.

8   Nesse, R. M., & Berridge, K. C. (1997). Psychoactive drug use in evolutionary perspective. *Science, 278(5335)*, 63-66.

9   Martinez, V. O., de Mendonça Lima, F. W., de Carvalho, C. F., & Menezes-Filho, J. A. (2018). Toxoplasma gondii infection and behavioral outcomes in humans: a systematic review. *Parasitology research*, 1-7.

McAuliffe, K. (2016). *This is Your Brain on Parasites: How Tiny Creatures Manipulate Our Behavior and Shape Society*. New York, NY: Houghton Mifflin Harcourt.

10 Mathers, C. D. & Loncar, D. (2006). Projections of Global Mortality and Burden of Disease from 2002 to 2030. *PLOS Medicine, 3(11)*, e442.

11 Nesse, R. M. (1991). What good is feeling bad? The evolutionary benefits of psychic pain. *The Sciences, 31(6)*, 30-37.

Nesse, R. M. (2000). Is depression an adaptation? *Archives of General Psychiatry, 57(1)*, 14-20.

12 Price, J., Sloman, L., Gardner, R., Gilbert, P., & Rohde, P. (1994). The social competition hypothesis of depression. *The British Journal of Psychiatry, 164(3)*, 309-315.

13 Hagen, E. H. (1999). The functions of postpartum depression. *Evolution and Human Behavior, 20(5)*, 325-359.

14 Andrews, P. W., & Thomson Jr, J. A. (2009). The bright side of being blue: depression as an adaptation for analyzing complex problems. *Psychological Review, 116(3)*, 620.

15 Drevets, W. C. (2000). Neuroimaging studies of mood disorders. *Biological Psychiatry, 48(8)*, 813-829.

16 Langford, K. (2018.02.07). Selena Gomez's Wild Ride. *Harper's Bazaar*.

17 Benros, M. E., Nielsen, P. R., Nordentoft, M., Eaton, W. W., Dalton, S. O., &

Mortensen, P. B. (2011). Autoimmune diseases and severe infections as risk factors for schizophrenia: a 30-year population-based register study. *American Journal of Psychiatry, 168(12)*, 1303-1310.

18 Anders, S., Tanaka, M., & Kinney, D. K. (2013). Depression as an evolutionary strategy for defense against infection. *Brain, Behavior, and Immunity*, 31, 9-22.

Raison, C. L., & Miller, A. H. (2013). The evolutionary significance of depression in Pathogen Host Defense (PATHOS-D). Molecular psychiatry, 18(1), 15-37.

19 물론 자가면역질환은 면역계가 자기 몸을 병원체로 착각해서 공격하는 질환이므로, 고 메즈의 경우에는 자기 나라를 지키기 위해 결성된 방위군이 엉뚱하게 양민을 공격하는 상황에 비유할 수 있다.

20 Hart, B. L. (1988). Biological basis of the behavior of sick animals. *Neuroscience & Biobehavioral Reviews, 12(2)*, 123-137.

21 Anders, S. et al. (2013). 앞의 글.

22 조제. (2018). 《우울증이 있는 우리들을 위한 칭찬책》. 독립출판물.

23 Dowlati, Y., Herrmann, N., Swardfager, W., Liu, H., Sham, L., Reim, E. K., & Lanctôt, K. L. (2010). A meta-analysis of cytokines in major depression. *Biological psychiatry, 67(5)*, 446-457.

24 Stieglitz, J., Trumble, B. C., Thompson, M. E., Blackwell, A. D., Kaplan, H., & Gurven, M. (2015). Depression as sickness behavior? A test of the host defense hypothesis in a high pathogen population. *Brain, Behavior, and Immunity*, 49, 130-139.

25 Anders, S. et al. (2013). 앞의 글.

26 Rantala, M. J., Luoto, S., Krams, I., & Karlsson, H. (2017). Depression subtyping based on evolutionary psychiatry: Proximate mechanisms and ultimate functions. *Brain, Behavior, and Immunity*.

Keller, M. C., & Nesse, R. M. (2006). The evolutionary significance of depressive symptoms: different adverse situations lead to different depressive symptom patterns. *Journal of Personality and Social Psychology, 91(2)*, 316.

27 Brüne, M. (2008). *Textbook of Evolutionary Psychiatry: The Origins of Psychopathology*. New York, NY: Oxford University Press.

28 Nasar, S. (2011). *A Beautiful Mind*. Simon and Schuster.

29 Bundy, H., Stahl, D., & MacCabe, J. H. (2011). A systematic review and meta-analysis of the fertility of patients with schizophrenia and their unaffected

relatives. *Acta Psychiatrica Scandinavica, 123(2)*, 98-106.

30 Brüne, M. (2008). 앞의 책.

31 Keller, M. C., & Miller, G. (2006). Resolving the paradox of common, harmful, heritable mental disorders: which evolutionary genetic models work best?. *Behavioral and Brain Sciences, 29(4)*, 385-404.

32 Keller, M. C., & Miller, G. (2006). 앞의 글.

33 Stevens, A., & Price, J. (2000). *Evolutionary Psychiatry: A New Beginning*. New York: NY: Routledge.

34 Catts, V. S., Catts, S. V., O'toole, B. I., & Frost, A. D. J. (2008). Cancer incidence in patients with schizophrenia and their first-degree relatives-a meta-analysis. *Acta Psychiatrica Scandinavica, 117(5)*, 323-336.

35 Crow, T. J. (1995). A Darwinian approach to the origins of psychosis. *The British Journal of Psychiatry, 167(1)*, 12-25.

36 Keller, M. C., & Miller, G. (2006). 앞의 글.

37 Haukka, J., Suvisaari, J., & Lönnqvist, J. (2003). Fertility of patients with schizophrenia, their siblings, and the general population: a cohort study from 1950 to 1959 in Finland. *American Journal of Psychiatry, 160(3)*, 460-463.

38 Keller, M. C., & Miller, G. (2006). 앞의 글.

39 Keller, M. C. (2018). Evolutionary perspectives on genetic and environmental risk factors for psychiatric disorders. *Annual Review of Clinical Psychology, 14*, 471-493.

40 Brown, A. S., Schaefer, C. A., Wyatt, R. J., Begg, M. D., Goetz, R., Bresnahan, M. A., ... & Susser, E. S. (2002). Paternal age and risk of schizophrenia in adult offspring. *American Journal of Psychiatry, 159(9)*, 1528-1533.

41 Power, R. A., Steinberg, S., Bjornsdottir, G., Rietveld, C. A., Abdellaoui, A., Nivard, M. M., ... & Cesarini, D. (2015). Polygenic risk scores for schizophrenia and bipolar disorder predict creativity. *Nature Neuroscience, 18(7)*, 953.

그림 출처

그림 1 ⓒ 최아영

그림 4 Wertz, A. E., & Wynn, K. (2014). Selective social learning of plant edibility in 6-and 18-month-old infants. *Psychological Science, 25*, 874-882.

그림 5 Jones, B. C. & L. M. DeBruine (2016). "Are attractive faces only average?" Face Research Laboratory, Institute of Neuroscience and Psychology, University of Glasgow.

그림 6 Gangestad, S. W., Simpson, J. A., Cousins, A. J., Garver-Apgar, C. E., & Christensen, P. N. (2004). Women's preferences for male behavioral displays change across the menstrual cycle. *Psychological Science, 15(3)*, 203-207.

그림 9 Lorenz, K. (1943). Die angeborenen Formen moeglicher Erfahrung. *Z Tierpsychol.* 5, 235-409

그림 10 Glocker, M.L., Langleben, D.D., Ruparel, K., Loughead, J.W., Gur, R.C., & Sachser, N. (2009). Baby Schema in Infant Faces Induces Cuteness Perception and Motivation for Caretaking in Adults. *Ethology, 115*, 257-263.

그림 11 ⓒ http://kidfun.com.au/

그림 12 Daly, M., Wilson, M., & Vasdev, S. (2001). Income inequality and homicide rates in Canada and the United States. *Canadian Journal of Criminology, 43*, 219.

그림 13 Meltzoff, A. N. (1988). Infant imitation after a 1-week delay: long-term memory for novel acts and multiple stimuli. *Developmental Psychology, 24(4)*, 470-476.

진화한 마음
전중환의 본격 진화심리학

1판 1쇄 발행일 2019년 1월 18일
1판 7쇄 발행일 2023년 3월 20일

지은이 전중환

발행인 김학원
발행처 (주)휴머니스트 출판그룹
출판등록 제313-2007-000007호(2007년 1월 5일)
주소 (03991) 서울시 마포구 동교로23길 76(연남동)
전화 02-335-4422 **팩스** 02-334-3427
저자·독자 서비스 humanist@humanistbooks.com
홈페이지 www.humanistbooks.com
유튜브 youtube.com/user/humanistma **포스트** post.naver.com/hmcv
페이스북 facebook.com/hmcv2001 **인스타그램** @humanist_insta

편집주간 황서현 **기획** 임재희 임은선 **편집** 김선경 **디자인** 민진기디자인
용지 화인페이퍼 **인쇄·제본** 정민문화사

ⓒ 전중환, 2019

ISBN 979-11-6080-188-0 03180

NAVER 문화재단 파워라이터 ON 연재는 네이버문화재단 문화콘텐츠기금에서 후원합니다.